浙大法律评论

第四卷

胡 铭 主编

ZHEJIANG UNIVERSITY PRESS
浙江大学出版社

图书在版编目（CIP）数据

浙大法律评论. 第四卷 / 胡铭主编. —杭州：浙江
大学出版社，2017.12
ISBN 978-7-308-17505-0

Ⅰ.①浙… Ⅱ.①胡… Ⅲ.①法学—文集
Ⅳ.①D90－53

中国版本图书馆 CIP 数据核字（2017）第 246906 号

浙大法律评论（第四卷）

胡　铭　主编

策 划 者	曾建林
责任编辑	傅百荣
责任校对	陈　园
封面设计	刘依群
出版发行	浙江大学出版社
	（杭州市天目山路 148 号　邮政编码 310007）
	（网址：http://www.zjupress.com）
排　　版	杭州林智广告有限公司
印　　刷	杭州杭新印务有限公司
开　　本	787mm×1092mm　1/16
印　　张	15.75
字　　数	354 千
版 印 次	2017 年 12 月第 1 版　2017 年 12 月第 1 次印刷
书　　号	ISBN 978-7-308-17505-0
定　　价	68.00 元

《浙大法律评论》编委会

目 录

博士论文精要

读 书 会

主题研讨

ZHUTI YANTAO

民法典编撰

中国民法总则的制定

——介绍民法总则（草案）第二次审议稿

梁慧星*

引言：中国民法典编纂与民法总则立法概况

中国自改革开放以来，分别制定了民法通则（1986）、继承法（1985）、婚姻法（1982）、收养法（1993）、担保法（1995）、合同法（1999）、物权法（2007）、侵权责任法（2009）、涉外民事关系法律适用法（2010）等一系列民事法律，在经济社会发展中发挥了重要作用。近年来，人民群众和社会各方面对编纂民法典的呼声很高。编纂民法典的主客观条件已经具备。

2014年10月《中共中央关于全面推进依法治国若干重大问题的决定》，确定了"编纂民法典"的立法目标。因此，全国人大常委会按照中共中央的决定，将民法典编纂工作提上日程。民法学界关于民法典编纂形成两种思路。中国民法学研究会会长、中国人民大学法学院王利明教授建议分三步走：第一步制定民法总则，第二步制定人格权法，第三步编纂民法典。十二届全国人大代表、中国社科院法学研究所孙宪忠教授建议分两步走：第一步制定民法总则，第二步编纂民法典。

全国人大常委会经同有关方面反复研究，最后决定民法典编纂工作按照"两步走"的思路进行：第一步，在现行民法通则基础上，制定作为民法典总则编的民法总则，经全国人大常委会审议后，争取提请2017年3月召开的十二届全国人大第五次会议审议通过；第二步，在各民事单行法基础上，编纂民法典各（分则）编，拟于2018年上半年整体提请全国人大常委会审议，经全国人大常委会分阶段审议后，争取于2020年3月将民法典各（分则）编一并提请十三届全国人民代表大会审议通过，从而完成统一的民法典。[1]

按照全国人大常委会的工作部署，2015年3月以来，全国人大常委会法制工作委员会牵头成立了由最高人民法院、最高人民检察院、国务院法制办、中国社会科学院、中国法

---

* 中国社会科学院学部委员、法学研究所研究员，北京理工大学珠海学院民事法律学院名誉院长。

[1] 民法典将由民法总则编与物权编、合同编、侵权责任编、婚姻家庭编、继承编等编组成。

学会 5 家单位参加的"民法典编纂工作协调小组",并组织了专门负责起草的"工作小组"[2],积极开展民法典编纂工作。在深入开展调查研究,梳理分析主要问题,广泛听取各方面意见的基础上,协调小组各成员单位密切配合,工作小组抓紧工作,形成了《中华人民共和国民法总则(草案)》(征求意见稿)[3],于 2016 年 2 月 2 日,印发地方人大、中央有关部门和部分全国人大代表、法学教学研究机构和一些社会组织征求意见。法制工作委员会根据各方面的意见和建议,对"征求意见稿"作了反复修改,并召开协调小组会议和专题会议,听取协调小组各参加单位、部分全国人大代表和专家学者的意见建议,对草案进行修改完善。

2016 年 6 月 14 日,习近平总书记主持召开中共中央政治局常委会会议,听取了全国人大常委会党组《关于民法典编纂工作和民法总则(草案)几个主要问题的请示》的汇报,原则同意请示,并就做好民法典编纂和民法总则审议修改工作作出重要指示。全国人大常委会法制工作委员会根据党中央的重要指示精神,对草案又作了进一步修改完善,形成正式的法律草案——《中华人民共和国民法总则(草案)》。

2016 年 6 月 28 日,十二届全国人大常委会第二十一次会议对《中华人民共和国民法总则(草案)》[以下简称民法总则(草案)]进行了第一次审议。[4] 审议后,将民法总则(草案)在中国人大网上正式公布,向社会公众征求修改意见。[5] 民法总则(草案)第一次审议稿包括 11 章:第一章基本原则,第二章自然人,第三章法人,第四章非法人组织,第五章民事权利,第六章民事法律行为,第七章代理,第八章民事责任,第九章诉讼时效与除斥期间,第十章期间的计算,第十一章附则。草案共 186 条。

全国人大常委会第一次审议中提出的各种意见,和此后从社会各界征求得到的修改意见、建议,经法制工作委员会梳理、归类、斟酌研究提出修改建议,提交全国人大法律委员会审议,对法律草案进行修改完善,形成民法总则(草案)第一次审议稿修改稿,提交 2016 年 10 月 31 日至 11 月 7 日召开的十二届全国人大常委会第二十四次会议进行第二次审议,称为《中华人民共和国民法总则(草案)》第二次审议稿。以下简称民法总则(草案)[6]

按照立法惯例,民法总则(草案)至少要经全国人大常委会审议三次,最后由常委会决

---

〔2〕 全国人大常委会的文件中称为"工作专班"。

〔3〕 2016 年 2 月《中华人民共和国民法总则(草案)》(征求意见稿)包括 10 章:第一章一般规定,第二章自然人,第三章法人,第四章其他组织,第五章民事权利,第六章民事法律行为,第七章代理,第八章民事权利的行使和保护,第九章期间和时效,第十章附则。共 158 条。此前,2015 年 9 月法制工作委员会在北京召开专家讨论会,会上讨论的是法制工作委员会民法室的内部草案(简称室内稿),包括 9 章,160 条。

〔4〕 按照惯例,一项法律案至少须经全国人大常委会三次审议。例如物权法(草案),全国人大常委会审议了 6 次。

〔5〕 据中国人大网的数据显示,从 7 月 5 日到 8 月 4 日,立法机关共收到社会各界人士 13802 人提出的 65000 余条修改意见和建议。

〔6〕 民法总则(草案)第二次审议稿为 11 章,202 条,比第一次审议稿增加了 16 条。

定提请 2017 年 3 月召开的十二届全国人大第五次会议审议。下面着重介绍民法总则(草案)第二次审议稿对现行法的重要修改和新增内容。

一、一般规定

(一)调整对象

第 2 条规定了调整对象(亦即适用范围)。[7] 该条以民法通则第 2 条的规定为依据,但将"财产关系"和"人身关系"的顺序调换了。民法通则的规定是"财产关系和人身关系",现在的条文是"人身关系和财产关系"。所谓"人身关系",是指婚姻家庭关系,亦即所谓的"身份关系"。这与此前民法学界关于民法调整对象的争论有关,当时有学者批评民法通则是"重物轻人"。按照本条规定,将来编纂民法典,是否会将"人身关系法"(婚姻家庭编、继承编)安排在"财产关系法"(物权编、合同编、侵权责任编)的前面?

(二)基本原则

第 3 条至第 9 条,规定民法基本原则,即平等原则(第 3 条)、意思自治原则(第 4 条)、公平原则(第 5 条)、诚信原则(第 6 条)、保护环境原则(第 7 条)和公序良俗原则(第 8 条)、私权保护原则(第 9 条)。法律明文规定基本原则,属于中国立法惯例。中国民事立法明文规定民法基本原则,与中国曾经长期实行计划经济体制、缺乏民法传统有关。实行改革开放,发展社会主义市场经济,需要向全社会灌输民法所赖以存在的平等、意思自治(合同自由)、公平、诚实信用、私权保护等基础性原理和思想观念,也便于发挥民法基本原则的立法指导作用。

其中,第 7 条规定"民事主体从事民事活动,应当保护环境、节约资源,促进人与自然和谐发展",属于环境保护法的基本原则或者基本原理,本法规定为民法基本原则,当然有其意义。但是,此项基本原则,在民法具体制度中如何贯彻、体现,不无疑问。因此有人建议删除。

(三)民法法源

第 10 条是关于民法法源的规定。[8] 按照民法原理和立法例,民法法源分为三个层次:第一层次是"法律规定",第二层次是"习惯",第三层次是"法理"。所谓"法理",指公认的民法原理,日本法和韩国法称为"条理"。值得注意的是,本条关于民法法源的规定,只规定了第一层次的"法律规定"和第二层次的"习惯",而没有规定第三层次的"法理"。

---

〔7〕 第 2 条:"民事法律调整作为平等民事主体的自然人、法人和非法人组织之间的人身关系和财产关系。"

〔8〕 第 10 条:"处理民事纠纷,应当依照法律规定;法律没有规定的,可以适用习惯,但是不得违背公序良俗。"

本条未规定"法理"的法源地位,其理由是,按照中国的国情,在法律规定和习惯之外,还有最高人民法院制定和发布的各种司法解释。最高人民法院司法解释,被认为具有相当于法律规定的效力,可以作为裁判案件的依据。

最高人民法院司法解释,多数情形是对现行法律规定如何理解适用进行的解释,但针对法律未有规定的案型,创设规则、弥补法律不足的情形也不少。例如,合同法司法解释(二)第 26 条创设情事变更规则[9],买卖合同司法解释第 2 条创设买卖预约规则[10],第 3 条创设买卖合同特别效力规则[11],即其著例。此外,最高人民法院近年推行指导性案例制度,所发布的指导性案例,亦可作为法官裁判案件的参考。

质言之,按照中国国情,法官裁判案件,于既没有法律规定也没有相应习惯的情形,还要看最高人民法院是否有司法解释规则,是否有指导性案例可资引为裁判依据。本法虽未明文规定"法理"的法源地位,在法官裁判案件中,于没有法律、习惯、最高人民法院司法解释和指导性案例的情形,仍然可以参考"法理",自不待言。

(四) 特别法优先适用

第 11 条规定特别法优先适用原则。[12] 有必要说明的是,何者为一般法(基本法),何者为特别法,在本法生效之前和生效之后,是有差别的。在本法通过、生效之前,现行民事立法是以民法通则及若干民事单行法构成的立法体系,其中,民法通则是一般法(基本法),合同法、物权法、侵权责任法等民事单行法属于特别法。但在本法通过、生效之后,本法(民法总则)将作为民法典的总则编,合同法、物权法、侵权责任法、继承法、婚姻家庭法(婚姻法、收养法)等单行法将作为民法典的各(分则)编,经过适当立法程序组成一部完整的民法典。本法与合同法、物权法、侵权责任法、继承法和婚姻家庭法之间,不构成一般法(基本法)与特别法的关系。如本法的规定与合同法等的规定不一致,应适用"新法变更旧法的原则",而不适用"特别法优先适用原则"。第 11 条所称"其他法律"一语,是指将置身于中国民法典之外的公司法、票据法、海商法、保险法、证券法、著作权法、专利法、商标法等民(商)事单行法。

---

[9] 合同法司法解释(二)第 26 条:"合同成立以后客观情况发生了当事人在订立合同时无法预见的、非不可抗力造成的不属于商业风险的重大变化,继续履行合同对于一方当事人明显不公平或者不能实现合同目的,当事人请求人民法院变更或者解除合同的,人民法院应当根据公平原则,并结合案件的实际情况确定是否变更或者解除。"

[10] 买卖合同司法解释第 2 条:"当事人签订认购书、订购书、预订书、意向书、备忘录等预约合同,约定在将来一定期限内订立买卖合同,一方不履行订立买卖合同的义务,对方请求其承担预约合同违约责任或者要求解除预约合同并主张损害赔偿的,人民法院应予支持。"

[11] 买卖合同司法解释第 3 条:"当事人一方以出卖人在缔约时对标的物没有所有权或者处分权为由主张合同无效的,人民法院不予支持。(第 1 款)出卖人因未取得所有权或者处分权致使标的物所有权不能转移,买受人要求出卖人承担违约责任或者要求解除合同并主张损害赔偿的,人民法院应予支持。(第 2 款)"

[12] 民法总则(草案)第 11 条:"其他法律对民事关系另有特别规定的,依照其规定。"

二、自然人

(一) 胎儿利益保护

第 16 条创设胎儿利益特别保护制度[13]，值得重视。民法通则拘泥于传统民法理论，认为胎儿属于母亲身体之一部分，胎儿在出生之前，不能享有损害赔偿请求权、遗产继承权和接受赠与，对胎儿利益保护非常不利。[14]学界一致认为属于立法漏洞。实务界已经有认可胎儿损害赔偿请求权的案例。本条采纳学术界和实务界的建议，规定胎儿视为有民事权利能力，弥补了立法的不足，值得肯定。

(二) 行为能力

民法通则将自然人的行为能力分为完全行为能力、限制行为能力和无行为能力三种。其中，具有限制行为能力的年龄是"十周岁"（第 12 条）。随着社会的发展进步，未成年人从上小学开始就要参加各种民事活动，需要实施各种民事法律行为。按照原来的规定，年满 10 周岁之前为无行为能力人，进行民事活动必须由法定代理人代理。这既不可能也不合理。学者的建议方案有两个：一是维持行为能力的"三分法"，而适当降低具有限制行为能力的年龄，例如降低到"六周岁"；二是将民事行为能力"三分法"改为"两分法"，只规定完全行为能力和限制行为能力，成年人具有完全行为能力，未成年人具有限制行为能力。起草人采纳了第一个方案，第 19 条规定"六周岁以上的未成年人，为限制民事行为能力人"。

(三) 成年监护

废止"精神病人禁治产制度"，新创成年监护制度。中国老龄化问题日益突出，不仅造成所谓"人口红利"消退，而且带来很多社会问题。起草人参考发达国家（例如日本）的立法经验，创设成年监护制度，以资因应。其中，第 28 条规定指定监护人[15]，第 32 条规定

---

〔13〕 第 16 条："涉及遗产继承、接受赠与等胎儿利益的保护，胎儿视为具有民事权利能力。但是，胎儿出生时为死体的，其民事权利能力自始不存在。"
〔14〕 仅继承法第 28 条规定"分割遗产时应为胎儿预留份额"。
〔15〕 第 28 条："无民事行为能力或者限制民事行为能力的成年人，由下列人员中有监护能力的人依次担任监护人：(一)配偶；(二)父母；(三)子女；(四)其他愿意承担监护责任的个人或者有关组织，经被监护人住所地的居民委员会、村民委员会或者民政部门同意的。"

意定监护人[16],第 34 条第 3 款规定成年监护的基本原则。[17]

三、法人制度

(一) 法人分类

关于法人的分类,学者提出的建议方案有两个:一是按照民法理论和发达国家立法例,分为社团法人与财团法人;二是沿用民法通则分为企业法人与非企业法人的经验,而将企业法人改称"营利法人",非企业法人改称"非营利法人"。2015 年 9 月讨论的法工委内部草案,曾经采取第一个方案,分为社团法人与财团法人,但难以处理"机关法人"和"事业单位法人"。因为"机关"和"事业单位",虽可称为"人合组织体",但没有"成员"(股东、会员),难以纳入"社团"概念,且中国公司法上的"一人公司"[18],也不符合社团(人合组织体)概念。因此,起草人放弃第一方案,转而采用第二方案,按照法人目的划分,分为营利法人(第三章第二节)与非营利法人(第三章第三节)。

其中,"营利法人,包括有限责任公司、股份有限公司和其他企业法人"(第 77 条第 2 款);非营利法人,包括事业单位法人(第 91、92 条)、社会团体法人(第 93、94 条)、捐助法人(第 95、96、97 条)、机关法人(第 98、99 条)。将法人区分为营利性法人与非营利性法人,消除了既非营利性也不符合公益性的中间法人,符合民法立法和理论发展的趋势,能够与民法通则的分类相衔接,有利于保持法律制度的稳定,值得赞同。

(二) 法定代表人制度

法定代表人制度,规定在第 59 条。[19] 第 1 款规定谁是法定代表人,沿用民法通则第 38 条原文。新增第 2 款和第 3 款,具有重要的理论意义和实践意义。

第 2 款规定"法定代表人以法人名义从事的民事活动,其法律后果由法人承受"。法定代表人为法人代表机关,法定代表人的行为即是法人自己的行为,所产生的权利义务和责任,理当由法人享有和承担。此项规定,表明中国民事立法采取"法人组织体说"。

第 3 款规定法定代表人越权行为效力规则。民法解释论上曾经有"权利能力限制

---

[16] 第 32 条:"具有完全民事行为能力的成年人,可以与近亲属、其他愿意承担监护责任的个人或者有关组织事先协商,以书面形式确定自己的监护人。协商确定的监护人在该成年人丧失或者部分丧失民事行为能力时,承担监护责任。"

[17] 第 34 条第 3 款:"成年人的监护人履行监护职责,应当最大程度地尊重被监护人的意愿,保障并协助被监护人独立实施与其智力、精神健康状况相适应的民事法律行为。"

[18] 公司法第 58 条第 2 款:"本法所称一人有限责任公司,是指只有一个自然人股东或者一个法人股东的有限责任公司。"

[19] 第 59 条:"依照法律或者法人章程规定,代表法人从事民事活动的负责人,为法人的法定代表人。"(第 1 款)"法定代表人以法人名义从事的民事活动,其法律后果由法人承受。"(第 2 款)"法人的章程或者权力机构对法定代表人的代表权范围的限制,不得对抗善意第三人。"(第 3 款)

说"、"行为能力限制说"与"(法定代表人的)代表权限制说"。按照"权利能力限制说",法定代表人的越权行为属于绝对无效;按照"行为能力限制说",法定代表人的越权行为属于相对无效;按照"代表权限制说",法定代表人的越权行为则属于有效,但不得对抗善意第三人。"代表权限制说"为现今民商法学界之通说。第 3 款规定"法人的章程或者权力机构对法定代表人代表权范围的限制,不得对抗善意第三人"[20],系采"代表权限制说",有利于市场交易安全与交易公平两项价值之兼顾。

顺便指出,因民法通则未设置法定代表人越权行为效力规则,为弥补这一立法漏洞,合同法制定时参考表见代理规则,设置第 50 条规定越权行为效力规则,称为"表见代表"[21]。因此,法院审理公司法定代表人超越权限订立合同(如担保合同)的纠纷案件,须依据合同法第 50 条表见代表规则进行裁判。在本法生效之后,人民法院审理同类案件,就应当适用本法第 59 条第 3 款法定代表人越权行为效力规则,而不再适用合同法第 50 条表见代表规则。在将合同法编纂为民法典的合同编时,可考虑删除第 50 条表见代表规则。

四、关于民事权利

(一) 不设"民事权利客体章"

本法设置第五章规定各种民事权利,表明起草人拒绝学者关于专章规定民事权利客体的立法建议。规定了各种民事权利,权利客体也就包含在其中了。例如,第 120 条列举规定了知识产权的各种客体。[22] 2015 年 9 月的专家讨论会上,曾经讨论过中国法学会的"民事权利客体章"专家建议稿(共 16 个条文)。多数学者认为,社会生活不断发展变化,不断衍生许多新的事物,不排除将来有规定为权利客体的可能,但问题之一是难以完全列举,问题之二是很难决定其属于何种权利。例如手机"流量"、"死者人格利益"、"遗体"等,属于什么权利很难说清楚。本法不作规定,并不影响其作为民事利益受法律保护。至于脱离人体的器官、血液、骨髓、组织以及精子、卵子、受精卵、胚胎等,则以特别法予以规定为宜。

---

[20] 此处的"善意第三人",应指"善意相对人"。

[21] 合同法第 50 条:"法人或者其他组织的法定代表人、负责人超越权限订立的合同,除相对人知道或者应当知道其超越权限的以外,该代表行为有效。"

[22] 第 120 条:"知识产权是指权利人依法就下列客体所享有的权利:(一)作品;(二)专利;(三)商标;(四)地理标记;(五)商业秘密;(六)集成电路布图设计;(七)植物新品种;(八)科学发现;(九)法律规定的其他内容。"

（二）不设"人格权编"

本章第 107 条规定一般人格权，第 108 条规定各种具体人格权[23]，表明起草人拒绝人格权单独设编的建议，而坚持当今人格权保护的中国经验。所谓人格权保护的中国经验，包含三个要点：一是人格权类型化（第 108 条）加上一般人格权（第 107 条）；二是侵权法保护（侵权责任法第 2 条）；三是承认人格权具有财产价值（侵权责任法第 20 条）。补充一点，所谓人格权保护的中国经验，与当今发达国家和地区人格权保护的共同经验，是完全一致的。

（三）不设"债权总则编"

第 115 条至第 119 条，规定债权定义和债的发生原因[24]，表明编纂中国民法典将不设"债权总则编"。民法典是否设债权总则编，是民法学界重大争论点之一。民法典设置债权总则编，有利有弊。其利在维持民法逻辑体系和民法理论体系。其弊在分解现行合同法。诸如债的种类、债的履行、债权的变更与转让、债权人代位权与债权人撤销权、债权债务关系的消灭等内容，须从合同法总则部分分离出来，规定到债权总则编。起草人不主张设置债权总则编，目的在于保持现行合同法的完整性。本法规定债权概念和债的发生原因，解决了债权概念和债的发生原因难以纳入合同法的问题，至于债权总则的其他内容（债的种类、债的变更与转让、债的履行、债权人代位权与撤销权、债的消灭、债的履行障碍等），则仍保留在合同法（编）总则。

五、民事法律行为

（一）法律行为概念之争

民法通则发明了"民事法律行为"概念和"民事行为"概念。以"民事法律行为"指称合法有效的行为，用"民事行为"概念指称违法的、无效的、可撤销的行为。现在看来，这与制定民法通则时民法教学和理论研究刚恢复不久，起草人还未能正确理解法律行为概念的本质有关。民法通则施行已有 30 年之久，中国民法理论和学术研究有了长足进步，采用

---

[23] 第 107 条："自然人的人身自由、人格尊严受法律保护。"第 108 条："自然人享有生命权、健康权、身体权、姓名权、肖像权、名誉权、荣誉权、隐私权、婚姻自主权等权利。（第 1 款）法人、非法人组织享有名称权、名誉权、荣誉权等权利。"

[24] 第 115 条第 2 款："债权是因合同、侵权行为、无因管理、不当得利以及法律的其他规定，权利人请求特定义务人为一定行为的权利。"第 116 条："依法成立的合同，对当事人具有法律约束力。"第 117 条："民事权益受到侵害的，被侵权人有权请求侵权人承担侵权责任。"第 118 条："没有法定的或者约定的义务，为避免他人利益受损失进行管理或者服务的，有权请求受益人偿还由此而支付的必要费用。"第 119 条："没有合法根据，取得不当利益，造成他人损失的，应当将取得的不当利益返还受损失的人。"

大陆法系民法通用的"法律行为"概念,废弃"民事法律行为"概念和"民事行为"概念,已成为学界共识。

2015年9月讨论的法工委内部草案采用了"法律行为"概念,却受到别的法学专业学者的反对,反对理由是,如民法典采用"法律行为"概念,别的法律(法学)专业就难以再使用类似概念,如"经济法律行为"、"行政法律行为"等。据我的理解,起草人为了避免纠缠个别概念,在此后的草案中仍然采用"民事法律行为"概念。值得注意的是,因为废弃了"民事行为"概念,现在的"民事法律行为"概念[25]已经抛弃民法通则起草人赋予的特别含义,而与大陆法系民法"法律行为"概念已毫无区别。

(二) 保留关于民事法律行为有效要件的规定

第136条规定民事法律行为有效要件,是以民法通则第55条为基础的,文字稍有改动。[26] 在关于制定民法总则的讨论中,一些学者建议删去本条。理由是,法律已经明确规定了法律行为无效条件、可撤销条件,没有必要再从正面规定法律行为有效要件。但考虑到社会生活的复杂性和变动性,仍然还会出现一些在法律上没有具体规定的新型案件。保留法律行为有效要件的规定,遇到未有法律具体规定的新型案件,法庭可以直接引用本条作为裁判依据。增加法律的灵活性,是保留此项规定的理由。

值得注意的是,民法通则第55条规定中第(三)项要件是"不违反法律或者社会公共利益"。本条用"公序良俗"取代"社会公共利益",并将"违反法律"一语,改为"违反法律、行政法规效力性强制规定"。这是采用了最高人民法院的解释用语。[27] 该项司法解释,将"强制性规定"区分为"效力性强制规定"与"非效力性(管理性)强制规定"。

顺便指出,前述第136条,是从正面规定法律行为的三项有效要件:第一项要求有相应的行为能力;第二项要求意思表示真实;第三项要求不违反效力性强制规定和公序良俗。本节后面的条文,均属于第136条的展开,即分别规定违反三项要件的后果:第137条、第138条规定不具备(第一项)相应行为能力的后果;第139条至第146条分别规定违反(第二项)意思表示真实的各种情形的后果;第147条和第148条规定违反(第三项)效力性强制规定和公序良俗的后果。这些条文是关于各种请求权基础的规定,并且修改了现行法(合同法)好些条款,值得注意。

---

〔25〕 第126条:"民事法律行为是指自然人、法人或者非法人组织通过意思表示设立、变更、终止民事权利和民事义务的行为。"

〔26〕 第136条:"具备下列条件的民事法律行为有效:(一)行为人具有相应的民事行为能力;(二)意思表示真实;(三)不违反法律、行政法规的效力性强制规定,不违背公序良俗。"

〔27〕 合同法司法解释(二)第14条:"合同法第五十二条第(五)项规定的强制性规定,是指效力性强制性规定。"

（三）增设虚伪表示和隐藏行为规则

第 139 条规定关于虚伪表示和隐藏行为的规则。[28] 民法通则未规定虚伪表示，而社会生活中当事人为规避法律强制性规定或逃避债务所为虚伪表示和隐藏行为，并不鲜见。为弥补立法漏洞，特增设本条。

（四）统一欺诈、胁迫的法律效果

第 141 条至第 143 条规定欺诈和胁迫的法律效果。[29] 按照民法原理和立法例，欺诈和胁迫均为法律行为撤销的原因，因欺诈或者胁迫手段成立的法律行为，属于可撤销行为。但民法通则第 58 条规定欺诈、胁迫的法律效果为无效。合同法制定时，关于如何规定欺诈、胁迫的法律效果发生分歧，一种意见主张规定为可撤销，一种意见主张仍依民法通则规定为无效，最终采取折中办法，分为两个条文，依欺诈、胁迫之是否损害国家利益而规定不同的法律效果[30]，与民法理论及各国立法例不符，且在裁判实务中徒然增加操作困难。起草人在总结裁判实践经验基础上，采纳学者建议，将欺诈、胁迫的法律效果统一规定为可撤销，值得肯定。

（五）合并"显失公平"和"乘人之危"

第 144 条将现行法乘人之危与显失公平合并为一项制度。[31] 民法通则制定时，受当时南斯拉夫新债法的影响，将传统民法"暴利行为"制度（《德国民法典》第 138 条第 2 款）一分为二：一为"乘人之危"，指一方当事人乘对方处于危难之际，为牟取不正当利益，迫使对方作出不真实的意思表示而成立的法律行为，其法律效果为无效（民法通则第 58 条），后合同法改为可撤销（合同法第 54 条第 2 款）；二为"显失公平"，凡法律行为双方给付显失均衡，致一方遭受重大损害的，均可构成显失公平，其法律效果为可撤销（民法通则第 59 条、合同法第 54 条第 1 款）。

---

〔28〕 第 139 条："行为人与相对人串通，以虚假的意思表示实施的民事法律行为无效，但是双方均不得以此对抗善意第三人。"（第 1 款）"行为人以虚假的意思表示隐藏的民事法律行为，依照有关法律规定处理。"（第 2 款）

〔29〕 第 141 条："一方以欺诈手段，使对方在违背其真实意思的情况下实施的民事法律行为，受欺诈方有权请求人民法院或者仲裁机构予以撤销。"第 142 条："第三人实施欺诈行为，使一方在违背其真实意思的情况下实施的民事法律行为，对方知道或者应当知道该欺诈行为的，受欺诈方有权请求人民法院或者仲裁机构予以撤销。"第 143 条："一方或者第三人以胁迫手段，使对方在违背其真实意思的情况下实施的民事法律行为，受胁迫方有权请求人民法院或者仲裁机构予以撤销。"

〔30〕 合同法第 52 条之（一）："一方以欺诈、胁迫的手段订立合同，损害国家利益"的合同无效。第 54 条第 2 款："一方以欺诈、胁迫的手段……使对方在违背真实意思的情况下订立的合同，受损害方有权请求人民法院或者仲裁机构变更或者撤销。"

〔31〕 第 144 条："一方利用对方处于困境、缺乏判断能力等情形，致使民事法律行为成立时显失公平的，受损害方有权请求人民法院或者仲裁机构予以撤销。"

考虑到现行法上的乘人之危与显失公平,共同本质均在于双方当事人的权利义务显失均衡,且法律效果均属于可撤销,从裁判实务言之,则乘人之危的构成要件过严,而显失公平的构成要件过宽。裁判实务中,主张乘人之危获得法院支持的可能性极小。[32] 有鉴于此,起草人将乘人之危与显失公平合并为一个条文,仍称"显失公平"(实则乘人之危作为构成显失公平的主观要件)。将乘人之危与显失公平合并规定为一项制度,不仅符合民法原理和立法例,也将更有利于双方当事人合法权益之保护,更能维护市场交易公正性之目的,并方便法院裁判。

(六)删除可撤销法律行为的"变更"效力

民法原理和立法例,于法律行为意思表示存在瑕疵情形,赋予受损害一方撤销权,通过撤销权之行使,消灭有瑕疵法律行为的效力,使当事人双方恢复到成立该法律行为之前的状态,以纠正当事人之间的不公平。但现行民法通则和合同法,却在撤销之外又赋予"变更"的效力。[33] 此项"变更"效力,亦可解释为附着于"撤销权"的"变更权"。此"变更权"之行使,将依权利人单方的意思而变更双方之间的权利义务,使权利人单方的意思具有拘束对方当事人的效力,有悖于本法明文宣示的"平等原则"(第 3 条)、"意思自治原则"(第 4 条)以及民事法律行为非依法律规定或者双方合意不得变更的基本原理(第 129 条第 2 款)。

就裁判实践言之,法院因当事人行使撤销权而撤销有瑕疵的法律行为,恢复当事人未实施该法律行为之前的状态,不仅最为公平合理,亦最为方便。大多数当事人之所以不选择行使变更权,显然是考虑到法院难以仅依自己单方的意思作出变更判决,且即使法院作出变更判决,被告方也难免继续缠讼不休。不如依法行使撤销权易于获得法院支持,且法院一旦判决撤销合同、恢复订立合同之前的状态,被告方也难以借口不公平而继续缠讼。裁判实务中,主张"变更"的案件,获得法院支持的可能性极小。[34] 因此,起草人从重大误解(第 140 条)、欺诈(第 141、142 条)、胁迫(第 143 条)、显失公平(第 144 条)可撤销法律行为中,删除"变更"效力,值得赞同。

六、关于代理制度

大陆法系传统民法理论所谓代理,是指直接代理。所谓间接代理,被视为类似代理之制度,而非真正代理。德国民法、日本民法及中国台湾地区"民法"所规定的代理,均限于

---

[32] 据从网上调查的资料,合同法生效以来,人民法院审理以"乘人之危"为由主张无效的案件 274 件,获得支持的 1 件,被驳回 273 件。

[33] 合同法第 54 条:"一方以欺诈、胁迫的手段或者乘人之危,使对方在违背真实意思的情况下订立的合同,受损害方有权请求人民法院或者仲裁机构变更或者撤销。"(第 2 款)"当事人请求变更的,人民法院或者仲裁机构不得撤销。"(第 3 款)

[34] 从网上调查的资料看,合同法生效以来,法院受理以欺诈、胁迫为诉由的案件 7688 件,其中,主张"变更"的 478 件,获得法院支持的 91 件。

直接代理。民法通则关于代理的规定,坚持代理人须以被代理人的名义实施法律行为,与德国、日本及中国台湾地区"民法"的规定相同,仅指直接代理。合同法制定时,关于是否规定间接代理曾发生激烈争论。最终起草人采纳多数学者专家的意见,参考英美代理法及欧洲合同法原则,在直接代理之外,规定了间接代理(合同法第 402、403 条)。可见中国现行法上的代理,已突破大陆法系传统民法理论,采用了包括直接代理和间接代理的广义代理概念。

编纂民法典及制定民法总则,如何对待合同法上的间接代理?有两个方案。第一个方案是,将现行民法通则规定的直接代理制度,与合同法上的间接代理制度加以整合,制定既符合中国发展现代化市场经济,特别是发展国际经济贸易的要求,又与国际公约和惯例接轨的代理法。第二个方案是,民法总则仍然规定直接代理,作为代理法的一般规则,而将间接代理保留在合同法上,作为代理法的特别规则。起草人采纳第二方案,本法第七章,主要规定直接代理,仅以一个条文规定间接代理的定义[35],而将间接代理制度作为特别制度,保留在合同法(编)。

七、诉讼时效

(一) 规定普通诉讼时效期间 3 年过短

各国民法普通诉讼时效期间一般较长。民法通则规定的普通诉讼时效期间 2 年。草案第 181 条第 1 款规定普通诉讼时效期间为 3 年,仍嫌过短。多数学者建议规定为 5 年。

(二) 增设未成年人受性侵害请求权诉讼时效特别规则

鉴于对未成年人的性侵害行为的特殊性,受害人自己属于限制行为能力人或者无行为能力人,不可能自己寻求法律保护。于监护人疏于履行监护职责甚至监护人自己就是加害人的情形,受害人往往得不到法律救济。受害人成年之后自己寻求法律保护,却因诉讼时效期间超过被法院拒绝受理或者驳回。为了给受性侵害未成年人预留其成年之后寻求法律救济之机会,发达国家立法例有三种方案:一是为受性侵害未成年人的损害赔偿请求权规定足够长的时效期间,例如《法国民法典》第 2226 条。[36] 二是规定受性侵害未成年人的损害赔偿请求权诉讼时效期间,于受害人成年且能够行使诉权

---

〔35〕 第 157 条:"代理人在代理权限内以自己的名义与第三人实施民事法律行为,第三人知道代理人与被代理人之间的代理关系的,该民事法律行为直接约束被代理人和第三人,但是有确切证据证明该民事法律行为只约束代理人和第三人的除外。"

〔36〕《法国民法典》第 2226 条第 2 款规定:"对未成年人实施拷打或野蛮行为、暴力或性侵犯造成损害的,诉讼时效期间为 20 年。"

之前不开始计算,例如《德国民法典》第 208 条。[37] 三是将受性侵害未成年人损害赔偿请求权诉讼时效与性侵害犯罪行为的追诉时效相联系,规定于性侵害犯罪行为追诉时效届满之前诉讼时效亦不届满,以保障受害人可以行使损害赔偿请求权,例如《荷兰新民法典》第 3：310 条。[38]

其中,方案二,即《德国民法典》第 208 条规定,最为简便、易行。因此,起草人参考《德国民法典》的经验,创设第 188 条规定:"未成年人遭受性侵害的损害赔偿请求权的诉讼时效期间,自受害人年满 18 周岁之日起计算。"此项特别时效规则,值得赞同。

---

〔37〕《德国民法典》第 208 条规定:"基于性的自主决定(sexuellen Selbstbestimmung)受侵害的请求权,于受害人满二十一周岁前,时效不开始进行。时效开始时受害人与加害人处在家庭共同生活关系中的,于共同生活关系解除前,诉讼时效不开始进行。"
〔38〕《荷兰新民法典》第 3：310 条第 4 款规定:对不满 18 周岁的女性的性侵害犯罪行为,损害赔偿的诉讼时效在犯罪的追诉时效届满前不届满。

民法典编纂背景下合同法总则的完善

王利明[*]

中国法学会成立了民法典编纂的五编项目领导小组,我本人参与了"合同法编"。我们在承担这个任务之后,召开了多次会议,对现有合同法及其司法解释进行了一定的梳理,大家对未来民法典中的合同法完善问题提出了很多意见和建议,下面我就把我们具体研究合同法修改中大家提出的意见集中起来,主要是这几个方面的问题,我向大家汇报一下:

一、应当协调好合同法与民法总则之间的关系

首先是减少基本原则方面的重复性规定。建议民法总则里面全面系统规定有关民法基本原则,将来合同法在第一章就不必再重复这些原则了。例如,合同法第一章关于基本原则的规定将会吸纳到我们的民法总则里,当然这里面也有人提出疑问,比如说诚实信用原则,这个在合同法里具有特殊意义。我们今天讲的合同法,合同义务的产生传统上主要来自于当事人约定,但是现代合同法中义务来源已经多元化,不仅仅来自当事人约定,还来自法律规定,特别来自诚信原则。因为诚信原则所产生的附属义务,不管当事人是否约定了,都将自动成为合同组成部分,自动成为合同义务的组成部分,它和约定义务、法律义务构建一个完整的合同义务群。有人说,第一章不出现诚实信用原则,后面附属义务的产生基础在哪里?但是如果合同法继续表述这些原则,那么的确会形成重复。像诚实信用是普遍适用于民法各个部分的基本原则,被称为民法中的"帝王规则",它的重要性在民法中越来越突出。民法总则(草案)已经对其作出了规定,因此没有必要在合同法编对其重复作出规定。

第二个问题,减少合同法编与民法典总则关于法律行为效力规则的重复性规定。我个人一直认为对民法总则关于法律行为的规定需要作大幅度修改,大家可以在网上查刚刚公布的二审稿,我觉得二审稿关于法律行为这一章需要进一步推敲。总则关于法律行为的规定以双方法律行为为基点,为主要规范的重点来展开,但是双方法律行为就是合

---

[*] 中国人民大学法学院教授。

同,所以法律行为这一章里近 20 个条款可能和我们未来合同法发生重复。

大家知道,现在从两大法系发展总的趋势看出这样一个情况,即合同法中心论,就是越来越重视保持合同法的完整性,尽可能使合同法体系规则保持完整。这样有利于在整个交易中当事人适用法律,有利于法官裁判有关合同纠纷。合同法有一个非常重要的特点,它是随着交易不断发展延伸而形成一个自身的规则体系,而这个体系非常严谨且富有逻辑,这是合同法和侵权法最大的差异。一个交易从交易形成,到交易生效、开始履行、变更、解除,到最后如果交易发生了障碍出现不履行,导致责任的产生这个过程是一个交易不断延伸的过程,是一个随着交易时间发展不断向前推进的过程。随着这个过程的循序渐进,合同法展开了它的一系列规则,这些规则就包括合同的订立、合同的履行、合同的生效、合同的变更、合同的解除等等。这个体系需要保持完整性。如果我们民法总则所规定的法律行为和它发生大量重复的话,未来必然要求尽量减少合同法规则,但是如果一旦要求删除合同法规则,合同法体系性就会受到破坏、妨碍,而这点反而不利于法官将来处理合同纠纷的时候去寻找法律。合同法越完整,越有利于法官适用法律。正是这个原因,我个人一直认为我们在法律行为里面还是应该尽量减少有关双方法律行为规则的规定。民法总则应该把重点放在去规定各类法律行为共同规则上,因为总则是一个所有法律规范共同所遵循的规则,尽可能寻找共性的规则,同时规定一些合同法所规定不到的规则,比如单方法律行为、共同行为、决议行为,这些也是法律行为,但是合同法规定不了或者规定很少,就可以放在法律行为去规定。

第三个问题,我们建议将来把代理制度集中规定到民法总则里面,合同法不要再出现代理这样的规则。1999 年制定合同法的时候就考虑到民法通则关于代理的规定是不完整的,有很多缺漏,特别是没有详细规定无权代理和表见代理。当时觉得没有办法,不得已就在合同法中规定了两条,一条是表见代理,一条是无权代理。合同法分则 402、403 条规定了间接代理。虽然我们说当事人也可以代理实施双方法律行为,但是代理客观地讲不限于代理实施双方法律行为,也可以代理实施单方法律行为。比如代办有关证件、有关登记、缴税等等,甚至代理不限于法律行为,还有不产生效果的民事行为。所以代理严格讲不是一个单纯的合同问题,而是一个民法总则的规定,应该规定在民法总则里面去。正是因为这个原因,所有合同里面出现的代理规则都应该与民法总则中代理制度合并,这样就可以有效把总则和未来民法合同篇两者关系有效衔接好。因为这一点,应把间接代理规定于其中。

二、合同法应当发挥债法总则的功能

在我国民法典制定过程中,就是否设置债法总则,一直存在争议。1999 年的合同法是在统一了原有三部合同法的基础上所形成的内容完整、体系严谨的法律,这与传统大陆法系的债法总则仅将合同作为债的发生原因进行规定存在明显区别。由于在合同法体系形成以后,债法总则的内容大多被合同法总则所涵盖,如债的保全、债的变更与消灭等规则,都已被合同法规则所涵盖,所以,我国 2002 年的民法典草案(第一次审议稿)在第三编和第八编中分别规定了"合同法"和"侵权责任法",但并没有规定单独的"债法总则"。从立法机关目前的立法计划来看,似乎仍然采纳 2002 年民法典草案的体例,没有计划单列债法总则编。由于债法总则的一些规则不可或缺,所以,需要在民法典合同法编规定传统债法总则的规则,从而使合同法编发挥"准债法总则"的功能。我们建议,可以考虑在合同法编中单设"准合同"一章,重点规定不当得利、无因管理、悬赏广告等制度,同时,有必要在合同履行中规定多数人之债、选择之债等债的履行规则。

三、关于合同法的组织经济的功能

我们一般认为合同法就是交易法,它就是调整交易关系的,这个是非常正确的。合同法制定的时候我极力呼吁合同法要确定一个很重要的原则或者基本理念,就是鼓励交易。合同怎么能够发挥创造财富的功能?它就是通过鼓励交易的这种方式来发挥这样一种创造社会财富的功能。因此按照这样一个鼓励交易的精神,如果这个合同既可以被解释为有效也可以被解释为无效的时候,应该尽可能解释为有效,如果可以解除也可以不被解除的时候,尽可能使它不被解除。原因就是无效、撤销或者解除一个合同都是在消灭一个交易,合同法应该尽可能促成交易而不是尽量消灭交易。这样才有利于避免财产损失、浪费。促成更多交易就有利于社会财富创造。但是合同法在现代社会,特别是当代又出现另外一个发展趋势,即越来越注重发挥组织经济的功能。合同法组织经济的功能体现在它可以组织供给,也可以有效组织需求,并且可以有效促进供给和需求。这就是我们经常讲的产业链、上下游合同等等,这就是合同组织经济功能的具体体现。如果大家有兴趣的话可以关注 2016 年诺贝尔奖经济学获得者奥利弗·哈特以及本特·霍姆斯特朗,他们获奖的主要代表作就是关于合同的一部著作,这部著作的基本观点就是要解释合同在当今社会怎样能够更好地发挥在组织经济功能方面的作用,形成这样一种产业链的情况下,合同在这里面怎样发挥它的组织功能,保障产业链能够顺利地实现、形成。

正是因为合同法具有这样一种功能,所以合同法的许多规则也应该相应作一些调整,不能仅仅局限于调整交易关系,它还要调整一些能够发挥组织功能的合同,这样它的规则就要发生一些变化。比如长期以来我们把合同法仅仅定义在交易关系上、交易法上,所以我们认为合同法调整的合同主要是即时履行的,而且是双方对立的这样一种交易,有买方,有卖方。特别是以买卖作为最典型的合同法调整的合同关系的典型代表、典型的范式,买卖就是成为合同法规范的最典型的合同。正是因为我们一直把它看成交易关系,买卖就是最典型的交易。但是既然合同具有组织经济的功能,我们就要考虑合同法的规范对象不能仅仅限于这样一种对立的、即时的、及时履行的合同。我们还要规范特殊的合同,比如继续性合同,长期性合同,服务、劳务这些合同,这些合同可能不是一次性完成的,而是长期履行的,需要双方建立一种密切的协作关系。对于这些合同所适用的规则就不能完全按照一般交易规则来考虑,比如说,对继续性合同,双方甚至在一方发生违约的情况下,就不能仅仅根据我们合同法所确立的根本违约这个规则来解除合同,可能还需要双方坐下来进行协商、进行谈判,通过协商、谈判尽可能解决纠纷,而不是立即解除合同。因为长期合同更注重双方的协作义务。而这种协作义务,对长期合同来说不仅仅是要求债务人要负担,债权人也应该负有协作义务。这就是长期合同具有的特点。我们的合同法应当对这些特殊的具有组织经济功能的合同所具有的特殊功能、特殊规则也要作出规定,这一点可能是我们1999年合同法所欠缺的。

前不久到欧洲开了几次会议,我发现欧洲很多学者现在对组织经济的功能这一块有很多的研究,我非常受启发。合同法在今天确实发展得非常迅速,这就是现代市场经济发展的结果,同时对合同法也提出了一些新的挑战。

四、完善合同订立规则

首先合同法应该明确网络交易平台的法律地位。大家知道我们今天已经进入一个互联网时代,互联网深刻改变了人类生活方式甚至改变了我们的生产方式和社会组织方式。今天我们网购不仅在数量,而且在总量上、在规模上均居全球首位。据说"双十一"一天网购的交易额相当于有的国家全年的交易总额。所以联合国贸发会几次到中国来找我们讨论怎么样修改公约,其中就想增加有关网购的规则,他们认为在网购这一块上可能非常需要听取中国学者的意见。网购涉及的问题很多,我觉得最重要的一个问题就是交易平台法律地位的确定,究竟在我们合同订立里面它这个地位怎么确定,这的确是对我们合同法提出的新的挑战。我们知道P2P,在这样一种交易模式下,本来这些交易平台应该是信息平台,主要是为交易双方提供信息,处于类似于我们传统民法讲的居间人的地位,但是实际上现在很多交易平台已经突破了这个模式,有的直接提供资金,因为它们自己本身就有资金池,可以成为交易一方当事人,这样的话,平台的地位就不是简单的居间人位置了。还有的平台明确表示对交易双方提供担保,可能是以担保人身份出现。所以这类交易平台的地位究竟怎么确定,这个的确是我们今天合同法修改里面应该重点考虑的非常复杂的问题。

第二个问题,关于以实际履行方式订约的原则,这涉及合同法第36条规定。第36条确立要求当事人,如果法律规定以书面形式缔约的话,当事人就以书面形式缔约。问题在于实践中经常出现这样的情况,即当事人没有按照书面形式缔约,而一方已经实际履行义务,另一方已经接受了,这个时候这个合同能不能成立?因为实践中已经有大量案例,在我们制定合同法时这个问题引起了激烈争议,后来大家都认为从鼓励交易这个原则出发,尽管法律要求采用书面形式缔约,但是一方已经履行了主要义务,对方也接受,我们认为应当鼓励交易成立,承认合同成立。为什么承认合同成立?除了鼓励交易精神之外,还有一个重要考虑,这个时候已经形成了合意,因为我们认为订立合同就是双方当事人就合同主要条款达成了合意。如果一方当事人已经履行了合同的主要义务,就意味着他已经就合同的主要条款作出了一个要约。如果对方接受了合同义务的履行,那么就可以认为其完成了一个承诺。当事人以一个实际履行行为完成了一个合意,这样应该认为双方已经形成合意,成立合同,应该承认这个合同有效。但是第36条规定确实不太清晰,所以实践中法官掌握起来感觉非常困难。比如究竟什么是主要义务,怎么判断。这个问题经常发生争议。我们认为合同法未来修订的时候应该把主要义务判断以及具体的标准非常清晰地表达出来。主要义务涉及合同主要条款,应该根据我们刚才讲到的就主要条款形成合意,才能成立合同,根据合同的主要条款来判断什么是主要义务。这个主要条款的判断根据不同的合同的性质来分别确定,如果是买卖,可能主要条款是关于标的价金这样的条款,如果是租赁的话,可能是关于标的和租金的条款,等等。要根据不同的交易性质、合同的性质来分别判断,但是应该在法律上确立一个基本的标准,应根据主要条款的标准理论来确立这个规则。

第三个问题,关于合同订立的形式。按照合同法第32条,只要当事人签字或者盖章,这个合同就发生法律效力。问题在于,签字这个概念还需要进一步明确。实际上从两大法系规定来看,并不要求盖章。盖章是我们国家特殊的一种要求。国外是注重签字,你这个合同只要有签字就可以,这个合同就可以生效,无所谓盖章不盖章。但是我们认为从我们国家实际情况来看,就法人来说,不能仅有签字,还必须要盖章。因为仅有法定代表人签字,没有办法确定他究竟代表个人还是代表法人,所以应当有特别的要求,就是法人之间订立合同,原则上就必须要盖章。这样的话才能体现法人的意志,单纯的签字确实没法判断究竟代表个人还是代表法人。除了签字、盖章之外,按照司法解释规定,如果当事人按手印的也应该承认其具有和签字、盖章同等的效力,我们觉得这个规则也是可以纳入未来合同法里面去。

第四个问题,规定预约制度。预约在我们的合同法里是没有得到承认的。所谓预约就是当事人双方约定未来将要订立某个合同。当时感觉预约意义不是太大,所以合同法没有承认。但是在实践中,预约越来越重要,而且发生的纠纷也很多。在房屋买卖合同中,特别是期房买卖中,通常买受人不仅仅是签了认购书,还交付了定金。认购书或者意向书尽管名称叫认购书、意向书,但是里面条款实际上是预约的内容,尤其是当事人可能还交付了定金,另一方出卖人还接受了定金,实际上可以证明预约已经成立了。如果在法律上承认预约,对保护消费者非常有利,预约也是一种合同,尽管它的名称叫"意向书"。已经具备合同的基本条件我们就应该承认它是一种合同,如果不承认的话,在一方违约的情况下,比如开发商看到这个房子价格上涨,又一房数卖,如果不承认认购书或意向书是预约,对买受人救济只能是通过缔约过失责任来救济,缔约过失责任只是赔偿因信赖合同成立而支付的相关费用,所以它的救济、赔偿额非常有限。但是如果承认预约是一种合同,就应该按照违约责任承担责任,适用违约责任相关规定,这样可能对买受人、对消费者的保护是非常有利的。这个问题我们这么多年也在呼吁,从各国来看都是普遍承认预约制度,我们建议合同法应该完善这个制度。

最高人民法院意识到这个问题,所以在买卖合同司法解释里面第2条也承认了预约,但是我一直觉得第2条写得不是太清楚。第2条中"当事人签订认购书、预订书、意向书、备忘录等预约合同"的这种表述使得预约和意向书、预订书等等没有严格区分开,对设定一个预约究竟具备什么条件没有作出规定,这样使得规则很不清晰,我们建议在合同法中不仅要把预约制度确立下来,还要把预约成立的条件确立下来。当然还有更复杂的问题,违反预约以后能不能实际履行以及损害赔偿的范围这个问题也应该有相应的规定。

五、完善合同的履行制度

合同履行非常复杂,涉及问题也很多。但是合同法目前最需要完善的可能有这么几个问题。

第一个问题,利益第三人合同规则,这个规则在合同法中没有规定得太清楚。利益第三人合同主要指双方在合同中约定债务人向第三人去作出履行,比如我向你订购蛋糕,你要把蛋糕送到我朋友家里,这种情况在生活里经常出现,合同里明确规定债务人应当向第三人履行。运输合同,收货人也是利益第三人。保险合同受益人也是利益第三人。合同法第 64、65 条都涉及利益第三人。这两个条款最初是想按照利益第三人合同设计,但是后来对利益第三人合同感觉拿不准,所以最后表述的这两个条款就很不明确。在实践中,法官援引这两个条款的时候也感觉非常困惑,这两个条款的确是我们合同法上没有很好规定的两个条款,缺陷在哪?第一点,没有规定利益第三人的地位。两大法系普遍承认如果当事人双方在合同里明确约定了债务人应该向特定第三人作出履行,那么第三人首先可以直接向债务人请求履行。其次债务人没有对他作出履行或者履行迟延、有瑕疵的情况下,可以要求债务人承担违约责任。可以说,第三人有一个独立请求地位,这个地位在合同法中没有明确。恰好利益第三人就是需要有这样一个地位。第二点,利益第三人有权接受这个利益,接受这个权利,但是也有权拒绝。尽管双方约定要把蛋糕送给第三人,第三人可以明确向债务人或向债权人表示拒绝,一旦作出拒绝,可以直接生效。这个规则来自非常古老的罗马法,任何人只能给他人设定权利,不能设定义务。虽然给了我权利,但是我认为对我没有好处,我也可以抛弃,也符合合同法理念。但是我们合同法没有表述出来。第三点,在第三人可以独立向债务人请求履行的同时,债务人不能承担双倍责任。债务人要么向第三人履行,要么向债权人履行,不能向两个人做双倍履行,这个规则在我们合同法第 64、65 条也没有明确,这的确是我们非常需要完善的一个规则。

第二个问题,要完善清偿抵充规则。债务人对同一个债权人承担了多项债务,履行的内容是相同的。比如我欠了债权人三笔款,但是在三个合同里规定的利息可能是不一样的,规定的迟延履行违约金也是不一样的,可能第一笔款利息高,第二笔款利息低,第三笔款甚至没有利息,这个时候我只有 1000 万元,但是三笔涉及 3000 万元,我这1000 万元究竟应该清偿三笔中哪一笔,这个对债权人、债务人的利益来说是完全不一样的。拿 1000 万元偿还没有利息的这一笔,对债权人来说可能就更有利。但是如果我拿 1000 万元冲抵利息高的这一笔,这个对债权人来说损失可能更大,更有利于保护债务人。究竟应该冲抵哪一笔,如果当事人有特别约定,这个没有问题,直接按照当事人约定。但是问题是实践中经常没有这种特别约定。在没有特别约定的情况下，各国法律规定普遍承认这个时候可以由债务人特别确定。他在履行的时候可以特别确定说我就是单独清偿哪一笔，这个有利于保护债务人。但是这个规则我们合同法没有确定下来，最重要的是如果债务人也没有确定，最后按照什么规则履行？这个就是清偿抵充要解决的问题。最高人民法院司法解释也作了规定，总体感觉司法解释这个规定总体还是可以，当然有些地方还需要完善，我们建议将来可以考虑把这一款纳入未来合同法里，这个还是很重要的。

第三个问题，代物清偿。它的意思就是，本来合同规定是要交付价款，债务人说没有钱，能不能以提供劳务的方式来代替价金的支付，如果债权人同意，其他的履行代替原合同的履行，这种情况就是代物清偿。代物清偿经常被误解成以物的交付代替清偿，其实不是，而是以其他给付代替原来合同履行。这个大家看起来好像很简单，以新的履行代替原来合同履行，只要债权人同意不就可以吗？应该说这个问题不是很复杂，但是实践中非常容易发生争议。发生争议的原因在哪？会发生什么样的争议呢？如果债权人同意按照新的债务履行，以后若债务人出现债务不履行或者不完全履行行为，这个时候债权人究竟应该要求他继续履行原来的债务还是应该要求他履行新的债务？这个问题经常发生争议，这就是我们代物清偿这个规则需要解决的一大难题。大家可以看一下最高人民法院公报的一个案例，在那个案例里确立了规则，这个规则确立还是正确的。在代物清偿情况下，如果新债务没有履行的话，原债务并不发生消灭，这个时候债权人可以请求他继续履行原债务，也可以请求他履行新债务。这个规则我们觉得还是有道理的。一般认为，代物清偿是一种实践性合同，实践性合同已经履行，合同才消灭，若没有履行完毕，原债务还继续存在。

第四个问题，关于合同的保全制度。这就是经常讲的代位权、撤销权的问题，合同法第一次规定了代位权、撤销权，但是遗留了很多问题没有规定。司法解释就填补了很多关于代位权、撤销权的空白，但是司法解释作出的很多规定还需要进一步的探讨。争议很大的问题就是代位权里面债权人在行使了代位权之后，因为行使代位权所取得的财产究竟怎么分配，从学理上或者从比较法上看有各种学说，如债权人平均分配、入库原则（就是行使了代位权，获得的这个财产先放到法院这里，等法院把债权人查清楚了，再来进行分配）。最高人民法院确立的规则是代位权人优先受偿，认为谁行使代位权，所获得的财产就归谁。这个考虑也有道理。在制定司法解释的时候我也参与了讨论，我觉得优先受偿不是使代位权在性质上发生变化，代位权本质上就是债权组成部分。合同债权除了请求权之外，还产生了一个重要的内容，就是代位权。代位权本身是债权的组成部分，性质仍然是债权，这是毫无疑问的。如果代位权人行使代位权后，就优先受偿，这个性质上不是债权了，是物权，一旦拥有优先权的话，可以优先其他人受偿，性质就发生改变了，不再是债权了。当时我提出这个问题，司法解释制定者提出：代位权之诉也是很辛苦、很费神的，如果大家平分，谁还愿意提起代位权诉讼？再者其他债权人也没有干什么事，怎么可以免费搭车呢？你想要也可以提起啊，别人费事提起诉讼后再分你，这不是免费搭车吗？

所以他们认为谁提了就应该归谁。但是这个规则产生之后也一直受到批评,很多人认为突破了债权平等原则,而且改变了代位权的性质。未来我们合同法究竟应该怎么规定,这个可能真的需要探讨,但是我个人比较倾向于平均分配说。另外,确实要特别考虑到债权人平等主义是合同法应该遵守的一个非常重要的原则,这个确实不能改变。

六、规定情事变更制度

1999年合同法制订时争议很大的一个问题就是要不要规定情事变更制度,我记得当时李鹏委员长还专门召开合同法制订的讨论会,其中重要议题就是要不要制订情事变更制度,争议非常激烈。最后合同法否定了这个规则,理由是什么? 主要觉得我们合同法基本的精神除了鼓励交易,还有严守契约精神。这也是构建市场经济体系的基石。只有严守契约才有市场经济的秩序,这是非常正确的。一旦规定情事变更,就可能会使一些法官把一些正常的商业风险也当成情事变更,最后宣布解除、变更合同,这样就会破坏契约严守的规则。当时特别考虑到原材料价格经常上涨、下跌,如果这样合同就被解除,合同法贯彻的严守契约就不存在了。当时也有人说中国法官素质还不太高,怕把握不住情事变更精神,这也是一个理由,出于对法官的担忧。但近20年来,两大法系一个非常重要的发展趋势就是几乎普遍承认情事变更,这是一个很有意思的现象。最初德国法一直否认,结果在2000年债法修改的时候,增加了情事变更。法国民法典坚持否定情事变更,认为违约只有一个免责事由,就是不可抗力,不存在其他的事由能够导致合同法定的被解除,所以法国法曾经认为否认情事变更是法国民法典一大特色,但是就在前不久法国修改了债法,其中一个重要改变就是增加情事变更制度。而且很有意思,法国民法典可以说比其他很多国家的民法改得更彻底,放得更开。英美法承认这一规则,商事合同通则都承认情事变更。

从我们国家实际情况来看,合同法没有承认情事变更已经给法院适用法律带来很大麻烦,特别是2004年"非典"的发生,导致了很多合同不能履行。但是无法将"非典"解释为不可抗力,那究竟是什么? 法律上没法解释,如果不承认情事变更的话,"非典"导致合同不能履行怎么处理? 这确实给法官带来了极大的适用法律困难。因此,合同法司法解释(二)第26条承认了这个规则,可以说是对现行合同法的一个重大突破。也有人批评最高人民法院没有权力直接创设规则,本来合同法已经拒绝的东西,怎么司法解释就写进去了,但是我们觉得最高人民法院作出这个规定还是必要的。虽然最高人民法院作出了这样一个规定,但是规定得还很不完全,很不清晰,这里面有很多问题非常值得探讨。

第一个问题就是怎么样区别情事变更和商业风险,区分的标准究竟是什么。这个在司法解释里没有表述出来,这一点恰好是法官现在在实践中非常需要解决的问题。因为这个问题不解决,情事变更很可能被滥用。所以合同法一定要明确这两者之间的界限。我个人认为,可能主要还是从可预见性的程度来考虑,因为情事变更很难预见,商业风险相对来说预见程度高一点。从影响的范围来看，商业风险可能只是对个别交易产生影响，而情事变更可能是对一系列交易产生影响，它影响范围更宽泛。从是不是能够有效防范来看，情事变更通常可能被预见到，但是因为它是对系列交易产生影响，个人很难防范它，但是对交易风险就可以采取措施防范，有时候预见到了，你完全可以在合同里设置有关如何规避交易风险的条款来防范它，这就是律师应该做的事情。另外可以从是否和收益联系在一起这一角度来区分，商业风险常常和收益联系在一起，收益越大，风险越高，但是情事变更不是这样的，不是跟收益联系在一起的。这样的问题可能还有很多。这些区分标准使我们尽可能找到可以把两者界分的一个合理的标准。

第二个问题就是要规定当事人负有继续协商谈判的义务。这是一个大变化。合同自由首要的内容就是谈判自由。当事人有权谈判，也有权终止谈判，这是合同自由的基本内容。但是今天这个合同自由要受到限制了，在情事变更这个问题上各国都规定了一个原则，发生了情事变更之后不能立即解除合同。这是鼓励交易原则的体现，也就是说，首先法律要求当事人必须先谈判协商，谈判协商怎么通过变更来消除情事变更的影响，也就是说能够变更的尽量变更，而不要轻易解除合同，怎么设立一个对双方更合理的条款来使这个合同得到更好地履行。这个可能就是情事变更在今天对当事人一个特别要求的规则。我们回到前面讲的合同法在今天具有组织经济的功能，其中一个重要表现就体现在这里，为什么要求当事人继续协商谈判，就是因为一个合同被解除了，可能导致一系列合同都会中断。现在各方面已经形成一个产业链，其中一个环节断了，其他环节都要相应发生一系列变动，在这种情况下尽可能使合同不要中断，不要被轻易解除，即便发生了情事变更，法律还是要求当事人如果能够通过变更协商谈判，通过变更方式解决问题的话，尽量通过变更解决，而不要去终止合同。

第三个问题关于情事变更的效力。发生情事变更之后，如果协商谈判不成，最后合同被变更和解除，那么谁来决定合同变更和解除？对此，两大法系完全不一样，有的国家认为这个时候尽可能由当事人来确定。但是法国法的规定很有意思，今年2月份他们通过对《法国民法典》的修改，他们在这一点上的规定是如果当事人无法通过协商谈判来确立究竟是变更还是解除的话，最后由法官来决定是变更还是解除。把变更解除权力完全交给法官。这个规则现在受到了很多人的批评。很多人认为如果当事人双方不能协商变更或者解除的时候，还是应该尽可能去变更，但是你要完全交给法官，可能那就是法官愿意变更就变更，愿意解除就解除。最后本来一方是积极主张要变更的，另一方要解除，这时候你非要解除它，至少和一方当事人意志完全违背，而且不一定有利于鼓励交易。所以当时我跟《法国民法典》的起草者讨论这个问题，我说，这样完全由法官想怎么裁怎么裁，是不是合适？他们解释说，法律上这样规定有好处，一个最大的好处就是可以形成倒逼机制，逼着当事人必须谈判解决。谈判不了最后由法官决定了，法官决定就可能结果不一样了，所以当事人还是会坐下来好好协商，这样规定后，效果还不错，当事人一般不愿意法官裁决，能够自己协商的，基本上都协商解决了。这个规则还是很有意思，倒逼规则对我们还是有些启发，是不是我们的合同法也可以采纳这个规则，确实值得思考，值得研究。

七、妥善协调不安抗辩和预期违约之间的关系

我们的合同法采取了混合继受的方式,借鉴了两大法系经验,大陆法规定的是不安抗辩,英美法规定的是预期违约,我们把这两个制度结合在一起,形成很独特的制度。这个制度在合同法第68、69条等条款都有体现,我不一一列举了。我在这里简单解释一下这两个制度究竟是什么意思,合同法是怎么结合的。比如说我要去买房,合同明确规定了要在明年3月交房,我已经交了首期房款,现在已经到12月份了,开发商又来一个函,要我交第二期房款,我到工地一看,房子地基还没有打,这样我就感到不安了,这就是不安抗辩要解决的问题。到明年3月交房,现在12月份地基还没有打,我把这个款打给你,你能保证按时交房吗?如果交不了,房款不是完全损失了吗?这个时候怎么办?大陆法规定了不安抗辩制度,出现不安情况的时候只要符合法律规定的情况就有权拒绝对方请求,这就是合同法第68条的规定,全面引进大陆法不安抗辩权,只要形成了对当事人的不安,就可以拒绝履行。第68条规定了如果对方出现经营情况严重恶化、转移财产、抽调资金、丧失信用等等情形,当事人就有权拒绝履行债务。但作出拒绝履行之后,下一步怎么办?毕竟已经交了首期房款,我还是希望要到这个房子,如果按照大陆法不安抗辩制度,我拒绝履行了,我交了首期房款怎么办呢?而且我怎样才能得到这个房子?不安抗辩解决不了,它只给了我继续履行的这个权利,没有给我保证对方履行的机会,也没有给我救济。英美法往前走了一步,它规定了预期违约制度,这种情况下,你可以给他发一个函,这个函明确规定在合理期限(通常一个月)内必须有合同履约担保,保证明年3月可以交房。或者一个月内,让我看到对方有恢复履约的能力。美国《统一商法典》就规定了一个履约担保,这个履约担保不一定是财产抵押,也不一定非要请一个保证人,各种形式担保都可以,只要有助于让债权人消除对履约的不安。但是如果在一个合理期限内,没有提供这个担保,或者提供的担保当事人认为不足够,不能自己的不安,这种情况下就构成了预期违约。为什么称为预期违约,就是因为履行期还没有正式到来,没有提供·个足够担保消除不安,所以就构成了违约。按照英美法规定可以解除合同,还可以要求对方承担违约责任。这就把大陆法不安抗辩没有解决的问题给解决了。所以我国合同法制订者在当时比较这两个法律制度,就觉得仅仅采用不安抗辩是不够的,必须把两者有效衔接起来。这样就形成了我们今天合同法第68、69条,全面地把两个制度的优势、优点结合起来了,这可能是我们合同法的独创,我个人认为合同法在这一点上的确很有特色,从实践来说效果也很好。

但是我们的规则写得还是不完善,最大一个问题就是关于违约解除的问题。合同法第94条第2款的表述就是当事人一方明确表示或者以自己行为表明不履行主要义务,可以解除合同。所谓以自己行为表明本来就是表明预期违约,这个时候可以解除合同,但是因为文字上表述为以自己行为表明,很多法官看不明白,律师也觉得不太理解,所以执行涉及这个问题时,判决就五花八门了。有的法官理解以自己行为表明就是你必须表明已经完全构成了违约,明确无误构成了违约才能解除合同,有的理解按照预期违约理解,你

没有提供一个足够的担保,构成预期违约就可以解除合同,还有其他解释等。我建议未来合同法里面应该对第 94 条进行修改,就是把它和预期违约制度结合起来,将以自己行为表明明确规定为构成预期违约。构成预期违约就是首先达到了不安抗辩条件,在此之后没有在合理期限内提供足够担保,也没有在合理期限内恢复履行能力,如果具备这两个条件就构成预期违约,这样的话就可以解除合同。这就把两个制度和违约解除都衔接起来,非常清晰,而且构成一个完整的整体。

八、完善合同解除制度

这是合同法确实需要解决的很复杂的问题。第一个问题,合同解除的溯及力问题。合同解除以后,究竟能不能溯及既往,究竟能不能要求恢复原状,还仅仅只是向未来发生效力,今后的不再履行了? 究竟合同解除的效果是什么? 合同法第 97 条规定得不清楚,有的可以溯及既往,有的只能对将来发生效力。似乎合同解除后两者都可以,法官根据具体情况考虑,这样一来完全把这个问题交给法官判断,如果法官判断得好,那是非常好的。但是问题是本来不应该溯及既往的,你非要溯及既往,这样就非常麻烦。我们建议将来有必要对合同进行分类,有一些合同例如交付物的合同还是应该溯及既往,合同解除了,特别是因为违约解除的,非违约方就有权请求,已经履行的要求返还原物,但是对于提供劳务或者一些继续性的合同,就不能够恢复原状,事实上也不可能,特别是对技术合同不能恢复原状,只能是将来不能履行。因此,有必要把这个问题规定得更加清晰。

第二个问题,合同解除的条件,主要涉及对根本违约的表述。合同法引入了公约关于根本违约的规则。这是一个非常大的进步。大家知道 1981 年经济合同法规定任何违约都可以导致合同解除,哪怕是轻微的违约都可以构成解除,比如说交货迟延了,哪怕迟延了一天,对当事人没有什么影响,非违约方也有权解除合同。在这一点上,经济合同法的规定显然是不正确的。《联合国销售合同公约》引入根本违约的概念,规定只有违约造成一方重大损害,而且导致合同目的不能实现,才能够解除合同,轻微违约不能导致解除合同,我国合同法根据公约规则采纳根本违约概念,对解除条件作了非常细化的规定,但是表述根本违约的时候还是表述不明确。第 94 条只是简单提到了"不能实现合同目的"几个字,而没有把公约整个借鉴过来,对要件规定得不清晰,也导致实践中一些法官在判断这个违约解除的时候对根本违约这个标准掌握得还是有些问题。我们建议应该把根本违约概念表述得更加清晰、明确。

第三个问题,关于相关的解约规则的进一步细化。第一点,谁有权解除合同? 实践中确实有两种观点,一种观点认为只有守约方有权解除合同,违约方无权解除合同。但是《最高人民法院公报》2006 年第 6 期"关于新宇公司诉冯玉梅商铺买卖合同纠纷案",这个案件确立了违约方也可以解除合同。这个案件引发了争议,我们也查了相关案例,违约方本来违约了,但是不愿意合同继续履行,提出解除,法官也支持了这个请求。这就涉及英美法中一个很重要的规则——禁反言规则,它也是根据诚信原则设定的,这个规则含义比较多，其中有一个很重要的内容就是违约一方不能主张救济，也不能主张解除，导致合同无效一方也不能主张合同无效。比如欺诈，欺诈一方不能主张合同无效或主张撤销合同，这就是禁反言规则。如果违约方可以解除合同，欺诈方也可以宣告合同无效，这就违反了诚信原则。如果这么理解我们认为违约方也无权解除合同，特别是考虑到解除合同是一件非常重大、非常严肃的事情，允许违约方解除合同，意味着一定程度上鼓励违约。违约了还可以要求解除合同，这个社会效果是非常不好的。我们希望在合同法中明确规定违约方无权解除合同。第二点，解除权的行使一旦发生异议，已经具备了解除的条件，向对方主张解除，但是对方提出异议，不同意解除，这个时候怎么办？我们合同法确实没有写清楚。有的人认为一方要求解除，对方不愿意解除，这个合同就当然解除了。实际上不能这么理解。对方提出异议的话，表明双方已经就解除权行使发生争议，发生争议的情况下只能起诉至法院解决，而不能认为合同已经当然解除。在这一点上我们合同法没有表述清楚。第三点，要区别解除权的行使和附解除条件的合同，这是两个不同的概念。大家知道，民法通则中专门规定了法律行为可以附条件，条件一旦成就法律行为即解除，但是我们合同法承认当事人可以约定一个解除权，这两种情形在实践中经常混淆。其实这是两种不同的制度、不同的概念，我们要把它们更清晰地区别开来，这是我们合同法将来应该规定得更清晰更明确的问题。这个区别主要在于，在附解除条件合同里面，只要条件成就，合同当然解除，这个时候不需要行使解除权，合同就解除了，这是附解除条件合同产生的效力。但是如果双方约定将来一旦出现某种情况，可以解除合同，这只是给予一种权利，还必须实际行使这个权利，才能导致合同解除。如果没有实际行使，没有作出通知，这个合同还继续有效。这是很重要的区别，这一点也是将来合同法应该完善的重要内容。

九、完善违约责任规则

第一个问题，要把预期违约两种形态规定得非常清晰。现在合同法第 108 条提到了预期违约的规定，但没有明确表明这两种形态基本的构成要件和区别。这个预期违约就是我们讲的在履行期到来之前发生的违约。履行期到来之前发生的违约有两种情形：一种是明示的，就公然表述我不履行了。这样可以导致合同解除。第二种是默示违约。例如，不安抗辩情况下，当事人要求提供担保，对方没有及时提供担保，也没有恢复履行能力，就构成了默示违约。不但要对这两种情形加以区别，而且要把不同要件规定得非常清楚。这两种都会导致即使履行期没有到来也有权主张违约救济，要求违约方承担相应责任，也可以要求解除合同。

第二个问题，完善可得利益赔偿制度。实践中可得利益赔偿适用得很少或者法官不敢用，仲裁中还用得相对较多，但是法院用得非常少。完善这一制度首先需要梳理完全赔偿的理念，合同法违约救济还是应该以补偿当事人履行的利益损失为基本理念。违约的救济应当使非违约方获得在合同得到履行的情况下的全部利益。这个理念应该树立起来，现在违约救济只要觉得差不多了，多多少少给一些就可以了，好像赔多了有的时候反而不忍心，经常不敢赔。可得利益损失在我们合同法中仅仅提到几个字，没有非常完备、明细的规则。所以未来解决这个问题，合同法应当明确规定可得利益损失范围、可得利益损失计算标准、可得利益损失排除规则等等，把这些规则写清楚才有可能让法官准确适用可得利益赔偿规则。

第三个问题，精神损害赔偿的问题。确实，不少国家在民法、债法里面已经逐渐引入精神损害赔偿。包括现在欧洲合同法原则学者建议稿，也都考虑引入精神损害赔偿原则。但是在这个问题上我个人倒是觉得还是应该慎重。原则上我个人一直到现在还是主张合同法违约救济不能赔偿精神损害。侵权责任法制定的时候，当时第 22 条我极力建议要加上"侵权"两个字，发生精神损害赔偿前提是必须构成侵权，只有侵权才能救济精神损害，违约原则不救济。原因是合同本质上还是一个交易，不能通过违约救济而使非违约方得到本来通过这个交易不应该获得的利益。精神损害赔偿就是这样，比如有人欠了我的钱，欠了 100 万元不还，我也因此精神非常痛苦，晚上睡不着觉，我去告他的时候，是否可以要求不仅要还 100 万元本金，还要赔偿 100 万元精神损害费用？如果是这样的话，就破坏了交易法则。只能支持赔偿利息，精神损害赔偿不是从交易中应该得到的好处和利益，如果也得到了，可能就破坏了这个交易。当然有人说可能一些特殊的交易像旅游合同，不履行合同例如合同规定应当去的景点没有去，造成我的精神损害，可以要求精神损害赔偿。的确国外有的国家法律明确规定在旅游合同里可以有赔偿精神损害的条款，我同意这一观点。只是特殊合同可以做这个规定，而一般合同违约责任不能确定这样的规则。

第四个问题，继续履行和损害赔偿之间关系处理的问题。这个我简单说一下。现在合同法只是允许各种救济完全由非违约方选择，这个是有好处的，也保护了非违约方的利益。问题是如果非违约方本来可以选择继续履行，他选择一定要赔偿损失，如果能够履行而又不履行，非要我赔一笔钱给你，产品已经造出来你又不要，可能造成损失和浪费。合同法有没有必要对补救的选择作出一定限制，这就涉及继续履行和损害赔偿的相互关系。有一些国家明确规定能够履行的先继续履行，也有的国家规定完全由非违约方来选择，究竟哪一种模式好，还值得我们进一步讨论。

第五个问题，约定违约损害赔偿制度。这个问题主要就是我们合同法没有规定法官是否可以对约定的过高或过低的违约损害赔偿作出一定调整。所以在一些案件里面法官不知道有没有这个权力进行调整，合同法只是规定了违约金可以调整，但是约定违约损害赔偿没有规定。我们建议可以准用违约金调整规则，可以对约定违约损害赔偿适当进行调整。

第六个问题关于违约金责任规则。现在完全把违约金当成一个补偿性的角色，这个可能也是有问题的。因为在迟延履行情况下可能违约金还是有一定惩罚性作用的，如果完全按照补偿性的功能发挥作用，稍微高一点就要调整，这个可能还真不利于对非违约方特殊救济。

民法典"物权编"能否"浴火重生"?

张　谷[*]

我之所以想针对民法典"物权编"来发表意见,是因为目前的物权法系建立在"城乡二元"的土地归属和土地利用制度基础上,存在着重大的局限,不能满足市场经济发展的需要,绝不能经过简单的修修补补,就"变身"为民法典的"物权编"。为此,主要谈四点意见:第一,物权法的重大局限是什么? 第二,物权法的重大局限是如何形成的? 第三,当下农村土地制度改革为什么无法根本扭转局面? 第四,有没有解决之道使得物权法得以"浴火重生"?

一、物权法的重大局限是什么?

民法典编纂工作正在按部就班、紧锣密鼓地进行。按照全国人大常委会法工委的意思,民法典编纂工作采取"两步走"的工作思路:第一步,编纂民法典总则编,有望在 2017 年 3 月完成所有的立法程序;第二步,编纂民法典各分编,拟于 2018 年上半年整体提请全国人大常委会审议[1]。因此,在不久的将来,现行的物权法势必要作为"物权编"纳入民法典当中去。但是物权法能否原封不动纳入民法典里面,本身就是个问题!

为什么这样讲? 我个人以为,目前的物权法存在重大的局限。一言以蔽之,物权法的重大局限在于物权法上存在"城乡二元"的两套用益物权。也就是说,物权法上关于各种用益物权的规定,实际上是"披着羊皮的狼",是土地管理法的"物权化表达",是以用益物权的外衣粉饰装扮起来的土地管理法上的管制规定。这样的物权法当然是不符合市场经济发展需要的。

对物权法的这种评价是否过甚其词了呢? 我们不妨先看一下中国物权法存在的一些难以解释的"特殊现象"吧!

(1)为什么物权法上各种用益物权(除地役权外)的客体表述,都没有采取笼统的"不动产"的表述,而是采取精确到特定权属(即归属于国家所有或者集体所有)和特定用途的

---

* 浙江大学光华法学院教授,法学博士。

〔1〕 参见李适时 2016 年 6 月 27 日在第十二届全国人大常委会第二十一次会议上"关于《中华人民共和国民法总则(草案)》的说明"。

各种"土地"的表述？ 例如：第 124 条 2 款规定,农民集体所有和国家所有由农民集体使用的耕地、林地、草地以及其他用于农业的土地,依法实行土地承包经营制度;第 134 条规定,国家所有的农用地实行承包经营的,参照本法的有关规定。又如,第 135 条规定,建设用地使用权人依法对国家所有的土地享有占有、使用和收益的权利,有权利用该土地建造建筑物、构筑物及其附属设施;第 151 条规定,集体所有的土地作为建设用地的,应当依照土地管理法等法律规定办理。再如,第 152 条规定,宅基地使用权人依法对集体所有的土地享有占有和使用的权利,有权依法利用该土地建造住宅及其附属设施。

(2) 为什么物权法对以法律行为方式引起的不动产物权变动,一方面采取登记生效原则(第 6 条、第 9 条第 1 款),另一方面却又广开例外,有既有原则和例外颠倒之势？ 例如,物权法规定,集体农用地上的土地承包经营权自土地承包合同生效时设立,登记充其量是对抗要件(第 127 条、129 条);农村集体所有土地上的宅基地使用权是在农户申请、行政审批后,逐宗按户丈量发放的,这里(谈不到法律行为)更谈不到登记生效的问题(物权法第 153 条,2004 年 11 月 2 日国土资源部《关于加强农村宅基地管理的意见》);地役权自地役权合同生效时设立,当事人要求登记的,可以申请登记,未经登记,不得对抗善意第三人(第 158 条)。如此一来,真正遵行登记生效原则的主要是：国有建设用地使用权的出让、转让、抵押,城市商品房转让、抵押;乡镇、村企业的建设用地使用权与其上的厂房等建筑物一并抵押,通过招标、拍卖、公开协商等方式承包荒山、荒沟、荒丘、荒滩等农村土地(四荒地承包经营权)等。

(3) 为什么在物权法上农村集体土地,尤其是以农村集体经济组织成员资格为前提的农用地承包经营权、宅基地使用权,原则上都不可以向本集体经济组织以外的其他集体经济组织成员或者非集体经济组织成员转让或为其他处分(即外部流转之排除)？ 这些权利究竟是不是物权,抑或是某种其他性质的权利？

上述"特殊现象"说明什么问题？ 第一,土地公有的背景下,土地不允许成为私人所有权的客体。在物权法制定过程中,德国著名民法学家沃尔夫(Manfred Wolf)教授,在《中华人民共和国物权法(三审稿)说明及评论》一文中,一针见血地指出："应当澄清本法意义上的不动产是什么……按说是土地,不过,土地属于国家和集体所有,所以不太可能是指土地。或许是指对于土地的权利,也包括根据此类权利建造的房屋和其他建筑物。"[2]。就土地而言,作为私人物权客体的只能是土地上的权利。有意思的是,我国目前的教科书里面,几无例外地把土地列为物权的最重要的客体。但是,这种客体只是对国家和集体有意义,对于私人来讲,有意义的恰恰是土地上的权利,而不是土地所有权本身。第二,用益物权体系不是建立在统一的不动产概念的基础上,而是按照土地管理法所确定的两类归

---

〔2〕 Es sollte geklärt werden, was unbewegliche Sachen im Sinne des Gesetzes sind. ... An sich sind es die Grundstüke. Diese stehen aber im Eigentum des Staates und der Kollektive. Sie können kaum gemeint sein. Es sind wohl die Rechte an Gründstücken, aber auch die Häuser und Gebäude, die aufgrund solcher Rechte erbaut werden. 参见高志新:《中华人民共和国物权法——立法进程资料汇编》,中国政法大学出版社 2010 年版,第 232 页(对应的德文,见第 681 页)。

属、七种用途的土地来架构的。这样架构起来的用益物权体系就存在着"城乡二元"的土地利用制度上的差别。物权中最为核心的是不动产物权,不动产物权中最要紧的无疑是土地权利,因此物权法上关于土地权利的设计一定绕不开土地管理法。我国的土地管理法是1986年颁布的,虽几经修订,但其基本精神在于坚持土地公有,落实宪法上的"城乡二元"的土地归属制度,建立"城乡二元"的土地利用制度,建设用地原则上由国家供应,以保证国家对土地收益的独占。正因为土地管理法对两类公有土地的差异化处理,阻断了农村集体土地权利商品化的道路,连带地导致在土地管理法基础上所架构起来的物权法并不能够面向未来,并不能够符合市场要素配置的需要,存在着重大的局限。第三,农村集体经济组织的地域化,农民对农村集体土地权利的成员权化,进一步限制了土地权利的可转让性,稳定有余,活力不足。总之,物权法上的这些"特殊现象",都可以归结到一点,就是"城乡二元"的土地结构。

要知道,物权法的"城乡二元"的特点不是孤立存在的。我曾经说过,中国的物权法至少有三个必须把握的特点:第一,"公私兼摄"的物权法。公私兼摄,表现在物权的主体、物权的客体乃至于物权的保护方式上,结果是物权法中呈现出公法和私法交织的现象,而且这样的交织是大规模、结构性的。第二,"城乡二元"的物权法。城乡二元,表现在根据城市国有土地和农村集体土地,物权法上配置了两套用益物权。其中,在农村集体土地上建立起来的所谓的用益物权,实际上都是不可以自由转让的,都是非市场化、非商品化的权利。第三,"房地分别主义"的物权法。也就是说,房屋不是作为土地的重要成分,而是作为有别于土地的独立的不动产。这样处理,虽然不是逻辑上的必然结果,但委实可以理解。试想,在土地公有条件下,倘若采取"房地一体主义",那么私人哪里敢在公有土地上建房呢?其实,公私兼摄、城乡二元和房地分别主义有着紧密的内在联系,这些特点都是中国物权法的重大局限,所以准确地说,"城乡二元"的土地利用制度只不过是物权法的重大局限之一。此处只谈论"城乡二元"的问题,其他两个特点就不展开说了。

二、物权法的重大局限是如何形成的?

"城乡二元"这种局限性,其产生根源何在,又是如何形成的?这是我想谈的第二个问题。

物权法的这种最大的局限性——"城乡二元"的土地利用制度产生的根源就在于,我们国家的土地公有制和公有制下的"城乡二元"的土地归属制度。1949年以来的土地制度变迁非常复杂,概括来讲就是八个字——"化私为公,分途演进",就是土地从私有变为公有,城市土地和农村土地的公有化乃是分途演进的。农村土地一度私有,历经初级社、高级社和人民公社,最后农村土地成为公有,采取集体经济组织成员集体所有的形式。至于城市土地,"八二宪法"中明确规定"城市土地归国家所有",对城市私人的房基地采取断然的国有化。希望像苏俄一样,对全国范围内的土地实行单一的国家所有,这是彭真同志在"五四宪法"制定时就努力争取(当时被否定)、在1982年最终成功写入宪法的制度。但是彭真同志的想法也只是部分地得以实现。因为当时考虑到历史传统、农村的实际情况，也考虑到财政和管理上的困难，农村的土地仍然为集体所有。由此就形成了土地公有，在公有当中又包括了"城乡二元"的土地归属制度。

这种"城乡二元"的土地公有制度，在土地无偿划拨的情况下，应该说问题并不很突出。但是，近30多年来，随着对内改革对外开放的不断推进，土地有偿使用制度改革、住房商品化改革纷纷开展，土地越来越抢手。围绕着土地收益，国家和集体之间展开博弈，通过"看得见的手"，最终这场博弈以土地的国家所有战胜土地的集体所有而告终。如此一来，集体的土地所有，权能萎缩，城乡土地价差、近郊和远郊农村土地价差，不可以道里计，造成严重的社会问题。

首先，为了搞活国有企业，在改革过程当中，内地引进外资和港澳台资金，鼓励举办合资企业。内地拿什么出资？香港商人告诉我们，内地可以用土地使用权来出资。在土地公有、城市土地国有的情况下，何必总是"抱着金饭碗，到处要饭吃"呢？于是我们借鉴我国香港地区和新加坡的土地批租制度，城市土地开始有偿使用，随即遭遇到宪法上的障碍，因为"八二宪法"第十条第四款中明确规定"任何组织或者个人不得侵占、买卖、出租或者以其他形式非法转让土地"。1988年宪法第一次修正，宪法修正案的第二条把"八二宪法"第十条第四款中的"出租"两个字拿掉了，于是我们就可以名正言顺地实行土地有偿使用制度。

其次，在落实宪法修正案的过程中，国家利益至上的观念作祟，歪嘴和尚把经也念歪了。宪法修正案第二条的表述及其含义，长期以来被立法机关、政府和法学界所忽视。①在实行土地有偿使用制度改革的时候，按照宪法修正案第二条以及"八二宪法"第十条，允许有偿使用的所谓"土地"并没有限定于国有土地，文义上当然及于农村集体土地。②土地管理法颁布于1986年，到了1988年不得不修订，以符合宪法修正案的要求。其中第二条第二款修改为："任何单位和个人不得侵占、买卖或者以其他形式非法转让土地。"第二条同时增加两款，作为第四款、第五款："国有土地和集体所有的土地的使用权可以依法转让。土地使用权转让的具体办法，由国务院另行规定。""国家依法实行国有土地有偿使用制度。国有土地有偿使用的具体办法，由国务院另行规定。"按照修改后的土地管理法第二条第四款的规定，宪法第十条第四款可出租（即可有偿使用）的土地，并不限于国有土地，彰彰明甚，无可置疑。结合第二条第四款和第五款来看，立法机关或许有意就国有土地有偿使用先行试点，集体所有的土地有偿使用的具体办法再相机行事，谋定而后动，但无论如何国务院不可以无所行动。③1990年国务院颁布《中华人民共和国城镇国有土地使用权出让和转让暂行条例》。该条例在落实宪法修正案和1988年第一次修正后的土地管理法时又"缩水"了，打了"折扣"，即只适用于城镇国有土地使用权，对农村国有土地使用权和农村集体土地使用权却未予规定。从此，农村集体土地使用权如何有偿使用，没有相关的国务院条例，没有具体的办法。换言之，宪法修正案的规定一半付诸实施，一半束之高阁。于是，农村集体土地有偿使用的实践便处在一种晦暗不明的诡异状态：有根本法上的依据，却无具体可依的办法。

再次,20世纪90年代后期实行住房商品化改革,拓宽了土地有偿利用的空间,土地的价格被不断推高。地方政府从推高的地价中得到了实实在在的好处,也因此产生了所谓的"土地财政"问题,地方政府往往满足于对以土地为基础的信用透支,饮鸩止渴。1998年土地管理法的再次修订更是起到了推波助澜的作用。此次修法的重点,一方面将土地管理方式由以往的分级限额审批制改为土地用途管制制度,强化土地利用规划和年度计划的效力。这固然对农用地尤其是耕地保护有利,但是也彻底阻断了农村集体土地进入市场的通道。另一方面,任何建设项目需要使用土地,即使是需要使用耕地,都必须向国家申请,由国家出面征收后,再行出让建设用地使用权,这就是通常所说的"土地一级市场的国家垄断"。在这样两面夹击下,集体所有土地的处分权能完全被抽离,农村土地在法律上的命运只有一个:等着被国家征收。(用农民的话来说:能够被征收,还算是好的。)如果说在1990年,宪法修正案第二条"一半被束之高阁",那么,到1998年,宪法修正案就真的"梦断"土地管理法的再修订了!

三、当下农村土地制度改革为什么无法根本扭转局面?

近年来,党和政府进行了一些有益的尝试,以克服土地管理法和物权法的种种局限性。对此应该如何评价?这是我想谈的第三个方面。

党的十八大以来,中央关于农村问题的政策精神,一以贯之,值得仔细梳理,认真体会。党的十八大报告提出,为了推动城乡发展一体化,要加大统筹城乡发展力度,逐步缩小城乡差距,促进城乡共同繁荣;要坚持和完善农村基本经营制度,依法维护农民土地承包经营权、宅基地使用权、集体收益分配权;要改革征地制度,提高农民在土地增值收益中的分配比例;加快完善城乡发展一体化体制机制,促进城乡要素平等交换和公共资源均衡配置。

党的十八大报告的上述精神,在十八届三中全会决定中得到更为具体的阐述。党的十八届三中全会的决定指出:①要建立城乡统一的建设用地市场。在符合规划和用途管制前提下,允许农村集体经营性建设用地出让、租赁、入股,实行与国有土地同等入市、同权同价。②要加快构建新型农业经营体系。赋予农民对承包地占有、使用、收益、流转及承包经营权抵押、担保权能,允许农民以承包经营权入股发展农业产业化经营。③要赋予农民更多的财产权利。赋予农民对集体资产股份占有、收益、有偿退出及抵押、担保、继承权。保障农户宅基地用益物权,改革完善农村宅基地制度,选择若干试点,慎重稳妥推进农民住房财产权抵押、担保、转让,探索农民增加财产性收入渠道,等等。

土地管理法2004年第三次修正,原本准备进行第四次修正,但是因2015年年初被全国人大常委会叫停,土地管理法第四次修正草案"胎死腹中",因为它已经远远跟不上中央农村土地改革的节奏,此外,有些改革举措需要试点成功,才能全面推广。取而代之的是中共中央和国务院在农村土地制度方面的一些实践。例如,按照国务院的意见(《国务院关于开展农村承包土地的经营权和农民住房财产权抵押贷款试点的指导意见》(国发

〔2015〕45 号）），中国人民银行、银监会、保监会、财政部等四部门或是会同农业部，或是会同国土资源部和城乡建设部，分别制定颁布了两个试点暂行办法，即《农村承包土地的经营权抵押贷款试点暂行办法》和《农民住房财产权抵押贷款试点暂行办法》。又例如，中办、国办于 2016 年 10 月 30 日印发并实施《关于完善农村土地所有权承包权经营权分置办法的意见》，据此，农村土地实行"三权分置"改革，即坚持集体所有，保护农民的承包权，加快经营权的流转。在这些方面，我们都是想通过一系列的改革，为"城乡二元"的物权法之下的农村集体土地上的权利松绑，弥补物权法上的缺陷。

改革正在进行当中，有待于进一步观察，总结经验教训。我个人认为，目前的改革措施，尚不足以从根本上扭转"城乡二元"的物权法所造成的局面。为什么这样讲？因为，无论是中国人民银行、银监会、保监会、财政部等四部门会同其他部门制定的两个试点暂行办法，还是中办、国办关于三权分置改革的意见，这些文件背后存在着一个共同的问题——如何正确理解财产和财产权。实际上我们没有将"作为侵权法保护客体意义上的财产"（或者说"赔偿法意义上的财产"）与"责任法意义上的财产"加以严格区分[3]。

农村土地承包经营权也好，宅基地使用权也好，所有的这些权利，按照目前的法律规定，不管是土地管理法的规定，还是农村土地承包法的规定，抑或是物权法的规定，都是以农民作为农村集体经济组织成员为出发点的，都是跟农民的成员资格紧密结合在一起的。因此，这些权利虽不妨作为"侵权法保护的客体"，也就是说，当承包经营权、宅基地使用权受到来自第三人的侵害，农民固然可以按照侵权法，主张损害赔偿，保护自己的相关权利，但是问题在于，此种意义上的财产权利是否必然也是"责任法意义上的财产"，是否可以作为承担债务不履行责任的物质基础？未必然！因为要想成为"责任法意义上的财产"，首要的前提是必须赋予这些权利具有可转让性。只有可转让的权利，才是得由法院加以扣押、加以强制执行、加以变价的权利，才能够在农民需要对外承担债务不履行责任时，作为其责任财产的组成部分。而按照现行的做法，三权分置的意见也好，抵押贷款的试点暂行办法也罢，在处置这些流转的或抵押的农村集体土地上的权利时，"接盘手"都只止于有限范围内的特定的主体[4]，因而农村集体土地上的权利，仍然没有具备充分的可转让性，不成其为真正的"责任法意义上的财产"。不明白作为"侵权法保护客体意义上的财产"和"责任法意义上的财产"的区别，不理解转让性对于财产权的本质意义，可以说农村土地制度的改革，从一开始就是因循守旧的，在这个意义上，我认为目前的这些改革举措不能说没有意义，但都是很表面的，还很不到位。

---

〔3〕 参见拙文《试析"财产"一词在中国私法上的几种用法》，《中德私法研究》第 9 卷，北京大学出版社，2013 年。

〔4〕《农村承包土地的经营权抵押贷款试点暂行办法》虽然区分以家庭承包方式取得的土地承包经营权和以合法流转方式取得的土地承包经营权，但这种区分的意义只限于设定抵押的条件方面，而对于抵押权实行几乎没有实际意义，因此抵押标的处分时，受让人依然要限于从事农业经营的单位或者农户。《农民住房财产权抵押贷款试点暂行办法》第 12 条规定：变卖或拍卖抵押的农民住房，受让人范围原则上应限制在相关法律法规和国务院规定的范围内。

四、物权法有"浴火重生"的路径吗？

下面谈第四个方面：怎么样去突破目前的改革"瓶颈"？我们正伫立在岔路口，突围之路只有一条：民法典"物权编"绝不能再徘徊在"城乡二元化"的老路上，必须折向另一条新的"康庄大道"，必须建立在土地的"城乡一元化"的基础上。

在土地公有制下，土地不再成为私人所有权的客体，土地的利用自然成为土地制度的重心，应建立和完善与此相适应的土地权利体系；而且，土地权利的制度设计应置重于作为私法物或财政财产的土地。但是，"城乡二元"的格局，造成城乡差异的两类土地上的用益物权：农村农用地上的承包经营权商品化程度极低，只能通过权能更小的土地经营权作为补救；城市建设用地使用权虽然已经商品化，但仍然无法圆满解决住宅用地到期续期的问题；同时，城乡建设用地将来可以统一进入市场，又会造成农村建设用地和农用地之间新的法律上的差别待遇。

"城乡二元"的土地制度应不应该改变？换言之，正在进行的土地制度改革是继续维持二元格局，修修补补，还是从根本上废除二元格局，并轨为城乡土地一元体制？

农村土地的"三权分置"改革，是在维持既有的"城乡二元"土地制度下展开的。"城乡二元"格局的实质在于，土地归属表面上分属于全民所有和集体所有，但在土地收益取得上实际上是单一的全民所有；为此却付出沉重代价，因为土地利用上采取不必要的二元制，阻碍集体农地上权利的商品化。这既不公平，也不利于赋予农民更多的权能，以增加其劳动积极性，最终影响农民增收，影响农业产业化目标的实现。

更为重要的是，现有的二元格局下，无论是全民所有土地上的权利，还是集体所有土地上的权利，因为均偏重于国家对土地收益的垄断，无法在所有权与国有建设用地使用权、所有权与承包经营权权能区间范围内，选择对城乡居民最为有利的土地权利形式。鉴于此，笔者提出以下不成熟的建议：

——无论城市土地，还是农村土地，必须从二元体制转向一元体制。

——为了完成并轨，现时应该进一步解放思想，实事求是，不要纠缠于姓资姓社，按照三个"有利于"的标准，放开土地私有的讨论，而不是人为地设置理论禁区。

——土地不分城乡，一律实行全民所有制。准确来说，这仅仅是"城乡一元"土地制度的选项之一。

——在采取城乡土地一律归全民所有的情况下，作为私法物或公共财产的土地（经营性用地），国家不应直接经营或直接干预。为此，应该为国家权力开出"正面清单"，详列国家可以征用的情形。清单以外的权能概属私人享有。

——在采取城乡土地一律归全民所有的情况下，现行的土地征收和征用，应该统一为土地征用。

——在采取城乡土地一律归全民所有的情况下，建立统一的"土地准所有权"或称"土地类所有权"（即类似于土地所有权的权利）。现在的城市建设用地使用权、农村土地承包经营权都是在土地公有背景下,由于公有土地无法转让,为拯斯弊,便于其进入市场,不得已采用的制度上的替代物,因此,绝不能将这些权利简单地与私有制条件下的地上权、永佃权相比附。

——在采取城乡土地一律归全民所有的情况下,应根据"土地准所有权"或称"土地类所有权"具有的"制度上替代物"的特点,尽可能地充实其权能,不设期限或者设置更长期限,以最大化地接近土地所有权,代替土地所有权。以"土地准所有权"或称"土地类所有权"为基础,农村土地不必再以农户为单位,可以直接量化到农民个人,摆脱集体经济组织与成员间的团体法上的束缚。农民可以不再按地域画地为牢,而是按照自愿原则,根据农业生产经营的需要,组织农业合作经济组织,以配合户籍制度改革,使农民真正成为一种职业,使建立在自愿组合基础上的农村合作经济组织成为更有力的团体。

——在采取城乡土地一律归全民所有的情况下,在"土地准所有权"基础上,凡是需要在城乡土地上营造建筑物的,可以设定建筑权(即地上权),凡是需要在城乡(主要在乡村)土地上从事农林种植的,可以设定永佃权。由于私人取得的"土地准所有权"本身具有可转让性,由此派生的建筑权或永佃权当然也具有可转让性。

——在采取城乡土地一律归全民所有的情况下,土地必须以"土地准所有权"作为载体进入市场。如果能够进而将现在的"房地分别主义"改为"房地一体主义",那么,将来不动产登记中,"类所有权"登记和"地上权"登记最为重要,这两种登记簿也最有实际意义。

——即使采取土地所有一元化,无论归属于全民还是归属于私人,土地用途上的行政管制,比如城市规划、耕地保护等,仍然不能废除。对土地依其规划、用途的控制监管,仍然由土地主管部门负责。这种监管完全是土地行政管理方面的规定,而不是物权法上的规定,不是民法上的规定。这样公法和私法可以协调,共同发挥作用。

我认为,将土地"城乡二元"体制并轨为一元体制,是党的十八届三中全会决定要求市场在资源配置中发挥基础性作用的必然要求,是遵循党的十八届五中全会提出的"五大发展理念"协调城乡发展的必然要求。中央主要领导同志曾经一再强调,"土地制度改革怎么改,不能把农村土地集体所有制改垮了,不能把耕地改少了,不能把粮食生产能力改弱了,不能把农民利益损害了"。将土地二元制改为一元化的全民所有,并不违反中央主要领导同志讲话中"四个不能"的精神实质。

论民法总则中规范新型无体财产的进路与可行策略

——德国模式、中国语境和民法典的时代性

杜如益[*]

一、导言

2016 年 12 月 29 日,《中华人民共和国民法总则(草案)》(三次审议稿)公开发布。相对前两个审议稿,一个显著的变化是对于网络虚拟财产、数据和个人信息的规定。2016 年 7 月公布的《中华人民共和国民法总则(草案)》中第 104 条规定:"物包括不动产和动产。法律规定具体权利或者网络虚拟财产作为物权客体的,依照其规定。"2016 年 11 月公布的二审稿中,此一条变为两条,分别规定为,第 113 条:"物包括不动产和动产。法律规定权利作为物权客体的,依照其规定。"第 124 条:"法律对数据、网络虚拟财产的保护有规定的,依照其规定。"[1]三审稿中,首先,将个人信息权单独列出,第 110 条规定:"自然人的个人信息受法律保护。任何组织和个人不得非法收集、使用、加工、传输个人信息,不得非法买卖、提供或者公开个人信息。"其次,将二审稿的第 113 条规定在第 114 条、第 124 条规定在第 128 条,而对二审稿的条文内容未作改变。以上诸条文的变动,关系到以网络虚拟财产为代表的新型无体财产权的命运,故不可不认真对待。

二、我国民法总则(草案)三个审议稿的态度评述

虚拟财产、数据和个人信息是总则立法的一个难点,作为现代社会产生的新型权利,它本身即代表着对传统民法秩序的冲击。故无论是从对虚拟财产、个人信息和数据定性的角度,还是对其在民法总则中的位置安排,都可以视为发展传统民法的重要课题。

---

* 汉堡大学私法博士候选人,马克斯·普朗克比较与国际私法研究所访问学者。

[1] 《中华人民共和国民法总则(草案)》《中华人民共和国民法总则(草案)》(二次审议稿)、《中华人民共和国民法总则(草案)》(三次审议稿)陆续在中国人大网公布,社会公众可以直接登录中国人大网(http://www.npc.gov.cn/)提出意见。本文所引用的三个审议稿的条文皆出于此,2017 年 1 月 9 日最后访问。

(一) 民法总则(草案)之前的争论

对于网络虚拟财产,在原有的民事法律中并无明文规定,而是首先通过诉讼形式来确定其合法地位的。李宏晨诉北京北极冰科技发展有限公司娱乐服务合同纠纷案中,北京市朝阳区人民法院判定:"关于丢失装备的价值,虽然虚拟装备是无形的,且存在于特殊的网络游戏环境中,但并不影响虚拟物品作为无形财产的一种获得法律上的适当评价和救济。玩家参与游戏需支付费用,可获得游戏时间和装备的游戏卡均需以货币购买,这些事实均反映出作为游戏主要产品之一的虚拟装备具有价值含量。"[2]这一判决作为世界虚拟财产第一案,引起了世界关注,而被多位研究者所引用。[3]然而,此一判决并未平息对虚拟财产的争论,相反,却激起了学界和实务界对虚拟财产的关注和讨论。比如对虚拟财产的定性出现了"物权说"、"债权说"、"双重属性说"、"知识产权说"、"新型权利说"等等争论。将虚拟财产归入原有的民事权利类型,是合乎以德国为代表的"民法典"思路的:"物权说"侧重于适用物权规则规范虚拟财产;[4]"债权说"侧重于玩家与网络服务商的合同关系,也就代表着债权救济的可能性;[5]"双重属性说"则是认为二者可以兼而有之。[6]"知识产权说"提倡将虚拟财产作为知识产权的一种加以保护。"新型权利说"则是提出要通过新的立法来解决虚拟财产的问题。另外,近年有学者指出:与其单纯地从"定性"的角度来解决虚拟财产问题,不如搁置争议,从救济的角度来解决新型虚拟财产的问题。[7]这种态度当然好,但是实际上不过是"新型权利说"的变体。因为传统民法的体系性决定了物债二分,各有各的救济路径。如果回避归类,只讲救济,似乎只能另辟新法,实际从效果上接近于"新型权利说"。对于个人信息和数据的讨论,也多有争论。而且目前对于信息权本身的法学概念界定,学界都尚未达成共识。

这些争论,在《中华人民共和国民法总则(草案)》公布以后才渐渐告一段落。

---

[2] 〔2003〕朝民初字第 17848 号。

[3] Jushua Fairfield, Virtual Property,85 B. U. L. Rev. 1047 (2005), p. 1084; Michael Meehan, Virtual Property: Protecting Bits in Context,13 Rich. J. L. & Tech. 1 (2006 – 2007), p. 30; Bobby Glushko,Tales of the (Virtual) City: Governing Property Disputes in Virtual Worlds, 22 Berkeley Tech. L. J. 507 (2007),pp. 518-519.

[4] 早期代表性论文,可以参见林旭霞:《虚拟财产权性质论》,《中国法学》2009 年第 1 期;杨立新、王中和:《论网络虚拟财产的物权属性及其基本规则》,《国家检察官学院学报》2004 年第 6 期。

[5] 早期代表性论文,可以参见石杰、吴双全:《论网络虚拟财产的法律属性》,《政法论丛》2005 年第 4 期。

[6] 早期代表性论文,可以参见陈旭琴、戈壁泉:《论网络虚拟财产的法律属性》,《浙江学刊》2004 年第 5 期。

[7] 可参见民法学研究会:《网络虚拟财产的民法典立法保护研讨会综述》,中国法学会官网发布,网址为 https://www.chinalaw.org.cn/Column/Column_View.aspx? ColumnID = 83&InfoID = 21527,2017 年 1 月 9 日最后访问。

(二) 民法总则(草案)一审稿：虚拟财产和信息的简单归入

《中华人民共和国民法总则(草案)》的说明中，将传统财产权利与新型民事权利客体分别作为第二条和第四条来说明，其表述为：民事权利主要包括"人身权、财产权、知识产权"，[8]"四是为了适应互联网和大数据时代发展的需要，草案对网络虚拟财产、数据信息等新型民事权利客体作了规定。"[9]这种表达方式和结构安排，似乎表明，立法者有意将民法的传统客体与新型权利客体区分开来。然而，从一审稿的措辞来看，实际上，立法者的态度是希望在原有权利的体系上架设新兴权利体系。第104条第2款规定："法律规定具体权利或者网络虚拟财产作为物权客体的，依照其规定。"实际是将虚拟财产归到物权。而第108条第2款第8项，则直接将数据信息归到知识产权。从法条的结构安排和体系性来看，虽然草案说明将"网络虚拟财产、数据信息等新型民事权利客体"单独作为一点进行了说明，其实却将新型权利客体归入了原有的传统民事权利客体的体系。所以可知，一审稿对"网络虚拟财产、数据信息"的说明，并非意在将它们孤立在传统人身权、财产权、知识产权三分的大体系之外。其单独作为一点说明，是为了突出本次立法在这一方面的特色，易言之，是民法典的时代性。

(三) 民法总则(草案)二审稿：令人困惑的体系安排

民法总则(草案)二审稿也颇具时代性，将一审稿第104条变成两条，但是并非只是简单地将原有法条一分为二。第113条："物包括不动产和动产。法律规定权利作为物权客体的，依照其规定。"第124条："法律对数据、网络虚拟财产的保护有规定的，依照其规定。"第一，从字面上来说，二审稿的第113条，实际上是对2007年物权法第2条第2款的重复。[10] 第二，从历史上看，直接将物权定义为动产和不动产，是与《大清民律草案》的第166条以下，《民国民律草案》第166条以下，中华人民共和国成立前的《中华民国民法典》

---

[8] "二是财产权利。保护自然人、法人等民事主体的财产权利是民法典的重要任务，也是民法总则的应有之义。草案规定：民事主体依法享有的收入、储蓄、房屋、生活用品、生产工具、投资及其他财产权利受法律保护(草案第102条)；民事主体依法享有物权。物权是权利人依法对特定物享有直接支配和排他的权利，包括所有权、用益物权、担保物权(草案第103条)；民事主体依法享有债权。债权是因合同、单方允诺、侵权行为、无因管理、不当得利以及法律的其他规定，权利人请求特定义务人为一定行为的权利(草案第105条)。"

[9] 参见中国人大网2016年7月5日发布的《关于〈中华人民共和国民法总则(草案)〉的说明》，网址：http://www.npc.gov.cn/npc/lfzt/rlyw/2016-07/05/content_1993422.htm，2017年1月9日最后访问。

[10] 我国物权法第2条第2款规定："本法所称物，包括不动产和动产。法律规定权利作为物权客体的，依照其规定。"

第 66 条、第 67 条有着相似性的。[11] 而从当时的情况来看,主要还是以"有体物中心主义"来立法的。也就是说,物权的客体原则上只包括动产和不动产——"有体物",基本又回到了《德国民法典》的老路上。当然,该条第二句具有一定的缓和功能,然而在这样的架构下,可发挥的空间有限。第三,从结构上看,第 111 条用列举法规定了公民的财产权利受到保护。第 112 条到第 122 条分别规定了:物权的概念、物权的种类、物权平等保护原则、债权、合同、侵权责任、无因管理和不当得利、知识产权、继承权、股权和投资性权利;第123 条是兜底条款,规定了其他权利。第 124 条用一条"引渡条款"规定了"法律对数据、网络虚拟财产的保护有规定的,依照其规定"。从这种体系安排来看,数据和网络虚拟财产显然不是作为原有的并列不当物权的特殊客体,知识产权的某一类客体,也即否定了一审稿将新型权利客体直接归入原有的物权和知识产权的做法。易言之,二审稿已经考虑采用"新型权利说",并从特别立法的角度来解决新型无体财产的问题了。第四,从体系上说,民法典总则是采取"提取公因式"[12]的方法撰写的,所以与德国民法相近。套用《德国民法典》的逻辑,[13]我国民法总则里关于物的规定,也就是物权法的总则。而从二审稿来看,物权法总则已经将无体财产排除在物权保护的框架之外了。整体而言,二审稿的架构更接近《德国民法典》的体系安排。

(四) 民法总则(草案)三审稿:个人信息权的独立

民法总则(草案)三审稿作出了较大改动,但是在民事权利客体部分,结构上调整不大。两大突出的变化在于,在第 111 条新增了个人信息权,[14]从法条的体系来看,将其作为人格权而非财产权,将其单独列出,也代表其独立成编的可能性;另一个突出变化是二审稿的第 111 条[15]采取的罗列式,实际上是因袭 1987 年施行的民法通则第 75 条,[16]在三审稿中排在第 112 条,内容简化为"自然人的私有财产权利受法律保护"。二审稿第

---

[11] 《大清民律草案》第 166 条与《民国民律草案》第 166 条措辞相同:"称物者,谓有体物。"然后规定土地不动产、动产,不难发现,这种表述更接近《德国民法典》第 90 条。此外,历史上的《中华民国民法典》第 66 条:"称不动产者,谓土地及其定着物。不动产之出产物,尚未分离者,为该不动产之部分。"第 67 条:"称动产者,为前条所称不动产以外之物。"这一表述与 2007 年物权法和当下民法总则(草案)三审稿的表述更为相近,但是考其渊源,不难发现两种措辞之间的亲缘关系和过渡性,从而可以揭示现行立法的措辞,是从某种意义上肯定了《德国民法典》第 90 条。

[12] 前引 9,《关于〈中华人民共和国民法总则(草案)〉的说明》,"民法总则草案以 1986 年制定的民法通则为基础,按照'提取公因式'的方法,将其他民事法律中具有普遍适用性的规定写入草案"。

[13] Jickeli/Stieper, in Staudinger BGB Kommentar(2012), § 90, Rn. 3.

[14] 其表述为:"自然人的个人信息受法律保护。任何组织和个人不得非法收集、使用、加工、传输个人信息,不得非法买卖、提供或者公开个人信息。"

[15] 二审稿第 111 条规定:"民事主体享有收入、储蓄、房屋、生活用品、生产工具、投资及其他财产权利。"

[16] 1987 年民法通则第 75 条规定:"公民的个人财产,包括公民的合法收入、房屋、储蓄、生活用品、文物、图书资料、林木、牲畜和法律允许公民所有的生产资料以及其他合法财产。公民的合法财产受法律保护,禁止任何组织或者个人侵占、哄抢、破坏或者非法查封、扣押、冻结、没收。"

113 条,规定在了第 114 条,第 124 条规定在了第 128 条,其在体系上的位置和措辞一如二审稿。整体来说,三审稿在民事权利部分加入了很多新的理念,[17]但是对本文所涉及的问题,只有增设"个人信息权"会对本文论题的结构和体系产生一定的影响,其他文字表述上略有修改,[18]而体系设计和立场则一如二审稿。

(五)小结:目前三稿的困境和可能出路

1. 从一审稿到三审稿的模式分析:归入原有制度还是单独立法?

三个审议稿的特色在于,勇于将新时代社会生活中产生的客体纳入物权保护客体的体系之内。不同在于,一审稿更倾向于虚拟财产归入物权法,而将数据归入知识产权法,而二审稿则倾向于"新型权利说",即寻求从特别立法予以保护。三审稿的特色在于将个人信息归入人格权,而在其他部分基本遵从了二审稿的设计。

一审稿模式的优势在于,可以借助传统法律框架,给新权利以一定程度的保护,从而省去了特别立法的成本,也使得财产体系更加类型化;但虚拟财产毕竟与有体财产不同,其在保护、交付、物权取得等多个方面都存在特殊性,不可能与有体物百分之百无差别地适用于物权法。同理,数据能否完整地套用到知识产权法之中,实际上也存在疑问,而且数据本身可以包括多种类型,有些数据并非是单纯的数据,也可能是人格权的一部分,所以直接如此设定是有些武断的。

二审稿采取的模式,其优势在于,可以避免一审稿的模糊适用问题,但是却带来了新的问题,也增加了立法成本。从结果论的角度讲,其对虚拟财产、数据和个人信息的保护,无外乎类物权、类债权或者类知识产权等几种模式,或兼而有之,而责任人承担民事责任的方式,也不会超出二审稿第 174 条的 11 种方式。[19] 单独立法,又有叠床架屋之感,且对于《德国民法典》以来传统民法追求的体系性有所破坏。[20]

三审稿除了提出"个人信息权"之外,在模式上基本因循了二审稿。

简而言之,上述三个审议稿都注重了与时俱进地推进虚拟财产和信息的立法,但是却存在两个突出问题:一是缺乏一种对于网络虚拟财产、数据和信息的系统观,缺乏从面向

---

〔17〕 如保护弱势群体(§ 129)、节约资源、保护生态环境;弘扬中华优秀文化,践行社会主义核心价值观(§ 133)。

〔18〕 参见《全国人民代表大会法律委员会关于〈中华人民共和国民法总则(草案)〉修改情况的汇报》(对二审稿的修改)。在该汇报的倒数第二段:"此外,对草案二次审议稿还作了其他一些完善和文字修改。相比草案二次审议稿,仍为十一章,条文由 202 条增加至 210 条。"鉴于此段文字以前并未对二审稿第 111 条的改动作特别的说明,由此可以推知,对二审稿的列举式的第 111 条,修改为三审稿抽象式的第 112 条,也只是文字修改,并非整体态度的变革。

〔19〕 民法总则(草案)二审稿第 174 条规定:"承担民事责任的方式主要有:(一)停止侵害;(二)排除妨碍;(三)消除危险;(四)返还财产;(五)恢复原状;(六)修理、重作、更换;(七)继续履行;(八)赔偿损失;(九)支付违约金;(十)消除影响、恢复名誉;(十一)赔礼道歉。法律规定惩罚性赔偿的,依照其规定。"

〔20〕 对于单独立法之良否,后文有更为充分的论证。

未来的角度,把握新型权利客体的意识;二是对于究竟是将虚拟财产和信息纳入原有法律体系还是另辟蹊径上,处理过于简单,作为新生制度,更为妥帖的策略是因地制宜,部分地依托原有法律,不适宜归入原有法律体系的,则进一步发展。

从一审稿到三审稿,本文所涉论题在立法上的频繁变动,反映出立法者在对新型无体财产保护选择何种策略上,有所摇摆。

2. 我国在物权相关立法的浓重德国法色彩以及"德国式"困难

如上文所述,无论是 2007 年施行的物权法,还是民法总则(草案)三个审议稿,它们对于物权的定义和体系设计,都体现出浓重的德国法色彩。从某种意义上,《德国民法典》的方法,也是我国当下民法典目前立法中学习的方法,这一点立法机关也不避讳。[21]

然而,不容忽视的是,1900 年施行的《德国民法典》的模式并非完美。在信息技术革命以后,其弊端日益凸显出来。其中一个重要问题是,为"以有体物为中心"量身定制的物权体系和债权体系,如何应对数据、网络虚拟财产、信息等新型权利客体的冲突。目前,德国学界将这些新兴问题归总为"新型无体财产"(Unkörperliche Güter)问题。[22] 一如上文所分析的,经过更改,我国民法总则(草案)二审稿和三审稿基本重复了 2007 年物权法的规定,以动产和不动产为核心,基本是与清末、民国以来的术语体系相衔接。易言之,二审稿、三审稿从某种程度上因袭了以有体物为核心的德国式物权体系,因而也造成了我国民法在应对新型无体财产上,同样存在"德国式"困难。

目前,所谓的"德国式"困难,在德国法上主要表现为:其一,由于"物"只包括有体物,网络虚拟财产、数据和个人信息等新型权利客体,无法适用于物权编,这导致了这些新型民事客体无法借助物权制度定纷止争、物尽其用;亦无法适用侵权法第 823 条,从而在侵权救济上存在缺失。[23] 其二,由于第一点困难,一方面,导致大量现行的"新型无体财产"规范需依赖于"法官法"(Richterrecht),以补充成文法之不足,导致了对司法机关的"造法"压力;另一方面,在民法典之外造法,本身就是对民法体系本身体系性和解释力的侵蚀;而在某些问题上,又因为缺乏联邦普通法院(BGH)层面的判例,从而在各州之间存在法律认知上的差异,也造成了莫衷一是的现象。这些都是模仿德国物权模式所不可忽视的问题。

我国法虽然在措辞上,较德国法有缓和之处,但是我国当前的制度设计,不仅在一定程度上因袭了"德国式"困难,而且在某些方面甚至比德国法更加困难。三审稿的缓和之处表现在:不仅在第 114 条强调了动产和不动产以有体物为代表,而且在第 128 条强调:"法律对数据、网络虚拟财产的保护有规定的,依照其规定。"也就是在一定程度上承认了数据和网络虚拟财产仍然是民法保护的客体,只是在如何保护的问题上,不禁让人忧虑。因为将虚拟财产、数据和信息置于"其他权利"之后的体系安排,其实基本已经将它们放在

---

〔21〕 前引〔9〕。

〔22〕 下文将对这一概念的德国内涵和中国意蕴展开全面阐释。

〔23〕 详述见于下文德国法部分的介绍。

了原有的物权、债权、知识产权的体系之外,似乎只剩下"单行立法"来规范新型无体财产之一途。这造成了比德国法更加困难的后果,因为如此一来,寄希望于模仿德国,通过判例来套用原有物权、债权、知识产权等制度的恰当性,也将受到质疑。而退一步讲,即使在法典规定上与德国模式完全一样,希望通过判例来补充民法典的不足,我国的司法系统从其目前的制度环境和人力条件来说,也有所欠缺,因而会遇到比德国法更为艰难的处境。

三、德国民法应对新型无体财产的制度变革:经验与教训

面对上述"德国式困难",依笔者之所见,德国民法主要采取了两点应对策略。一是系统观的构建,通过提出新型"无体财产"的概念,来克服德国民法传统中,"以有体物为中心"的逻辑缺失。并且通过这一概念的构建,借用了"其他客体"的概念,建立新型无体财产的交易秩序,从而使新型无体财产得以在一定程度上归入债法。二是依据必要性和远近,将无法归入民法典的内容单独立法,将其余部分通过归入法嵌入债权、知识产权等原有制度,并借助法官法构建新型无体财产的判例体系,以解决新型无体财产法律条文不足的问题。这两点策略,是大陆法系国家法典化以后,应对原有法典未能顾及的新问题的惯用方法,因此在某种意义上具有广泛意义。其应对策略和经验教训,对我国民法制度的设计,也具有启发性。

(一)系统观的构建:新型无体财产概念的提出

1. 对德国法上"其他标的"概念的借鉴

目前对于虚拟财产、数据、信息等新型客体,德国学界比较常用的术语是无体财产(Unkörperliche Güter)。因为1900年施行的《德国民法典》第90条规定,"法律意义上的物,仅为有体的标的(Körperliche Gegenstände)"。[24] 而百年之后,在科技的推动下,许多新型无体财产(Unkörperliche Güter)得到了社会交易观念的认可,并且创造了越来越多的社会财富。[25] 所以2002年德国《债法现代化法》提出了一个新的观念:将"其他标的"(sonstige Gegenstände)作为与"有体的标的"相对应的概念,[26]以迎合此现代趋势。这是目前《德国民法典》层面肯认"新型无体财产"所对应的法律术语,故成为德国学者探讨新型无体财产的一个重要基础。本文试图借鉴《德国民法典》第453条第1款对"其他标的"的立法理由说明,以及德国学者的对于新型无体财产的阐释,来界定此概念。

所谓"新型无体财产",是指在现代科技和社会治理之下产生的、有别于罗马法以来传

---

〔24〕 本文对《德国民法典》所涉条文和概念的翻译,以陈卫佐教授《德国民法典》2015年1月的最新译本为主要参考。

〔25〕 Siehe Thiemo Geeg, Brillen für die Zukunft: So cool ist Virtual Reality schon jetzt, FAZ vom 01.09.2016.

〔26〕《德国民法典》第453条第1款规定,关于物的买卖的规定,准用于权利买卖和其他标的的买卖。

统无体物的、具有财产利益的、有体标的以外的"其他标的"。其"初始"外延,根据德国《债法现代化法》的立法理由书,可以指企业和企业的部分、自由职业事务所、电、热能、(未被知识产权所保护的)发明、专有技术(konw-how)、软件、广告想法等等。[27]

　　要理解此概念,有几点值得注意:第一,新型无体财产有别于传统罗马法的无体物(res Incorporales)的概念。从外延上就可以看出其差别,因为罗马法上使用的"有体"与"无体",更多是从物理直观的角度去认识的,按照盖尤斯的经典阐释:"此外有些物是有形体的,有些物是无形体的";"有体物是那些可以触摸的物品,例如,土地、人(homo)、衣服、金、银,以及其他无数物品";"无体物是那些不能触摸的物品,它体现为某种权利,比如遗产继承、用益权以及任何可能形式的已发生义务"。[28] 而本文所讨论的无体财产,如上文所举例子,多是当代社会组织下产生的新生事物和现象,显然与传统的无体物不同。第二,将新型无体财产作为"其他标的"的同义词(synonym),[29]实际上是一种偏德国化的理解,因为《德国民法典》第90条已经将民法的物限定在"有体标的"的范围内,提出"其他标的"实际上代表了民法的新发展和新的可能性。第三,不可否认,无论是软件、广告想法、电、热,还是专有技术等,都是现代社会的产物,尤其都是在现代科技的催生下产生的。第四,现代社会不仅产生了新型无体财产,也催生了一些"新型有体财产",[30]如在现代医疗技术条件下,从体内分离出来的器官、血液、骨髓、人造身体部位等等。[31] 然而它们与传统的有体财产权更具有相近性,只因关乎人的尊严而更具伦理性,故基本可以纳入传统的物权体系,并变通适用相关条款。第五,新型无体财产具有"兜底性"。整体上说,新型无体财产既无法归入传统有体物权客体,也无法归入知识产权的财产客体;同样,也难以完全通过债法来解决,可谓处于传统民法财产制度之外的新生地带。一个例证是:《债法现代化法》立法理由书将"(未被知识产权所保护的)发明",也罗列在新型无体财产的范畴之内。从外延来看,2002年德国债法改革时,虚拟财产、信息等尚未得到充分的关注。[32] 现代新型无体财产具有较强的吸纳性和包容性,[33]是一个"口袋型财产权",故涵盖虚拟

　　[27] Entwurf eines Gesetzes zur Modernisierung des Schuldrechts v. 14. 05. 2001, Deutscher Bundestag - 14. Wahlperiode Drucksache 14/6040, S. 242.

　　[28] 本文的翻译主要采用了黄风教授的译本,然而为了更加明确德国学者对罗马法的理解,故根据德文译本作了些许改动,从而有效地服务于本文的语境。参见盖尤斯:《法学阶梯》,黄风译,中国政法大学出版社1996年版,第82页。

　　[29] Alexander Peukert, Sonstige Gegenstände im Rechtsverkehr, in Leible, Lehmann, Zech Hrg. Unkörperliche Güter im Zivilrecht, S. 95 ff.

　　[30] 比如《慕尼黑民法典评注》,就将其与电子数据和计算机系统并列,作为物权客体的特别情形(Sonderfälle)。Siehe Stresemann in Münchener Kommentar BGB, 7. Aufl. 2015, § 90, Rn. 26 f.

　　[31] Siehe Fußnote 13, § 90, Rn. 27 ff.

　　[32] 虽然德国从1978年就订立了《联邦数据保护法》。

　　[33] Pahlow, Grundfragen der Gewährleistung beim Rechtskauf, JA 2006, S. 385-389.

财产和信息当属无疑。[34] 我们不妨将其作为一个发展的概念,其功能与德国法上的"一般人格权"有异曲同工之妙。

2. 新型无体财产及其邻近概念

德国法上还有一些概念与无体财产相近,为避免翻译和理解上的混淆,笔者试作逐一说明。

德国法上的精神财产(Geistige Güter),通常是指如音乐、图书、软件等一类始终依靠一定的物质载体来进行存储、运输和买卖的财产客体。[35] 这些基本是知识产权的客体;[36] 而新兴无体财产往往并不具备如音乐、书籍、软件等本身具备的创新性和思想性,所以无法算入精神财产的领域。而智慧财产权(Geistiges Eigentum),则是德语里"知识产权(Intellectual Property)"的名称。[37] 其差别显而易见,不可混同。

更容易混淆的是,德国法上的无形财产(Immaterialgut),它并非是无体财产(Unkörperliche Güter)的同义词。虽然其也指与有体财产相对的财产,但是从 19 世纪末以来,其外延已经基本被初始讨论语境所设定,依据著名学者约瑟夫·科勒(Josef Kohler)当时的理解,无形财产主要是指精神成果(Geistiges Werk)。[38] 他指出:仅仅将物权(Eigentum)[39] 限定为"关于有体物的权利"的观点,不能平息人们对它的异议;事实上,承认有体物享有物权,并未否定无形财产的财产性;毋宁说,(当时盛行的)有体物的物权只是狭窄意义上的物权,宽泛意义物权(Eigentum im weiteren Sinne)也包括无体物的物权。总而言之,无形财产权可以视为平行于有体物权的兄弟权(Bruderrecht)。[40] 从后续的发展来看,无形财产权主要发展为著作权、商标权、专利权等知识产权。无形财产本身与本文所讨论的新型无体财产的差别,集中体现在知识产权的创新性,以及其本质上是一种智力成果。

3. 从整体上把握新型无体财产的制度优势

德国法从"其他客体"出发,渐渐从《德国民法典》内部,寻求传统有体物权面临的现代

---

[34] 这种理解也得到了德国学者的支持。Siehe Leible/Müller, in jurisPK - BGB, 7. Aufl. 2014, § 453, Rn. 19. Vgl. auch Beckmann in Staudinger, § 453, Rn. 69 ff.

[35] Helmut Redeker, Information als eigenständiges Rechtsgut: zur Rechtsnatur der Information und den daraus resultierenden Schutz, CR 10/2011, S. 634 ff.

[36] 另外值得注意的是,德语中的"Geistige Eigentum",即是指智慧财产权,也就是知识产权的泛称,相当于英语中的"Intellectual Property"。

[37] Vgl. Sönke Ahrens, Geistiges Eigentum und Wettbewerbsrecht, 2. Aufl. 2016. Springer, S. 5.

[38] 科勒 1887 年《作者权、专利权和工业权》一文的第一部分就是"对无形财产权的教义学研究(Dogmatische Abhandlungen aus dem Immaterialgüterrecht)",而这一部分的第二节"无形财产及其反对者(Das Immaterialgüterrecht und seine Gegner)"则作为确立知识产权法的奠基之作(der entscheidende Grenzstein)而被广为征引。Siehe Kohler, Archiv für Theorie und Praxis des AQllgemeinen Deutschen Handels-und Wchselrechts Band. 47(1887), S. 169 ff.

[39] 原文尚使用旧的德文拼写方法,写作"Eigenthum"。

[40] Siehe Fußnote 38.

困境的解决之道。一方面,新型无体财产本身可以与有体财产形成一个逻辑上相对周延的财产客体体系。这种体系可以既保全传统上、以有体物为核心的物权体系,又将新型无体财产有差别地纳入原有法典,以提高民法典本身的社会适用性和解释力。另一方面,新型无体财产本身具有了较强的吸纳功能和新生功能,可以作为一种母权,为未来更多的权利的产生作铺垫,也可以提供一种基本层面的保护。而从《德国民法典》第 453 条生发出的新型无体财产的交易秩序,可以视为"归入法"的杰作。

　　《德国民法典》第 453 条是关于权利买卖(Rechtskauf)的规定。经此一条中的"其他客体"的接引,新型无体财产的买卖就被引入了德国债法中的买卖法(Kaufrecht)之中。[41] 因而,在新型无体财产的交易中,比如网络虚拟财产,《德国民法典》第 433 条第 1 款规定的瑕疵担保责任就有适用之余地,同时也需要买受人支付"真实"的价款。[42] 瑕疵担保相关规定,如第 453 条也有适用之余地。[43] 实践中,如果是使用虚拟货币(比如我国的腾讯 Q 币、淘宝淘金币)支付,就要适用于互易合同(Tauschvertrag),而根据《德国民法典》第 480 条:"关于买卖的规定,准用于互易。"实际上还是要符合买卖合同的付款、担保等系列规则。另外一个重要的方面是消费者保护的问题,诸如关于"订立于营业场所外的合同"(第 312b 条)、经营者的告知义务及其违反(第 312d 条、第 312e 条)、数字化交易方式下的副本和确认书义务(§ 312f Abs. 3),以及消费者享有第 355 条的撤回权(第 312g条)。而且,在网络游戏虚拟财产的案件中,对于由游戏提供者(Spielanbieter)提供的一般交易条款,可适用《德国民法典》第 305 条以下规则,尤其是可适用第 307 条的内容控制和诚实信用原则。[44] 再次,未成年人参与虚拟财产交易,适用于相关条文(第 107 条、第 108条第 2 款、第 110 条)保护未成年人。此外,对于电子图书,使用租赁合同(Mietvertrag 第535 条以下)、使用借贷合同(Leihvertrag 第 598 条以下)也有适用余地。[45] 另外,纯粹的无体财产移转,无法适用有体物的规定。而依据《德国民法典》第 413 条,"关于债权转让的规定,准用于其他权利(anderes Recht)的转让,但法律另有规定的除外",无体物权的转让可以产生《德国民法典》第 398 条以下债权让与的效力。[46]

　　由此可见,通过"其他客体"的涵盖作用,《德国民法典》起码为虚拟财产提供了一套有保障的交易秩序,这比"每遇一事,辄立一法"的方法要高超得多,而且也体现了德国民法抽象而严密的特色。

---

〔41〕 Lutzi, Aktuelle Rechtsfragen zum Handel mit virtuellen Gegenständen in Computerspielen, NJW 2012, 2070 (2071).

〔42〕 Mössener in: Gsell/Krüger/Lorenz/Mayer, beck-online. Grosskommentar BGB, 2016, § 90, Rn. 97.

〔43〕 Rippert/Katharina, Rechtsbeziehungen in der virtuellen Welt, ZUM 2007, 272(280).

〔44〕 Diegman/Kuntz, Praxisfragen bei Onlinespielen, NJW 2010, 561(562-564).

〔45〕 Siehe Fußnote 42.

〔46〕 Schneider, Virtuelle Werte, Nomos, 2010, S. 189.

（二）德国当前对于新型无体财产的灵活应对：法典化的经验教训

《德国民法典》制定之后，不仅有新型的无体财产产生，也有一些新型有体财产产生。比如上文所讨论的人体器官、人造肢体等，目前德国的策略是，承认其财产客体的地位，参酌类推物权法的规定，以保障其所有人的权利，也就是采取了将新客体归入传统客体的方法。[47]

与之相应的，现代科技和社会关系的改变，也带来了大量有别于传统无体物的无体财产出现，如上文所述，德国的新兴无体财产的外延比较宽泛，例如企业和企业的部分、自由职业事务所、电、热能、（未被知识产权所保护的）发明、专有技术（konw-how）、软件、广告想法等等，这也是因为民法典制定的历史时期比较早。然而，直接将为有体物设计的规则适用于无体财产，势必会带来一种体系上的冲击。[48] 德国法对于新型无体财产的规制，并没有停留在仅仅依靠第 453 条的"归入法"，构建新型无体财产交易秩序的层面，而是将其他很多问题因地制宜，通过单独立法、法官法、激活原有公法规则等一系列手段，保障相关权利。

1. 关于信息的规制

（1）单独立法：个人信息的立法保护

在网络社会，个人信息的保护至关重要。从德国法来看，对于个人数据（Personenbezogene Daten）有欧盟法、联邦法、各州法三个层次的立法保护。①欧盟法层面。因为个人数据的重要性，欧盟层面的立法也及时跟进。[49] 比如在 2016 年 4 月 27 日通过的欧盟规章（Regulation（EU）2016/679），对原有法律的主要改动表现在：对个人数据的适用范围，技术中性的进路，扩大的透明义务，对少数群体的特别保护，设计阶段纳入隐私考量和预设隐私"不公开"（privacy by design and by default），个人数据的可移植性（data portability）以及保障网络被遗忘权（the right to be forgotten）的方式，等等。[50] 这些改动都体现了近年来个人数据和隐私权保护方面研究的新进展，这些修改带给了德国数据法新的任务，也将大大

---

〔47〕 在某种意义上，德国民法典也始料未及的是，现代工业生产带来了史无前例的产品丰富，其本身也在某种程度上改变着人们对物的认识。因为物品本身的可替代性增加，所以谁使用这个产品有时候比谁拥有这个产品更加重要。所有占用关系的合同（如融资租赁合同），有时远比物的真正所有权归属更加重要。这种变化可以粗略地视为一种从归属到利用的变迁。它从一个侧面反映了，有体物权的内容和功能也在发生着转变。Peter Marburger Die Regeln der Technik，Carl Heymanns Verlag，1979，S. 496.

〔48〕 这种顾虑，在当前仍然见于德国的学者之间。2016 年 9 月 21 日召开的"超越物之所在地法（Beyond the Lex Rei Sitae）"青年物权法学者论坛（YPLF）中，马克斯·普朗克比较与国际私法研究所所长 Basedow 教授，对于将虚拟财产归入物权法表现了十分谨慎的态度，并提出了他的怀疑："将为有体物设计的物权规则适用于无体物，显然是不恰当的。"

〔49〕 欧盟层面主要立法是：Data Protection Directive（95/46/EC）；General Data Protection Regulation，REGULATION（EU）2016/679.

〔50〕 See General Data Protection Regulation，REGULATION（EU）2016/679.

提高个人数据在信息社会的保障标准。②联邦法和州法层面。从 1978 年开始，《联邦数据保护法》(*Bundes Daten Schutz Gesetz*)，就是通过立法的方式保护个人数据。其第 1 条就规定："本法的目的在于，保护个人免于借由个人数据(*Personenbezogenen Daten*)被侵害的方式而侵犯人格权(*Persönlichkeitsrecht*)。"而且《联邦数据保护法》从订立以来，也经过多次修改。[51] 根据联邦与各州的分权，在州的层面，也设立了个人信息的立法。《联邦数据保护法》明确规定，"本法适用于在州法层面在数据保护方面所未规定者"，并且州法对于非公共机构无适用余地。[52] ③特别法层面。从一般法和特别法的关系看，《远程媒体法》(*Telemedien Gesetz*)和《远程通信法》(*Telekommunications Gesetz*)中对个人数据保护的规定，优先于《联邦数据保护法》。[53] 这种立体化的立法保护，务求在大数据时代全面保护个人的人格权。④其他规范层面。也不排除通过隐私权的机制来保护个人信息，虽然两者实际上存在较大区别。

（2）归入法：将其他有价值的信息保护嵌入原有法律框架

其实个人数据只是信息的一部分，信息的内容相当广泛。正如欧盟数据保护立法理由及欧盟议会讨论所指出的，个人数据保护的客体是"任何关于确定的自然人的信息，以及可以确定自然人的一切信息"[54]。可见，在某种程度上，信息是个人数据的上位概念。当然，也有学者研究发现，个人数据与个人信息的差别并不明显。[55] 然而，就社会需求及重要性、紧迫性而言，并非所有的信息都与个人信息一样需要及时得到立法保护。

然而，互联网的发展，将很多原有的有体物"无体化"，并以有价值的信息形式出现。这些信息未必可以直接归入个人数据的范畴。如何保护其所彰显的财产利益，比如数据化的书籍、音乐、软件，其本身与下文讨论的以游戏装备为代表的虚拟财产也有不同，虚拟财产是虚拟世界的产物，其所关涉的更多是人的替身、虚拟货币、账号等问题。然而，此处讨论的是有体物与原有载体分离，并在网络传播的现象，比如 Kindle 版的图书和网络上传的电影、音乐等等。首先，可以归入德国的《著作权法》。比如合理的复制、使用其实已经在德国《著作权法》中有明确的规定了。[56] 其次，德国联邦普通法院已经在判例中，将涉案公司所研制的、某种电脑数据处理软件(EDV-Programme)的使用合同，定位为《德国民法典》债法中用益租赁合同中的"权利用益租赁"(*Rechtspacht*)，[57] 从而厘定破产程序中债权人与债务人的关系。再次，对于网上一些将小型音乐和书籍大量数据化的提供者，

---

[51] 按照德国司法部官网提供的最新版本，现行《联邦数据保护法》的版本源于 2003 年，2003 年以前共修订过 6 次，而以后，几乎每一两年就要修订一次，最近一次修订是在 2015 年 2 月 25 日。参见 https://www.gesetze-im-internet.de/bdsg_1990/，2017 年 1 月 9 日最后访问。

[52] Heckmann in：jurisPK-iNTERNETRECHT，4. Aufl. 2014，Kapitel 9，Rn. 38 f.

[53] Siehe Fußnote 52，Kapitel 9，Rn. 43 ff.

[54] EG-Datenschutzrichtline 95/46/EG. Datenschutzkonvention des Europarates Nr. 108.

[55] 参见谢远扬：《信息论视角下个人信息的价值——兼对隐私权保护模式的检讨》，《清华法学》2015 年第 3 期。

[56] § 44 a Nr. 2；§55a；§69d Abs. 1 UrhG.

[57] BGH，Urteil vom 17. 11. 2005 – IX ZR 162/04，DZWIR 2006，Heft 6，291.

其要求使用者注册并输入个人身份信息,为防止其从中牟利,《远程媒体法》第 15 条规定其最多可以存储 6 个月。此外,也如学者所指出的,原有的法律制度对于信息的保护是不充分的,在物权领域(第 90 条)、在要求以"有体物"为前提的租赁合同中(第 535 条),都欠缺引用原有法条的空间;而且,对于虚拟身份盗窃无法援引《德国民法典》第 823 条第 2 款、对于虚拟领域的屋主权亦无法援引《德国民法典》第 823 条第 1 款,大量的救济路径被"不适用无体财产客体"问题所围困,因而亟须在"个人信息以外的信息"保护方面的立法努力。[58]

2. 关于虚拟财产

就德国法来看,虚拟财产也是被区分处理。不同在于,专门针对虚拟财产的单独立法上是缺乏的,但是现实中存在归入法、初见成效的法官法、激活原有法律的条文等方式。

(1) 归入法

目前大部分法典评注的共识是,存储在光盘里的电脑软件可以作为《德国民法典》第 90 条所承认的"物",从而适用物权法的规范。[59] 这一认知已经被联邦多个判决所承认。[60] 这可以视为一个简单的归入法。然而,对于非实体化的大部分虚拟财产来说,不仅第 90 条及其圈定的"物权编"规范无法适用,而且连侵权请求权的《德国民法典》第 823 条第 1 款,亦无援引余地。[61] 故虚拟财产的归入法主要体现在上文所述,与第 453 条相关的交易秩序。

(2) 法官法(Richterrecht)

在归入法之外,德国法续造新法的另一个重要手段就是法官法。所谓法官法,就是法官依据宪法精神和法律的整体性,利用法律解释、法律续造等法律技术,将原有法律应用于新的问题,从而实现更广泛的权利救济的现象。[62] 就德国法而言,法官法无疑是重要的法律渊源。许多重要的制度,都是通过判例确立的,比如德国的名誉权保护、一般人格权保护等。[63] 目前就虚拟财产的法官法而言,其尚未成体系。然而,大体可以看出一些趋势:

第一,虽然尚未体现出体系性的特色,却代表了实践中最紧迫的需求。譬如,关于在玩家的论坛里存在虚拟财产的"黑市交易"合不合乎竞争法讨论的问题,2012 年汉堡州高

----

〔58〕 Siehe Fußnote 35.

〔59〕 Vieweg in：jurisPK-BGB；6 Aufl. 2012，§ 90，Rn. 11. Ring in：Heidel/Hüßtege/Mansel/ Noack，NomosKommentar BGB，3. Aufl. 2016，§ 90，Rn.18.

〔60〕 Vgl. BGH，04.11.1987 - VIII ZR 314/86 - VIII ZR 314/86；BGH，14.07.1993 - VIII ZR 147/92；BGH，15.11.2006 - XII ZR 120/04.

〔61〕 Siehe Fußnote 42，§ 90，Rn. 95 f.

〔62〕 Vgl. Ansgar Ohly，Generalklausel und Richterrecht，Archiv für die civilistische Praxis，201. Bd.，H. 1 (2001)，S. 1-47. Vgl. auch Rolf Wank，DieAuslegung von Gesetzen，5 Aufl.，Vahlen，2011，S. 69-72；S. 81 ff.

〔63〕 Reinhard Zimmermann und Dirk A. Verse，Deliktsrecht，in Ulrich Falk und Heiz Mohnhaupt，Das Bürgerliche Gesetzbuch und siene Richter：Zur Reaktion der Rechtsprechung auf die Kodifikation des Deutschen Privatrechts(1896 - 1914)，Vittorio Klostermann Verlag，Frankfurt am Main，2000，S. 329.

级法院的判决指出,网络论坛的经营者没有将论坛作为玩家之间讨论的空间,而是将其作为给角色扮演游戏的玩家交易虚拟游戏币的平台,就已经构成了违反竞争法的行为。[64]

第二,具有前沿性,许多判例属于对原有法条的创新性发现(Schöpfende Rechtsfindung)。关于游戏中采用科隆大教堂(Kölner Dom)的影像是否侵犯了著作权的问题,坐落在科隆市的州高级普通法院认为:对于符合《著作权法》第 2 条规定的著作形式的作品,其著作权的保护,也存在于"虚拟空间",在本案中即(被称为)"第二生命(Second life)"的网络平台。值得注意的是"多媒体著作"的概念,也即判决中所说的"所判定的科隆大教堂,并不单单是二维码形式的数据,而是借助语言、图片和声音得以展现出来的,其中蕴含着创造性的工作(schöpferische Leistung)"[65]。据评论者介绍,这一案件是相关领域(虚拟客体的著作权可保护性)在科隆高级普通法院的第一案,之前也只有美国有相关的案例,[66]而通过这一案例,著作权的保护已经扩展到了虚拟领域,可谓虚拟财产保护的一大推进。

第三,具有现实性,对全新的社会生活事实作出了法律解读。虚拟财产的法官法远远不限于实体法,也包括程序法中应该如何对待虚拟财产的问题。德国联邦普通法院就在判例中指出:①域名并非《德国民事诉讼法典》第 857 条第 1 款意义上的其他财产权(anderes Vermögensrecht),因而适用于《德国民事诉讼法典》第 857 条第 1 款进行扣押的"网络域名"毋宁说是债权请求权的集合,即那些域名持有人(Inhaber)[67]与域名登记的授予者之间存在的合同关系。②域名持有人对抗登记授予人的扣押请求权的换价(Verwertung)[68]的实现,可以依据《德国民事诉讼法典》第 857 条第 1 款、第 844 条第 1款,通过转账支付而非估值(Schätzwert)。[69] 从而,在强制执行程序中,贯彻对域名(及其他物体财产)的保护。

法官法的角度,有突出的德国性,意在解决新型无体财产对原有法律体系的冲击,从而具有突出价值。

(3)原有体系激活法:公法借用

对于虚拟财产的保护,还有借用公法、激活原有体系的方式。比如通过刑法惩罚具有严重社会危害性的虚拟财产犯罪,触犯《德国刑法典》第 263 条规定的网络诈骗[70]和触犯

---

〔64〕　MMR 2013,453.

〔65〕　LG Köln,21. 04. 2008 - 28 O 124/08 - dejure. org.

〔66〕　MMR 2008,556(558).

〔67〕　此处当以"所有人"的意思去理解"持有人"一词,在德语中,银行账户的户主即被称为"Kontoinhaber"。在 Köbler 教授的《法律汉语词典》(Rechtschinesisch)中,将"所有人"和"持有人"都作为 inhaber 的标准翻译,本文从中文的表达习惯和突出无体财产权与有体物权的区别的角度出发,将其翻译为持有人。参见 Gerhard Köbler Rechtschinesisch,Beck,2002,S. 91.

〔68〕　此处对于部分术语的翻译,参考了丁启明译:《德国民事诉讼法》,厦门大学出版社 2016 年版,第 204 页。

〔69〕　BGH,05. 07. 2005 - VII ZB 5/05.

〔70〕　一如我国出现的出售"活体葫芦娃"奇案。可参见搜狐网《淘宝出售"活体葫芦娃"事件》,网址为 http://mt. sohu. com/20160530/n451984474. shtml,2017 年 1 月 9 日最后访问。

《德国刑法典》第 263a 条的计算机诈骗等。[71] 此外,涉及人格尊严的虚拟财产,要考虑《德国基本法》第 1 条的适用。再次,《青少年媒体保护州际协定》、州层面的《数据保护法》等,都会对虚拟财产的保护发挥作用。[72]

其实借用公法、激活原有体系是德国法学应对新问题的常见思路。比如对于商业秘密,我国在不正当竞争法里有明文规定,而德国法则是通过《反不正当竞争法》第 17 条,《德国民法典》第 242 条、第 311 条和第 241 条第 2 款,《德国税捐通则》第 30 条第 1 款,《德国刑法典》第 355 条,《信息自由法》第 6 条等,来处理不同情形下侵犯商业秘密的问题。值得一提的是,法官法对商业秘密保护法律体系的形成起了很大的作用,甚至连商业秘密的权威定义都是从联邦普通法院(BGH)的判例中得出的。[73]

(三)小结:德国法的经验与教训

《德国民法典》自制定以来,已历百余年,其间经历了两次世界大战、冷战及信息科技革命。回望百年,可谓沧桑巨变。法典中原有的许多制度设计,对现实社会亦有其力不从心之处。德国法律人从社会需求出发,将许多新型有体财产有差别地归入原有的民法体系。而对于虚拟财产和信息,则是有分有合、审时度势地进行法律变革。从合的方面而言,系统观建立,通过新型无体财产(其他客体)的概念统摄全局,依靠债法的权利买卖制度,构建新型无体财产的交易体系。从分的方面而言:第一,将信息中最为重要的个人信息单独立法,并时时结合欧盟法的动向去扩大保护范围,提高保护标准,德国《联邦数据保护法》和欧盟相关数据保护法令,可谓是相得益彰。而对于个人数据以外的其他信息,则是通过《著作权法》、《远程媒体法》、《德国民法典》买卖合同法关于其他客体的规定等来进行法律保护。第二,在虚拟财产方面,虽然没有独立的立法,但是却充分发挥了原有法律体系的整体性特色。一方面使用了归入法,另一方面通过法官法对许多与虚拟财产相关的性质认定、著作权保护、不正当竞争、强制执行程序等问题作出了新的解释和说明,这些法官法将成为未来发展新型财产法的重要手段,构成了新型无体财产法第二层法秩序;而通过刑法、宪法等公法规范,构成了虚拟财产保护的外围,此为第三层次的法秩序。对于商业秘密的保护,几乎都是靠第二层次和第三层次的法秩序发挥作用。

德国的经历其实可以作为法典化国家发展法律的一个标本。这段经历蕴含着一些具有普遍意义的经验和教训:任何法典都会"过时",这是法典化不可避免的命运。故从制定法典来说:第一,法典规定过于僵化容易带来后续发展空间受限的问题。19 世纪的德国人无法预料,未来无体财产的价值竟可以与有体财产相比肩,否则不会将无体财产置若

---

[71] Rippert/Weimer, Rechtsbeziehungen in der virtuellen Welt, ZUM 2007, 272(S. 280 f.).

[72] Schulz/Heilmann, Reales Recht und virtuelle Welten, 1. Aufl. , Copyright by Friedrich-Ebert-Stifung, 2009, S. 26 f.

[73] Beschluss vom 14. März 2006 - 1 BvR 2087/03.

罔闻。故法典的规范若保持一定的开放性和包容性,无疑有利于未来新事物的出现和新权利的救济。德国法律人在概念上的挣扎,其实也是物权客体规定过于僵化所造成的。第二,法典并非法秩序的全部,法典化本身不代表可以取代法官法。法典本身并不完备,也将随着时间的推移,越来越不完备。单纯的新立法和修律并不如法官法的救济及时准确,更无法代替法官在法律解释、法律续造、更新法秩序等方面的重要作用,故从法典设计的角度,应该给法官留下应有的地位,给法官法留下发展的空间。第三,公法和私法的融合是一个不可避免的趋势,这一方面受益于近代以来公法尤其是行政法的扩张,即所谓的"从摇篮到坟墓";[74]另一方面也是出于发展民法的需要,民法作为市民社会私法的规律性规范,更具框架性,而公法则会因其事无巨细,为制度提供具体内容和标准,这是德国当代私法发展的重要模式。很多新型权利客体也因为在这种公私法融合的制度环境下萌生,从而具有了双重属性。第四,就笔者阅读之所限,无论英美法还是德国法,所有试图将虚拟财产套入原有法律秩序的努力,其实都是在铜板的另一面重复虚拟财产的特殊性,也正因为其特殊性明显,才使得立法、司法、法律学说等方面都付出了巨大的努力。然而,目前从结果上来看并未能尽如人意。这或许也是我国在民法总则(草案)三个审议稿中,在虚拟财产和信息立法上出现犹豫的一个原因。

四、我国新型无体财产的规制策略

德国法制发展的经验恰恰说明,我们在崇拜法典化的严密性的同时,也要注重法典化的弊端;我们在编纂民法典、构建体系的同时,也要注意在一定程度上,保持体系本身的开放性。面对我国当前三个审议稿的立法状况,我们应当着重思考几个突出问题:(1)在虚拟财产、数据、信息等问题上,我国与德国的结合处在哪里?德国的哪些应对策略是我国可以学习的,哪些条件我国尚不具备?(2)我国的民法典能为新型无体财产做什么?是否采取单独立法?(3)是否一定要将新型无体财产规定在总论中?(4)中国式新型无体财产的内涵和外延应该如何界定?

(一)法典化还是单行立法?:规制新型无体财产的路径之辩

1. 遭遇"德国式困难"却难以照搬德国式解决之道

如上文所述,我国在物权方面的立法上,曾经大幅度地借鉴了德国民法物权制度。而从目前三个审议稿相关条文的内容和措辞来看,依然可以看出德国民法"以有体物为中心"的物权制度的烙印。如上文所介绍的,这一借鉴导致了我国应对新型无体财产时,会遭遇"德国式困难",此"困难"可以称为"法律移植引致的问题移植"。然而,通过文章前一部分展示德国民法对于"德国式困难"的解决之道,不难发现,德国模式的解决方法,未必

〔74〕 See Ralph Segalman, David Marsland, Cradle to Grave: Comparative Perspectives on the State of Welfare, MacMillan Press, 1989, pp. 3-56.

适合我国。这种方法就是将新型无体财产彻底排除在物权法和侵权法部分条文之外,依靠债法、知识产权法、反不正当竞争法,以及借助一些公法条文来发展"新型无体财产法",而且很多时候要通过法官法的手段来实现。

笔者认为,这种解决模式并不特别适合我国的国情。一方面,我国尚未具备单纯通过法官法来规制新型客体的条件。我国法官法尚未显现出发达之势,仅从司法判决书来看,法学方法的研磨、法律续造的工艺尚显粗糙,创制法官法未必能像德国法官一样稔熟,而且除了最高人民法院的司法解释,我国缺乏统一司法的相关机制。[75] 如果不通过立法统一规定,势必造成不同地区法律适用时的分歧,而且也无法形成一种全国性的、规制新型无体财产的法秩序。因而在这一方面,我国无法完全模仿德国,很难一边保持民法典的传统有体物权体系,一边依靠法官法来发展新型无体财产法。另一方面,如前所述,德国通过宪法、刑法、行政法等公法制度来保护新型无体财产是一种常态化安排,而我国虽然在刑法修正案(九)对相关问题已经有所重视,[76]但是宪法条文习惯上不能在司法判决中引用,[77]行政法也尚未达到德国行政法那般的炉火纯青。所以从我国当前国情来看,从私法的角度,尽量给新型无体财产一个保护的规范体系,无疑是大有必要的。[78] 其实这一问题也反映在法治建设的方方面面,我国不像英国、德国等国家那样有大量的时间去等待法律体系的缓慢发展和形成,而同时也不能无视现代社会治理和法律制度的发展趋势。故我国法治建设的真正问题,也就是要对历时性问题寻求共时性解决。[79] 采取明文规定更为适宜。

2. 单行立法的动议及其困难

就我国目前的三个审议稿而言,可谓各有千秋。但是在究竟将新型无体财产纳入原有民法制度,还是将其单独立法的问题上,一审稿是一个极端——简单归入,二审稿和三审稿则代表了另一个极端——另起炉灶。目前一个流行的观点是:在民法典制定上,走德国人的路;而将新型无体财产单独立法,与传统民法平行。

笔者并不赞同这种解决方法。其一,将无体财产单独立法,或者将虚拟财产单独立法,虽然未尝不可,而且可以使法律适用的指向更为明确,但是"每生一事,辄造一新法"的

〔75〕 Chinese Common Law: Guiding Cases and Judicial Reform, 129 Harv. L. Rev. 2213 (2015 - 2016), p. 2234.

〔76〕 主要体现在刑法修正案(九)的第16、第17、第29项。第16项对侮辱罪、诽谤罪,新增了网络手段犯罪的规定;第17项新增了侵犯公民个人信息罪;第29项对原有的"利用计算机实施犯罪的提示性规定、非法利用信息网络罪、帮助信息网络犯罪活动罪"都有所补充。

〔77〕 详细内容可参见:1955年《最高人民法院关于在刑事判决中不宜援引宪法作论罪科刑的依据的复函》。

〔78〕 张谷教授也将如何整合公法和私法,作为未来物权法分则编纂的重要课题,在某种程度上,我国民法典中如何解决公法与私法融合的问题,具有普遍性。参见张谷:《民法典"物权编"能否"浴火重生"?——在"法治与改革国际高端论坛(2016)"上的讲话》,2016年11月12日,网址:http://www.ghls.zju.edu.cn/chinese/redir.php?catalog_id=55&object_id=339734,1月9日最后访问。

〔79〕 孙育玮:《关于"中国法的现代性"问题探讨》,《政治与法律》2008年第6期。

立法思路，不禁让人忧虑。[80] 未来之路尚远，法典外之法将有如"悬河"，民法之体系性亦势必难保。作为一部民法典，如果对现实社会中与生活息息相关、价值不菲、意义重大的新型无体财产置若罔闻，其实是在贬损民法典本身的价值。故而一如民法总则（草案）三个审议稿，在民法典中对新型无体财产作出回应，是合乎时宜的。其二，单行法与民法典无疑会出现制度冲突和重复，从而制造大量的法律解释和司法成本，也与法典化"提取公因式"的思维相悖。其三，如德国的立法经验和司法实践所显示的，对于新型无体财产的很多规则，其实可以准用物权、债权和知识产权的相关制度，没有必要全部重新立法。而这种归入原有法律制度的方法，不仅可以最大限度地保全民法典的社会适用性和包容力，而且可以节约立法和司法成本，实现民法的现代化。综上几点，笔者以为，相比单独立法，将网络虚拟财产、数据、个人信息等新的社会现象纳入民法典的方式更加可取。这样一来，单独立法大可不必。但是对于一些传统物权、债权、知识产权体系无法涵盖的特别部分，如个人信息权部分，可以考虑在未来的中国民法典中单独设立一个分目，以进行特殊规定。

3. 纳入中国民法典目前是新型无体财产的最好归宿

前几年，比特币的价格曾一度超过黄金，一时间引起世人的关注。[81] 其实，当下而言，无论是德国现行法，还是未来中国的民法典，都不可能对新型无体财产置若罔闻。而如何回应新型无体财产，无疑只有三条路径：法典化，单行立法，以及德国式的部分归入、部分依靠法官法的灵活模式。鉴于单行立法会削弱法典本身的解释力，而目前的德国解决方法又不适合于我国的法治土壤，所以，法典化似乎是唯一可行的选择。

那么，是否将新型无体财产规定在中国民法典内部，且如何规定？

对于我国需要一部充满时代变革色彩的民法典，还是需要一部朴实无华的民法典，[82] 学界尚有争论。其实，这个问题从根本上说，不是争议民法典需不需要对新的社会现象作出回应。因为放弃回应，意味着"法律滞后"，法律的发展远远落后于社会生活，价值巨大、与社会生活息息相关的新型无体财产缺乏规范的体系，所以学者们真正纠结的问题是：需不需要革新原有的精致体系？易言之，这一问题所关涉的是：民法典的体系性与时代性之间的紧张关系。笔者以为，朴实无华的民法典，不代表要放弃对新的社会生活变迁作出回应。关键在于，如何在吸收了新的"烟火式的亮点"之后，依然能保有一个概念精确、体系完整、运用便利的民法典。[83] 如果为了"烟火式的亮点"而舍弃

---

〔80〕 此种立法思路，不禁让人联想到德国法制史上的《普鲁士一般邦法》（ALR），全法有一万七千余条，在学术史上被视为一种欠缺立法科学的立法实践，然而也可以作为《德国民法典》前史的资料。

〔81〕 参见牛颖惠：《比特币交易价创 1242 美元新高 首度超过黄金》，《京华时报》2013 年 11 月 30 日。

〔82〕 参见苏永钦：《成熟民法典不在于太多烟火式亮点》，网址为 http：//opinion. caixin. com/2016 - 11 - 09/101005649. html，2017 年 1 月 9 日最后访问。

〔83〕 对于体系性问题，可以参见苏永钦：《寻找新民法》，元照法律出版社 2008 年版，第 50—58 页。

体系,显然是得不偿失;但是如果裹足不前,无视新的社会生活,我们就失去了法典制定中唯一的"后发优势"。[84] 德国式的物权体系妙在精美严密,却失之过于僵化。所以,后来的民法典编纂,贵在结合自身法制特点,从体系性和时代性上找到新的"均衡点"。后法典时代,社会生活在不断地解构法典。因而,我国如果欲真正坚持法典化的道路,就应该迎合时代潮流,不断发展民法典。

将新型无体财产纳入民法典,其一,符合法典化的一般规律。民法典是民事领域的基本法,新型无体财产作为现代社会的一种重要财富形式,当然需要我国民法典作出某种回应。而新型无体财产的整体概念,又涉及我国财产权客体的种类和模式的大问题,理当归入物权法的总则之中——也就是民法总则中的财产权客体部分。这种抽象术是德国民法的精髓,也是我们孜孜以求的法典化所不可或缺的精神。我国目前立法也一直坚持这一态度,只是在如何安置新型无体财产方面,尚欠稳妥。其二,也可以节省大量的立法和司法成本。单独立法叠床架屋,将导致单行法和新民法之间存在多重冲突,法典化本身的意义也将存疑;而求助于法官法发展新型无体财产制度,既浪费司法资源,又不适合我国的国情,难以取得良好的效果。其三,这种设计是我国在民法典发展和创新中的新机遇。尽量在民法典内部调和传统的有体物中心主义与网络虚拟财产、信息等新型权利客体的关系,无疑是我国当下最为务实的选择。而且我国民法典正在"初创"阶段,并不存在较大的"制度惯性"或者"路径依赖",完全可以借鉴德国的经验和教训,通过学习德国法,进而超越德国法,实现我国民法的时代诉求。这是我国突破传统体系,寻找民法典的体系性与时代性之间新均衡点的新机遇。[85]

综上而言,"烟火式的亮点"与完善体系理论上可以兼得。新型无体财产的立法并非可有可无,但是更应在纳入新的客体之后,既保全体系性,又为制度发展、法域交叉和融合留下足够的空间。

---

〔84〕 所谓"先发优势"和"后发优势"是一组管理学的词语。1988 年,斯坦福大学的 Lieberman 教授撰文"先发优势",指出较早进入一个领域内的企业会在技术领导力、稀缺资源的占据、在不确定性之下转换成本和消费者的选择等多方面占有优势,从而巩固其在产业中的权重;10 年之后,Lieberman 教授也指出,从实证分析的角度,虽然存在先发优势,但也存在先发劣势。进而有人提出后发优势的概念,即具有创新力的后来者会通过更快的成长速度、更大的市场潜力、更高的重复率等优势来淘汰先入者,此外还可以通过减慢先入者的生长速度、降低先入者的市场广告收益效率来对先入者产生根本的影响。事实上,这一理论不限于管理学,其所揭示的道理,可以在社会科学中作为一种思考的模型。See Marvin B. Lieberman, David B. Montgomery, first-mover advantages, *Strategic Management Journal*, Vol. 9, Special Issue: Strategy Content Research, 1988, pp. 41-58; Marvin B. Lieberman, David B. Montgomery, first-mover (Dis) advantages: retrospective and link with the resource-based view, *Strategic Management Journal*, Vol. 19, No. 12, 1998, pp. 1111-1125; Venkatesh Shankar, Gregory S. Carpenter and Lakshman Krishnamurthi, late mover advantage: how innovative late entrants outsell pioneers, *Journal of Marketing Research*, Vol. 35, No. 1, 1998, pp. 54-70.

〔85〕 具体理由可参见下文。

(二)新型无体财产的中国语境：本土资源、特有基于和体系观的构建

1. 新型无体财产的美国法属性及术语冲突：以虚拟财产为例

从民法总则(草案)的三审稿及其说明来看,我国将新型无体财产的关注点主要放在"虚拟财产、数据和个人信息"上,基本是围绕二战后的以计算机技术和网络技术为核心的时代变革。我国采用"虚拟财产"的术语,具有鲜明的时代性和美国法属性。进入 21 世纪以来,网络技术的革新,其在人们生活中的地位攀升,以及其对人类社会的影响都是不可估量的。与之相应,计算机和网络法也日益成熟,我国重视虚拟财产的概念,主要是受到美国的影响。就连"虚拟财产"这个词,都是从英文"virtual property"翻译过来的。[86] 顾名思义,虚拟财产的财产属性十分鲜明。然而,这并不代表虚拟财产就是我国物权法意义上的财产了。事实上,英美法系的"财产(property)"一词,其内涵颇为广泛,有别于专指"有体标的"的大陆法系的"物(Sache)"和"财产权(Eigentum)"。比如美国法中的"property"可以使用在个人财产、不动产、股权、养老金、基因等等领域,这是一个相当开放的概念。[87] 因此,在英美语境里,将虚拟财产称为一种"财产"并无违和感,而且也不存在这种"财产"到底合不合乎"物必有体"的困惑,更不必去探讨其是否适用于财产法。而我们直接因袭"虚拟财产"这一概念,并将其嵌入大陆法系的,尤其是德国式的物权理念为主导的物权法体系之内,就显出在体系上的紧张关系。[88] 这也是新型无体财产冲击我们熟识的德国民法体系的深层原因。

2. 我国与德国物权制度的深层差异：特有的机遇

(1)我国"财产—物权"的并行体系

虽然我国当下民法总则(草案)三个审议稿和 2007 年物权法深受德国法的影响,民法典制定也遭遇"德国式困难",但是除了虚拟财产、数据和信息权的很多概念和理念取自美国法以外,我国法律在某些物权基础制度上,也与德国法存在着深层差异。这决定了"新型无体财产"在我国语境下的特殊性。

我国与德国的财产权体系貌合神离。改革开放以来实行法治重建,1987 年施行的民

---

〔86〕 在德语法学中,也有学者会在著作中使用"虚拟财产(virtuelle Eigentum)"的表述方式,其实这一表述也是从美国法的"virtual property"移译而来的。Vgl. Besprochen von Prof. Dr. Alexander Peukert, Berberich, Matthias: Virtuelles Eigentum, 2010, UFITA 2011/I, 204 ff.

〔87〕 在 *Labberton v. General Gas. Co. of America* 一案中,对"财产"一词的概念有较为明确的阐释："('财产')一词在一切与所有权相关的问题上被广泛使用,(无论是)有体的还是无体的,有形的还是无形的,可见的还是不可见的,不动产还是个人财产;所有具有交换价值的东西或是能带来财富的东西。"See *Labberton v. General Gas. Co. of America*, 53 Wash. 2d 180, 332 P. 2d 250, 252, 254. Quoted from *Black's Law Dictionary*, 6 ed., 1990, Thomson Reuters, p. 1216.

〔88〕 从清末以来,我国的民事立法就主要参考了以德国民法为代表的大陆法系的概念、体例、结构等等,因而有较深的亲缘性。相关讨论参见柳经纬:《中国民法典编纂若干问题探讨》,《中国高校社会科学》2015 年第 2 期。

法通则一直有效,并采用了"财产(类似于英美法系的 property)"[89]这样一个非常具有包容性的概念。可以说,新中国成立以后的"民法典四稿"与财产权的概念有着直接的关联关系。[90] 而 2007 年 10 月 1 日以后物权法施行,[91]实际上是存在一种"财产—物权"的并行制,虽然从法律适用来看,物权法作为新法,日益取代了民法通则在财产方面的规定。但是,"财产权"的概念并没有失效。这就为我国的新型财产客体的发展提供了更多的可能性。

从目前的三个审议稿来看,在民法总则(草案)中,无论是采取列举式,还是概括式的措辞,立法者始终没有放弃"私有财产权利"这一表达。也就是说,财产权的提法,在某种程度上得到了延续,而一审稿和二审稿列举式的方式将这一问题表现得更加突出,这一缺口,将会成为未来我国民法的一个特色。财产权既可以作为物权、债权、知识产权和其他权利的上位概念来解读,也可以作为一个德国式"有体物中心主义"的物权体系的突破口。

(2) 在民法总则中规定新型无体财产的必要性

正如上文所指出的,我国虽然大量参考了德国的物权法框架,也遭遇了德国式物权法的现代困境。但是,基于我国改革开放以来的立法遗产,"私有财产权"的概念将在未来仍然发挥重要作用。而结合一审稿、二审稿的罗列,以及三审稿强调只是作了"文字修改",可以认为,我国立法者在未来的民法典中,仍然采取"财产—物权"并行的体系。

财产的概念,无论是借鉴英美法系的广义"财产(property)"概念,还是从苏联民法习得政治经济学的"财产权(生产资料和生活资料)"概念,都无疑是对德国式法教义学的物权(有体物为中心)概念的一种调和。目前我国的"财产—物权"并行制,虽然如罗列式所说,也包括生产生活资料、财产性投资等,但是这种分类,并未真正与我国物权法相衔接。从某种意义上来说,我国从苏联民法继受的"话语"渐渐被德国物权术语所"架空"。而如果考虑在民法总则中,将"新型无体财产"明文规定为"私有财产权"的一种类型,将其与传统的有体物(动产与不动产)并驾齐驱,则可以取得一石三鸟之效果。首先,从比较法的角度,可以将我国的财产权体系扩大,并不限于德国民法封闭的有体物的体系,从而保证财产权体系的开放性,防止僵化的"民法典"阻遏未来社会发展。其次,从立法学的角度,可以为将新型无体财产嵌入现有财产权体系提供法律支持和理论铺垫。详言之,即通过立法技术,借用部分原有债法、物权法、知识产权法等相关制度,构成一个"新型无体财产法"体系。这样的设计既经济,又体现了民法典的建筑美和包容力。再次,从民法内在体系性

---

〔89〕 参见民法通则第 71 条:"财产所有权是指所有人依法对自己的财产享有占有、使用、收益和处分的权利。"

〔90〕 新中国成立以后,由于受到社会主义思潮的影响,传统的物权概念弃之不用,而采用民事权利客体的说法,从其内容来看,主要是从财产权的客体而言。具体内容可参见:民法典(草案)第一稿第 29 条,第二稿第 27 条以下,第三稿第 2 条,第四稿第 22 条。参见何勤华,李秀清,陈颐:《新中国民法典草案总览》,法律出版社 2003 年版,第 6 页,第 17—18 页,第 30 页,第 39 页。

〔91〕 我国物权法的制定有着浓重的德国色彩,而关于物权的客体,主要见于物权法第 2 条第 2 款的规定:"本法所称物,包括不动产和动产。法律规定权利作为物权客体的,依照其规定。"

的角度，可以通过立法确立新型无体财产的体系观，从整体上把握和发展新型无体财产；也可以通过明文化和制度化，回避国外通过法官法实现制度建构的缓慢过程，从而达到扬长避短、发展传统民法的目的。

综上而言，鉴于我国民法借鉴德国民法制度所带来的德国式困难，以及"财产—物权"二元主义的持久影响，比较务实的策略是将新型无体财产纳入"财产"概念，从而形成逻辑上周延的财产客体体系；在制度上，"新型无体财产法"通过嵌入既有的物权、债权、知识产权体系之中，建成其体系。而为了实现这一效果，则需要将新型无体财产归入民法典，而不是单独立法，更需要在民法总则中明确"新型无体财产"与有体物的并列地位。

3. 新型无体财产的中国内涵与外延

如上文所述，德国的新型无体财产，基本包括了电、热能、（未被知识产权所保护的）发明、专有技术（know-how）、软件、广告想法等一系列客体。然而，我国的新型无体财产有其不同的侧重点和倾向性。

相对于 1900 年确定框架的《德国民法典》及其相关后续立法，我国的财产体系更具全面性和完整性。从历史时期来看，我国现行民事立法多产生于 20 世纪 80 年代以后，与当下时间并不久远，所以会对当时的很多权利及时予以确立并付诸立法。故相对而言，我国对于新型权利的成文化比较完备；[92]德国《债法现代化法》中所提及的与有体物相对应的"其他客体"，其罗列的诸多权利，其实我国已经通过知识产权法、城市热力管理条例、电力法、反不正当竞争法等得到了立法解决。[93]就目前而言，我国"新型无体财产"更主要的是解决虚拟财产、数据和个人信息的问题。

笔者以为，参照德国新型无体财产的概念和特征，可以将我国的"新型无体财产"界定为：在现代科技和社会治理之下产生的，尤其与信息技术相关联的，有别于罗马法以来传统无体物的，具有财产利益的，动产和不动产以外的新型民事客体。三审稿中的网络虚拟财产、数据和个人信息可以纳入其中。具体而言，目前比较明显的有以下四类。①虚拟财产，主要包括以下几个大类别：电子邮箱、QQ 账号、微信账号、网络游戏的账号、支付宝账户、余额宝账户等个人交流与理财虚拟账户；微信红包，以比特币、莱特币、夸克币等为代表的上百种虚拟货币；与一定服务相连接的服务交易币，如 Q 币、网上抽奖的礼券、优惠券；在游戏中冠以各种名称的游戏币，比如盛大公司的点券（俗称点卡）、《梦幻西游》游戏中的梦幻币、Dota2 中的刀币、《剑侠情缘网络版叁》中的名剑币等；网络游戏的装备、挂件、装饰、电子宠物等虚拟商品；网络游戏中的一些特色建筑设计、卡通人物形象等虚拟著作，基本都可以列入虚拟财产之列。总而言之，我国的网络虚拟产业无论是消费市场还是

---

〔92〕 比如我国在 2010 年施行的侵权责任法第 2 条第 2 款中明文规定了 18 种权利，这在现行的诸国民法典中，是比较全面的。可参见侵权责任法第 2 条第 2 款："本法所称民事权益，包括生命权、健康权、姓名权、名誉权、荣誉权、肖像权、隐私权、婚姻自主权、监护权、所有权、用益物权、担保物权、著作权、专利权、商标专用权、发现权、股权、继承权等人身、财产权益。"

〔93〕 比如著作权法第 59 条，《计算机软件保护条例》、《济南市城市集中供热管理条例》第 22 条，电力法第 29 条，反不正当竞争法第 10 条对商业秘密，尤其是对专有技术的规定。

服务市场,都具有巨大潜力,[94]虚拟财产、虚拟金融、虚拟服务都将成为未来民商法发展的重要客体。②个人信息:个人的基本信息、移动电话号码、QQ账号、微信账号、收入状况、财产状况、婚姻状况、交易记录、生活偏好等等,都成为个人信息的重要组成部分,目前网络常常出现一些将他人信息售卖的现象,可见个人信息虽然更具人格性,但是其折射的潜在财产价值,则是其受侵害的主要原因。将其纳入新型无体财产,将有利于实现损害赔偿的救济。③数据:从数据的角度讲,在一个大数据的时代,数据无处不在,信息本身就代表商机,可以说是包罗万象。比如企业的经营数据、公民的消费数据、每日的金融数据、交通的客流数据、城市的产业状况数据、国家的经济数据、进出口数据等等,都可以在某种意义上具备经济价值。然而,有些数据的使用,又是公民生活所必需的。所以,面对个人自由与法律规范之间的张力,将哪些数据视为"新型无体财产",主要是一个立法政策问题;而对何种数据以何种方式使用是非法的,笔者更倾向于通过法院判决的个案方式解决。④除三审稿提及的几个客体之外,依笔者之所信,土地空间权、二氧化碳排放权等都可以含蕴在其之内。未来还将有大量的新型无体财产纳入其中。

如上文所述,虽然与德国相比,我国新型无体财产在关注点上有所不同,但是基于这一概念的兜底性,从长远的角度看,采用新型无体财产的术语,追求一种对新型无体财产体系化的安排,其实远比单纯讨论如何规范虚拟财产、数据和个人信息,更有意义。此亦为本文立意之所在。从长远来看,新型无体财产肯定不限于我们目前所知的这些种类,所以,注重对类型化的调整,也将为未来新的权利诞生开辟道路。

(三)对新型无体财产的规制建议:分则部分

本文更主要的讨论是如何解决总则中规制新型无体财产的问题,然而,鉴于民法典本身的体系性,如果完全对分则没有一个大体的安排,总则无疑是空中楼阁。结合我国目前的民法制度以及德国法的经验,笔者以为,对新型无体财产的规制,可以采取如下策略。

1. 嵌入式立法:构建"跨法律部门的"新型无体财产法

从我国目前民法总则(草案)的安排看,我们是一个大民法的概念,也就是说,不限于以《德国民法典》为代表的经典五编制,[95]而是将知识产权也纳入了民法的视域。这样一来,就有必要在知识产权的部分也对新型无体财产作出安排,从而使前后体系一致。

依笔者之所信,也如德国之经验,其实对于新型无体财产的救济,可以从物权、债权、知识产权、消费者保护、反不正当竞争等法律的相关条文综合着手,构建一个"跨越部门法"的调整体系,这种方式,可以提供一种突破法典的灵活性,是克服法典僵化痼疾

---

〔94〕 参见《我国首次明确网络虚拟财产物权——万亿元大数据产业有望驶入快车道》,《人民代表报》2016年8月2日第5版。

〔95〕 即以1900年施行的《德国民法典》为代表的、"总则—债法—物权法—亲属法—继承法"的五编制法典结构。

的一剂良方。故可以将不可归入传统法律制度的问题单独立法,或者在民法典里单独设立一章,譬如个人信息,而将大部分可以归入传统制度的问题通过类推适用等技术手段,嵌入民法的各个相关部分。"恺撒的归恺撒,上帝的归上帝。"[96]而新型无体财产可以作为一个总体概念,也作为一种母权,统摄虚拟财产、数据、个人信息和未来将生之新的类似客体。

鉴于目前分则条文尚在立法准备中,对新型无体财产的落实,尚需分则的条文化。笔者结合德国的经验与我国当下民法的特点,对在分则哪些部分适宜嵌入新型无体财产的规范,简单作出如下建议,以供立法者思考:

(1)物权部分:在物权部分,我们虽然未必要恪守"物必有体"的教条,但是将新型无体财产适用本来为有体物设计的条款时,尚需十分谨慎。不妨仿照德国的处理方式,将新型无体财产的交易秩序套用买卖合同。这种设计,在我国可以避免将虚拟财产直接视为动产时产生的一系列问题,诸如物权行为、善意取得、时效、添附、加工、拾得等问题。[97]但是如果完全放弃物权的救济机制,那么对新型无体财产的共有、用益权、质权等,都要通过合同来设定,不仅合同太过烦琐,而且也无法实现物权的效果。其一,可以考虑参照准不动产,在公示方法的部分,加入对一些价值巨大的虚拟财产做登记的条款。比如可以在物权法第 24 条加一款:"对于价值较大的虚拟财产,参酌适用前款规定。"其二,对于一些重要的新型无体财产,可以考虑共有制度适用(物权法第 93 条以下);其三,对于虚拟财产可以考虑在一定程度上善意取得制度适用(物权法第 106 条以下);其四,对于新型无体财产可以考虑担保物权适用,尤其是对于可以登记的价值较大的虚拟财产,可以考虑抵押权的适用(物权法第 179 条以下)。另外,鉴于部分新型无体财产,尤其是虚拟货币的价格波动较大问题,在实践中可以考虑通过设定较高的抵押率来保障交易安全。而在法典中,可以作出一定建议性提示。

(2)债权部分:可以考虑买卖合同中的部分条款适用新型无体财产,构建一个整体性的交易秩序(合同法第 130 条以下,可以从第 132 条和第 174 条做文章)。此外,大量的新型无体财产涉及服务商提供的格式条款,可以考虑格式条款的适用(合同法第 39 条以下)。同时,租赁合同也不失为一个重要考虑(合同法第 212 条以下)。从立法论的角度,也可以考虑将一些涉及新型无体财产的典型合同设立为新的有名合同,以平衡双方利益,补充约定之不足。另外,新型无体财产原则上也可以成为破产财产(破产法第 30 条)的组成部分。但是应当明确的是,在数据等新型无体财产适用本条时,不得侵犯公民的隐私权。

(3)消费者保护法部分:鉴于互联网诈骗、计算机犯罪的现实情况,新型无体财产交易更存在消费者保护的问题,可以考虑适用消费者保护法第 7 条以下。

---

[96] 《圣经·马太福音(和合本)》22:第 17—21 页。

[97] 以上制度,参见《德国民法典》第 929 条以下;这在我国的民法通则和物权法中也有所体现。

（4）反不正当竞争法部分：鉴于很多数据可以作为商业秘密来保护，反不正当竞争法的规定，可以准用到部分数据的保护中。此外，对于一些不正当竞争行为，如对游戏货币的黑市交易等行为，通过相关规范，调整市场秩序（反不正当竞争法第 5 条以下）。

（5）知识产权法部分：对于很多网络游戏的人物造型、特色建筑设计等，可以考虑著作权的保护（可以通过法律解释的方法归入著作权法第 3 条）。

2. 未来分则在相关立法上应该注意的问题

（1）新型无体财产要有总有分

新型无体财产是对一类现象的把握，也如上文所提出的，其外延本身也具有可变性和兜底性，故而必然导致与其他权利相比其内部各种类之间的统一性较弱，而差异性稍强，易言之，并非铁板一块。故在一些不适宜统一规定的场合，要突出哪里的制度适宜准用于虚拟财产，哪里的制度适宜准用于个人信息或者其他信息。比如目前对于个人信息在一定程度上可以借助于隐私权的保护模式，但是这种规则不适用于虚拟财产，这时候就应在法条中体现"分"而不是"合"。

（2）为法官法留出适当空间

已如上述，与德国相比，我国司法解释和指导案例目前还难以完全胜任"造法"的功能。近年来德国、奥地利诸国都有从法治国向法官国的转型的趋势。[98] 我国司法虽然强调党的领导和人民民主专政的语境，但是法院在审判中锤炼法律的重要性将在法典化以后渐渐超越立法，是司法发展的惯常规律。改革开放以来，我国的立法进程一波接续一波，始终未能突显人民法院在法律发展和法治建设中的地位。当然，我国是否会发展成社会主义语境下的"法官法治国"还是有待实践检验的。但是在社会主义特色的法典法秩序形成之后，注重法律解释、法律续造、创新性法律发现，将是未来一百年间我国法治建设的一大重要课题。作为一部立意高远的民法典，当为这一转型提供一定的基础。比如上文所述的，对于数据作为一种新型无体财产的保护界限，应该由法官依照私法自治和诚实信用等民法基本原则，根据个案具体地确定标准。又如在债务让与部分规定无体财产问题时，可以选取如下表述："将关于新型无体财产，参酌适用。但应对部分涉及人格权的信息，给予充分的法律保护。"

（四）对目前民法总则（草案）三审稿相关条款的重新安排

对于民法总则的部分条款，笔者希望从体系性角度重新设计，以期将新型无体财产嵌入民法，又不破坏其原有的体系性。

首先，二审稿运用了列举加抽象的方法，在第 111 条列举了"民事主体享有收入、储蓄、房屋、生活用品、生产工具、投资及其他财产权利"。而三审稿为了简明，将罗列内容统统删去，只留一句"自然人的私有财产权利受法律保护"。其实罗列式和概括式各有千秋，

---

〔98〕 See Bernd Rüthers. Die heimliche Revolution vom Rechtsstaat zum Richterstaat，Mohr Siebeck，2016，S. 8 ff.

前者通俗,后者简明,但是从民事权利这一章来说,仅仅"自然人的私有财产权利受法律保护"这样一句宣示性的表达,难以真正起到裁判指引的功能,而民法总则(草案)三审稿如此规定,显然是"占位"。[99] 前面是人身权,接下来是财产权,然后是具体财产权,之后再到其他权利。笔者以为,有必要在本条增设一款,以明确新型无体财产的体系意义。虽然"自然人的私有财产权利"也可以解释出"新型无体财产",如果从务求明确性的角度,也可以将新型无体财产客体单独作为一类列出,然而为了便于理解,从措辞的角度可以采用"虚拟财产、数据、信息等新型无体财产",即可以将第 124 条删去,将其内容与第 111 条合并,从而将第 111 条修改为:

"自然人的私有财产权利受法律保护。网络虚拟财产、数据、信息等新型无体财产是私有财产的重要类型,依法律规定受到保护。"

这样一来,不仅可以解决第 124 条在位置上脱离传统财产权制度的质疑和尴尬,而且可以突出民法典的时代性,同时可以将虚拟财产、数据和信息作一种体系化的安排,也可以为以后新的客体纳入新型无体财产作准备。此外,虽然二审稿和三审稿仍然延续了物权法将"物"规定为"动产和不动产"的传统,但是后面有一句"法律规定权利作为物权客体的,依照其规定",这句话实际上已经起到了缓冲"物必有体"的作用。

其次,在总则中,将新型无体财产作为一项财产权客体罗列出来,并未否定其债权属性。唯有在三审稿第 111 条规定这一问题,方可取得如此的体系效果。而债法部分的具体嵌入方法,已经在前文有所阐释。从与之相关的整个法秩序而言,新型无体财产虽然更具财产性,但是至少在德国法意义上,也同样具备债法意义和公法意义。而未来在公法中(如刑法修正案(九)那样),也不排除根据需要适时地引入新型无体财产、虚拟财产、数据、个人信息等概念,从而构成一套完整的保护系。

再次,将新型无体财产作为一个整体提出,将大大有利于未来新兴法律的发展。第一,传统的有体财产、近代以来的知识产权和新型无体财产将构成一个逻辑上相对完备的权利系。因为现代以来德国法系的封闭财产体系一直为人们所诟病,从而出现了物权客体的扩充、物权法定的柔化等趋势。而如果在法典中保持一定程度的、逻辑上的周延,就谈不上僵化、封闭的问题。[100] 第二,新型无体财产以其兜底性、母权性,将为未来可能出现的更多新型财产客体提供一种最基本的保护机制,也将因而保证我国民法典本身的体系性,减缓时代和社会变迁对法律安定性的冲击。

随着民法典编纂进程的不断推进,我国的民事立法与以《德国民法典》为代表的传统

---

[99] 王泽鉴教授将本文所涉及的"民事权利一章"称为"私权宣言",具体表述为:"民法总则草案设专章规定民事权利,包括权利种类、物的种类、债之发生原因等,内容繁杂,若干规定过于简略。主要特色在于宣示权利,明确私权,有助于提升权利意识,保障私权。"参见王泽鉴:《对制定民法典与民法总则草案建议》,微信公众号"法学学术前沿"独家首发,2017 年 1 月 6 日。

[100] 比如民法中将"不能"分为自始不能和嗣后不能,就构成了一个完整的逻辑链条,二者必居其一。

民法的差别也日渐凸显。作为一部具有时代精神的民法典，[10]当然应该对信息社会的新问题作出回答。而在当下三个审议稿中，可以看出在定位和安置虚拟财产、数据和个人信息时的犹豫。我国的民法典应该是面向未来的民法典，故在立法时要为未来更多新型民事权利客体预留空间，这也是德国法带给我们的教训之一。把"新型无体财产"作为一个上位概念来统摄虚拟财产、数据和个人信息，以及其他类似客体，从而有体系、有差别地将上述新型无体财产纳入民法典，不失为一个解决问题的新思路。这一设计将在未来与民法典分则中逐步嵌入的物权和债权的具体制度，以及部分公法条款共同构成一个严谨而有序的新型无体财产法。这一设计，将使我国的民法典不仅具有时代精神和体系性，更具有前瞻性和社会适用力。

---

[10]　参见王利明：《民法典的时代精神和编纂步骤》，《清华法学》2014年第6期。文章认为：我国的民法典必须反映21世纪的时代特征，对互联网时代、信息社会和大数据时代、高科技时代、知识经济时代、经济全球化趋势、资源环境逐渐恶化趋势及风险社会的时代特征作出回应。

学术专论

XUESHU ZHUANLUN

吉迪恩案的瑕疵承诺

[美]卡罗尔·斯泰克* 著

牟绿叶** 译

摘 要：吉迪恩诉温赖特这一具有里程碑式意义的案件开启了美国刑事被告人获得有效辩护的新时代，但几乎所有人都同意"吉迪恩的承诺"至今尚未兑现。尽管美国各州为贫穷被告人提供法律援助的制度存在巨大的差异，但以下四条关于"吉迪恩"失败的原因却能贯穿每个司法辖区并涵盖大部分的因果律现象：（1）它的强制性不足，资金保障也不稳定；（2）制度设计削弱了法律援助律师的独立性、培训和监督，以及法律援助的文化氛围；（3）无效辩护的法律救济经常是不充分的或者甚至根本没有救济；（4）普遍存在的辩诉交易使得无效辩护难以被发现并获得救济。保障贫穷的刑事被告人获得有效辩护的权利仍然是一项任重道远的任务。

关键词：有效辩护 法律援助 瑕疵承诺

引 文

在刑事审判中什么是最危险的问题？宪法为刑事被告人提供的特殊程序能够保障其名誉、自由甚至生命等公民权利。此外，刑事定罪可能带来严重的附带后果（假定是非惩罚性的），例如驱逐出境、剥夺公民权利以及要求登记注册并通知社区（在性犯罪案件中）。除此诸多个人权益之外，尚有略不明显但绝不可忽视的公共利益。在美国，绝大多数刑事案件中警察都需要进行侦查，故宪法性的判决确立了一套规制警察侦查行为的最低标准。刑事审判对于限制以下执法性侦查手段发挥着至关重要的作用：警察侵入私人住宅、当街盘查、搜查、讯问、诸如列队辨认等辨认程序、使用 GPS 定位追踪和 DNA 样本分析之类的高科技手段。[1]

---

* 哈佛大学法学院亨利·弗兰德利（Henry J. Friendly）讲席教授。

** 浙江大学光华法学院博士后。

〔1〕 最高法院在前两个开庭期内已就 GPS 定位追踪和 DNA 样本分析的合宪性作出裁决——See *United States v. Johns*, 132 S. Ct. 945 (2012), and *Maryland v. King*, 133 S. Ct. 1958 (2013)——但我们通过这两个案件中模糊的措辞可以发现，最高法院已经认识到这两种技术工具仅仅是即将到来的技术革新的冰山一角。

在过去几十年中，美国的监禁率出现了史无前例的大规模增长（正如 *Dadalus* 2010 年夏季刊中记载的那样）[2]，这一问题在当今的刑事司法中尤为严重。美国已经成为世界上监禁率最高的国家，被关押的人数约有 230 万之多，每 10 万人中约有 750 人被监禁，大大超过了美国过去（以及欧洲现在）的数据——每 10 万人中有 100 人被监禁（千分之一的监禁率）。[3] 自 20 世纪 70 年代以来，美国监狱中被监禁人数的剧增不仅深刻影响到公民个人，也波及他们的家庭和所在社区——尤其给弱势族裔和穷人带来了极不均衡的后果。一项关于"大规模监禁"导致的社会影响的研究表明，刑事司法制度与当代美国社会深刻的种族和社会阶层分化之间具有密切的联系。[4]

认识到刑事司法制度存有如此之多的隐患后，我们就必须严正对待如何让制度正确发挥功能这一问题。任何熟悉刑事司法制度运作程序之人——法官、诉讼参与人或者了解情况的政策制定者——都可以证明，促进刑事司法制度正常运作的一条最佳途径是确保适格的律师积极有效地参与其中。事实上，最高法院在 50 多年前吉迪恩诉温赖特[5]这一具有里程碑式意义的判决中已经得出了这一显而易见的结论：第六修正案赋予严重刑事案件的被告人获得律师帮助的权利是一个"法律的正当程序"问题。所以，这不仅适用于联邦也适用于各州的刑事程序。吉迪恩案的判决经常被称道为鼓舞人心的法治进步。著名记者安东尼·里维斯所著的畅销书《吉迪恩的号角》将之作为主题，根据本书改编的同名电影让亨利·方达声名鹊起；吉迪恩案也是最高法院自己认可的具有溯及力的唯一案件，因为它涉及刑事程序中具有"分水岭"意义的辩护权。[6]

在 2013 年，安东尼·里维斯于吉迪恩案 50 周年之际逝世，但吉迪恩案的胜利故事却早已香消玉殒；里维斯本人也意识到了这一点。[7] 在吉迪恩案的每个重大周年纪念日，评论者们都会扼腕叹息，感慨其根本没有兑现为贫穷被告人实现辩护权之承诺。在那些律师声名狼藉的司法辖区，为穷人辩护的骇人听闻的故事比比皆是。例如，在卡特琳娜飓风肆虐之时，新奥尔良的公设辩护人办公室应当给 6500 至 8000 个囚犯提供辩护，但却无

---

〔2〕 参见 *Dadalus* 2010 年夏季刊 139(3)，"关于大规模监禁"，at http：//www.mitpressjournals.org/toc/daed/139/3，2016 年 9 月 6 日最后访问。

〔3〕 See Carol S. Steiker. Criminalization and criminal process：prudential mercy as a limit on penal sanctions in an era of mass incarceration// in R. A. Duff et al. *The Boundaries of the Criminal Law*，New York：Oxford University Press，2010，pp. 31-32；Roy Walmsley. Worldprison population list，9th ed.，*International Centre for Prison Studies*，2011.

〔4〕 例如，See Todd R. *Clear*，*Imprisoning Communities：How Mass Incarceration Makes Disadvantaged Neighborhoods Worse*，New York：Oxford University Press，2007.

〔5〕 *Gideon v. Wainwright*，372 U. S. 335 (1963).

〔6〕 *Teague v. Lane*，489 U. S. 288，311-312 (1989).

〔7〕 参见安东尼·里维斯向美国律师协会法律援助和贫穷的被告人委员会所作的序言"吉迪恩案破碎的承诺：对于公平正义的持续追求"。(Chicago：American Bar Association，2004)，at http：//www.americanbar.org/content/dam/aba/administrative/legal_aid_indigent_defendants/ls_sclaid_def_bp_right_to_counsel_in_criminal_proceedings.authcheckdam.pdf，2016 年 9 月 6 日最后访问。

法出具一份准确的名单。[8] 在密西西比州的一些郡县,被告人可能需要等待一年左右才能向法庭委派的律师讲述案情,很多律师在庭审当天也不会会见他们的当事人。[9]

那些情况略好的司法辖区同样无法满足吉迪恩案的要求。例如,纽约州——一个在东北部相对进步富裕的州——也没有建立起整个州层面的法律援助预算制度;相反,其是由各郡县自行拼凑而成,缺乏州层面的培训、指导和监督。[10] 此外,联邦辩护体制尽管经常被视为各州的典范,但却因 2013 年财政减支而陷入危机,从而迫使其大幅裁员并史无前例地削减辩护资源。[11] 即使是美国的首席检察官也意识到了整个国家为穷人辩护制度遭受的严重危机,正如(时任)首席检察官埃里克·侯德切中要害之言:"当穷人能够获得法律帮助时,如果资源紧缺、案件繁多并缺乏监督,那么这样的法律援助经常是效率低下的……吉迪恩案保障的这一基本权利至今仍未完全实现。"[12]

为什么吉迪恩案承诺的在重罪案件中为穷人提供最低限度的辩护如此难以实现?与吉迪恩案本身传颂的成功故事相比,吉迪恩案之失败更为复杂、混沌,尤其是考虑到不同司法辖区(基层、各州和联邦)存在的诸多差异——他们直接肩负着为穷人提供辩护的责任。然而,以下四条关于"吉迪恩案"失败的原因却能贯穿每个司法辖区并涵盖大部分的因果律现象。

一

吉迪恩案最明显的缺陷在于它是一种缺乏资金支持的强制命令。与权利法案中其他多数宪法性保障不同,在刑事案件中获得律师帮助的权利是一种积极性而非消极性的权利。政府无法仅仅通过避免未经允许的入侵(例如未经司法授权的搜查和扣押,或者违反第一修正案言论自由之权利)来保障该权利,而必须通过直接基于特定目的来分配资源的

---

〔8〕 See Karen Houppert. *Chasing Gideon*: *The Elusive Quest for Poor People's Justice*, The New Press, 2013.

〔9〕 See NAACP Legal Defense and Educational Fund, Inc. *Assembly Line Justice*: *Mississippi's Indigent Defense Crisis*, National Association for the Advancement of Colored People, 2003, p. 6, at http://www. americanbar. org/content/dam/aba/migrated/legalservices/downloads/sclaid/indigentdefense/ms _ assemblylinejustice. authcheckdam. pdf, 2016 年 9 月 6 日最后访问。

〔10〕 See Commission on the Future of Indigent Defense Services. *Final Report to the Chief Judge of the State of New York*, New York State Unified Court System, 2006, pp. 15-19, at https://www. nycourts. gov/ip/indigentdefense-commission/IndigentDefenseCommission_ report06. pdf, 2016 年 9 月 6 日最后访问。

〔11〕 Michael S. Nachmanoff. Sequestration threatens to eviscerate federal public defenders, *The Hill Congress Bolg*, July 23, 2013, at http://thehill. com/blogs/congress-blog/judicial/312659 - sequestration-threatens-to-eviscerate-federal-public-defenders, 2016 年 9 月 6 日最后访问。

〔12〕 Attorney General Eric Holder. Address to the American bar association national summit on indigent defense. February 2, 2012, at http://www. justice. gov/iso/opa/ag/speeches/2012/ag-speech - 120203. html, 2016 年 9 月 6 日最后访问。

方式才能保障辩护权。尽管如此,没有哪个法院——即使是美国联邦最高法院——能够控制政府的财政。法院可以界定宪法性权利的基本框架,但却无法强迫各州或联邦政府进行拨款。这种积极性权利和财政拨款的分离对于吉迪恩案来说,意味着每个司法辖区(联邦、各州或郡县)有权自行设计各自的制度来决定如何向贫穷被告人提供法律服务(贫穷的被告人占全部被告人总数的80%左右)。自20世纪80年代以降,随着刑事案件的激增,处理案件的预算也水涨船高。全美国近半数的州已经建立了公设辩护人办公室,聘请律师来处理绝大多数需要为穷人提供辩护的案件。其他的州则普遍或部分将此职责委派给各个郡县或司法辖区,要求其通过多种方式来提供法庭委任的律师,例如计时补偿(经常冠以强制性之"幌子")和委任合同(经常是"低标价"的种类)等。尽管有些制度得到体面的资助并且运作良好,但很明显这些只是例外而绝非普遍情形:大多数制度——无论是公设辩护人、法庭委任抑或基于合同的辩护人——的特点是长期缺乏充分的资金。[13]

这种长期性的资金匮乏是为穷人辩护诸多问题之根源。第一,在基层,领薪律师(以及一些法庭委任和合同聘请的律师)处理的案件量是天文数字。例如,一项近期的统计表明,佛罗里达州在迈阿密市戴德县的公设辩护人平均每人每年承担近500个重罪案件或者2225个轻罪案件的工作量。[14]这样高强度的工作量要求公设律师像紧急"伤检"一样去处理案件,从一个紧急事故转向另一个紧急事故,而无法进行对抗制所构想的有条不紊的调查、研究法律、询问当事人、促成协商以及出庭辩护。第二,长期资源紧缺的工作环境不可能招募足够的适格律师来为穷人提供辩护,也不可能留住那些资深律师。这导致大量资质低下或经验不足的律师来为穷人提供服务,而在资源缺乏的条件下他们也最不能够胜任这些工作。第三,资源紧缺更使得培训和指导成为泡影,而它们却恰恰有可能改善资质低下和经验不足的问题。第四,即使律师能够各尽其职,他们也没有资金去进行充分的调查或聘请很多案件所需的专家。

有人或许会好奇,既然存在如此之多的问题,为什么美国诸多司法辖区资金问题仍得不到解决呢?答案很简单:案件量与日俱增,而财政预算无法保持同步,有时甚至反而缩水。吉迪恩案的强制性命令本质上是一种社会福利项目,因为从制度定位上我们可以发现,向穷人提供服务意味着直接受益的只有穷人。[15]与那些明显惠及所有人的政府项目相比,如基础设施和教育,社会福利项目经常在政治上不受欢迎并且进展缓慢。但是,与普通的穷人相比,刑事被告人更是政治上的弱势群体。首先,很多现在和过去的被告人都因先前定罪而被剥夺了公民权利。其次,各州的官员不仅没有充足的动力去救助刑事被

---

〔13〕 See generally National Right to Counsel Committee, Constitution Project. *Justice Denied*: *America's Continuing Neglect of Our Constitutional Right to Counsel* (2009), pp. 52-64, at http://www. constitutionproject. org/pdf/139. pdf,2016年9月6日最后访问。

〔14〕 Ibid., p. 68 (citing Erik Eckholm. Citing workload, public lawyers reject new cases, *The New York Times*, November 9, 2008).

〔15〕 "为穷人辩护类似于提供社会福利。"See Erwin Chemerinsky. Lessons from Gideon, 122 *Yale Law Journal* 2676, 2692 (2013).

告人(正如被告人是穷人的案件那样),相反,他们经常会基于利益驱动去积极地让被告人在刑事程序中处于相对弱势的地位,以便以更低的成本获得更多的定罪。针对各州对吉迪恩案强制命令的持续性"蔑视和抵制",有论者指出资助刑事辩护律师"将会折损政府为争取定罪、罚金、监禁和处死穷人的努力"[16]。而且,当法官个人控制部分或全部为穷人辩护的资金时,他们可能"容忍或者欢迎不充分的辩护,因为这允许他们迅速结案"[17]。大多数州法官必须经受住一定程度的选举挑战,这一事实也增加了他们在敏感案件中无罪释放被告人的担忧。

此外,各种旨在资助为穷人辩护的努力都好景不长。尽管在有些司法辖区为穷人辩护的项目资金或资源出现过小插曲式的增长,但为获得充足资金的战斗仍在继续,因为财政拨款每年都有变化,而且政府必须兼顾其他需求。例如,在马萨诸塞州(该州为穷人辩护的体制被认为是运作极佳的),现任民主党的州长为了减少公设辩护人因案件加增所需要的支出,已经促使重组该州为穷人辩护的项目结构。[18] 马萨诸塞州议会下设途径和方式委员会(House Committee on Ways and Means)的一项新近项目提案指出,马萨诸塞州可以考虑尝试以"低标价"聘用合同的方式来运作为穷人辩护的制度(这项提案在遭受猛烈批评之后最终被州议会否决)。[19] 这种为穷人辩护的支离破碎的资金制度,即使在相对进步、富裕的马萨诸塞州也遭遇寒流,这就足以证明在全国范围内项目的资金来源存在多么大的不确定性,实现持续性的改革又是多么的道途艰难。

二

不仅是缺乏资源,目前为穷人辩护的体制也被整个制度性的缺陷所困。充足的资金保障固然是必不可少的,但这本身并不足以使其运作良好。除了充足的经费之外,为穷人辩护项目也需要某些制度来(1)确保律师独立于不当的政治干预;(2)提供充分的培训、指导和监督;以及(3)在宏观层面上形成一种热情辩护的文化氛围。美国的很多司法辖区都缺少这些基本的结构性要素,这也严重阻碍了律师去为穷人提供最低限度的辩护。

辩护独立于不当的政治干预之重要性不言而喻,故而美国律师协会《公设辩护制度的

---

〔16〕 Stephen B. Bright, Sia M. Sanneh. Fifty years of defiance and resistance after *Gideon v. Wainwright*, 122 *Yale Law Journal* 2150, 2153 (2013).

〔17〕 Ibid., p. 2154.

〔18〕 See Matt Murphy. Patrick's call for more public defenders draw lawyers' pushback, *The Herald News*, February 8, 2012, at http://www.heraldnews.com/news/x962219952/Patricks-call-for-more-public-defenders-draws-lawyers-push-back,2016 年 9 月 6 日最后访问。

〔19〕 See Kurt Wise. Law and public safety in the house budget for FY 2014, *MassBudget*, May 7, 2013, at http://massbudget.org/report_window.php? loc=law_safety_house_fy14.html,2016 年 9 月 6 日最后访问。

十项原则》将其置于首位("公设辩护,包括其遴选、资金和报酬支付,都是独立的")〔20〕。但是,很多州并未将公设辩护律师远离于直接或间接的政治影响。在少数司法辖区,首席公设辩护人由选举产生——这将追求迅速、廉价的刑事定罪这一公共利益与公设辩护人为穷人进行热情辩护之义务对立起来。在更多的司法辖区,辩护律师(首席公设辩护人或是法庭委任的律师)由司法机关委派;司法机关追求迅速处理案件并避免检察官和警察的政治抵触,因为法官在竞选时需要他们的支持;整个美国情况普遍如此。在合同聘任制度中情况也是差不多,各州和基层的官员在与法律援助律师签订合同时明显追逐低价,并以续签合同为由提出某些涉及雇佣、成本或案件处理方面的要求——这些要求可能与热情辩护的准则格格不入。因此,如果没有一个远离于选举、司法机关和立法机关的独立监管部门,即便经费充足,为穷人辩护的律师在现实案件中能够提供的法律服务质量也将严重受限。

另外,对辩护律师进行充分的培训、指导和质量监督同样是充分辩护不可或缺的。在很多依靠基层政府而非州政府提供法律援助的州,培训和指导经常略显不足,也不存在自上而下监督律师辩护的统一执法标准。为穷人辩护的复杂情形以及不断改进的宪法规则和技术进步使得持续性的培训和指导成为一种必需品而非奢侈品。但是,很多州仍无法提供充分的入职培训和后续教育,或是由于地域因素而无法提供。同样重要的是,律师必须接受一定的教育并/或积累相关的经验,才能具备资格接手最为严重的案子。但很多司法辖区并未施行此类明确或一般性的规则。例如,有观察者报道说,在亚拉巴马州,刚从法学院毕业初出茅庐的律师和资深律师一样都可能被委派处理严重的案件,甚至那些谋杀指控的案件。〔21〕

刑事辩护制度良好运作的其他必需的结构性要素略显抽象,但绝非次要:维持一种热情辩护的文化氛围。在很多司法辖区,为穷人辩护的律师案件负担沉重,以至于他们无法提供对抗制所预想的那种辩护。他们甚至没有尝试去调查所指控的犯罪事实,没有研究法律,没有进行充分的协商,也没有提出动议并争辩法律问题。相反,在诸多司法辖区,对抗式的程序蜕化成一种"满足和请求"的敷衍形式以便大规模地处理堆积如山的案件。〔22〕即使造成"满足和请求"这一局面的资金问题能够得到妥善解决,也需全方位的文化导向来改变当前为穷人辩护的律师们之角色定位和职业要求的人生观。这种抽象的制度变革(改革"律师文化")可能是最难促成或最难衡量的。

---

〔20〕 American Bar Association. Ten principles of a public defense delivery system, 2002, at http://www. abanet. org/leglaservices/downloads/sclaid/indigentdefense/tenprinciplesbooklet. pdf,2016 年 9 月 6 日最后访问。

〔21〕 See American Bar Association Standing Committee on Legal Aid and Indigent Defendants. *Gideon's Broken Promise*,2004,p. 17.

〔22〕 See Bright and Sanneh, supra note 16,p. 2152.

三

有人可能又会质疑,如果为穷人辩护的制度问题恰如上文所述,在此情形中的执业律师为什么不通过诉讼来解决问题——毕竟,他们就是律师啊。答案在于可以寻求的法律救济通常不充分或根本无法获得救济。

一方面,最高法院已经坚持认为,在吉迪恩案中赋予贫穷被告人的第六修正案之"获得律师帮助"的权利也包括获得有效辩护的权利,因此,理论上说,被告人有权在州或联邦法院主张获得律师充分辩护的宪法性权利。但另一方面,最高法院界定的"无效辩护"的范围使得它本身就难以被确认。在斯特里克兰诉华盛顿[23]这一里程碑式的案件中,最高法院强调在判断无效辩护的主张时,法官必须从反对认定无效辩护的尺度出发:"法院应当强力推定律师的行为属于合理的专业判断。"[24]而且,最高法院在判决斯特里克兰案时基本上为律师的"策略性"判断创造了安全港,它警告下级法院必须"采取一种尊重律师判断的方法"[25]。诚然,因为律师不愿意被认定为宪法性的无效辩护,他们就会有强烈的动机通过主张"辩护策略"来掩盖错误。而且,在斯特里克兰案的一个姊妹案件中,最高法院进一步认为,如果被告人试图质疑律师辩护的质量,就应当识别出律师特定的行为或不作为,仅仅举出可能负面影响律师行为的一般情节是不够的(例如时间或资源不充分,或者没有经验)。[26]因此,体制性的问题在个案中实际上也就豁免于宪法性的审查。

申言之,斯特里克兰案同样也认为,即使被告人能够证明其律师行为存在宪法性的瑕疵,他们仍不能削弱定罪的合法性,除非能够进一步证明他们因律师的错误遭受到了不利损害:他们应当证明,本案存在下述合理的可能性,即如果律师辩护充分,案件结果可能会有所不同。通常情形是,法院不愿意认定例行出庭的律师的辩护属于宪法性的无效辩护,即便他们的行为存在激烈的争议。所以,法院通常通过认定缺乏确定性的"损害"结果来处理案件,以此避免判定行为是否充分的争议;如此,法院给明目张胆的失职律师颁发了一张通行证,同时也未能为今后的案件设置(或确认)一套基本的操作准则。

即使不考虑无效辩护的实体标准,程序设置也使得无效辩护的主张根本难以胜诉。无效辩护的主张通常要求认定一些新的事实(关于证据、论证或理论),因为这些本应在庭审中认定的新事实没有得到认定,所以在刑事定罪的直接上诉中无法审查无效辩护的主张——直接上诉通常只根据冰冷的审判记录。相反,各州人身保护令这一定罪后的民事程序通常会审查无效辩护的主张,于此,被告人可以提交新的证据。尽管如此,在各州的人身保护令审查程序中被告人通常没有辩护律师(在刑事案件第一次上诉后,被告人即不

---

[23] *Strickland v. Washington*, 466 U.S. 668 (1984).

[24] Ibid. p. 689.

[25] Ibid. p. 691.

[26] See *United States v. Cronic*, 466 U.S. 648 (1984).

再享有获得律师帮助的宪法权利）；因此，大多数贫穷的刑事被告人只得自己来证明初审（或上诉）程序的无效辩护。离开了律师的建议和帮助，即使存在值得法院听审的理由，多数刑事被告人也难以进行辨认、调查并提出无效辩护的主张。而且，即使在少数情形中刑事被告人在州人身保护令审查程序中有辩护律师，审查无效辩护主张的法院基本上也是监督初审和上诉的法院，因此也不愿意推翻其先前的判断。

在穷尽各州的程序之后，联邦法院也会就联邦宪法问题提供联邦的人身保护令审查。与州法院相比，联邦法院被认为更加同情无效辩护的主张，因为（1）该主张是基于联邦宪法而非各州法律；（2）联邦法官由任命而非选举产生（许多州法官由选举产生）；（3）与联邦享有的诉讼资源相比，赋予人身保护令的救济并要求重新起诉的后果对于各州而言更加严重。虽然如此，就宪法性主张寻求联邦人身保护令的审查是一项令人望而却步的工作，因为被告人需要首先清除在直接上诉和州人身保护令中诸多复杂的程序阻碍。不仅如此，即使在他们成功穿越程序迷宫说服联邦法院听取其诉讼主张后，美国国会在1996年彻底重塑的人身保护令程序中极大地削弱了联邦法院命令释放被告人的能力，它要求联邦法院高度尊重州法院的判决。鉴于斯特里克兰案确立的无效辩护的标准已经要求法院高度尊重律师的合理判断，所以上述联邦法院尊重州法院判决的要求就构成了最高法院所谓的"双重尊重"的监督形式。[27] 此时，联邦法官也就无法通过其审查州定罪判决的联邦人身保护程序令来积极捍卫吉迪恩案确立的第六修正案之获得律师帮助的权利。

通过各州和联邦程序来审查个案定罪并执行吉迪恩案的判决已经困难重重，这使得一些公设辩护人和民权运动人士为了直接解决困扰法律援助制度的问题（包括资金不足、案件剧增以及律师缺乏经验）而提起了民事集团诉讼。这种结构性之诉在几个司法辖区已经就促进改革制度获得了一些司法判决和立法回应。例如，一份近期的联邦法院判决认定华盛顿州内两个城市的公设辩护制度存在宪法性的缺陷，并要求通过广泛的强制性救济来获得新的资源并监督辩护律师。[28] 即便如此，旨在弥补制度性缺陷的结构性之诉也会遭遇个案宪法性审查的相同问题，也会遇到个案审查中出现的新问题。一些法院坚持认为，与个案诉讼一样，结构性之诉必须满足斯特里克兰案确立的"损害"标准，并应进一步证明制度性的经费紧缺和超负荷的案件量确实导致了特定的错误结果——这仍是一项艰难的任务，因为它要求个案中的律师放下手中的案子去处理另一个涉及制度性缺陷的案子。此外，一些州法院已经驳回了结构性之诉的主张，它们认为此类问题应当由立法

---

[27] *Harrington v. Richter*, 131 S. Ct. 770，788（2011）.

[28] See *Wilbur v. City of Mount Vernon*, No. C11 - 1100RSL（W. D. Wash. Dec. 4，2013）. See also *State ex rel. Missouri Public Defender Commission v. Pratte*, 298 S. W. 3d 870（Mo. 2009）（密苏里州最高法院限定为穷人辩护的律师承担的案件量）；and *Hurrell Harring v. New York*, 15 N. Y. 3rd 8（N. Y. 2010）（纽约州最高法院再次认可了为穷人辩护中的宪法性制度缺陷，允许本案进入诉讼程序）. See generally Stephen F. Hanlon. State constitutional challenges to indigent defense system, 75 *Missouri Law Review* 1,（2010）（梳理了近年来成功的结构性之诉）；and Cara H. Drinan. The third generation of indigent defense litigation, 33 *N. Y. U. Review of Law & Social Change* 427，（2009）.

机关而非法院来解决。而且,联邦法院——一般而言是宪法性诉讼较为可取的途径——也已经根据杨格禁令原理(Younger Abstention Doctrine)驳回了结构性之诉的主张;杨格禁令源自于最高法院的一个判决,认为联邦法院不可以干涉正在进行的州刑事指控程序。[29] 简言之,宣示性地获得有效辩护的宪法权利与各州和联邦法院中可以获得的侵权救济之间存在着一道鸿沟。

四

最后一个但同样重要的一点是,吉迪恩案的承诺之所以如此难以保障,其原因在于绝大多数案件中辩护律师的无效辩护基本上难以被发现:在刑事司法体制的公共记录中难以检查出无效辩护,它们可能根本未在任何法院中被提出。这种隐形的掩饰源自于贯穿美国司法实践的辩诉交易,几乎所有的定罪都是通过辩诉交易达成的(95%以上)。被告人如果反对控方的答辩许诺可能会付出更高昂的代价;在辩诉交易程序中控方的许诺传达出了其实质性的妥协,如果被告人经审判而被最终定罪,将会面临更严重的刑罚,所以他们不愿意枉冒风险。由于控方案件从未付于最终检验,也就无法(向被告人或其他任何人)充分反映出辩护律师的准备工作、专业知识和执业技能。而且,即使被告人确有充足理由来相信其律师在关键环节上的辩护并不充分,他们接受辩诉交易的欲望反而会更强烈,而不是不愿意——通过有罪答辩至少能获得一定的量刑优惠,但如果案件进入审判程序,依靠资质平庸的律师获得无罪判决的希望更加渺茫。再者,处理轻罪的法院经常不会告知被告人他们享有获得律师帮助的权利;一些检察官也只向那些已经放弃律师辩护权的被告人提出答辩许诺,所以吉迪恩案的光环可能难以眷顾到不会面临重刑的轻罪案件。[30]

一旦作出有罪答辩,被告人则被认为已经放弃了除答辩程序本身瑕疵之外的所有异议。直至最近,被告人仍无权以无效辩护来削弱通过有罪答辩达成的定罪判决。除非他们能够证明,如果没有律师的失职,他们更可能选择进入正式审判程序 鉴于辩诉交易中的巨大妥协和绝大多数被告人选择有罪答辩,这是一个艰难的证明责任。尽管如此,最高法院近期在一系列的判决中对辩护律师在辩诉交易中施加了一些新的职责,这或许意味着某些新的法律救济。例如,最高法院认为刑事案件的辩护律师有义务在审判或答辩之前告知当事人刑事定罪将附带有驱逐出境的后果。[31] 此外,最高法院也认为,如果律师没有告知除被告人接受的答辩许诺之外尚有另一个更轻的许诺,[32] 或者未能提供合适的建议以至于被告人承担审判之风险,[33] 那么就侵犯了第六修正案赋予被告人之获得有

---

〔29〕 *Younger v. Harris*, 401 U. S. 37 (1971).

〔30〕 See National Right to Counsel Committee. *Justice Denied*, 2009, pp. 88-89.

〔31〕 See *Padilla v. Kentucky*, 130 S. Ct. 1473 (2010).

〔32〕 See *Missouri v. Frye*, 132 S. Ct. 1399 (2012).

〔33〕 See *Lafler v. Cooper*, 132 S. Ct. 1376 (2012).

效辩护的权利,也就可能要求撤销其定罪判决。这些案件被誉为最高法院革命性地扩展了第六修正案对律师的职责要求,特别是在辩诉交易程序中。

如果说最高法院之前认为"辩护交易制度已经成为我们刑事司法程序之核心,所以律师在辩诉交易程序中必须承担相应的职责",那么这些新近案件确实体现出最高法院正在远离这一信念。[34]毫无疑问,这些案件也将为维护被告人权利开辟新的诉讼途径。然而,我们可能无法期待这些新的规则——即使最高法院将之扩展至更多案件——能够基本消除辩诉交易掩盖侵犯第六修正案之权利的"隐形"效果。有罪答辩的强烈动机——辩诉交易中的答辩许诺和审判之后的可能刑罚之间的巨大差异,以及为穷人辩护的律师所承担的巨大案件量——将会继续促使绝大多数被告人接受辩诉交易。一旦(被告人和法院)接受此类交易,被告人就基本无法去"拒绝"交易,因为即使是成功的质疑也只会让被告人回到原点。被告人几乎不可能发现律师存在不当行为——例如辩护律师从未告知有另一个更好的答辩许诺——进而值得质疑辩诉交易程序,因为被告人在达成辩诉交易之后本身就难以获得相关的信息(尤其离开了律师的帮助)。

因此,即使最高法院不断认可辩护律师在辩诉交易程序中需要承担的第六修正案之职责,盛行的辩诉交易本身也将继续掩盖对第六修正案的权利侵犯并阻碍提供救济。

结　语

"不积小流,无以成江海。"重大的危机同样由许多微小错误汇集而成。我们据此可以得出一个推论:解决重大问题需要同时修复诸多小型的漏洞。吉迪恩案当前面临的重重困难亟待从根至末地改革为贫穷的被告人提供充分辩护的制度,这需要从资金、组织和救济层面着力,更需诊治当前导致无效辩护的制度性顽症。当然,尽管吉迪恩案的号角早已响起,我们却无法通过一纸文书来促成这些改革。相反,这些问题在很大程度上取决于"政治的抉择"。[35]问题和挑战错综复杂,没有万能之法来轻松克服一切困难;未来改革必将要求所有的制度参与人之长期、缓慢和协调一致的努力:不仅是政府官员,也包括每个法律职业人、非营利机构、学术团体以及大众媒体。这是一项浩大的工程,恰处于成败关键之秋:不仅涉及数百万刑事被告人的权利和自由,更意味着如何限制各州建构制度,重塑社会之权力。

---

〔34〕 *Missouri v. Frye*, 132 S. Ct. at 1407 (quoting *Lafler v. Cooper*, 132 S. Ct. at 1388,主张我们的制度"在很大程度上是一个有罪答辩的制度,而非审判的制度").

〔35〕 See Carol S. Steiker. Gideon at fifty: a problem of political will, 122 *Yale Law Journal* 2694 (2013).

关于合意的他者危险化的争议

[德]克劳斯·罗克辛* 著

周子实** 译

摘　要：合意的他者危险化与协力故意的自己危险化应当区分，因为陷入危险者在两种情况下对于风险的掌控能力不同。在区分中，犯罪事实支配并不是合适的标准，而应当考察直接导致结果的危险来自于谁。对于合意的他者危险化而言，采取承诺理论进行诠释存在理论上的缺陷。客观归责是最佳的解决路径，在双方对事件发生承担同等责任的前提下，合意的他者危险化等同于自我答责的自己危险化。

关键词：合意的他者危险化　自己危险化　承诺　客观归责

我自 1973 年[1]提倡的合意的他者危险化的法形象（Rechtsfigur），在德国已经成为刑法学总论最热门的讨论话题之一。西班牙的判决与文献同样对它有所研究。Cancio Meliá[2]与 Luzón Peña[3]也发表德文论文加入了这一讨论。因此我希望，对德国争论的最新情况所进行的阐释，也能引起西班牙的兴趣。

一、绪论

我思考的出发点是区分协力故意的自己危险化（Mitwirkung an einer vorsätzlichen Selbstgefährdung）与合意的他者危险化（einverständliche Fremdgefährdung）。自己危险化是指，某人因自陷风险的行为遭受损害，而他人对此亦起到了作用。比如，A 与 B 在恶劣的地形上举行摩托车比赛，A 由于自己的过错意外死亡。[4] 在此，B 的参与尽管与 A 的死亡存在因果关系，但是不能按照过失杀人罪对他进行处罚。因为 A 的自己危险化是无涉刑法的，那么参与这一事件同样也是不可罚的。

---

* 德国慕尼黑大学法学院教授。

** 德国马克斯·普朗克外国与国际刑法研究所博士研究生。

〔1〕 Roxin, FS Gallas, 1973, 241 ff.

〔2〕 Cancio Meliá, ZStW 111 (1999), 357 ff.

〔3〕 Luzón Peña, GA 2011, 295 ff.

〔4〕 BGHSt 7, 122 ff.

联邦最高法院在之前曾经有不同的看法,并以过失杀人的名义将 B 定罪。它在 1984 年改变了观点,[5]并宣告一个被控过失杀人的被告人无罪。这个被告人向他人提供了海洛因的注射器,此人自己注射后死亡。该判决的指导原则(Leitsatz)称:"当危险化的实现伴随着对风险的明知时,希望并实现自我答责的自己危险化并不属于身体伤害罪或过失杀人罪的犯罪构成。仅仅是引发、实现或者促成自己危险化的,不能依据身体伤害罪或过失杀人罪进行处罚。"自那时起,德国几乎一致同意协力故意的自己危险化不可罚。

合意的他者危险化则不同。它指的情况是,某人使他人产生危险,而他人完全知晓风险地陷入这一危险之中。实践中最常见的情况是,某人晚宴之后让另一位客人开车载送自己,但他知道此人饮酒后已没有足够的驾驶能力。如果醉酒引发车祸导致其死亡,该司机是否承担过失杀人的责任?

我想再介绍五个德国判决中的案例,来阐明多样化的生活环境中这一法形象所能发挥的作用,并通过与它们的比较来得出结论建议。

1. 梅梅尔河案。[6] 该案在二战之前由帝国最高法院作出判决,至今仍十分出名。暴雨天气和洪水的情况下,摆渡船夫尽管对两名旅客有所警告,但在他们的不断催逼之下摆渡过梅梅尔河。翻船后旅客溺亡。幸存下来的船夫是否实施了过失杀人?

2. 艾滋病案[7]则引领当代。一名女子与一名男子发生性关系,她明知该男子患有艾滋病。她有意没采取安全措施,导致自己被感染。该男子是否对过失致人身体伤害承担罪责?

3. 小货车案[8]的案情是,一名建筑工人不顾司机的警告站在了没有安全保障的货车载货部位。他因司机无过错造成的意外跌落至车行道并导致了死亡。这是不是过失杀人?

4. 汽车冲浪案[9]。在该案中,一些青少年在司机的同意下开展了紧贴在时速为 70—80 千米的汽车车顶上的"运动"。如果其中一个青少年从车顶跌落并严重受伤,那么司机是否应承担刑事责任?

5. 加速测试案[10],由联邦最高法院在 2008 年作出判决,引起了很多的讨论,意见分歧极大。[11] 一些年轻人举办了一场汽车竞速比赛("加速测试")。在比赛中,两辆以时速 240 千米并排行驶的车试图超越一辆未参与比赛的车。道路狭窄导致机动操控困难,一

---

〔5〕 BGHSt 32, 262 ff.

〔6〕 RGSt 57, 172.

〔7〕 BayObLG JR 1990, 473.

〔8〕 OLG Zweibrücken JR 1994, 519 f.

〔9〕 OLG Düsseldorf NStZ‐RR 1997, 325.

〔10〕 BGHSt 53, 55.

〔11〕 Brüning ZIS 2009, 194; Dölling, FS Geppert, 2011, 53 ff.; Duttge NStZ 2009, 690; Kühl NJW 2009, 1158; Lasson ZIS 2009, 359; Murmann, FS Puppe, 2011, 767; Puppe GA 2009, 486; Renzikowski HRRS 2009, 170; Roxin JZ 2009, 399; Stratenwerth, FS Puppe, 1070; Timpe ZIS 2009, 170. Zur Entscheidung der Vorinstanz schon Rengier Jurratio 2008, 8.

辆车打滑并翻转,副驾驶员因此丧命。问题是,副驾驶员同意加速测试并全程录像,也正是他发出了导致不幸的比赛的开始信号。那么,两名司机是否因过失杀人承担罪责?

西班牙的判决也提供了很多案件,我在此就不援引了。无论如何都可以看到,合意的他者危险化是一种常见现象。因此,对它的法律处理也是一个重大的问题。

二、究竟是否应当将合意的他者危险化与协力故意的自己危险化区分开来?

第一个问题是,是否应当承认合意的他者危险化是独立的案件类型,或者说,是否这里也不应当认为有局外人协力的自己危险化有着以下效果,即在同等风险认识的情况下应始终认为不可罚。

比如,Cancio Meliá[12]认为我所创设的这一区分"是过去一段时间最成功的方案",但是却得出了如下结论[13]——"自己危险化与他者危险化的区分作为被害人行为的教义学评价,缺乏牢固的基础"。他以"自我答责原则"[14]为依据,该原则禁止在"自己的利益自己管理"(Selbstverwaltung eigener Güter)[15]时区分自己危险化与合意的他者危险化。之后他得出了如下结论[16]——当"活动处于被害人与行为人共同组织的范围之内",被害人自我答责地实施,且"行为人对于被害人的利益不负有特别的保护义务"时,共同实施行为所产生的损害"归属于被害人答责领域"。

这一解决办法的优点是简便与明了。在德国,将这两种案件类型等同对待的做法也并非没有。Cancio Meliá之前已经有Otto[17]与Frisch,[18]而现在因为加速测试案又出现了Timpe,[19]他将合意的他者危险化视为"自我答责的自己危险化的特殊情况"。

在德国的判决以及文献中,这一区分仍然被贯彻。这是有可靠理由的。因为那些无法自己造成损害结果而使自己陷入来自他人的危险中的人,正如我过去所言,[20]陷入了无法估计的事态发展中,"控制性的干涉或中断的可能性经常不再存在,而自陷危险者却仍有这一能力;而且,使自己陷入他者危险化中的人,对于他人克服风险状况能力的掌握——比如范围上和边界上——通常都达不到对自己技能了解的程度"。Dölling[21]也

---

〔12〕 Cancio Meliá, ZStW 111 (1999), 366.

〔13〕 Cancio Meliá, ZStW 111 (1999), 368/369.

〔14〕 Cancio Meliá, ZStW 111 (1999), 373 ff.

〔15〕 Cancio Meliá, ZStW 111 (1999), 369.

〔16〕 Cancio Meliá, ZStW 111 (1999), 375.

〔17〕 Otto, FS Tröndle, 1989, 157 ff. (170)

〔18〕 Frisch, Tatbestandsmäßiges Verhalten und Zurechnung des Erfolgs, 1988, 87 ff., 149 f. 169 ff., 182.

〔19〕 Timpe ZJS 2009, 175.

〔20〕 Roxin, FS Gallas, 250.

〔21〕 Dölling JR 1994, 520; ders., FS Geppert, 55.

表达了同样的意思:"参加自己危险化应当区别于合意的他者危险化,因为在后者中,使自己陷入危险的人无法以同样的方式来控制风险……"除此之外,行为人直接干涉了另一个法权领域(Rechtssphäre),而这在自己损害中并不存在。

Luzón Peña[22] 将自我答责原则称为"纯粹的循环论证",因为他看不出来,为什么在合意的他者危险化的案件中只应由被害人答责。所谓引发损害的人对被害人的法益"不再有保护与注意义务"的说法,对他而言并不具有说服力。

与此相对,Otto[23] 鉴于他支持的同等理论,在本文开头所提及的摩托车比赛案中指出:"如果独立的摩托车手参加这一轻率比赛对于协力者而言被评价为不可罚的对他人自己危险化的参与,而后座的同乘者对于驾驶者而言反而是合意的他者危险化,那么从发生的偶然性出发进行论证……鉴于危险化本身,测量不出任何差别。"他举出的理由是:"同乘者在行驶中可以随时……通过相应的表达予以终止。"

但是这一例子恰好显示,危险化的情形并不完全相同。因为同乘者不能如同驾驶者那般明知自己能够掌控何种程度的风险。同样,当驾驶者实施非常危险的机动操控时,同乘者对于事态发展很难"通过相应的表达予以终止"。一切将在数秒之内发生,在这种情况下,驾驶者是否会听从同乘者的"表达",是非常可疑的。

在加速测试案中,下级法院查明,副驾驶员在致命的超车过程中没有任何可能进行干涉;加速测试比赛总共只持续了 18 秒。[24] 同样的,让一名醉酒的司机开车载送自己的人,并不如司机自己那般清楚司机在困难的交通状况下仍能掌控到何种程度。因为无能,所以在特定情况下只能任凭摆布。

合意的他者危险化在结构上与直接的自己损害(Selbstschädigung)相异。因他人行为而处于危险化的人通常(但并非总是)具有较小的"避免能力"(Vermeidemacht)。这说明,不是简单忽视控制缺陷和认知缺陷,而是保留对以下情况的检验,即是否以及在何种情况下合意的他者危险化可被作为他者损害者进行惩罚。

三、合意的他者危险化与协力故意的自己危险化之间的界限

如果人们将合意的他者危险化认同为一种独立的案件类型,那么当然要解决的问题就是明确它与自己危险化的界限。判决与文献中流行的观点是依据犯罪事实支配(Tatherrschaft)的标准。联邦最高法院在最近的加速测试案中非常明确地指出:[25]"不可罚的对自我答责的自己危险化及自己损害与基本上符合犯罪构成的他者损害之间的决定性界限标准,是实行(Täterschaft)与参加(Teilnahme)的分界线。关于危险化行为与损

---

[22] Luzón Peña, GA 2011, 302.

[23] Otto, FS Tröndle, 157 ff. (170).

[24] Näher Roxin, JZ 2009, 399.

[25] BGHSt 53, 60 mit weiteren Nachweisen aus der Rechtsprechung.

害行为的犯罪事实支配不仅适用于被危险化的人以及被损害的人,还至少适用于此处的参与者,他自己实施了行为,不能由于缺乏被损害者的主行为而出于从属性的原因不可罚……原则上说,这同样适用于过失的自己危险化与他者危险化的案件。在此,为故意犯罪中事实支配而创设的客观标准能够在很大程度上查明对发生经过的支配,以确定自己危险化与他者危险化的界限……"

这一界限引起了惊讶与批评,因为过失犯罪通常不能进行实行与参加的区分,而且犯罪事实支配存在于对符合犯罪构成的行为的故意支配,这在过失的自己危险化或他者危险化中自始就不存在。[26]

实际上,回溯至参加理论(Teilnahmelehre)并不合适。因为考虑到没有一个参与者实现了犯罪构成,这里并不涉及谁支配犯罪事实,而是涉及直接导致结果的危险来自于谁。如果危险来自被害人自己,比如,自己给自己注射致死的海洛因,或者在违反交通规则的比赛中弄翻了自己的摩托车,那么就属于故意的自己危险化,而局外人的协力始终不可罚。如果情况相反,危险化行为是由被害人之外的他人作出的,被害人只是知晓该危险而陷入了危险化,那么就属于合意的他者危险化,对它的处理规则自成一体,后文会进行探讨。

将直接导致结果的危险化与参加理论的规则进行结合,也经常会得出错误的界限。比如,在前文所提及的艾滋病案中,当被害人被她的伴侣告知了病情,染病者是否协力了自己危险化,或者是否涉及合意的他者危险化,都是很有争议的。如果按照犯罪事实支配,那么两个参加者都支配了犯罪事实,因为性行为是共同协力才能实施的。在这样的案件中,联邦最高法院按照所引用的论述,始终认同为合意的他者危险化,因为犯罪事实支配"并不仅仅存在于陷入危险的人"。相反,巴伐利亚州高院[27]认可为参加故意的自己危险化,并且至少以此犯罪事实支配存在于陷入危险的人(Gefährdet)为理由。但是,正如本文所建议的,直接导致犯罪构成该当性层面危险化的行为是最关键的,因此存在一种明确的他者危险化的情形而不用依赖于所有对支配的考量。因为危险仅仅来自于染病者。

加速测试案也表明,以犯罪事实支配为导向会产生混乱。尤其是,大多数论者已经将陷入危险者的"共同支配(Mitherrschaft)"视为故意的自己危险化。我认为联邦最高法院是正确的,这里并不是副驾驶员的自己危险化,而是合意的他者危险化。原因在于,直接造成死亡后果的危险化仅仅来自司机自己。当然,关于犯罪事实支配和由此而来的关于界限的结论,人们可以进行很好的辩护。比如,Kühl[28]就如此评价联邦最高法院的判决:"在车辆运动的赛车会(Rallyes)中,阅读了驾驶日志并给司机指令的副驾驶员对于行

〔26〕 Darauf hat mit Nachdruck immer wieder Puppe hingewiesen;zuletzt Allgemeiner Teil,2. Aufl. 2011,§ 6 Rn 6;Nomos-Kommentar(=NK),3. Aufl. 2010,vor § 13 Rn 179 ff.;dies. GA 2009,492 f.

〔27〕 BayObLG JR 1990,473.

〔28〕 Kühl,NJW 2009,1158.

驶事件发生有着同等的支配。该案看起来更相当于赛车会。"Stratenwerth[29] 的观点："在这里，不能严肃地怀疑所有参与者的自己危险化，坐在方向盘旁边的人与同乘的人完全一样。"

联邦最高法院之后向正确的解决方案更进一步，它提及[30]"危险化支配"（Gefährdungsherrschaft），并在联系文献中不同观点的基础上进行了如下补充："在考察谁拥有危险化支配中，直接导致结果出现的事件发生具有极其重要的意义。"这超越了对此案的评判而来到了本文的观点，尽管引发结果的危险与支配思想之间的关联仍有可能被误解。因为当结果出现时，造成危险的人（Gefährder）刚好没有"支配"危险的发生。恰恰相反，他丧失了对局面的支配。

四、合意的他者危险化是否应作为承诺进行处理？

联邦最高法院将合意的他者危险化作为承诺（Einwilligung）的情形进行处理，令人惊讶的是，大多数涉及加速测试案的论文都遵循了这一判决。[31] 然而，这是错误的。Cancio Meliá 已经提出了具有决定性的异议，他指出，[32]"关键不在于心理考察本身"。某人是否应对合意的他者危险化的结果承担刑事责任，是一个根据规范标准来判断的责任归属问题，不能仅仅通过被害人的意思表示的路径来回答。

此外，承诺必须涉及结果，这使得它在合意的他者危险化中无法很好地存在，因为承诺者相信，法益损害结果不会出现。承诺的结果相关性以三个交叉情形作为依据。

首先没有认识到的是，为什么对于他人实施损害中的故意承诺的处理应当不同于故意的他者损害。只有当肇事者接受这一结果，如判决所言，"容认"（billigend in Kauf genommen）了这一结果，承诺才能成立。如果他相信可以避免结果发生，那么就欠缺故意。由此，以下说法不具有说服力：如果某人只是过失地认识到损害结果，对于损害结果无法忍受并且相信侥幸的结果，此人就是对所承受结果（比如自己的死亡）予以了故意的承诺。

然后应当思考的是，承诺并非危险化，而是处置处于自己支配之下的法益。如果某人想守住法益，并相信自己造成的风险不会导致损害，就不属于放弃自己的法益。

最后，不能说因为有承诺，损害者冒险行为的行为无价值就不存在了，他就不需要对所发生的损害承担责任了。这个最先由 Ostendorf[33] 提出的论据存在以下缺陷，即人的承诺无法抵消行为人行为的行为无价值，而只能表明放弃了对法益的守护，因此它

---

[29] Stratenwerth, FS Puppe, 1018.

[30] BGHSt 53, 61.

[31] Vgl. nur Dölling, Murmann, Stratenwerth（Fn 11）. Auch Grünewald（GA 2012, 364 ff.）nimmt eine Einwilligung an.

[32] Cancio Meliá, ZStW 111 (1999), 366.

[33] Ostendorf, JuS 1982, 426 ff. (432).

始终不存在于合意的他者危险化中：如果某人知晓司机没有驾驶能力的风险，却仍旧上车，这并不能改变醉酒驾驶的行为无价值。在加速测试案中，出事车辆上的司机违反了联邦最高法院[34]列举的大量法律规定，这些规定不能因为副驾驶员的承诺而失去效力。

Weigend[35]很好地领会到了这一点，他指出，承诺"与行为人的行为无关，只与对法益对象的损害——也就是广义上的结果——有关。因为作为义务与不作为义务不是由个人设定，而是由法共同体（Rechtsgemeinschaft）设定的，同样也只有法共同体才能免除……个人能够关注的，只是行为没有指向'被禁止的对象'"。

Murmann[36]尝试避免这一结论，他构造了一个只以"保护被害人"为目标的行为规范："承诺……涉及具体的法关系时，中止了旨在保护被害人而存在的行为规范，并因此将法关系重塑为如下状态：允许了通常被禁止的风险创设（Risikoschaffung）。"

但是，普遍有效的行为规范因此在具体的关系中被重新诠释，导致了一个行为一方面被禁止，另一方面又被允许的效果。即使人们想通过这种方式将被害人取向的"行为价值"（Handlungswert）从规范违反中分离出来，但是，只要承诺者无法忍受法益损害，那么他的承诺就只能算作对避免结果的危险化行为的承诺，而非对引发结果的承诺。一个人既想保护法益，又想同时承诺对自己造成杀伤的行为，这是不可容忍的矛盾。

因此，人们应当放弃相对化的行为无价值，并维持这一论点：行为规范是由立法者设置的，其指向所有人，无法被法益拥有者处置，法益拥有者能够放弃法益，但是不能使行为规范失效。一个过失的行为仍旧是过失的，即使当事人予以了承诺。以此出发，所有否认在承诺情况下犯罪行为对注意义务的违反或证实它"社会相当性"的解决方案都归于失败。

一个反对将合意的他者危险化按照承诺的规则进行处理的有力观点是，支持这一解决方案的人使得承诺的有效性依赖于完全不同的前提。

有些论者认为，除了承诺者的决定自由外，还应当要求"他认知所涉事件的范围"。[37]联邦最高法院的最新判决排除了"在具有前瞻性的客观考量中"导致可期待的具体死亡危险时通过承诺予以正当化的情况，并以此为依据对加速测试案中两辆汽车的司机按照过失杀人罪进行处罚。[38]在此不同的是，Dölling[39]希望，产生死亡结果的合意的他者危险化只有基于"存在适格承诺"的过失杀人才不可罚。这一情况是指，"面对作为生命危险化的无价值，由承诺所实现的被害人自主的价值与行为所期望达到的

---

[34] BGHSt 53，58 f.

[35] Weigend，ZStW 98（1986），70 Fn 91.

[36] Murmann，FS Puppe，776 f.

[37] Repräsentativ Stratenwerth，FS Puppe，1023，der eine einverständliche Fremdgefährdung nicht anerkennt un von vornherein Einwilligungsregeln anwendet.

[38] BGHSt 53，63/64.

[39] Dölling，GA 1984，71 ff. （71）；ebenso ders.，FS Geppert，60.

目的价值占据了优势地位"。这必然会导致在大多数案件中造成危险者可罚。即使在梅梅尔河案中,Dölling 也希望惩罚船夫,只有在"探望躺在病床上的病危父亲"的情况下,才应作出不同的判决。[40] Helgerth[41] 在艾滋病案中运用了这些原则并得出了如下结论:"只有在婚姻共同体的范围内"的伴侣进行完全的阐明,合意的他者危险化才能被视为有效的承诺。与此相反,Murmann[42] 希望在评判承诺的有效性时增加对"被告人决定的自由性(Freiheitlichkeit)"的考察。尽管"承诺者充分知晓风险和被准许的行动可期待的益处","但是在权衡时轻率地被特定的情绪或动机所引导",这一自由性就是缺失的。

这些完全发散式的评论显示,这些在事实上非常不同的归责标准都躲藏在承诺——一种假设的心理反应——的外衣之下。同样可以由此得出,以承诺来处理合意的他者危险化并不是一个合适的解决方案。

与前面引述的意见相反,对这一解决方案的否定在德国也占据着优势地位。[43] 这不仅反映在专著中[44],比如关于这一主题的长篇大论[45],还反映在大多数大部头的注评书(Kommentar)的最新版本中。[46] 在民法判例中,同样避免了承诺的解决方案。[47]

五、归责的解决方案

在合意的他者危险化中,所涉及的不是被损害者的承诺,而是归属于客观犯罪构成的

---

[40] Dölling, GA 1984, 93.

[41] Helgerth, NStZ 1988, 263 f.

[42] Murmann, FS Puppe, 784.

[43] Umfassende Nachweise bei Rönnau, Leipziger Kimmentar (= LK), 12. Aufl. 2006, vor § 32 Rn 167.

[44] Fiedler, Zur Strafbarkeit der einverständlichen Fremdgefährdung-unter besonderer Berücksichtigung des viktimologischen Prinzips, 1989, 68 f., 194; Walther, Eigenverantwortlichkeit und strafrechtliche Zurechnung, 1990, 34, 37 f.; Göbel, Die Einwilligung im Strafrecht als Aausprägungdes Selbstbestimmungsrechts, 1992, 26 ff; Zaczyk, Strafrechtliches Unrecht und die Selbstverantwortung des Verletzten, 1993, 51 f.; Sternberg-Lieben, Die objektiven Schranken der Einwiligung im Strafrecht, 1997, 214 ff.; Niedermair, Körperverletzung mit Einwilligung und die Guten Sitten, 1999, 121 ff.; Leupold, Die Tathandlung der reinen Erfolgsdelikte usw., 2005, 121.

[45] Ich nenne nur: Geppert, ZStW 83 (1971), 947 ff. (969 ff.); Roxin, FS Gallas, 241 ff. (251); Schünemann, JA 1975, StR 193 f.; Weigend, ZStW 98 (1986), 44 ff. (70); Otto, FS Geerds, 1995, 603 ff. (621); Cancio Meliá, ZStW 111 (1999), 357 ff. (365); Hellmann, FS Roxin, 2001, 271 ff. (275 ff.); Duttge, FS Otto, 2007, 227 ff. (232); ders, NStZ 2009, 690 ff. (691); Puppe, GA 2009, 486 ff. (490).

[46] LK-Rönnau, 12. Aufl. 2006, vor §§ 32 Rn 168; Schönke/Schröder/Sternberg-Lieben, 28. Aufl. 2010, vor § 32 Rn 102; NK-Puppe, vor § 13 Rn 184; Münchener Kommentar (=MK)-Duttge, 2003, § 19 Rn 195/196.

[47] BGHZ 34, 355 ff.

问题。这也是西班牙学者 Cancio Meliá 与 Luzón Peña 的解决方案,尽管二者所得出的结论彼此之间以及与我的解决方案并不完全相同。

我在 1973 年[48]就已经建议,将合意的他者危险化作为犯罪构成的保护目的边界(tatbestandliche Schutzzweckbegrenzung)的情况进行处理,并且在此排除了归属于客观犯罪构成,"当合意的他者危险化在所有相关方面都等同于自己危险化时"这涉及对自我答责的自己危险化规则的类比运用,而不处罚自己危险化中协力的局外人。这在今天的实践中已不再有争议。这样的类推毫无疑问是被允许的,因为它产生了有利于行为人的效果。它同样是显而易见的,因为两种情形之间非常相似,相当多的学者甚至将合意的他者危险化作为自己危险化进行处理。

但是,前文已经指出,这并不完全正确,因为在是否自己使自己处于危险与是否通过他人使自己处于危险之间存在一个区别。同意他者危险化的人大多只有较小的"避免能力"。对于危害者掌控危险的能力,他不能像判断自己那样准确。同时,他对事件发生的干涉也无法达到同一程度。

所以,我从一开始就给类推设置了特定的同等前提。除了明知风险与同意造成损害的风险行为,我还曾要求并且至今仍要求,"对于共同的行为,陷入危险的人与造成危险的人承担相同的责任"。

前两个前提不存在争议,即使在极端同等主义论者那里与承诺的解决方案的范围内都受到了重视,相比之下,同等答责的标准则需要进行阐释。我想法的出发点非常简单:当它涉及对合意的他者危险化的处理时,在由谁来对发生的结果进行答责(是被损害者还是直接造成损害结果的人)的问题上,应当从规范上出发,使对事件发生的责任范围成为归责的标准。这意味着:某人陷入由他人造成的危险时,若他接受风险是出于自由、自己的决心,而没有被造成危险的人催逼或屈从于他的意志,则承担与他人相同的责任。因为前文提及的陷入危险之人较小的"避免能力",被为了实施行为、预知风险差异的绝对意志抵消了。

依此,便可解释如下评价差异:某人乘上因醉酒而失去驾驶能力之人的汽车,不顾司机的警告,催逼司机载送自己("您别担心,我自己承担责任!"),或者恰恰相反,司机面对愤怒的乘客,打消他的顾虑("您别这么担心,我以前这么做过的!")。第一种情形下,若因醉酒驾驶而发生意外,那么我认为应当将它与有意的、自我答责的危险化予以等同。这里的结果不应当归责于司机。第二种情形则恰恰相反,应当确认司机构成过失的身体伤害或者过失杀人。

对于事件发生的同等责任(gleichrangige Verantwortung)的标准,在文献中已经广为存在,[49]引人注目的是它在司法判决中也发挥了重要作用,尽管其教义学上的重要意义

---

〔48〕 Roxin,FS Gallas,252.

〔49〕 Leupold(Fn 44),123 verlangt sogar-zu weitgehend-eine überwiegende Verantwortung des Opfers,die er nur bei einer ausgeschlossenen oder verminderten Schuldfähigkeit des Gefährdenden bejahen will.

还没有成为主题。帝国最高法院在梅梅尔河案[50]中已经强调，船夫对两名旅客已经"反复与强调地提示了行为的危险性，并尝试去阻止它，在他们不断地催逼、质疑他个人勇气的情况下，出于不情愿的屈从与善意，向他们展示自己也将生命置于了赌局之中"。这样的事实应当与自己危险化相等同。相反，如果是船夫为了赚钱而排斥旅客的抗议（"胆大的才是赢家！"），那么帝国最高法院就有理由按照过失杀人罪进行判罚。

在艾滋病案中，巴伐利亚州高院[51]也强调，对那个没有采取安全措施进行性交进而感染艾滋病的女子，"被告人已经多次提示她自己的传染病和没有采取安全措施可能导致死亡结果以及没有治愈可能的危险"。该女子"根据自己的意愿向被告人实施了没有采取安全措施的性交，而被告人对于这一建议起先是反对的"。法院之后作出了无罪判决，其判决理由是，该案涉及"自由与自我答责的自己危险化"。其实，人们必须根据前述理由将其认可为合意的他者危险化而非自己危险化。但是，它在所有相关方面都与自己危险化等同，法院的判决结果以及基于该女子果断意愿的判决理由是绝对合理的。

如果是由男子主动提出不采取安全措施，并滥用了他女友对他的爱以满足自己的愿望，那么判决就会不同。Puppe[52]同样这么认为，她指出："疑难的情况是，如果他（该男子）施加某种压力，要求将不采取安全措施作为她爱的证明，某人强制另一个人，使此人让自己陷入危险，那么他就违反了注意义务，即使这一强制没有达到排除违法性或排除罪责的紧急避险的水平。"我对此表示异议，因为女子主动提出时，同样存在对注意义务的违反，对于"爱的证明"的要求不是刑法意义上的强制。但是在结果上我们是一致的：因为该男子利用女子对他的爱慕不断催逼发生没有采取安全措施的性交，对于事件发生他就负有最主要的责任，就有理由对他施加刑罚。

同理，在小货车案中，一名工人被搭载在货车的载货部位，由于司机无过错而发生的意外跌落致死。茨魏布吕肯州高院[53]明确强调，司机起先以缺少座位为理由拒绝搭载他。"X（工人）仍旧登上了货车的后排，并坐在了地板上。"州高院正确地认识到合意的他者危险化的存在，遇难者因为坚持搭载而对事件的发生自我答责并接受了风险，那么司机就应当被判决无罪。同样，在汽车冲浪案[54]中，青少年们出于自己的愿望实施危险的不法行为，必须被认定为负有同等责任。因此，该司机应当被判决无罪，而杜塞尔多夫州高院的判决不正确。

联邦最高法院在加速测试案的最新判决中正确采用了合意的他者危险化，但——前文已经提及——却是按照承诺的规则进行了处理，而在与具体生命危险相关的超车操控案中至少已经否认了承诺的有效存在。"无论如何，当同时超越没有参加比赛的第三辆车时，所有相关的交通参与者承受了不可控制的最高风险，这时再继续竞赛就会存在这样的

---

〔50〕 RGSt 57, 174.

〔51〕 JR 1990, 473 f. (474).

〔52〕 Puppe, AT 1, 2002. § 6 Rn 7.

〔53〕 JR 1994 518 ff. (518).

〔54〕 OLG Düsseldorf NStZ-RR 1997, 325.

危险。在这样一种高度的生命危险中，J. P. Sim（副驾驶员）不能关于其个人作出排除违法性效果的承诺。"[55]

根据本文的立场，该判决得出的结果尽管正确，但是理由却是错误的。因为人们必须认为，尽管所有参与者同意这一加速测试并对此承担同等责任（副驾驶员给出比赛开始信号并对整个事件经过进行录像），但是该同意无法延伸至涉及最高程度生命危险的超越第三者的机动操控。[56]

即使人们想将同意扩张至所有比赛时产生的危险，司机同样对于导致结果的超车机动操控承担极大的责任。联邦最高法院同样强调，[57]副驾驶员"仅仅只是承受司机驾驶行为的效果"，"没有可能""通过自己的行为制止危险"，即使根据这一理由两名司机也应当被判处过失杀人罪。

当然，逝世的副驾驶员在有些情况下也应当对超车承担与同车司机相同的责任，比如，他生前敦促与煽动超车。此时，合意的他者危险化必须导致排除归责——这与联邦最高法院的观点是不同的。因为此时它就相当于自我答责的自己危险化，协力于此即使导致死亡结果也不可罚。

本文所提及以及通过举例阐释的理念，在承诺说的支持者和极端同等主义论者那里大多是不受关注的，但仍有不少拥护者。Fiedler[58]的专著试图"将 Roxin 的基本理念……进行论据式的传播"，并且"为 Roxin 奠基的思想体系……添砖加瓦"。他还将我提出的"同等前提"作为了他的解决方案。[59] Eschweiler[60]也是如此做法，他将我的同等对待标准与承诺的解决方案联系起来。Niedermair 指出：[61]"关于合意的他者危险化，正确的解决方案是排除客观归责……"他引用了我提出的所有前提。

在前文多次提及的小货车案的判决中，茨魏布吕肯州高院逐字接受了我的解决建议：[62]"当他者危险化在所有方面与自己危险化等同时，就应当排除他者危险化的后果责任[63]……这种情况是指，陷入危险的人与制造危险的人对于风险有着相同程度的意识，损害是风险出现的后果且行为人没有其他差错，同时，陷入危险的人与制造危险的人对于共同的行为承担相同的责任。"如 Dölling[64]所言，州高院是否尝试"将 Roxin 的思想

---

[55] BGHSt 53，64.

[56] Roxin, JZ 2009, 399 ff. (402); Puppe, GA 2009, 486 ff. (496); dies., AT, § 6 Rn 9; Jäger, Examensrepetitorium AT, 5. Aufl. 2011, Rn 145b. Zum Urteil der Vorinstanz schon ebenso Rengier, Jurratio 2008, 8 ff.

[57] BGHSt 53，61.

[58] Fiedler (Fn 44)，97.

[59] Fiedler (Fn 44)，177.

[60] Eschweiler, Beteiligung an fremder Selbstgefährdung, 1990，52.

[61] Niedermair (Fn 44)，121.

[62] JR 1994，519 f.

[63] Im Text steht wohl irrtümlich "sind".

[64] Dölling in seiner Anmerkung JR 1994，520 f. (521).

嵌入承诺理论"，并不是十分明确，[65]可以说尚未确定。Lasson[66]也依据茨魏布吕肯州高院所援引的我的同等公式，来评论联邦最高法院所审理的"加速测试案"。[67]

在注评文献（Kommentarliteratur）中，归责的解决方案同样越来越受到关注。Sternberg-Lieben[68]得出了如下结论，"当合意的他者危险化与自己危险化能在法律上被等同时"，"应当继续思考对客观归责的排除"，他正是根据我的论述来接受了这一点，也同样指明了对于危险发生的同等责任的标准。Rönnau[69]在对该问题最详尽的注评中也有相似的表述。他强调，"必须找到承诺之外的解决方案"[70]，并介绍了不同的解决建议，但是将本文所提的支持排除归责的标准作为了"根本"。[71]他的总结性判断应当得到肯定："尽管在细节上仍需进一步阐释，但是在刑法教义学上归责的解决方案属于未来。它通过自我答责命名了至关重要的归因原则，避免了承诺的解决方案的方法问题，此外也没有强迫承诺规则进行修改。"关于这一领域，Jakobs[72]在他伟大的教科书中提及，他赞成"Roxin 的主要观点"。

我的解决建议尽管存在争议，但是还是有一定的实现机会。然而，在过去的几年中，它受到了来自 Luzón Peña[73]学说的竞争。他同样根据犯罪构成层面的归责规则处理合意的他者危险化，但是在关键标准方面，他没有采用对于事件发生的责任范围，而是"被害人对于风险的客观控制"[74]。这导致他得出的结论，部分与我相同，部分与我相悖。所以，在梅梅尔河案中他主张无罪。[75]旅客"与船夫有着相同的控制程度与可能性，来命令船掉头返回，直到双方与船一同进入了暴风雨中的水域；从那一刻开始，船夫与旅客一样，实际上没有了对船的控制"。在艾滋病案中他也得出了同样的结果："健康的人与他人有着相同的控制程度。"

在上述两个案件中，他所得出的解决方案与我运用对事件发生至少有同等责任的标准是一致的，但是在其他案件中则与我的解决方案有分歧。他认为应当惩罚汽车司机，"比如，当受到酒精严重影响的司机接受搭乘者进入他的车，使该搭乘者陷入了危险，因为搭乘者完全没有可能控制风险"。我则对此有不同判定——当搭乘者是推动者，并且明确

---

〔65〕 Das OLG (JR 1994, 519)- will "auch die zur rechtfertigenden Einwilligung… entwickelten Überlegungen" einbeziehen, sie aber "neu gewichten".

〔66〕 Lasson, ZIS 2009, 366.

〔67〕 Er will aber im konkreten Fall eine Gleichstellung mit der vorsätzliche Selbstgefährdung annehmen(ZIS 2009, 367).

〔68〕 Schönke/Schröder/Sternberg-Lieben, vor § § 32 ff. Rn 106.

〔69〕 LK-Rönnau, vor § § 32 Rn 167 ff.

〔70〕 LK-Rönnau, vor § § 32 Rn 168 am Ende.

〔71〕 Hier und im Folgenden: LK-Rönnau, vor § § 32 Rn 169.

〔72〕 Jakobs, AT, 2. Aufl. 1991, 7/129 Fn 199.

〔73〕 Luzón Peña, GA 2011, 295 ff.

〔74〕 Luzón Peña, GA 2011, 308.

〔75〕 Luzón Peña, GA 2011, 309.

要求犹豫的司机搭载他时。在汽车冲浪案中，Luzón Peña 同样认为应当惩罚司机，因为冲浪者对于风险无法控制。[76] 因为对于趴在车顶的他们来说，"要求司机刹车或者停车是极其困难甚至不可能的，此外他们也无法控制汽车的起伏与摆动"。

我非常乐意承认的是，控制可能性是表明对于事件发生负有同等责任的一种情形。但是我认为它不适宜独自作为关键标准，原因有三。

其一，控制可能性的存在经常是不可信的。当搭乘者发觉到醉酒司机驾驶的不安全性后，绝不能说他不能采取行为使其停止。同样的，性伴侣在性交中是否能在感染阶段之前直接中断性交，也是无法确定的。人们也不知道，一名经验丰富的船夫在暴风雨中是否与旅客一样无助；毕竟梅梅尔河案中的船夫幸存了下来。

其二，在最关键的阶段中，无人再有控制的可能性时，应当如何判决并不清楚。在梅梅尔河案中，Luzón Peña 接受了"暴风雨中的水域"并依此认为船夫无罪。在汽车冲浪案中，司机却反而被认为有罪，尽管他在行驶中无法对事件发生进行控制，也无法在出发前随时中断冲浪者的行为。这也相应地适用于小货车案，司机对于相撞是无过错的。

其三，完全不关注谁在危险行为的实现中具有统治性影响的问题，在我看来是不合适的。对于我而言，在梅梅尔河案和小货车案中，乘客是对于风险行为唯一起决定性作用的发动者，比起他们在多大程度上能够控制整体事件的发生，对于责任归因是更为重要的。同样在艾滋病案中，我认为，女子使自己陷入合意的他者危险化，应当特别与自我答责的自己危险化相等同，因为她不顾男子强烈的警告而坚持实施无保护措施的性交。

然而，由于所有的解决方案至今都有争议，所以只有一点是可以肯定的：讨论将继续下去。

---

〔76〕 Luzón Peña, GA 2011, 310.

中国媒体中律师的三大角色：
代讼人、专家、嫌疑人

王正彤[*]

刘思达^{**}

［美］哈里代^{***}

摘　要：关于律师公众形象的研究通常集中于律师的代讼人形象而往往忽略了律师的其他职业形象。本文基于 1979 年至 2009 年间 669 则媒体对于中国犯罪案件报道内容的分析，旨在探讨大众媒体中律师的三大形象，即：代讼人、专家以及嫌疑人的形象。即使律师被认为是嫌疑犯的辩护者，媒体对于他们的描述大多也是空洞且可有可无的存在。此外，在案例中对于律师特征的描述往往受媒体对于案件实质性判断结果的影响，呈现两极化的倾向。基于对中国案例研究中得到的结果，本文希望律师在媒体中的形象可以在中国以及法律界的比较研究中得到更多关注。

关键词：律师形象　大众传媒　中国犯罪案件

导　论

律师是大众媒体下富有争议的职业群体。他们既可以被描述成在庭审中具有超凡魅力、追求正义的英雄，也可以在媒体笔下化为贪婪成性、枉法作恶的恶棍。[1] 而媒体对于这一切的判断则取决于大众舆论的观点。然而大部分法律界的研究主要强调律师的工作以及律师业界的社会结构，只有极少量的研究探讨律师在各种媒体（如电影[2]、

　＊　加州大学尔湾校区社会学系博士生。

　＊＊　多伦多大学社会学系助理教授，美国律师基金会研究员，普林斯顿高等研究院成员。

＊＊＊　哈里代（Terence C. Halliday），美国律师基金会研究教授，西北大学、澳大利亚国立大学兼职教授。

　〔1〕　参见 Galanter, M. *Lowering the Bar: Lawyer Jokes and Legal Culture*. Madison: University of Wisconsin Press, 2006.

　〔2〕　参见 Asimow, M. When lawyers were heroes. *University of San Francisco Law Review*, 1995, 30, pp. 1131-1138; McCann, M., Haltom, W. Ordinary Heroes vs. Failed Lawyers - public interest litigation in erin brockovich and other contemporary films, *Law & Social Inquiry*, 2008, 33(4), pp. 1045-1070; Conner, A. W. Bench and bar: lawyers and judges in early Chinese movies, *Hong Kong Law Journal*, 2009, 39, pp. 575-593.

电视[3]、文学作品[4]等）中的形象。即便是现有关于律师与媒体关系的研究，大部分也狭隘地集中于律师的代讼人形象，且都是从西方社会采集数据信息。在中国，虽然整个法律界以及大众媒体在过去的 30 年得到了迅速发展，但是只有很少量对于律师公众形象的比较研究。[5]

本文试图理解 1979—2009 年刑事辩护律师的媒体形象及其变化。1979—2009 年这 30 年是在中国经历"文化大革命"后进行当代法制改革的时期。通过对中国 669 个来自 6 家不同报纸报道的刑事案件进行内容分析，我们发现了律师在媒体报道下的三个独特的形象：代讼人、专家、嫌疑人。我们的研究表明，在案例中对律师的特征描述倾向于呈现二元极端的状态，缺乏细节，并且受到媒体对于案件实质判断结果的影响。

在很大程度上，当媒体认为犯罪嫌疑人是无辜的时候，他们会积极地评价律师的贡献。否则，媒体会将律师以一种诡辩家的形象呈现给大众，并认为他们滥用自己的法律知识。中国辩护律师的整体形象现状反映并且加剧了律师们在日常实践中的职业困境。[6]

律师媒体形象的法社会学探究

关于法律与媒体的研究意在理解大众法律文化或者"民众对于法律系统的态度"。[7]

---

〔3〕参见 Stark, S. perry mason meets sonny crockett: this history of lawyers and the police as television heroes. *University of Miami Law Review*, 1987, 42, pp. 229-283; Podlas, Kimberlianne. Guilty on all accounts: law & order's impact on public perception of law and order, *Seton Hall Journal of Sports and Entertainment Law*, 2008, 18, pp. 1-48.

〔4〕参见 Knake, R. N. Resolving ethical dilemmas in James Welch's "The Indian Lawyer", *American Indian Law Review*, 2008, 33(1), pp. 13-32.

〔5〕少数现有针对中国大众传媒与法律职业的研究，参见 Conner, A. W. Bench and bar: lawyers and judges in early Chinese movies. *Hong Kong Law Journal*, 2009, 39, 575-593; Connor A. W. Movie justice: the legal system in pre - 1949 Chinese film. *Asian-Pacific Law & Policy Journal*, 2010, 12, pp. 1-42; Liu, S. With or without the law: the changing meaning of ordinary legal work in China, 1979—2003//Woo, M. Y. K., Gallagher, M. E., Goldman, M. *Chinese Justice: Civil Dispute Resolution in Contemporary China*. Cambridge and New York: Cambridge University Press, 2011, pp. 234-266.

〔6〕参见 Halliday, T. C., Liu, S. Birth of a liberal moment? looking through a one-way mirror at lawyers' defense of criminal defendants in China//Halliday, T. C. Karpik, L. Feeley & M. M. *Fighting for Political Freedom: Comparative Studies of the Legal Complex and Political Liberalism*. Oxford: Hart Publishing, 2007, pp. 65-107; Liu, S., Halliday, T. C. Political liberalism and political embeddedness: understanding politics in the work of chinese criminal defense lawyers, *Law & Society Review*, 2011, 45(4), pp. 831-865; Michelson, E. The practice of law as an obstacle to justice: Chinese lawyers at work, *Law & Society Review*, 2006, 40(1), pp. 1-38.

〔7〕参见 Macaulay, S. Images of law in everyday life: the lessons of school, entertainment, and spectator sports, *Law & Society Review*, 1987, 21(2), pp. 185-218.

通过对不同媒体对于法律机构再现的分析[8],正如弗里德曼(Lawrence M. Friedman)[9]所强调的,大众法律文化和媒体内容互补且互相联系。首先,媒体所报道的内容具现化了的法律文化,因为它反映了社会对于律师的态度和观点。例如,格兰特(Marc Galanter)收集了大众以律师为笑点的笑话,他认为这些笑话反映了大众对于律师职业的态度。[10] 这些观点认为律师是冲突的煽动者、信任的背叛者,甚至是正义的敌人。其次,媒体不仅被动地反映出民众对于律师形象的态度,同时也塑造了律师的形象。媒体改变并塑造了大众对于法律和法律职业的认知和观点。[11] 此外,媒体还能够影响法律改革[12]和法律人员的行为。[13]

总的来说,关于法律和媒体的文献构造了一位律师的二元形象,即一名在庭审中具有超凡魅力、追求正义的英雄形象,或者一名贪婪成性、枉法作恶的恶棍形象。[14] 一些人提

---

〔8〕 参见 Chase, A. Toward a legal theory of popular culture, *Wisconsin Law Review*, 1986, 1986. pp. 527-569.

〔9〕 参见 Friedman, L. M. Law, lawyers, and popular culture, *The Yale Law Journal*, 1989, 98 (8), pp. 1579-1606.

〔10〕 参见 Galanter, M. *Lowering the Bar: Lawyer Jokes and Legal Culture*. Madison: University of Wisconsin Press, 2006.

〔11〕 参见 Pfau, M., Mullen, L. J., Deidrich, T., Garrow, K. Television viewing and public perceptions of attorneys, *Human Communication Research*, 1995, 21(3), pp. 307-330; Salzmann, V., Dunwoody, P. T. Prime-Time lies: do Lawyer portrayals influence how people think about the legal profession?, *SMU Law Review*, 2005, 58, pp. 411-462.

〔12〕 参见 Haltom, W., McCann, M. *Distorting the Law: Politics, Media, and the Litigation Crisis*. 2004, Chicago: University of Chicago Press.

〔13〕 参见 Harrington, M. *Women Lawyers: Rewriting the Rules*. Harmondsworth: Penguin Publishing Group; Menkel-Meadow, C. The sense and sensibilities of lawyers: lawyering in literature narratives film and television and ethical choices regarding career and craft, *McGeorge Law Review*, 1999, 31, pp. 1-24.

〔14〕 例如以下论文呈现了此种形象:Chase, A. Lawyers and popular culture: a review of mass media portrayals of American attorneys, *American Bar Foundation Research Journal*, 1986, 11(2), pp. 281-300; Friedman, L. M. Law, lawyers, and popular culture, *The Yale Law Journal*, 1989, 98(8), pp. 1579-1606; Gillers, S. Taking L. A. law more seriously, *The Yale Law Journal*, 1989, 98(8), pp. 1607-1623; Kitei, B. The mass appeal of the Practice and ally McBeal: an in-depth analysis of the impact of these television shows on the public's perception of attorneys, *UCLA Entertainment Law Review*, 1999, 7, pp. 169-187; Mindes, M. W., Acock, A. C. Trickster, hero, helper: a report on the lawyer image, *American Bar Foundation Research Journal*, 1982, 7(1), pp. 177-233; Post, R. C. On the popular image of the lawyer: reflections in a dark glass, *California Law Review*, 1987, 75, pp. 379-389.

出了律师积极的形象，[15]另一些人则认为律师消极的形象更根深蒂固。[16]

尽管研究媒体影响下律师形象的文献研究数量并不多，但这类研究正作为法社会学研究的一部分得到发展。然而，现存的研究有两大不足，第一，现存研究的关注点主要在于律师的代讼人形象，与此同时，这类研究忽略了律师在媒体报道中有不同形象的事实，律师的形象还应当包括专家和嫌疑人。[17]此外，律师在媒体报道中的缺席也应当得到同样的关注。律师的缺席可能反映了诉讼当事人没有合法的代理人，或者委托方或记者认为律师无用。若不将律师在媒体报道中的缺席纳入考虑中，我们可能会高估在媒体留下的印象。因此，对于律师形象的研究应当将他们的存在和缺席同时纳入分析。

第二，正是因为律师的媒体形象通常反映了大众法律文化，律师的媒体形象也会反映其所在社会的文化特殊性。然而，绝大多数对于美国律师的文献研究缺少一个比较研究的角度。在本文中，我们与目前与日俱增的对于他国律师形象表现的学术研究[18]相互印证，评估了中国刑事辩护律师的媒体形象。中国的案例可以很好地与英美法系的案例作对比。

---

[15] 参见 Asimow, M. When lawyers were heroes, *University of San Francisco Law Review*, 1995, 30, pp. 1131-1138; Bergman, P. The movie lawyers' guide to redemptive legal practice, *UCLA Law Review*, 2000, 48, pp. 1393-1410.

[16] 参见 Spitz, D. M. Heroes or villains-moral struggles vs. ethical dilemmas: an examination of dramatic portrayals of lawyers and the legal profession in popular culture, *Nova Law Review*, 1999, 24, pp. 725-750; Asimow, M. Bad lawyers in the movies, *Nova Law Review*, 2000, 24, pp. 533-593; Papke, D. R. Lawyer fiction in the Saturday evening post: ephraim tutt, perry mason, and middle-class expectations, *Cardozo Studies in Law and Literature*, 2001, 13 (2), pp. 207-220; Galanter, M. *Lowering the Bar: Lawyer Jokes and Legal Culture*. Madison: University of Wisconsin Press, 2006.

[17] 只有少数晚近的研究注意到媒体中律师作为专家的形象，例如 Hawes, C. S., Kong, S. Primetime dispute resolution: reality TV mediation shows in China's "Harmonious Society", *Law & Society Review*, 2013, 47(4), pp. 739-770; Liu, S. With or without the law: the changing meaning of ordinary legal work in China, 1979 - 2003//Woo, M. Y. K., Gallagher, M. E., Goldman, M. *Chinese Justice: Civil Dispute Resolution in Contemporary China*. Cambridge and New York: Cambridge University Press, 2011, pp. 234-266; Michelson E. Dear lawyer Bao: everyday problems, legal advice, and state power in China, *Social Problems*, 2008, 55(1), pp. 43-71.

[18] 参见 Conner, A. W. Bench and bar: lawyers and judges in early Chinese movies, *Hong Kong Law Journal*, 2009, 39, 575-593; Junqueira, E. B. O Bacharel de Direito No Século XIX: Herói Ou Anti-Herói?, *Luso-Brazilian Review*, 1997, 34 (1), pp. 77-93; Masson, A., O'Connor, K. *Representations of Justice*. New York: P. I. E.-Peter Lang, 2007; Robson, P. Lawyers and the legal system on TV: the British experience, *International Journal of Law in Context*, 2006, 2(04), pp. 333-362.

中国刑事辩护律师的三大媒体形象

对于中国法律和媒体的研究在最近几年得到了发展。[19] 对于中国法庭戏剧的研究揭露了一种独特的法律电影叙述风格。与传统的好莱坞电影叙事手法相对立，中国法庭戏剧的叙述手法通常预先判定嫌疑犯的品行和道德，并且优先考虑对于实体正义的追求以及相关的惩罚。[20] 对于中国律师公众形象的学术研究表明中国的律师也被认为有模范律师和势利律师两种分歧的形象。现存的文献资料主要是基于 1949 年以前的电影，[21] 还有单一报纸或杂志的律师专栏。[22]

本文是第一次针对现代中国律师媒体形象进行的系统性社会科学研究。我们主要着眼于刑事案件的报道，因为此类案件是被中国媒体报道最多的案件；同时，刑事辩护工作并不像企业法律工作那样高度集中于大城市，[23] 而是遍及整个中国。我们因而能细微地比较研究不同地区、不同形式的媒体。

刑事辩护律师在"文化大革命"后的 1979 年伴随着中国司法系统的恢复而复苏。但在这个时期，面对公安机关、人民检察院和人民法院这三个强大而又紧密联结的机构，辩

---

[19] Conner, A. W. Bench and bar: lawyers and judges in early Chinese movies, *Hong Kong Law Journal*, 2009, 39, 575-593; Conner, A. W. Movie justice: the legal system in Pre-1949 Chinese film, *Asian-Pacific Law & Policy Journal*, 2010, 12, pp. 1-42; Hawes, C. S., Kong, S. Primetime dispute resolution: reality TV mediation shows in China's "Harmonious Society", *Law & Society Review*, 2013, 47(4), pp. 739-770; Liu, S. With or without the law: the changing meaning of ordinary legal work in China, 1979-2003//Woo, M. Y. K., Gallagher, M. E., Goldman, M. *Chinese Justice: Civil Dispute Resolution in Contemporary China*. Cambridge and New York: Cambridge University Press, 2011, pp. 234-266; McIntyre, S. Courtroom drama with Chinese characteristics: a comparative approach to legal process in Chinese cinema, *East Asian Law Review*, 2013, 8, pp. 1-19; Michelson E. Dear Lawyer Bao: everyday problems, legal advice, and state power in China, *Social Problems*, 2008, 55(1), pp. 43-71.

[20] Hawes, C. S., Kong, S. Primetime dispute resolution: Reality TV mediation Shows in China's "Harmonious Society", *Law & Society Review*, 2013, 47(4), pp. 739-770; McIntyre, S. Courtroom drama With chinese characteristics: a comparative approach to legal process in chinese Cinema, *East Asian Law Review*, 2013, 8, pp. 1-19.

[21] Conner, A. W. Bench and bar: lawyers and judges in early Chinese movies, *Hong Kong Law Journal*, 2009, 39, 575-593.

[22] Liu, S. With or without the law: the changing meaning of ordinary legal work in China, 1979-2003//Woo, M. Y. K., Gallagher, M. E., Goldman, M. *Chinese Justice: Civil Dispute Resolution in Contemporary China*. Cambridge and New York: Cambridge University Press, 2011, pp. 234-266; Michelson E. Dear lawyer bao: everyday problems, legal advice, and state power in China, *Social Problems*, 2008, 55(1), pp. 43-71.

[23] Liu, S. Client influence and the contingency of professionalism: the work of elite corporate lawyers in China, *Law & Society Review*, 2006, 40, pp. 751-782; Liu, S. Globalization as boundary-blurring: international and local law firms in China's corporate law market, *Law & Society Review*, 2008, 42, pp. 771-804.

护律师仍然处于司法程序的边缘。[24] 1996 年刑事诉讼法给予了律师在审判阶段更多的程序权利，同时也允许律师参与刑事诉讼的调查和起诉阶段，虽然仍有很多限制。在实践中，这些规定在很大程度上被扭曲了。[25] 会见难、阅卷难和取证难被认为是辩护律师工作中的"三难"。[26] 无独有偶，1997 年刑法修订时增加了律师伪证罪（第 306 条）。这个条款很快成了检察院某些人用来威胁报复辩护律师的强有力武器。[27] 尽管 2012 年的刑事诉讼法修正案使得辩护律师的程序权利得到了扩张，在实务操作中仍然需要时间来检验这个修正案对于整个刑事诉讼过程造成的影响。

除了这些背景条件外，媒体对于律师形象的展现也对律师的公众形象具有重要作用。媒体对于辩护律师执业困境报道的程度对职业的社会团结和公众地位具有重要的启示作用。为了更好理解媒体如何构建律师的各种形象，我们总结出了一个分类系统并且进行了命名，我们认为这些形象可以分为代讼人、专家和嫌疑人。

通常来说，媒体会将律师描绘为代表自己的委托人进行发言的代讼人。报道的活动不仅局限于在法庭上的法律论据，也包括了专业职责，如填写或者接受法律文件、搜集证据、代表委托人进行上诉，以及一些额外的司法活动，如举行记者招待会和会见对方当事人。我们的分类并不区分律师的法律地位代表的是原告还是被告。与此相对，我们认为所有与合法代理有关的角色和活动都是代讼人形象的一部分。

除了代表委托人之外，律师也会作为法律专家出现在媒体中。记者邀请他们参与并提供评论，作为第三方的观点。他们的形象在节目中是客观的，也就是说，他们并不代表任何与案件有关的一方。作为专家，这类律师确定案件的本质，解释司法程序，更常见的是，他们会对司法争议的问题进行商议，客观上增加了他们观点的可信性。

---

[24] Clarke, D. C. , Feinerman, J. V. Antagonistic contradictions: criminal law and human rights in China, *The China Quarterly*, 1995, 141 (Special Issue: China's Legal Reforms), pp. 135-154.

[25] Liu, S. , Halliday, T. C. Recursivity in legal change: lawyers and reforms of China's criminal procedure law, *Law & Social Inquiry*, 2009, 34(4), pp. 911-950; Liu, S. , Halliday, T. C. Political liberalism and political embeddedness: understanding politics in the work of Chinese criminal defense lawyers, *Law & Society Review*, 2011, 45(4), pp. 831-865.

[26] Halliday, T. C. , Liu, S. Birth of a liberal moment? looking through a one-way mirror at lawyers' defense of criminal defendants in China//Halliday, T. C. Karpik, L. Feeley, M. M. *Fighting for Political Freedom: Comparative Studies of the Legal Complex and Political Liberalism*. Oxford: Hart Publishing, 2007, pp. 65-107; Michelson E. Lawyers, political embeddedness, and institutional continuity in China's transition from socialism, *American Journal of Sociology*, 2007, 113 (2), pp. 352-414.

[27] Halliday, T. C. , Liu, S. Birth of a liberal moment? looking through a one-way mirror at lawyers' defense of criminal defendants in China//Halliday, T. C. Karpik, L. Feeley, M. M. *Fighting for Political Freedom: Comparative Studies of the Legal Complex and Political Liberalism*. Oxford: Hart Publishing, 2007, pp. 65-107; Liu, S. , Liang, L. , Halliday, T. C. The trial of Li Zhuang: Chinese lawyers' collective action against populism, *Asian Journal of Law and Society*, 2014, 1, pp. 79-97.

律师的第三个形象是刑事犯罪嫌疑人。律师往往是在进行他们的职业活动时触犯法律。这类犯罪行为包括作伪证、损坏证据、妨碍调查乃至贿赂。在其他案件中,律师也会像普通人一样,因为谋杀、诽谤、强奸以及其他一些罪名而受到起诉。这些情况传递出了律师特殊的嫌疑人形象:有法律知识,但仍然成了罪犯。

综上所述,我们认为律师在媒体中的三个形象(代讼人、专家和嫌疑人)为媒体对于中国和其他国家法律职业的报道形式提供了一个一般性的分析框架。

数据与方法

本项研究主要采用了文本分析法来探究在新闻报道中律师的形象。文本分析法可以"对文本及文本所在的脉络作出合理有效并且可复制的推断"[28]。文本分析法不仅可以研究律师的形象,也可以了解媒体形象对于合法性和法律意识的影响。[29] 我们特别对新闻报刊对于犯罪案件的叙事性报道进行了评估,因为叙事报道针对"律师实际是什么样子"和"律师应当是什么样子"向大众提供了认知基础。[30] 然而,这些报道虽然看似很严谨,具有完整的结构,它们大多还是具有导向暗示意义的。本项研究聚焦于案件叙事的研究取向,与那些研究法律意识的作品相同,都认为应当观察和了解法律观念与法律解释的出现,而不是预设"法律优先存在"。[31]

我们所研究的案例故事都是从媒体对于辩护律师报道的大量文章中选取的。这个数据库由28家全国性和地区性的报刊组成,这些报刊面向的群体既包括普通民众,也包括法律学者和专家。在2009年,我们通过关键字索引的方法[32],筛选出了一万多个与辩护律师有关的报道。这个数据库是目前中国刑事司法领域最完整、最系统的文本数据库。在筛选过程中,我们将律师这个关键词与其他刑事司法相关的关键词进行了配对,终使这个资料库得以包含刑事司法领域中一系列与律师相关的活动。

从这个庞大的数据库中,我们选取了三个抽样标准:特殊化(普通民众与法律专家和学者),聚集地(国家层面和地方层面),政治倾向(保守与开放)。对于大众性报刊,我们选

---

〔28〕 Krippendorff, K. *Content Analysis: An Introduction to Its Methodology*, Third Edition. Beverly Hills: SAGE Publications, Inc. , 2013.

〔29〕 Silbey, S.S. After legal consciousness, *Annual Review of Law and Social Science*, 2005, 1 (1), pp. 323-368.

〔30〕 Ewick, P. Consciousness and ideology// Sarat, A. *The Blackwell Companion to Law and Society*. Malden: Blackwell Publishing, 2004, pp. 80-94.

〔31〕 Silbey, S.S. After legal consciousness, *Annual Review of Law and Social Science*, 2005, 1 (1), pp. 323-368, p. 348.

〔32〕 关键字的组合包括:刑事辩护,刑诉程序,律师+刑事,会面难,阅卷难,取证难,306条,律师+公安,律师+检察官,律师+法院,司法部+刑事,司法局+刑事,律协+刑事,律师维权+刑事,严打+律师,死刑+律师,刑讯逼供+律师,超期拘留+律师,无罪推定+律师,国家安全+律师,劳教+律师,拘留+律师,纪检+律师,双规+律师。

取了北京的主流媒体《人民日报》(RMRB)与广东的倾向于发表自由言论、揭发丑闻的《南方周末》(NFZM)进行对比。河南地处中国中部，这一带的报刊有历史并敢于报道，河南的《大河报》(DHB)提供了一个处于中国中部的地方观点。除了这些面向一般读者的报刊，还有一些面向法律学者和执业者的报刊。基于其读者在中国法律界的重要性，三类法律报刊和网也被选入了本文所使用的数据库：《云南法制报》(YNFZB)反映了中国西南部的法律观点；中国律师网(ZGLSW)反映了在中华全国律师协会网站上的最新信息；《检察日报》(JCRB)是一份最高人民检察院发行的官方日报。而其中后两者往往代表了对立的观点。

我们的数据集合了大量报道单一或者多个刑事案件的文章。在所有这些文章中，记者对于刑事案件、与刑事案件有关的法律进程、各类访谈、其他故事、对于人物的评论、公众的反应以及来自其他各方面的评论进行了报道。我们并没有采用那些阐述刑事司法领域总体性问题的文章。最终，我们从数据库中选取了669篇文章作为案例。

我们采用了多步骤的定性数据编码方法。第一轮数据编码我们记下了与案件有关的基本信息，包括：地址、时间、主要的参与人、刑事诉讼的状态、法庭裁决信息（如果有的话）以及媒体对于这个案件的实质性判断。我们也使用了开放性的数据编码方法，在这个过程中，三类律师的形象也得以展现。在第二轮的数据编码过程中，我们主要关注以下几个方面：(1)报道是否提及律师；(2)律师形象的种类；(3)律师的活动；(4)对律师的规范性评价。

另外，为补充定性分析，我们加入了与律师相关的描述占总文章字数的比例，这些描述包含外在活动、对这些活动的额外信息以及律师作出的评论。如果律师在一篇文章中扮演了多于一种角色，会被记录为多个的形象资料。

表1展现了各家媒体的基本描述性数据。结合律师的三种形象，共有692名律师各种形式的形象。在一些媒体中，律师出现的平均频率为每篇0.7(《检察日报》)到1.28种形象(中国律师网)不等。由于在少部分文章中律师所占的篇幅很大而导致高估了整体的平均走势，[33]我们采用了中位数的方法来评估律师一词在媒体中出现的篇幅。律师占报道篇幅的中位数从3%到21%不等。我们分析的主要目标是解释那些在刑事案件中与律师有关却富有争议的观点。当然，单纯使用数据并不能说明被报道事件的特征，而是用来补充定性的分析。

---

〔33〕 在这669篇文章中，只有41篇文章中律师的报道篇幅超过60%。我们分析这些文章发现，大部分都是律师专访以及对个别律师的人物报道。

表 1　刑事案件报道及报道中刑辩律师所占篇幅的基本数据

基本数据		人民日报	大河报	南方周末	云南法制报	中国律师网	检察日报	总计
时间		1979—2009 年 4 月	1999—2009 年 1 月	2007—2009 年 1 月	2006—2009 年 1 月	1988—2008 年 1 月	2000—2009 年 2 月	
文章数		87	287	85	34	120	56	669
案件数		87	287	85	34	123	56	672
形象资料数		88	314	71	27	153	39	692
形象资料出现频率*		1.01	1.09	0.84	0.79	1.28	0.70	1.03
律师所占篇幅/%	平均数	13.20	18.31	9.15	11.00	35.77	8.38	18.41
	中位数	5.0	11.0	4.0	2.0	35.5	2.0	9.0
	标准差	18.70	20.55	12.45	15.33	25.17	13.32	21.54
	最小值	0	0	0	0	0	0	0
	最大值	90.0	96.0	60.0	52.0	96.0	55.0	96.0

　＊ 形象资料出现频率＝形象资料数/文章数

律师出庭和不到庭

表 2 显示了律师各个形象在不同媒体中出现的频率和篇幅。那些律师未出庭的案件被列在"缺席"一栏。

虽然在不同媒体中出现的频率不同,律师以代讼人形象出现的频率是最高的,大约占到了所有报道的 72.8%,其中《人民日报》和中国律师网将律师描述为代讼人的频率最高,分别为 91.9% 和 92.5%。而《云南法制报》只有 38.2%,这个数字可能反映出云南省内公诉方与辩护律师之间存在着比较尖锐的矛盾。这些律师有的代表嫌疑人(其中包括其他律师),有的也代表被害人。

尽管律师作为代讼人的形象是最为公众所熟知的,记者对于被告辩护律师的关注度还是很有限。换句话说,尽管律师的形象会频繁出现在记者的报道中,但是记者对于他们本身以及他们所从事活动的描述是很少的。这个现象也从侧面反映出记者对于律师在庭审中形象的了解程度也是有限的,大部分记者并不认为律师是刑事司法系统中不可缺少的部分。当然在众多的媒体报道中,还是存在一个例外,那就是中国律师网,这个媒体对于律师形象的报道篇幅是其他报刊的两倍多。

另外一个在媒体中频繁出现的形象是律师作为第三方嘉宾参与媒体的评论。简单来说,他们在媒体中以学者或专家的形象出现。这类形象在新闻报道中较少出现,但获得的篇幅更多。对于这类形象的报道比代讼人形象的报道篇幅高出 3%,比嫌疑人形象的报

表 2 律师形象资料出现频率百分数（以 P 表示）及律师报道篇幅中位数（以 M 表示）

形象种类		所有报纸		一般性报纸										法律行业报纸			
				人民日报		大河报		南方周末		云南法制报		中国律师网		检察日报			
		P*	M	P	M	P	M	P	M	P	M	P	M	P	M
形象资料	代讼人	72.8	10.0	91.9	4.0	70.0	10.0	60.0	9.0	38.2	9.0	92.5	26.0	55.4	8.0
	专家	16.7	13.0	2.3	7.5	27.2	14.0	12.9	9.0	17.6	11.5	10.8	12.0	3.6	5.5
	嫌疑人	13.9	12.0	6.9	11.0	12.2	12.0	10.6	<0.1	23.5	20.5	24.2	17.0	10.7	18.0
形象总数		692	12.0	88	4.5	314	11.0	71	7.0	27	11.0	153	22.0	39	8.0
缺席总数		95	0.0	2	0.0	33	0.0	23	0.0	11	0.0	5	0.0	21	0.0
总文章数		669		87		287		85		34		120		56	

* 律师形象资料出现频率数据是由个别形象种类的资料除以总文章数（列于最后一行）后转为百分数。因为每一篇文章中理论上三种形象可以同时出现，律师形象资料出现频率可能会超过总文章数。

道篇幅多出 1%。《检察日报》对于律师专家形象的报道篇幅是最少的,大约只有 5.5%。总体而言,媒体对于律师的专家形象还是比较尊重的,比较典型的一个例子是《大河报》"走进庭审"的专栏报道。在这个专栏中,律师和法官、法学家、检察官等坐在一起,发表自己对于某一案件的评价。这个专栏的存在很好地解释了《大河报》中律师专家形象有如此大篇幅的原因。

第三种形象是律师的嫌疑人形象。尽管律师的嫌疑人形象相比专家形象出现频率略低,其总体出现频率大约为 13.9%,媒体的报道篇幅大概为 12%。在所有的报纸中,除了《大河报》还有《南方周末》,律师以嫌疑人形象出现的篇幅都较高。事实上,法律行业报纸对于律师的嫌疑人形象都有着较为浓厚的兴趣。[34] 当然,总体而言,报纸对于律师在作为代理人过程中犯下的罪行比律师本人犯下的其他罪行更为关注。[35] 最为典型的律师作为代理人犯下的罪行就是伪证罪,另外还有泄露国家机密罪、制造假律师证等常见的犯罪类型。尽管先前的研究表明,中国律师很少因为作伪证被起诉并且最终判刑,而且律师伪证罪的起诉往往沦为检察机关作为对律师太积极辩护的报复手段,实际的媒体报道却更加倾向于呈现律师有罪。媒体对于律师腐败形象和妨碍司法正义实现的报道进一步削弱了公众对于律师专家工作的信任程度。

最后,我们在研究中也发现,有 95 个刑事案件(14.2%)中并没有律师出庭。中国是典型的大陆法系国家,因此在中国的刑事司法系统中很少有证人出庭质证。而律师作为辩护人主要是针对案件基于案卷中所列证据对量刑进行质疑。在这 95 个没有律师出现的报道中,记者不报道律师的形象有可能是因为他们认为律师在本案中没有起到实质性的作用或者作用不大,另外一种可能性是在这些案件中并没有律师的存在。

非必要职业的模糊形象

当律师作为代讼人出现在媒体报道中的时候,这个形象是较为模糊及粗略的。举例而言,《人民日报》虽然经常对律师代讼人的形象进行报道,但这些报道中大部分都缺少有意义的细节。以下是从 1986 年、1996 年和 2003 年的三篇文章中摘录的片段:

> 十名律师出庭为余铁民、陆为群和两名港商辩护。王佩玲没有委托辩护人,也不要法院指定辩护人。(RMRB_19860709)
>
> 北京市青山律师事务所两名律师为张金龙进行了辩护。(RMRB_19960503b)

---

〔34〕 因为"走进庭审"专栏的固定出刊和律师作为专家在这个专栏中所得到的大篇幅报道,《大河报》的总体数字和这个趋势略有不同。

〔35〕《南方周末》的偏好是此趋势的例外。本报刊中对律师作为嫌疑人形象,不管是作为代理人还是律师本人的犯罪,报道篇幅都极少;然而《南方周末》偏好提及律师犯下与其专业无关的犯罪,与其整体报道风格仍息息相关。《南方周末》喜关注涉有官员贪腐的争议性案件,律师在这类案件中扮演的往往是白手套的角色。

　　本案的 12 名被告人大多数表示不服判决，要求上诉，少数表示与律师商量后再定。（RMRB_20030611）

　　因为这些文章除了上面引用的内容以外全无对于律师辩护活动的其他描述，我们对于这些律师的活动几乎一无所知。在前两个摘要中，记者都仅仅使用了"辩护"一词来涵盖律师的所有工作，而没有提及律师工作的细节。在最后一个摘要中，律师则被描述成一个沉默而被动的咨询服务提供者。事实上，律师的形象应当是一个主动并且积极为当事人谋取正当权益的形象。媒体对于律师被动、沉默、枯燥的形象报道，使得大众产生了一个普遍性印象，那就是律师在刑事司法系统中是可有可无，并不必要的。

　　而即便某些报道确实提及了辩护律师的技巧和辩护要点，这些技巧或要点往往还是被检察院或法庭所提出的证据或事实给淹没。举例而言，在一个贪污腐败案件的审理过程中，记者提及了辩护律师想要排除公诉方提出的一些证据，因为那些证据是通过刑讯逼供而获得的。尽管记者在报道中花了不小的篇幅描述他的观点，但最终那些能证实刑讯逼供行为的证据都被描述为被告人的主张，而不是律师所提出的观点。被告人的这个主张最终也没有得到审核，而律师所强调的程序正义在公诉方的证据面前显得很无力。《云南法制报》与《检察日报》的报道更加呈现了刑事案件中律师缺席的现象，在一大部分案件报道中，完全没有律师（《云南法制报》28.9％，《检察日报》35％）或者律师作为代讼人形象（《云南法制报》61.8％，《检察日报》44.6％）出现。这些叙事对律师的作用轻描淡写，而着重描写检察机关以及法院的行动。

　　比较讽刺的是，当律师遇到来自司法机关、执法机关甚至是公诉方的威胁和阻碍的时候，律师的辩护主张往往才会得到大量关注。尽管这种情况出现的概率很小（18 篇报道），但在这种情况下媒体对于律师形象的报道篇幅会大幅度提高。[36] 举例而言，两篇分别来自《大河报》和《云南法制报》的文章描述了律师为了会见自己的当事人而遭遇的各项困难。《南方周末》也转载了一篇律师因为常对法院提出抗议而在庭审中遭到骚扰的报道。这些报道细致地描述了律师在司法进程中遇到的挫折与困难，并让这些律师将这些争议公之于众的决心和坚持被大众所了解，也是为中国律师业的出路而奋斗。事实上，这些大篇幅的媒体报道可能如刘思达和哈里代（Halliday）的研究所言，是律师对于自身的行业困境所采取的一项应对策略，或者也可能是出于记者的同情。然而，对这些困境的叙述，恰恰呈现了一种律师对自身的专业职能无力实践的虚弱形象。

　　中国律师网显然是对律师最为友善的媒体。以下是一则律师起到了重要作用的案件报道：

---

　　〔36〕　所有涉及律师执业三难的文章中律师报道篇幅的中位数是 29％。个别报纸报道的中位数则是 11％（《人民日报》），30％（《大河报》），28％（《南方周末》），46％（《云南法制报》），33％（中国律师网），15％（《检察日报》）。

　　1998 年 7 月上旬,[…]赵家接到了一审判决书。他们一方面表示上诉,另一方面,找到了北京的地平线律师事务所。[…]夏卫民主任和吴允律师从传媒上已经听说了这个案件,在感情上,他们觉得赵湘杰酒后驾车肇事,情节恶劣,为他辩护,就连亲朋好友都不会理解;另外,赵湘杰一审已经判了死刑,舆论也炒得沸沸扬扬,如果二审救不了这条命,岂不是自砸招牌。但是此案一审确实存在法律漏洞,代理刑事辩护,保护当事人合法的权益是律师的职责所在,两位律师接手了这个案件。

　　他们查阅了一审的全部材料,认为,案子的关键在于赵湘杰酒后驾车肇事有无危害公共安全的故意,如果是故意,那其罪当诛,如果没有故意,就应以交通肇事惩处。为了使这一观点更加精确、更有说服力,他们邀请了中国政法大学刑诉法教授陈光中、刑法学教授曹子丹,北京大学法律系刑法学教授杨春洗、陈兴良,中国社会科学院法学研究所刑法研究室研究员陈泽宪等五位中国刑法、刑事诉讼方面的权威,对赵湘杰案一审判决中的定性问题进行了研讨。[…]两位律师将专家的意见反映给最高人民法院的同时,将一份精辟的辩护词和专家意见交到了湖南省高级人民法院。[…]1999 年 5 月 21 日,湖南省高级人民法院刑一庭依法在株洲市中级人民法院对此案进行二审。[…]赵湘杰的辩护人夏卫民和吴允律师在代理意见中重申了他们的观点,要求法院依法判决。夏卫民律师说,现在舆论监督的呼声越来越高,这是一个国家民主意识增强的表现,但是舆论监督必须依法进行。如果舆论不是客观地、实事求是地报道,而是歪曲,甚至编造情节,以满足一些人的猎奇心理;或者是为了商业利益,不顾事实进行炒作,给审判机关施加压力,这就不是舆论监督而是干扰了。(ZGLSW_19991108f)

　　在这个摘录中,记者详细描述了律师的辩护词及为这个案子所做的其他努力。事实上,中国律师网所报道的案例都详细地描述了律师进行辩护的过程。这些与辩护相关的活动包括:搜集证据、会见当事人、阅卷、为误判的当事人进行翻案等。即使是被广为批判的犯罪嫌疑人,中国律师网的叙述也强调了律师外在和内在的斗争。此外,在中国律师网上,律师还可以对那些案件、被告甚至是司法判决发表自己的评论。中国律师网也是唯一个在案件报道中提及"程序正义"这个概念的媒体。

　　当律师被认为是法律专家的时候,从一些案件中可以反映出律师在读者心中留下的正面形象,正如以下一个摘要中所陈述的:

　　"如果这个骗局不是周正龙一人所为,而是有人在密切配合,这就构成共同犯罪。"北京市忆通律师事务所律师刘晓原认为,"如果官员明知周正龙拍摄的是假'虎照',为了达到自己的某个目的,而甘愿去'上当受骗',则周正龙不构成诈骗罪。"(NFZM_20080703)

然而，这样的专业知识并不必然带来律师地位的提高。如一位律师在《大河报》的评论中所言，律师专家是因为自己的政治嵌入性而带来各项益处，[37]包括提高自己的工作效率、保障个人安全、赢得客户信任等，而不是因为专业知识。(DHB_20070912)

当律师被认定为嫌疑人的时候，对于他们有罪行为的描述通常会很详细。记者们对此类问题比较敏感，他们会对律师的各项非法行为进行细致的描述，却只有少部分例外会容许律师为自己辩护。以下《云南法制报》的文摘对律师伪证罪的叙述非常典型：

> 3名劫匪的辩护律师向中央政法委、最高人民法院、全国人大递交材料，[…]在律师提供的"证词"中，王久海和田永的邻居称案发时二人在家铲地；邻居王景玉证实刘凤春当时在帮他盖房。(YNFZB_20060626)

虽然文中并没有提及确切的起诉程序，但是记者仍然将律师的行为定性为诬告，并使用引号来质疑律师证词的可靠性。这种对于律师的敌意普遍存在于我们所抽样的新闻媒体中——当然，中国律师网是唯一的例外。媒体对于律师作为嫌疑人形象的关注，进一步弱化了法律工作者在公众心目中的形象。

实体正义和律师的双重形象

是什么影响了律师在公众心中留下不同形象呢？事实上，媒体报道的方式和制度的安排是影响律师形象的两大因素。大众媒体需要在市场对于刑事案件报道的戏剧性需求与国家同时建立一个以保障社会控制为目的的现代刑事司法体系的任务之间寻找一个平衡。[38]法律媒体则反映了与它们有关系的机构的立场。同时，在刑事案件中律师的代理

---

[37] Liu, S. Lawyers, state officials, and significant others: symbiotic exchange in the chinese legal services market, *China Quarterly*, 2011, 206, pp. 276-293; Liu, S., Halliday, T. C. Political liberalism and political embeddedness: understanding politics in the work of Chinese criminal defense lawyers, *Law & Society Review*, 2011, 45 (4), pp. 831-865; Michelson E. Lawyers, political embeddedness, and institutional continuity in China's transition from socialism, *American Journal of Sociology*, 2007, 113(2), pp. 352-414.

[38] Liebman, B. L. Watchdog or demagogue? the media in the Chinese legal system, *Columbia Law Review*, 2005, 105(1), pp. 1-157; Lin, F. Dancing beautifully, but with hands cuffed? a historical review of journalism formation during media commercialization in China, *Perspectives*, 2006, 7(2), pp. 79-98; Lin, F. Information differentiation, commercialization and legal reform: the rise of a three-dimensional state-media regime in China, *Journalism Studies*, 2012, 13(3), pp. 418-432.

率仍然较低,这可能与中国体系内的制度环境有关。[39] 在某种程度上而言,媒体对于律师空洞的描述也反映出了在中国从事辩护工作的困境。

然而,我们的分析显示,仍然有另外一个原因值得关注。新闻媒体中对于律师的报道,很大程度上是取决于媒体本身对于案件的实质性判断。随着媒体断定当事人是有罪还是无辜,律师作为代讼人的形象也在诡辩者与守卫者之间、嫌疑人与受害者之间摇摆。

当记者认为被告人有罪的时候,记者对于辩护律师的描述就会显得具有敌对性。在《大河报》的一篇文章中,即便检方没有正式起诉,记者也认定嫌疑人"雇用外面的律师来非法搜集证据并且伪造一些辩护材料"。因为这是在整篇文章中关于律师的唯一的负面描述,读者自然而然就会接收到一个信息,那就是辩护律师只会破坏公平正义。在《检察日报》的另一篇文章中,记者也含蓄地表达了类似的观点:"律师无疑是懂得法律的,嫌疑人得到了律师的帮助就很有可能蒙混过关。"尽管这段话并没有很直接地控告律师或嫌疑人的行为,但是"蒙混过关"这个词表明了记者认为这个嫌疑人有罪的观点。在这种情况下,报道也暗示了律师是在为犯罪嫌疑人开脱。

与那些为被认定有罪的人辩护的律师相比,那些为无罪者——或至少是被媒体认为无罪者——辩护的律师就会得到相对较好的评价。以下是从《人民日报》中引用的一个例子。这是一个律师为无罪当事人进行长时间斗争的故事。

> 历经了 8 年,孙万刚的冤案终于获得平反。应该说孙万刚是幸运的,他遇上了一个好律师。[…] 在 20 年的律师生涯中,刘胡乐成功地办过很多为人平反昭雪的案件,其中无罪辩护案件有六七十起,帮助不少当事人澄清了真相,甚至有些是从死刑到无罪。但在他接手的刑事案件中,80%以上的当事人确实是有罪的,但他仍然要为他们辩护,这是因为他一直坚守着维护法律尊严的信念。
>
> 刘胡乐常说:"我经常拿医生做榜样,医生给病人治病的时候,他不是看这个病人是好人坏人,或者是这个人怎么样,他都是充满这种责任感,挽救每条生命,所以我认为这是律师的天职。"(RMRB_20050119a)

---

[39] Halliday, T. C., Liu, S. Birth of a liberal moment? looking through a one-way mirror at lawyers' defense of criminal defendants in China//Halliday, T. C. Karpik, L. Feeley, M. M. *Fighting for Political Freedom: Comparative Studies of the Legal Complex and Political Liberalism*. Oxford: Hart Publishing, 2007, pp. 65-107; Lu, H., Miethe, T. D. Legal representation and criminal processing in China, *British Journal of Criminology*, 2002, 42(2), pp. 267-280; Michelson E. Lawyers, political embeddedness, and institutional continuity in China's transition from socialism, *American Journal of Sociology*, 2007, 113(2), pp. 352-414; Yu, P. Glittery promise vs. dismal reality: the role of a criminal lawyer in the People's Republic of China after the 1996 revision of the criminal procedure law, *Vanderbilt Journal of Transnational Law*, 2002, 35, pp. 827-865.

在这个故事中，律师成了一个可怜家庭的守护者。这些"模范律师"成了司法正义的代言人，同时媒体也给予了这些人更多质疑证据与辩论的空间。他们通常被描述成热心、聪明，甘愿牺牲自己的金钱回报来帮助当事人，并追求高层次的正义。特别值得一提的是，程序正义的理想在这里被作为律师对工作忠诚的事实，即律师的工作应当以追求程序正义为主要目标，并忠于自己的工作，但是在嫌疑人被认为有罪的案件中，我们基本看不到这样的描述。

律师作为嫌疑人的形象也具有明显的两极分化。当律师被认为有罪，记者会更加明确地谴责他们。《大河报》的一篇文章指出："律师并不是普通的公民，他们是使用特别法律知识与社会联系的司法工作者。如果他们当中有任何人使用了某些手段来犯罪，应当受到更加严厉的惩罚。"事实上，在这篇文章中，律师被描述成了滥用自己的法律知识企图逃避法律惩罚的恶棍。《大河报》的另一篇题为《马失前蹄，律师的自我摧毁》的文章指出，律师嫌疑人被认为是通过写黑函的手段来报复法官。作者描述了嫌疑人，然后呈现了嫌疑人与记者之间的一段对话：

> [王庆鸿]他若把自己的聪明才智用在正处，或许不难取得一定的建树。就在被逮捕后，王在回答办案人员的讯问时，仍句句透着一股"律师味"。
>
> 办案人员（下简称办）：你在"反映信"里署名"几千名受害群众代表"，你能代表吗？
>
> 王：我是几千名群众代表中的一员。
>
> 办：这信是谁和你一块儿写的？
>
> 王：是我自己写的，是根据群众的意见写的。
>
> 可惜，尽管王庆鸿如此善于辩解，最终仍是搬起石头砸了自己的脚。
>
> （DHB_20000513）

在这里作者使用了律师是"诡辩者"的这个刻板印象来形容嫌疑人。若没有其他的描述，我们可能会感到疑惑："律师味"是一种怎么样的说话方式。而在这个案例中，记者对于"律师味"的描述，用了大量的对话，试图呈现嫌疑人逻辑之荒谬（以上仅为节录），作者使用这个案例来描述律师操弄逻辑的手段，其道德判断也就十分明显了。他们更倾向于认为律师只是在用各种手段来帮助自己逃脱惩罚。

与那些被认定为有罪的律师形成鲜明对比，也有部分律师被认为是检察机关腐败的无辜受害者。在《大河报》中，有一个著名的麻广军案件。[40] 这个案件详细地描述了检察

---

〔40〕 案件的相关细节可参见 Halliday，T. C.，Liu，S. Birth of a liberal moment? looking through a one-way mirror at lawyers' defense of criminal defendants in China//Halliday，T. C. Karpik，L. Feeley，M. M. *fighting for political freedom*：*Comparative Studies of the Legal Complex and Political Liberalism*. Oxford：Hart Publishing，2007，pp. 65-107.

机关是如何反复折磨证人并要求其作伪证来控告律师麻广军。在文章的末尾,记者增加了一个特别片段来讨论中国刑事辩护律师的现状:

> 基层办案机关对律师代理刑事案件抱有成见,"替坏人说话"的观念甚至在基层公诉单位一些工作人员的头脑里根深蒂固,他们常常以居高临下的姿态办案,而不是从平等的法律地位出发。而公检部门的调查结论一旦被法院推翻,他们往往又会迁怒于律师。(DHB_20040629)

这位记者把案件的责任归咎于检方,而另一位记者则揭露了此案件背后更加广泛的制度性问题。律师嫌疑人只是一个在失序的司法系统中的牺牲品而已。

我们的数据分析与这些模式是基本符合的。表3显示了媒体对于律师的报道和媒体对于案件判断的交叉分析。当媒体不认为嫌疑人有罪的时候,律师往往会得到更多篇幅。在大多数无罪案件中,记者通常会报道律师的话以及他们的活动,来证明被告人无罪。而对律师的大篇幅、中立语调的报道可能反映的正是报道者对于案件结果的不确定。

表3 媒体刑事案件报道篇幅和媒体对案件判断的交叉分析(涉及律师作为专家形象的资料不计入)

媒体		有罪	无罪	不确定/中立	总文章数
		媒体判断			
人民日报	篇幅/%	4.0	7.0	5.0	88
	数量/篇	43	18	27	
大河报	篇幅/%	4.0	8.0	13.0	269
	数量/篇	93	98	78	
南方周末	篇幅/%	2.0	6.0	3.0	83
	数量/篇	41	17	25	
云南法制报	篇幅/%	2.0	0.0	19.0	32
	数量/篇	17	9	6	
中国律师网	篇幅/%	27.0	21.0	19.5	145
	数量/篇	31	86	28	
检察日报	篇幅/%	1.0	4.0	11.5	58
	数量/篇	40	8	10	
总文章数					675

另一个对于《大河报》的分析证明了相同的趋势。大约有98个案件显示支持被告人,然而这其中只有5个没有报道律师的任何活动。与此相对,在另外被告被认为有罪的93个案件中,只有36个报道了律师代表被告人进行辩护。尽管我们不能确定在那些被告人被认为有罪的案件中是否确实有律师参与,我们的数据表明对案件的定性与律师是否被

提及有非常紧密的联系。

总体而言,在中国的媒体上,对于律师的评价很大程度上取决于记者对于案件的实质性判断。媒体对于律师工作的关注并不是无条件的。律师是被贬斥为阻碍了正义的实现还是被称颂为一个对抗强大司法体制的英雄,很大程度上取决于媒体而非法院对于案件有罪或无罪的实质性判断。而媒体对于律师作为嫌疑人的报道,也依媒体对案件的认定而分成两类：律师要不就是玩弄法律、令人厌恶,要不就是精于法律却仍不能自保。不管是此是彼,媒体经常依据对案件实质性的判断来建构报道中对律师的技巧和道德品格的描绘。

结　论

法律与媒体的文献研究主要集中关注再现与实现之间的关系。我们对于6家中国媒体的刑事案件报道的文本分析表明,媒体对于律师形象的报道是多层面的。除了常见的代讼人形象,律师也被描述成为法律专家与犯罪嫌疑人。即使律师以代讼人的形象出现,他们在媒体中的形象也是模糊不清、可有可无的。在这种情况下,律师的形象不再取决于法律技巧或者对程序正义的坚持,而是取决于有罪或无罪的先决判断。律师的形象并不能得到全面描述,因为只有当律师的判断与媒体对案件的判断类似时,他们的贡献才会在媒体中得到展现。

当然,本研究的部分发现是有中国特色的。与英美的辩护体系相比,中国刑事诉讼的纠问制设计本身就决定了中国辩护律师更少的自主权。因此,律师在媒体中就会有较少的曝光率。另外,由于国家对于媒体报道内容的管制与审查,媒体所报道的内容与刑事案件现实的关系往往是不直接并且更为复杂的。[41] 最近在两个方面的改革,包括对抗性日益增加的诉讼程序[42]和媒体商业化,[43]使得二者之间的关系更加复杂。我们研究的时间点主要是在当代法律改革的初期,更深远的影响尚需更进一步的调查研究。然而,我们的两点主要发现,包括律师在媒体中的三种形象,以及律师在媒体中的形象与实体正义联系的假设,对其他国家可能同样有参考意义。

这篇文章也对中国法律职业的研究有所贡献,本文描述了媒体对于辩护律师形象两极化的描述和评价,以及对于刑事辩护律师的地位所具有的影响。这类描述和评价并不

〔41〕 Liebman, B. L. Watchdog or demagogue? the media in the Chinese legal system, *Columbia Law Review*, 2005, 105(1), pp. 1-157.

〔42〕 Liu, S., Halliday, T. C. Recursivity in legal change: lawyers and reforms of China's criminal procedure law, *Law & Social Inquiry*, 2009, 34(4), pp. 911-950.

〔43〕 Lin, F. Dancing beautifully, but with hands cuffed? a historical review of journalism formation during media commercialization in China, *Perspectives*, 2006, 7(2), pp. 79-98; Lin, F. Information differentiation, commercialization and legal reform: the rise of a three-dimensional state-media regime in China, *Journalism Studies*, 2012, 13(3), pp. 418-432.

必然取决于公安机关、检察院、法院,甚至是一般大众的判断。事实上,媒体已经成为一个战场,这个战场决定了在大众心目中律师界的正当性和命运,而中国民众才刚刚开始慢慢了解和区分程序正义与实体正义。一些热心的记者想要引起公众对于律师行业现状的关注和推动改革进程,然而,另一些将辩护律师描述为无论有罪或无罪都为被告过度辩护的报道,则让刑事辩护律师的立足点更为艰难。这项研究为针对记者与律师关系、媒体与司法系统关系的研究提供了更多的可能性。而与此同时,对于律师及其日常斗争的媒体叙事,将在很大程度上影响中国法律系统的未来。

中国民众诉诸法院解决纠纷的意愿与其实际选择

江山河* 吴瑜宁**

摘 要：中国的司法改革倡导民众运用法律和司法体系解决纠纷，本文以近期全国范围内遭遇纠纷的民众为数据样本，探究其运用法律解决纠纷意愿与实际选择的关系以及影响意愿或实际选择的相关因素。数据表明民众更愿意采取行政请愿以及民间调解的方式解决纠纷。报告显示民众运用法律的意愿和他们实际运用法律解决纠纷的行为间存在较低的一致性。在法律动员过程中，教育以及城市化扮演着举足轻重的角色。此外，纠纷类别也是影响民众是否愿意以及实际采取法律方式解决争端的最显著的影响因素之一。本文为未来的研究提供了方向。

关键词：纠纷解决 中国 法院 纠纷

一、导 言

每个社会都有其定纷止争、维护社会秩序的首选方式。在中国，更多人倾向于采取非正式的纠纷解决方式，比如调解，这一做法一直从古代沿袭至今。[1] 中华传统法律文化强调无讼原则，人们极度依赖非正式的社会规范而非正式的法律来规制社会行为和交往。[2] 1949 年中国共产党执政后，政府掌控了纠纷解决体系。此时，政府仍然强调非正式方式在纠纷解决中的作用，非正式方式也被视为社会冲突的"润滑剂"。

20 世纪 70 年代后期，随着改革开放政策的推行，中国在经济、文化以及其他诸多领

---

* 美国韦恩州立大学刑事司法系教授。
** 美国韦恩州立大学刑事司法系副教授。

〔1〕 Clarke, D. Dispute resolution in China, *Journal of Chinese Law*, 1991, 5, pp. 248-249; Huang, P. C. C. *Chinese Civil Justice, Past and Present*. New Yorl: Roman & Littlefield Publishers Inc., 2010.

〔2〕 Jiang, S., Lambert, E., Wang, J. Correlates of formal and informal social/crime control in China: an exploratory study, *Journal of Criminal Justice*, 2007, 35, pp. 261-271; Rojek, D. Changing directions of Chinese social control // Fields, C., Moore, R., Jr. *Comparative criminal justice: traditional and nontraditional systems of law and control*. Waveland Press, Prospect Heights, IL, 1996, pp. 234-249.

域经历了重大社会变革。资本、物资以及人力资源的加速流通促使中国在诸多方面从熟人社会向陌生人社会转变,这正是费孝通先生的总结;从韦伯的角度来看,这也是中国从群体向社会的一次转变。在熟人社会中,社会关系以及相互信任主要建立在人与人之间的社会交往关系上,人的角色、价值观、信仰也建立在这些交往关系上。相反,在陌生人社会里,社会纽带和信任主要是通过间接的交往形成的,非个人化的角色、正式的价值及信仰则建立在这种间接交往的基础上。因此,在熟人社会向陌生人社会转变的过程中,人们会越来越多地使用正式的规则和程序来规制社会关系并解决社会纠纷。中国已经通过了大量的法律和行政法规,并且相比过去,人们更加容易获得和承受得起用正式的纠纷解决手段,包括通过法院解决纠纷。[3] 中国政府也更加鼓励民众通过学法、守法、用法来维护个人权益。[4]

与此相应,中国民众的法律意识也提升到了一个新的层次。相较从前,中国民众现在更愿意采取各种各样的法律方式提出诉求并解决纠纷。[5] 1978 年,人民法院民事诉讼案件数只有 30 万多件,而这一数字到 1990 年便飞涨至 180 万件,到 2000 年该数量达到 340 万件,到 2010 年则达到 610 万件。短短 32 年间,民事诉讼案件数量涨幅却超过 20 倍。[6] 即便在农村地区,虽然非正式的社会网络仍然影响较大,但越来越多的人通过正

---

〔3〕 Liang, B. *The Changing Chinese Legal System*, 1978 - *present*: *Centralization of Power and Rationalization of the Legal System*. New York: Routledge, 2008; Ross, L. The changing profile of dispute resolution in rural China: the case of Zouping county, Shandong, *Stanford Journal of International Law*, 1990, 26, pp. 15-65.

〔4〕 Gallagher, M. Mobilizing the law in China: "informed disenchantment" and the development of legal consciousness, *Law and Society Review*, 2006, 40, pp. 783-816; Jiang, S., Wu, Y., Wang, J. Why people are willing to obey the law: an empirical study of China, *International Journal of Offender Therapy & Comparative Criminology*, 2013, 57, pp. 495-518.

〔5〕 Diamant, N. Hollow glory: the politics of rights and identity among PRC veterans in the 1950s and 1960s // Diamant, N., Lubman, S., O'Brien, K. *Engaging the Law in China: State, Society and Possibilities for Justice*. Stanford: Stanford University Press, CA, 2005, pp. 131-158; Gallagher, M. Use the law as your weapon! Institutional change and legal mobilization in China // Diamant, N., Lubman, S., O'Brien, K. *Engaging the Law in China: State, Society and Possibilities for Justice*. Stanford: Stanford University Press, CA, 2005, pp. 54-87; O'Brien, K., Li, L. Suing the local state: administrative litigation in rural China // Diamant, N., Lubman, S., O'Brien, K. *Engaging the Law in China: State, Society and Possibilities for Justice*. Stanford: Stanford University Press, CA, 2005, pp. 31-53; Thireau, I., Hua, L. On law, two interpretations: mobilizing the labor law in arbitration committees and in letters and visits offices // Diamant, N.,Lubman, S., O'Brien, K. *Engaging the Law in China: State, Society and Possibilities for Justice*. Stanford: Stanford University Press, CA, 2005, pp. 84-107.

〔6〕 中华人民共和国国家统计局:《中国统计年鉴 2011》,中国统计出版社 2011 年版。

式的机构解决冲突。[7]一些学者认为"在当今中国,法律发挥了史上空前的作用"。[8]

鉴于产生的上述重大转变,本次研究测评了中国民众对于不同纠纷解决方式的态度及经历,并重点比较了司法方式与其他——包括行政协调在内——的方式。行政协调是指通过行政机构而非司法审查解决纠纷,比如通过中国信访制度进行请愿。基于全国范围内超过 10000 名被调查者的数据,我们尝试回答下面三个问题:(1)中国民众运用法律解决纠纷的意愿与其实际选择的一致性程度如何?(2)影响中国民众采取法律方式解决纠纷意愿的相关因素有哪些?(3)影响中国民众实际采取法律方式解决纠纷的相关因素有哪些?

本次研究是以中国国内民众矛盾和群体性事件数量井喷为时代背景的。社会变化加速、经济差距拉大、非正式性的社会调控功能也在削弱,这就使社会冲突的数量激增,冲突的复杂性也大大增加。加深的冲突导致各种各样消极事件的发生,比如自杀、犯罪行为、抗议、示威以及暴乱。[9]如果不能向民众传递通过法律方式解决冲突的重要性,将会破坏社会的稳定并威胁国家政权的正当性。国家若想倡导平和、正当并有效的冲突解决方式,那么了解民众有关不满和纠纷的经历,以及他们倾向于采取哪种解决纠纷方式则至关重要。

本次研究采用多层模型分析,同时从个人层面以及县级层面评估影响民众采取法律方式解决纠纷之意愿及行动的因素。此前,麦克尔森[10]开创性地研究了中国农村地区司法申诉的情况,从宏观角度探讨了地区层面的司法申诉情况。由于他们运用地区(比如县)作为研究的虚拟变量,所以无法测量在控制个人变量后,不同的地区特色对结果变量会产生怎样的独立影响。此外,他们将县级层面的变量放在个人层面上进行分析,有可能违背了回归分析的独立假设,因为居住在同一个县的民众常常会在某些方面彼此相关。为了解决这些潜在的担心点,本次研究同时从县级层面和个人层面测评一系列与理论相关的变量对民众在采取法律方式解决纠纷中所产生的影响。个人层面的变量包括事件相关的变量(比如纠纷的类别)以及个体变量(比如社会人口特征及个人先前经历)。县级变量包括城市化程度以及律师事务所密度,这二者可以一定程度上反映法的普及度。

除此之外,本次研究采用包括城市居民与乡村居民的全国性随机样本,为现有的重点

〔7〕 Ross, L. The changing profile of dispute resolution in rural China: the case of Zouping county, Shandong, *Stanford Journal of International Law*, 1990, 26, pp. 15-65.

〔8〕 Diamant, N. Hollow glory: the politics of rights and identity among PRC veterans in the 1950s and 1960s // Diamant, N., Lubman, S., O'Brien, K. *Engaging the Law in China: State, Society and Possibilities for Justice*. Stanford: Stanford University Press, CA, 2005, p. 3.

〔9〕 Halegua, A. Reforming the people's mediation system in urban China, *Hong Kong Law Journal*, 2005. <http://papers.ssrn.com/sol3/papers.cfm? abstract_id=1123283> (31.07.08).

〔10〕 Michelson, E. Climbing the dispute pagoda: grievance/disputes and appeals to the official justice system in rural China, *American Sociological Review*, 2007, 72, pp. 459-485.

聚焦乡村纠纷解决方式的研究增添有价值的信息。[11] 城市化水平是一个地区经济发展水平与未来发展空间的一个重要指标。从方法论的角度看,在控制个人层面与县级层面所有变量后,加入县级城市化水平这一变量能够详细测评城市化对于民众采取法律方式解决纠纷的影响。

二、中国民众的纠纷解决方式

当遭遇纠纷时,受损害一方可以通过非正式方式或者正式的机制解决纠纷,当然他也可以不作为。迪亚曼蒂等人[12]认为西方经典的"纠纷金字塔"模型[13]也同样适用于中国。绝大多数遭遇纠纷的人不提出索赔要求,他们仅仅选择忍受。[14] 在那些指认并责怪别人应为其所遭受损害承担后果的人群中,一些人寻求司法援助而另一些人则选择其他解决方式。麦克尔森[15]进一步提出了不同于西方传统"纠纷金字塔"的中国式"纠纷寺庙塔",这一模型未预设一条直线路径存在,也就是说,受损害的一方未必会遵照既定线性的、最终通往法庭的解决纠纷顺序。然而,学者们普遍认为受损害一方选择不作为,避免纠纷、忍受纠纷在很多国家包括中国都很广泛且常见。[16]

当纠纷双方确实想要解决纠纷时,他们通常倾向于选择非正式途径。比如,中国民众解决纠纷时更倾向于诉诸其共同的领导,尤其是在计划经济时代,民众的个人生活与职业生涯紧密相连。Shi[17] 在其研究中指出,1983 年至 1988 年间(早期市场转型期),757 名受访者中 51%的人在遇到纠纷时选择诉诸工作单位的领导,只有 4%的受访者诉诸投诉

---

〔11〕 参见 Cai, Y. Social conflicts and modes of action in China, *The China Journal*, 2008, 59, pp. 89-109; Michelson, E. Justice from above or below? Popular strategies for resolving grievance/disputes in rural China, *The China Quarterly*, 2008, 193, pp. 43-64; O'Brien, K., Li, L. *Rightful resistance in rural China*. New York: Cambridge University Press, 2006.

〔12〕 Diamant, N. Hollow glory: the politics of rights and identity among PRC veterans in the 1950s and 1960s // Diamant, N., Lubman, S., O'Brien, K. *Engaging the Law in China: State, Society and Possibilities for Justice*. Stanford: Stanford University Press, CA, 2005, pp. 131-158.

〔13〕 Miller, R.E., Sarat, A. Grievance/disputes, claims, and disputes: assessing the adversary culture, *Law and Society Review*, 1980 – 1981, 15(3/4), pp. 525-566.

〔14〕 另参见 Black, D. *Sociological Justice*. New York: Oxford University Press, 1989.

〔15〕 Michelson, E. Climbing the dispute pagoda: grievance/disputes and appeals to the official justice system in rural China, *American Sociological Review*, 2007, 72, p. 460.

〔16〕 Diamant, N. Hollow glory: the politics of rights and identity among PRC veterans in the 1950s and 1960s // Diamant, N., Lubman, S., O'Brien, K. *Engaging the Law in China: State, Society and Possibilities for Justice*. Stanford: Stanford University Press, CA, 2005, pp. 131-158; Michelson, E. Climbing the dispute pagoda: grievance/disputes and appeals to the official justice system in rural China, *American Sociological Review*, 2007, 72; Michelson, E. Justice from above or below? Popular strategies for resolving grievance/disputes in rural China, *The China Quarterly*, 2008, 193, pp. 43-64.

〔17〕 Shi, T. *Political Participation in Beijing*. Cambridge: Harvard University Press, 1997.

部门(比如信访部门)。同样,民众遭受纠纷时向社区领导,比如农村地区的村领导,寻求帮助并请其判断是非曲直也很常见。2000年,在陕西省的农村地区进行的一项调查中,745名受访者中51%的人表示在遇到纠纷时他们愿意求助村领导,相比之下,只有21%的人表示他们愿意采取调解措施,不足10%的人表示他们愿意采取法律方式。[18] 在另外一项调查中,来自全国6个省的农村地区约3000个农户接受了访问,麦克尔森[19]发现受访者认为本土的纠纷解决方式,常常有村领导的参与,比通过更高级别的纠纷解决方式,比如有政府机关和法院的参与,更受欢迎和有效。

尽管非正式的纠纷解决方式在中国占据主导地位,但是正式的纠纷解决方式在过去的20年里也运用得更加广泛。民众诉诸政府及法院解决纠纷的意愿有了显著的提升。20世纪80年代,法院解决纠纷数量与调解委员会解决纠纷数量的比率是1∶11,这一比率在1994年增至3.4∶6.1(法院解决纠纷340万件,调解案件610万件),在2010年这一比率进一步增至6.1∶8.4。[20] 尤其与国家机关产生纠纷时,民众更愿意采取法律手段。比如,在1983年,全国仅有527件行政诉讼案件(比如对行政法规的诉讼),但是截至2010年,这一数量激增至129133件。[21] 蔡发现,[22]当民众与国家机关产生纠纷时,来自4个城市的1460位城市居民中,67%的人愿意向上一级国家机关申诉,44%的人表示会诉诸媒体,30%的人表示会采取法律手段。

在中国,除了诉讼手段,行政申诉作为纠纷解决的机制也越来越被广泛地运用。1996年至2002年间,采取行政申诉手段的比例每年约为8%的增长速度,在2002年,超过3000万的民众采取了行政申诉措施。[23] 信访制度作为行政申诉的主要平台使得公众能够就各种公众纠纷向信访局提出诉求。在这些纠纷中,司法及行政纠纷在近些年是最常见的。[24] 而上访制度则比信访制度适用更广,几乎任何上一级政府部门都会成为民众投

---

〔18〕 史清华,陈凯:《现阶段农民法律素质与法律意识分析——对山西省农民政策法规了解情况的问卷调查》,《中国农村观察》2002年第2期,第67—75页。

〔19〕 Michelson, E. Justice from above or below? Popular strategies for resolving grievance/disputes in rural China, *The China Quarterly*, 2008, 193, pp. 43-64.

〔20〕 中华人民共和国国家统计局:《中国统计年鉴2011》,中国统计出版社2011年版;中国法律年鉴编辑部:《1980—2011中国法律年鉴》。

〔21〕 中华人民共和国国家统计局:《中国统计年鉴2011》,中国统计出版社2011年版。

〔22〕 Cai, Y. Managed participation in China, *Political Science Quarterly*, 2004, 119, pp. 425-451.

〔23〕 Paik, W. Economic development and mass political participation in contemporary China: determinants of provincial petition (Xinfang) activism 1994 – 2002, *International Political Science Review*, 2011, 33, pp. 99-120.

〔24〕 Luehrmann, L. Facing citizen complaints in China, *Asian Survey*, 2003, 43, pp. 845-861; Palmer, M. Controlling the state?: Mediation in administrative litigation in the People's Republic of China, *Transnational Law and Contemporary Problems*, 2006, 16 (1), pp. 165-187.

诉、上诉、请愿的部门。[25] 中国民众相信从中央政府或省级政府那里获得让人满意的解决方案的概率比从当地政府那里获得要高。[26] 在实践中,行政请愿常常取代正式的法律途径成为民众解决纠纷的平台,成为上级领导的一种多功能的管理手段,因为在这一过程中,他们不但可以帮助解决纠纷,还能从民众的诉求中了解当地政府的表现状况,宣传社会秩序与管制的重要。[27]

对上述中国的纠纷解决情况有了大致了解后,我们对中国民众运用法律途径解决纠纷的意愿及其实际选择提出了一系列的假设,这些假设与前文提到的三个研究问题相关,主要测评民众运用法律途径解决纠纷之意图与其实际选择的关系、影响其运用法律途径解决纠纷之意愿的相关因素以及影响其实际选择的相关因素。

(一) 民众运用法律途径解决纠纷之意图与其实际选择的关系

行为意图(或者称为构想)及其行动(或尝试)在一些人类行为(比如自杀行为)中是相关联的[28],但是近期一项研究发现民众运用法律的意愿与其实际行动确是相分离的。[29] 基于2005年中国综合社会调查的数据,蔡发现,50%的受访的城市居民以及23%的农村居民有意愿运用法律解决纠纷。然而,在近期遭遇民事纠纷的受访者中,仅有16%的人实际运用了法律手段解决纠纷,在近期遭遇政府与公民纠纷的受访者中,也仅有27%的人实际运用了法律手段来解决纠纷。因为意愿与实际选择之间的分离,本研究将定量测评民众运用法律解决纠纷与其实际行动之间的关联有多大。本次研究假设,民众运用法律解决纠纷的意愿与其正式向法院提起诉讼的行动之间的关联较弱。

(二) 纠纷种类与诉诸法院解决纠纷

民众诉诸法院解决纠纷的概率很可能取决于纠纷的性质及种类。[30] 例如,在中国农村地区,相较于劳资纠纷,遭受离婚、财产以及个人损害的国民更可能运用法律以及法律

---

[25] Michelson, E. Justice from above or below? Popular strategies for resolving grievance/disputes in rural China, *The China Quarterly*, 2008, 193, pp.43-64.

[26] O'Brien, K., Li, L. The politics of lodging complaints in rural China, *The China Quarterly*, 1995, 143, p.778;Li, L., O'Brien, K. Villagers and popular resistance in contemporary China, *Modern China*, 1996, 22 (1), p.43.

[27] Minzner, C. Xinfang: An alternative to the formal Chinese legal system, *Stanford Journal of International Law*, 2006, 42, pp.103-179.

[28] Winfree, T., Jiang, S. Youthful suicide and social support: exploring the social dynamics of suicide-related behavior and attitudes within a national sample of U. S. adolescents, *Youth Violence Juvenile Justice*, 2010, 8, pp.19-37.

[29] Cai, Y. Social conflicts and modes of action in China, *The China Journal*, 2008, 59, pp.89-109.

[30] Silbey, S. S. After legal consciousness, *Annual Review of Law and Social Science*, 2005, 1, pp.323-368.

体系解决纠纷[31];与此相反,遭受房屋土地财产权纠纷的民众则更愿意诉诸政府而非法律体系。[32] 更进一步说,与邻里纠纷相比,遭受商业纠纷、家庭纠纷以及个人损害纠纷的农村居民更愿意诉诸正式机构而非不分纠纷类别(比如忽视纠纷性质)。通过二元相关分析,蔡[33]发现城市居民以及农村居民在遭遇民事纠纷时,其纠纷解决方式的选择倾向有所区别。城市居民更愿意诉诸法院而非上一级政府,而农村居民则恰恰相反。但对于行政纠纷,则没有此方面的差别。

为了进一步拓展先前的调查,在控制个体人口特征、经历和县级城市化水平以及律师事务所密度变量的基础上,本研究实证评估多种纠纷类别对民众运用法律而非行政手段及非正式手段解决纠纷的意愿及其行动的影响。本次研究评估了八种纠纷类别,包括房屋财产纠纷、土地使用纠纷、房屋拆迁纠纷、企业改革纠纷、失业补贴纠纷、住房土地纠纷、选举纠纷以及债务纠纷。本研究假设,对于与国家机关相关的纠纷(比如行政纠纷),中国民众更愿意采取非司法手段解决,包括土地使用纠纷、房屋拆迁纠纷、企业改革纠纷、失业补贴纠纷、住房土地纠纷以及选举纠纷;同时,对于民事纠纷而言,中国民众更愿意运用司法手段,包括房屋所有权纠纷以及债务纠纷。

(三) 政治身份与诉诸法院解决纠纷

政治身份有时会对一个人的社会关系以及社会资源产生影响,比如党员的身份。在遭遇纠纷时,党员身份可能会为一个人提供某些有利关系(基于人际情感的关系),帮助他在寻求纠纷解决时能顺利通过烦琐的行政和司法系统及程序。先前的调查显示,那些有家庭政治关系或家庭外部政治关系的农村居民比起不如他们有关系的人更经常地诉诸政府及法院。但是,政治身份对于民众选择何种正式性纠纷解决方式产生的影响并不明确,比如是选择行政方式抑或司法方式。本研究假设,自身拥有政治身份(比如党员身份)的民众更愿意采取正式的手段解决纠纷。并且考虑到司法手段通常比行政手段花费更高,我们预测行政手段将更受自身拥有政治身份的民众的青睐,部分原因可能在于他们有政治关系以及资本。

(四) 群体性活动经历与诉诸法院解决纠纷

群体性活动是自身权利意识的一种体现,比如集体诉讼、请愿、罢工、抗议、示威。[34]

[31] Michelson, E. Climbing the dispute pagoda: grievance/disputes and appeals to the official justice system in rural China, *American Sociological Review*, 2007, 72.

[32] Michelson, E. Climbing the dispute pagoda: grievance/disputes and appeals to the official justice system in rural China, *American Sociological Review*, 2007, 72.

[33] Cai, Y. Social conflicts and modes of action in China, *The China Journal*, 2008, 59, pp. 89-109.

[34] Chen, F. Legal mobilization by trade unions: the case of Shanghai, *The China Journal*, 2004, 48, pp. 27-46; Gallagher, M. Mobilizing the law in China: "informed disenchantment" and the development of legal consciousness, *Law and Society Review*, 2006, 40, pp. 783-816.

当民众参加群体性活动时,他们很可能已经用尽其他纠纷解决途径,因此倾向于用正式而不是非正式的方式解决纠纷。此外,通过参加群体性活动,个体可以获得真切的法律或法外动员。加拉赫[35]认为,司法制度的体验可以提升自我效能,而这种感受也会反过来激励民众进一步运用法律制度。此外,参加集体性活动的民众遭遇的纠纷可能更加严峻和糟糕,因此,相较于非司法途径,他们更愿意采取司法途径根本地、公开地解决纠纷。所以,我们假设,拥有群体性活动经历的民众相比于那些没有此经历的民众而言,他们更愿意并实际上诉诸法院,而非其他国家机关。

(五) 社会阶层与诉诸法院解决纠纷

富有者比非富有者更愿意运用法律制度与程序。[36] 那些有更多的知识储备、个人财产与社会影响力的人比不具备这些资源的人更有能力诉诸法律解决纠纷。麦克尔森[37]发现在中国农村,社会经济资源作为社会地位的一个指针,促进了对法律的运用。但相较于行政途径,那些拥有更好社会经济资源的民众是否更愿意采取司法途径,抑或恰恰相反,这一结果还不得而知。鉴于社会阶层常与法律知识储备以及与法律从业者(包括法官)之间的社会关系成正相关,我们假设,更高社会阶层的人,相较于低阶层的人,更愿意并实际选择诉诸法院解决纠纷。

(六) 城市化水平与诉诸法院解决纠纷

近期研究表明,环境因素对国民看待法律以及司法机关的态度产生重要影响。拥有不同邻里环境以及居住于不同地区的民众对待法律权威的态度有所不同,比如他们对待警察[38]、法院[39]以及法律[40]的态度。尽管城市化被认为是影响民众选择纠纷解决方式

---

〔35〕 Gallagher, M. Mobilizing the law in China: "informed disenchantment" and the development of legal consciousness, *Law and Society Review*, 2006, 40, pp. 783-816.

〔36〕 Galanter, M. Why the "haves" come out ahead: speculations on the limits of legal change, *Law and Society Review*, 1974, 9, pp. 95-160; Silbey, S. S. After legal consciousness, *Annual Review of Law and Social Science*, 2005, 1, pp. 323-368.

〔37〕 Michelson, E. Climbing the dispute pagoda: grievance/disputes and appeals to the official justice system in rural China, *American Sociological Review*, 2007, 72.

〔38〕 Sampson, R. J., Jeglum-Bartusch, D. Legal cynicism and (subcultural?) tolerance of deviance: the neighborhood context of racial differences, *Law and Society Review*, 1998, 32, pp. 777-804; Wu, Y., Sun, I., Triplett, R. Race, class or neighborhood context: which matters more in measuring satisfaction with police? *Justice Quarterly*, 2009, 26, pp. 125-156.

〔39〕 Landry, P. F. The impact of nationalist and Maoist legacies on popular trust in legal institutions // Woo, M. Y. K., Gallagher, M. E. *Chinese Justice: Civil Dispute Resolution in Contemporary China*. New York: Cambridge University Press, 2011, pp. 139-168.

〔40〕 Jiang, S., Wu, Y., Wang, J. Why people are willing to obey the law: an empirical study of China, *International Journal of Offender Therapy & Comparative Criminology*, 2013, 57, pp. 495-518.

的一个因素,但它们的关联度还未被证实。早期经典理论家,比如卡尔·马克思、艾米丽·涂尔干、马克思·韦伯等人,称经济的发展,包括城市化进程,与民众对法律系统的运用之间是正相关的。近期研究发现[41]当其他因素相同时,经济发展水平更高地区的民众法律使用率更高。与此相应,本研究假设,就纠纷解决而言,城市化与民众诉诸法院而非其他机构的意愿及实际选择是正相关的。

(七) 律师事务所的密度与诉诸法院解决纠纷

改革后的一段时期内,中国在司法领域取得了显著的进展,然而"在中国运用法律的机会很可能存在大的差异,这常常取决于民众是否愿意冒险、是否团结一致、是否愿意募集资金以及是否愿意与那些无畏的媒体或律师结盟"。[42]另外,宏观的环境因素,比如接触法律与法律资源的机会,也影响个人纠纷解决方式的选择。蔡[43]提到,城市地区的居民比农村地区的居民更愿意诉诸法律解决纠纷的一个重要因素就是城市居民更能获得法律资源,比如律师的协助与法律咨询。鉴于此前对法律资源的获取的影响缺乏实证研究,本研究将从县级层面测评律师事务所密度对国民选择纠纷解决方式产生的影响。本研究假设,法律援助更加健全地区的民众比其他地区的民众在运用法律解决纠纷的意愿与行动上的平均水平更高。

三、研究方法

(一) 数据和样本

本研究的数据来源有两种。个人数据来源于 2006 年中国综合社会调查,该项调查由中国社会科学基金会赞助并由中国人民大学社会科学部实施。县级层面的数据来源于 2000 年中国人口普查以及 2004 年中国经济普查。中国综合社会调查是大陆地区第一个全国性持续的社会调查项目,由中国人民大学和香港科技大学于 2003 年联合发起。2006 年的中国综合社会调查采用了四步整群抽样法,共选择了来自 28 个省、自治区(包括宁夏、青海和西藏)、直辖市的 125 个县级地区的 10151 名 18 至 69 岁的城乡居民。抽样的

---

[41] Michelson, E. Climbing the dispute pagoda: grievance/disputes and appeals to the official justice system in rural China, *American Sociological Review*, 2007, 72; Michelson, E., Read, R. L. Public attitudes toward official justice in Beijing and rural China // Woo, M. Y. K., Gallagher, M. E. *Chinese Justice: Civil Dispute Resolution in Contemporary China*. New York: Cambridge University Press, 2011, pp. 169-203.

[42] Diamant, N. Hollow glory: the politics of rights and identity among PRC veterans in the 1950s and 1960s // Diamant, N., Lubman, S., O'Brien, K. *Engaging the Law in China: State, Society and Possibilities for Justice*. Stanford: Stanford University Press, CA, 2005, pp. 131-158.

[43] Cai, Y. Social conflicts and modes of action in China, *The China Journal*, 2008, 59, pp. 89-109.

第一步是随机选择县和地区;第二步是从作为样本的县级地区内随机选择乡镇和街道;第三步是从被选取的乡镇和街道内随机选择乡村和城市社区;最后一步是从被选取的乡村和城市社区内随机选择一些家庭,并在这些家庭中挑选一人作为受访者。

在超过万名的受访者中,共有 1184 名受访者表示他们在这之前的五年内曾受纠纷困扰。这些受访者被进一步问及他们当时想要进行请愿的机构或者组织以及他们最终诉诸何种组织及机构。当问及想要进行请愿的机构或者组织时,他们只能作出一种选择,但问及实际诉诸的组织或者机构时,他们可以作出多种选择。为了比较意愿与实际选择之间的关系,其中一小部分在实际诉诸部门中作出多种选择的信息将从回归分析中剔除。由于这部分剔除以及某些数据缺失,在 118 个县级地区中,最终有 1045 名受访者的数据被包括在回归分析中。所有被分析人近期都曾遭受纠纷困扰。

(二) 测评方法

1. 因变量

为了研究国民诉诸法院解决纠纷的意愿与其实际选择之间的关系,意愿和实际行动均为因变量。通过如下问题,我们可以了解民众诉诸法院解决纠纷的意愿:"当你遭遇纠纷时,你会选择诉诸何种机构或组织?"选项如下:"1. 工作单位;2. 当地政府;3. 法院;4. 共青团、妇联或工会等;5. 非政府机构;6. 其他机构或组织。"我们将回答选项分为了三种类别:选项 2 和 4 归为行政领导和政府类,法院仍然单独归为一类,选项 1、5、6 归为其他类(非政府途径)。

实际是否诉诸法院这一变量来自于如下问题:"当你遭遇纠纷时,你实际选择了何种机构或组织请愿?"选项如下:"1. 当地政府;2. 法院;3. 共青团、妇联、工会等;4. 非政府组织;5. 其他。"选项 1 和 3 归于诉诸政府一类,选项 2 法院单独归为一类,选项 4 和 5 归为其他类。

由于这两个因变量均为定类变量,因此我们在研究中采取多项式分类回归模型。此外,由于该模型不仅包含个人层面的变量,还包含县级层面的变量,因此我们运用了基于多层广义线性模型。

2. 自变量以及控制变量

(1) 个人层面的变量

个人层面的自变量包括事件变量(纠纷的类别)和个体变量(社会人口特征与先前经历)。在社会人口变量中,政治身份和社会阶层是自变量,年龄、性别和教育程度则为控制变量。政治身份通过如下问题测量:"你的政治身份是:1. 中共党员;2. 其他党派成员;3. 共青团员;4. 群众。"当其作出的选择是非共产党员时,记录为 0;若其是共产党员,记录为 1。社会阶层通过如下问题测量:"你的家庭社会经济状态是:1. 上层阶级;2. 中上阶级;3. 中产阶级;4. 中下阶级;5. 下层阶级。"这些选择在分析中被反向编码,因此数值大的意味着社会阶层更高。年龄和教育程度的测评单位是年份。性别变量中,1 表示女性,0 表示男性。

群体性活动经历通过如下问题测量:"在过去五年中,你是否曾参加过群体性活动,比如集体诉讼、请愿、抗议、示威、罢工或者其他活动?"选项如下:"1. 我曾参加过,并且是组织者;2. 我曾参加过,是一名参与者;3. 我曾参加过,是一名支持者;4. 我曾通过其他形式参与过;5. 我没有参加过;6. 我曾参加过,但充当了其他身份。"选项 5 被记录为 0,表示其先前没有群体性活动经历,其他所有选项则被记录为 1,表明其先前曾以某种形式参与了群体性活动。

纠纷种类通过如下多选题体现:"在过去的五年中,你是否曾经历过以下八种纠纷的一种或多种:房屋所有权纠纷、土地使用纠纷、房屋拆迁纠纷、企业改革纠纷、失业补贴纠纷、房屋土地纠纷、选举纠纷、债务纠纷。"回归分析中采用八个虚拟变量来分别代表这八种不同类别。

(2)县级层面的变量

县级层面的变量包括城市化水平和律师事务所密度。城市化水平可以从非农业人口占总人口的比例中体现,这一数据来源于 2000 年的中国人口普查。律师事务所密度则从每十万人口对应的律师事务所的数量来体现,这一数据来源于 2004 年中国经济普查。表 1 对多层线性模型分析的所有变量进行了描述性统计。这些自变量间不存在多重共线性问题。

表 1　多层线性模型分析中所有变量的描述性数据

(样本数量为 1045)

相关变量	均值	标准值	最低值	最高值
第一层级　个人层面				
性别	0.51	0.50	0	1
年龄	43.46	11.70	18	69
教育程度	8.07	3.87	0	17
社会阶层	1.87	0.90	1	5
政治身份	0.85	0.36	0	1
群体性活动经历	0.12	0.32	0	1
房屋产权	0.15	0.35	0	1
土地征用	0.25	0.43	0	1
房屋拆迁	0.11	0.32	0	1
企业改革	0.22	0.41	0	1
失业补贴	0.27	0.45	0	1
房屋土地	0.10	0.30	0	1
选举	0.09	0.29	0	1
债务	0.13	0.33	0	1
第二层级　县级层面				
城市化水平	37.55	31.06	6.42	96.67
律师事务所密度	0.76	0.94	0	6.85

四、研究发现

(一)诉诸法院解决纠纷的意愿与实际选择

表 2 数据表明国民诉诸法院解决纠纷的意愿及其实际选择,对于诉诸法院的意愿(单选),在 1184 名过去五年遭遇纠纷的受访者中,有 16% 的人表示他们愿意诉诸法院,49.2% 的人表示他们愿意诉诸政府,34.8% 的人则表示他们愿意采用其他解决手段。对于他们实际采取的方式(多选),大约 16% 的人表示他们最终诉诸法院(其中包括 8.7% 的人仅采取此方式,6.8% 的人采取诉诸法院与政府的方式,0.3% 的人采取诉诸法院及其他方式,0.6% 的人采取诉诸法院、政府及其他方式),47.2% 的人采取诉诸政府的方式(其中包括 37.8% 的人仅采取此方式,6.8% 的人采取诉诸法院和政府的方式,2% 的人采取诉诸政府及其他方式,0.6% 的人选择诉诸法院、政府及其他方式),46.7% 的人采取了其他方式(其中包括 43.8% 的人仅采取其他方式,0.3% 的人采取诉诸法院及其他方式,2% 的人采取诉诸政府及其他方式,0.6% 的人采取诉诸政府、法院及其他方式)。这些发现揭示了相比于诉诸法院,中国的争议双方更可能诉诸政府解决纠纷。

表 2 中国国民诉诸法院解决纠纷的意愿及其实际选择

诉诸机构	诉诸该机构的意愿[a]		实际诉诸该机构[b]	
	频率	百分比/%	频率	百分比/%
仅法院	190	16.0	103	8.7
仅政府	582	49.2	446	37.8
仅其他方式[c]	412	34.8	517	43.8
法院和政府			80	6.8
法院和其他方式			4	0.3
政府和其他方式			24	2.0
法院、政府和其他方式			7	0.6
总计	1184		1181[d]	

注:a. 在国民诉诸某机构的意愿中,只允许单选。
　　b. 在国民实际诉诸的机构中,允许多选。
　　c. 在诉诸政府的意愿中,其中包括当地政府、共青团、妇联以及工会等;其他方式包括工作单位、非政府组织以及其他组织。在实际的选择中,政府包括当地政府、共青团、妇联以及工会等;其他方式包括非政府组织以及其他组织。
　　d. 在该列中,有三个缺失数据。

有趣的是,在纠纷人中,16% 的人表达有意愿诉诸法院解决纠纷,也有 16% 的人最终实际诉诸法院解决了纠纷。但是,这并不意味着有意愿诉诸法院的 16% 的人就是最后实际上诉诸法院的人。确实,通过二元相关分析,我们发现,在这些表示有诉诸法院意愿的受访者中(样本数量为190),他们的意愿与实际采取方式的关系甚微。在190名个体中,约一半人(样本数量为93)采取了法律途径,另一半人(样本数量为97)没有采用诉诸法院的方式解决纠纷。

为了进一步探究意愿与实际行为一致和意愿与实际行为不一致这两类人有何潜在不同点,我们进行了平均值对比,结果报告在表3中。这两类人在两方面有显著不同:受教育程度和城市化水平,那些最终诉诸法院的受访者比那些最终未诉诸法院的受访者教育程度更高,此外,他们也更可能来自于城市化水平较高的地区。

表3 有诉诸法院之意愿并实际诉诸法院的国民与有意愿而无行动的国民对比

(样本数量为190)

变量	有意愿有行动 (样本数量为93) 平均值	有意愿无行动 (样本数量为97) 平均值	显著性水平
性别(女性为1)	0.46	0.41	0.490
年龄	42.44	41.33	0.534
教育程度	9.37	7.86	0.009
社会阶层	2.08	2.04	0.817
政治身份	0.86	0.86	0.929
群体性活动经历	0.10	0.13	0.424
房屋产权	0.20	0.30	0.504
土地征用	0.25	0.25	0.134
房屋拆迁	0.16	0.09	0.159
企业改革	0.17	0.09	0.109
失业补贴	0.25	0.21	0.501
房屋土地	0.16	0.13	0.598
选举	0.09	0.11	0.531
债务	0.26	0.27	0.877
城市化水平	44.59	30.40	0.000
律师事务所密度	0.79	0.68	0.388

(二)诉诸法院解决纠纷意愿的相关因素

我们运用多层多项式回归模型探究影响国民诉诸法院而非其他机构解决纠纷的意愿与行动的因素。表4第一组表示诉诸法院,而不是采取其他方式(比如非正式、非政府方式)之意愿的影响因素,第二组表示诉诸法院而不是诉诸政府之意愿的影响因素。研究结果表明,遭遇房屋所有权纠纷以及债务纠纷的国民更愿意诉诸法院而非采取非政府解决途径。与此相反，遭遇企业改革纠纷的国民则更愿意采取非政府解决途径，而非诉诸法院。研究结果还表明，那些在过去五年内曾参与过群体性活动的国民比无此经历的国民更加愿意诉诸法律解决纠纷，而非采取非政府方式。

表4　诉诸法院相对于诉诸其他机构之意愿的多层线性模型结果

（样本数量为 1045）

相关变量	法院相对于其他方式			法院相对于政府		
	b	S.E.	Exp(b)	b	S.E.	Exp(b)
截距	−0.662	0.840	0.516	−1.675*	0.719	0.187
第一层级　个人层面						
性别	−0.275	0.209	0.760	−0.343*	0.169	0.709
年龄	−0.17	0.009	0.983	−0.005	0.009	0.995
教育程度	0.019	0.032	1.019	0.021	0.031	1.022
社会阶层	0.090	0.108	1.094	0.321**	0.101	1.378
政治身份	0.360	0.312	1.434	0.116	0.343	1.122
群体性活动经历	0.644*	0.303	1.904	−0.019	0.272	0.981
房屋产权	0.794**	0.295	2.212	0.063**	0.227	1.828
土地征用	0.574	0.314	1.728	−0.132	0.273	0.877
房屋拆迁	0.182	0.335	1.200	0.218	0.271	1.243
企业改革	−0.842**	0.286	0.431	−0.171	0.306	0.843
失业补贴	−0.312	0.276	0.732	−0.124	0.271	0.883
房屋土地	0.155	0.309	1.168	0.392	0.294	1.479
选举	−0.014	0.338	0.986	−0.409	0.287	0.664
债务	0.936**	0.337	2.551	1.153***	0.268	3.168
第二层级　县级层面						
城市化水平	0.001	0.005	1.001	0.006	0.005	1.006
律师事务所密度	−0.004	0.132	0.996	−0.159	0.124	0.853
随机性效果	截距=0.645			截距=0.465		

注：数据研究运用多层线性模型 7 软件。S.E. 表示标准差。

* $p<0.05$

** $p<0.01$

*** $p<0.001$

在诉诸法院还是政府之意愿的相关因素中，四个自变量具有统计显著性。那些遭遇房屋所有权纠纷或者债务纠纷的国民更倾向于诉诸政府解决纠纷。此外，男性和社会阶层较高的人更愿意诉诸法院而非政府。

（三）影响实际选择诉诸法院解决纠纷的相关因素

表5表明了中国国民实际选择诉诸法院的回归分析结果。诉诸法院而非其他方式（表5第一模型）测评的是诉诸法院和诉诸其他非政府部门解决纠纷之间的对数发生比率；而诉诸法院而不是政府（表5第二模型）测评诉诸法院和诉诸政府解决纠纷之间的对数发生比率。

表5 诉诸法院相对于诉诸其他机构之实际行动的多层线性模型结果

（样本数量为1045）

相关变量	法院相对于其他非政府部门			法院相对于政府		
	b	S.E.	Exp(b)	b	S.E.	Exp(b)
截距	-3.581^{**}	1.073	0.028	-3.160^{**}	1.032	0.042
第一层级　个人层面						
性别	-0.098	0.199	0.907	0.039	0.210	1.039
年龄	0.004	0.012	1.004	0.009	0.011	1.009
教育程度	0.067	0.037	1.069	0.077^{*}	0.037	1.080
社会阶层	0.045	0.141	1.046	0.111	0.141	1.117
政治身份	0.437	0.428	1.548	0.108	0.406	1.115
群体性活动经历	0.839^{*}	0.389	2.314	0.190	0.374	0.827
房屋产权	0.873^{**}	0.318	2.394	0.347	0.323	1.414
土地征用	0.743^{**}	0.256	2.103	0.265	0.286	1.303
房屋拆迁	0.521	0.346	1.685	0.517	0.355	1.680
企业改革	-0.213	0.319	0.808	-0.281	0.348	0.755
失业补贴	-0.187	0.288	0.829	-0.260	0.298	0.771
房屋土地	0.728^{*}	0.303	2.070	0.292	0.348	1.339
选举	-0.361	0.385	0.697	-0.238	0.405	0.788
债务	0.835^{**}	0.304	2.305	0.991^{**}	0.329	2.695
第二层级　县级层面						
城市化水平	0.006	0.006	1.006	0.005	0.004	1.004
律师事务所密度	0.140	0.161	1.150	-0.214	0.161	0.807
随机性效果	截距＝0.852			截距＝0.583		

注：数据研究运用多层线性模型7软件。S.E.表示标准差。

* $p<0.05$

** $p<0.01$

*** $p<0.001$

就影响民众实际采取诉诸法院而非其他方式的因素而言，四种类型的纠纷类别具有统计显著性。遭遇房屋所有权纠纷、土地征用纠纷、房屋土地纠纷和债务纠纷的国民更可能最终采取诉诸法院的方式，而非诉诸非政府机制。此外，那些在过去五年中曾参与群体性活动的国民比无此经历的国民更可能最终采取诉诸法院的方式而非诉诸非政府机制。债务纠纷和教育程度两种变量对人们实际诉诸法院解决纠纷而非诉诸政府具有统计显著性。遭遇债务纠纷的人更可能采取诉诸法院的方式而非诉诸政府，并且教育程度高的人更可能采取诉诸法院解决纠纷的方式，而非诉诸政府。

这些结果表明，在影响中国国民采取诉诸法院解决纠纷之意愿与其实际选择的相关因素间有一些相似点。房屋所有权纠纷、债务纠纷以及群体性活动经历三种变量对中国国民采取诉诸法院解决纠纷而非采取其他非政府解决方式之意愿与其实际选择有相似的显著性影响。在控制其他相关变量的基础上，债务纠纷这一变量对于国民采取诉诸法院解决纠纷而非采取诉诸政府解决方式之意愿与其实际选择都产生显著的影响。

五、讨论

本研究是在目前研究中为数不多的对中国国民诉诸法院解决纠纷的定量分析。基于全国范围内随机选取的样本，我们分析了近期遭遇纠纷的国民采取诉诸法院方式解决纠纷之意愿与行动之间的关系，也分析了影响他们采取诉诸法院方式而非其他解决方式之意愿与行动的相关因素。在一个冲突加深的社会中研究这些方面非常重要，此外，本研究对于拓宽有关中国纠纷解决方式以及法律意识的研究文献也是有价值的。

本次研究共有几项主要发现。第一，研究结果显示行政请愿及非政府性协调在纠纷解决中的首选地位。对于遭遇纠纷的国民而言，他们最先倾向运用行政协调方式（当地政府和半政府机构，比如共青团、妇联和工会），随后他们倾向运用非政府性协调方式（通过工作单位、非政府组织以及其他方式进行协调），最后他们才会诉诸法院。这些发现并不令人诧异，一方面，对于中国普通民众而言，一次成功的诉讼是非常具有挑战性的，这或多或少受制于高昂的诉讼费、欠缺的法律知识以及存在问题的司法制度与实践，比如司法不独立、官员无能和腐败以及不健全或有时相互冲突的法律条文；另一方面，民众普遍认为行政请愿比诉讼更加有效，成本也更低。特别指出的是，对于八种纠纷类别而言，其中绝大部分纠纷（比如土地征用纠纷、房屋拆迁纠纷、企业改革纠纷、失业补贴纠纷、房屋土地纠纷、选举纠纷）涉及行政纠纷或由政府特定行为引发的纠纷。因此，在这些情形下，人们更倾向于采取诉诸政府的解决途径。对于其他类别的纠纷而言，比如商业纠纷以及家庭纠纷，国民是否也会倾向于此种方式？结果可能会不一样。

值得一提的是，本次研究结果与蔡[44]先前对于中国国民冲突解决方式的研究结果有

---

〔44〕 Cai, Y. Social conflicts and modes of action in China, *The China Journal*, 2008, 59, pp. 89-
109.

所不同,本次研究运用了 2006 年中国综合社会调查数据。在蔡的研究中,有意愿诉诸法院解决纠纷的比例要高很多(民事纠纷 31% 以及行政纠纷 41%)。我们认为这个差异来自于计算方式的不同。蔡[45]在研究国民运用法律解决纠纷的意愿中采用了 10000 名受访者的全部样本(包括有纠纷和无纠纷的人),但在研究国民实际运用法律解决纠纷中采用了子样本。但是,我们对于意愿及实际选择的研究均采用了 1184 个遭遇纠纷的子样本。我们发现,在这些人中,诉诸法院解决纠纷的方式排名低。

其次,国民诉诸法院解决纠纷的意愿与实际行动间存在的一致性较低。有意愿诉诸法院解决纠纷与实际采用此方式的比例相近(约 16%),但是,在有意愿诉诸法院解决纠纷的国民中,有一半比例的人实际上没有采取此方式。此外,诉诸法院的意愿与其实际选择之间的相关性弱。因此,在诉诸法院解决纠纷上,行为意愿与行动只有松散的相关。法律意愿既不是法律行为的充分条件,也不是法律行为的必要条件。

本研究发现文化程度与城市化水平两种变量有助于解释法律意愿与行动一致性的情形。相较于那些有意愿诉诸法院解决纠纷但最终并未采取此方式的国民,最终诉诸法院的国民一般生活在城市化水平较高的地区,其文化程度也更高。布莱克[46]认为接受教育的程度体现了一个人的文化水平,他指出"识字水平与接受教育程度更高的国民更可能起诉他人"。教育水平更高的国民很可能拥有更丰富的法律知识以及社会关系和资本,也许正是他们知道"怎么做"且"找谁做"使得他们将诉诸法院的意愿转化为行动更加容易。

同时,有关城市化与法律动员之间的正相关的发现也为目前关于法律动员地区差异的研究添加了重要的信息。为了进一步理解地区间的差异,我们进行了额外的分析,在农村和城市地区的受访者的子样本中进行了诉诸法律解决纠纷的意愿与其实际选择的对比,结果显示,相比于城市地区的居民,农村地区的居民更可能采取诉诸政府的方式解决纠纷,两个群体在诉诸法律解决纠纷方式上,并无显著差异。这些结果与蔡[47]的研究结果不尽相同,蔡的研究结果显示在民事和行政纠纷两方面,相比于农村地区的居民,城市地区的居民更愿意诉诸法院,并且其实际选择诉诸法院的比例也较高。

值得注意的是,我们的研究结果显示,一个地区的城市化水平即非农业人口占总人口的比例,对国民诉诸法院解决纠纷的意愿与其实际选择的影响是正相关的。这个由地区特征,而非个体特征(城市居民相对于农村居民),产生影响的现象可以用唐纳德·布莱克的法律理论来解释,该理论对于解释个体间和群体间运用法律的不同同样适用。在经济更加发达的地区(层级)、人口更稠密的地区(形态)以及国民文化程度更高的地区(文化),国民更可能将诉诸法院的意愿转化为实际行动,而这三种特征在中国都是与城市化水平密切相关的。第三,纠纷的种类是国民诉诸法院解决纠纷之意愿与实际选择的重要预测

〔45〕 Cai, Y. Social conflicts and modes of action in China, *The China Journal*, 2008, 59, pp.89-109.

〔46〕 Black, D. *The behavior of law*. New York: Academic Press, 1976.

〔47〕 Cai, Y. Social conflicts and modes of action in China, *The China Journal*, 2008, 59, pp.89-109.

因素。在控制其他变量的基础上,遭遇房屋所有权纠纷以及债务纠纷的国民更愿意采取诉诸法院的方式,而非采取非政府途径。尤其值得注意的是,在控制其他变量的基础上,遭遇债务纠纷的国民诉诸法院的意愿更加强烈。这些结果是合理的,因为作为民事纠纷的主要类别,债务纠纷涉及两方平等主体以及相对明确的法律权利与法律义务,因此,债务纠纷最好的解决方式就是诉诸法院,法院会从法律上确定债权人的权利以及明确债务人负担诉讼费用的责任。这些结果显示了纠纷当事人理智的决策,也反映了在现实生活中某些纠纷的当事人常常被鼓励甚至根据国家要求必须诉诸法院。

本研究存在一些局限性。首先,比起解答的问题,它可能留下更多未解答的疑问。由于缺少深度的数据,在几项结果中,我们仅能够提供推测性的解释而非实证性的解释。比如,我们不能解释为何遭遇企业改革等纠纷的国民有诉诸法院的意愿却并未实际采取此措施,以及为何遭遇房屋拆迁、失业补贴、房屋土地、选举等纠纷的国民既没有诉诸法院的意愿也没有最终采取此方式。定性研究的数据,比如深度访谈,也许在未来可以解答这些疑问。其次,由于研究运用了二手数据,我们不能对可能会对国民诉诸法院解决纠纷产生影响的一些预测性因素进行分析。比如,先前掌握的法律以及法律体系的知识、先前的诉讼经验以及受到媒体对诉讼与法院报道的影响程度可能都会对中国国民诉诸法院解决纠纷的意愿与实际选择产生影响。与此相似,群体性的变量也同样会影响个体选择解决纠纷的机构,比如地区居民流动性、在法律制度上的开支以及人均对应法官数量等变量。此外,本研究的一些研究措施也可以有所改进。比如,政治身份的测量可以从多方面进行,而不是仅仅运用简短的一个询问其所属党派的问题。未来的研究应当使用更有效的有关社会地位、社会资本以及政治权力的测量,探查它们对国民诉诸法院解决纠纷及其实际选择的影响。又例如,对于运用法律解决纠纷的意愿的测量不应当只包含一个问题,这不能够很好地获取有关该意愿的确定程度和强度对其实际选择可能产生的影响。

尽管存在着一些局限性,本研究对于实证性地理解中国国民诉诸法院解决纠纷作出了贡献。研究结果显示纠纷的类别以及某些个人层面的因素(比如受教育程度、阶层等)以及县级层面的因素(比如城市化水平)在研究国民诉诸法院解决纠纷中产生了重要影响。我们希望本次初步的、探索性质的研究能鼓励更多关于这方面的研究,尤其是那些既有理论指导又有实证测试的研究。未来的研究需要更广泛收集有关诉诸法院之国民的特征、他们对于法律系统的经历以及他们对诉讼过程与结果的评估等信息,也同样需要收集关于国民选择解决纠纷方式的决策过程与原因的深度数据。

德国刑事再审

——评述与改革

［德］马丁·瓦斯摩尔[*]　著

琚明亮^{**}　译

摘　要：《德国刑事诉讼法》第359—373a条对现行德国刑事再审制度进行了较为细致的规定，在形式上其不仅包括有利于或不利于受有罪判决者时的再审，还包括唯一一种针对受无罪宣告者的再审。但与立法者设想相悖的是，司法实践中的再审情况却是"令人感到极为不幸的"，因而德国学者要求改革刑事再审制度的呼声也一直存在。本文拟从历史起源、再审目的、程序设计等方面对德国刑事再审制度加以评述，并简要介绍部分重要的改革方案，以飨读者。

关键词：德国　刑事再审　目的　改革　展望

"再审程序旨在消除那些因真实性、公正性以及法维护（Rechtsbewährung）方面的原因而令人难以忍受其存在的已生效错误判决。"[1]对刑事再审问题有着深入研究的图宾根大学刑事法教授 Karl Peters(1904—1998)所讲的这段话清晰地表明了再审的意义和目的。如公众对引起轰动的再审案件的关注使人隐约意识到的那样[2]，只有当法的安定性（Rechtssicherheit）和公正性处于一种适当的关系中时，法和平性（Rechtsfriede）才能在社会中被长久地保存下来。而 Karl Peters 教授通过大量研究认识到[3]，这种应有的适当关系受到了阻碍：法官和检察官在面对再审申请时原则上持有一种"对抗性"态度，这使

---

　*　德国科隆大学法学院刑事法教授。

　**　中国政法大学、德国科隆大学联合培养硕士，清华大学法学院博士研究生。

〔1〕　根据联邦最高法院之判决，此处的 Rechtsbewährung 指的是 Bewährung der Rechtsordnung，即其维护的对象为法秩序，参见 BGHSt 24，356。——译者注

〔2〕　近期相关案件：BGHSt. 39，75 - Carl v. Ossietzky；KG NJW 1992，450 - Otto John；OLG Frankfurt StV 1996，138 - Monika Böttcher；LG Köln NJW 1998，2688 - Fall Beck；LG Lübeck NJW 1998，2865 - Danziger Postverteidiger，Gruppe Eberhardt。

〔3〕　Karl Peters 教授对刑事诉讼中错误来源的全面研究共计三卷：Bd. Ⅰ 1970（描述了 1140 起实行再审程序的案件），Bd. Ⅱ 1972（系统性的调查研究及其结论），Bd. Ⅲ 1974（再审制度原理）。对一些失败的再审程序的论述，参见 Gallas-FS，1973，S. 441 ff.；对 Karl Peters 教授刑事诉讼思想的评价，参见 Tiedemann，JZ 2000，139 ff；有关比较法的内容，参见 Jescheck/J. Meyer（Hrsg.），Die Wiederaufnahme des Strafverfahrens im deutschen und ausländischen Recht，1974。

得司法实践中的再审情况是"令人感到极为不幸的";特别是当"赦免权(Gnadenrecht)的享有者,尤其是联邦总统并不打算对这种缺陷予以补救"时,"真实性和公正性"也将遭受损害。[4] 本文旨在使读者了解到当前仍有效的再审制度的运行方式(《德国刑事诉讼法》第359—373a 条)并使其熟悉一些重要的争议性问题,而认为广泛的法制教育具有重要意义的 Karl Peters 教授的观点则将贯穿全文。本文正文分为历史起源、再审目的与原因、再审程序、改革目标以及展望五部分,其中会对 Karl Peters 的某些观点予以特别关注。本文不涉及特殊的再审程序[5]以及恢复名誉程序(Rehabilitationsverfahren)[6]。

一、历史起源

当前的再审制度诞生于 19 世纪刑事诉讼从纠问式向职权主义式过渡的过程中。[7]在令人生厌的纠问式刑事诉讼中,作为一种书面程序,被告人和证人的证言被详细地记录下来,并由此构成了很容易对其进行追根溯源的判决基础。当需要对新的案件事实(有利于受有罪判决者)(Propter nova)——特指那些借此能够十分容易地对受质询判决进行核查的事实——予以直接陈述时,也允许进行再审。因此再审程序并未被设置过多限制,并且其自诞生起便与追求公正性这一理念相伴。而对法国的职权主义诉讼模式的承受——该模式对口头审理有着更高的要求并将侦查程序(Ermittlungsverfahren)与主审程序(Hauptverfahren)区分开来——使得先前这种可以简单地对判决基础予以核查的方式变得不再可能。口头审理原则、直接言词原则以及事实审法官对案件事实所形成的内心确信均使得对判决进行核查变得愈发困难起来,并且这些原则均要求法官这种内心确信的形成过程是可重复进行的。而德国部分联邦州的刑事诉讼法首先作出了一些针对严重的程序瑕疵(如故意枉法、作伪证、出示伪造的公证文书等)进行再审的限制性规定。因此再审制度仅保留了对是否违反程序性规定予以核查的功能,而这与旨在撤销无效判决之特

---

〔4〕 Peters,Strafprozess,4. Aufl. 1985,S. 669;Dünnebier-FS,1982,S. 53 (71 ff.);Justiz als Schicksal,1979;具有持续现实意义的观点,参见 Stern,NStZ 1993,409 (413 f.)。

〔5〕 《德国刑事诉讼法》对本文未予关注的针对罚金决定(《德国违法行为法》第84—86 条)提起再审作出了限制性规定(参见《德国违法行为法》第 85 条第 1 款)。

〔6〕 对纳粹时期之不法判决的清除和补偿涉及不同的特别规定,其基本情况参见:Gössel,in:Löwe/Rosenberg,Die Strafprozessordnung und das Gerichtsverfassungsgesetz mit Nebengesetzen,25. Aufl. 1997,§ 359 Rdn. 180 und 269. Zur Aufhebung von DDR-Unrechtsurteilen wurde das Strafrechtliche Rehabilitierungsgesetz (StrRehaG)geschaffen,das am 4. 11. 1992 in Kraft trat;Überblick bei Keck/Schröder/Tappert,DtZ 1993,2 ff.;Zwischenbilanz bei Lemke,NJ 1996,399 ff. Allgemein zur strafrechtlichen Aufarbeitung von staatlich gesteuertem Unrecht Schreiber,ZStW 107 (1995),S. 157 ff.

〔7〕 详细论述,参见 Peters,Fehlerquellen Bd. 3(注 3),S. 23 ff.;H. Meyer,Der Gerichtssaal (1930),S. 299 ff.

别抗告(Nichtigkeitsbeschwerde)的功能十分相似。[8] 再审制度功能上的这种变化意味着其承认裁判的形式既判力(Formelle Rechtskraft)应具有优先地位。[9] 鉴于针对该问题的批评之音,立法者于 1877 年创制《帝国刑事诉讼法》(RStPO)时选取了一条中间道路。一方面通过引入严格的、三阶段的再审程序使既判力原则(Rechtskraftprinzip)得以实现:申请人首先必须在通常所说的补充程序(Additionsverfahren)中声明存在应予以再审的原因;而前述原因是否真实存在将在之后的检验程序(Probationsverfahren)加以审核;当确实存在前述应予以再审的原因时,法官之前所形成的内心确信就不再是可接受的,因而案件事实也将被重新审理。另一方面出于对必要的实体公正的考虑,该法规定当提出新的案件事实和证据材料时也应允许予以再审。

二、再审目的与原因

在用尽所有诉讼程序上的救济方式后,刑事再审制度并非被作为另一种法律救济手段而使用,而是被视为一种用以检验——那些通过普通的法律救济体系难以得到有效纠正的——错误判决的特殊补救措施。[10] 再审程序既可以由受有罪判决者也可以由检察官推动,因此其一开始就不是被作为一种普通的法律救济手段而设置的,其自然也不同于普通法律救济手段所适用的案件范围,这也表明再审程序的目的和原因之间有着极为紧密的关系。

(一) 再审仅可适用于判决和刑事处罚令(《德国刑事诉讼法》第 373a 条)。而对于部分生效的判决来说,只要已经产生的既判力与诉讼内容的独立部分有关(如仅涉及多位受有罪判决者中的一位),并且该既判力在罪责和法律后果方面独立于其他诉讼内容时(垂直性的部分既判力)(Vertikale Teilrechtskraft),即可予以再审。[11] 依通说,速审原则也适用于分阶段形成既判力的情形,特别适用于已生效的有罪判决(水平性的部分既判力)

---

[8] 此处的特别抗告只得针对第一审陪审法院(Schöffengericht)作出的判决而提出,即当第一审法院主持下的审判程序或者其作出的判决中确实存在错误时,辩护人或检察官方可提出此类抗告;而只有当由其提出的查证申请(Beweisantrag)被拒绝时,诉讼参与人(在刑事诉讼中对被告人之犯罪行为提出损害赔偿要求的被害人)才可针对一项无罪判决提出此类抗告,并且有关是否准予此类抗告的决定只得由最高法院作出。——译者注

[9] 既判力可以分为形式既判力与实体既判力:形式既判力首先指裁判在同一诉讼程序中的确定性(终结功能),其次指由此所产生的判决的可执行性(执行功能);而实体既判力指的是,已生效判决所认定的事实不得再次成为其他诉讼程序的目标(阻隔功能)。关于二者的具体区别,参见 Roxin/Schünemann, Strafverfahrensrecht, 27. Aufl. 2012, S. 436 - S. 438。——译者注

[10] 值得注意的是,此处的补救措施(Rechtsbehelf)不同于法律救济(Rechtsmittel),其区别为:补救措施为法律救济的上位概念,即法律救济实为补救措施的一种,运用此种救济可以起到移审之效果(Devolutiveffekt),即改变审级,由更高层级的法院对此裁判进行复核,同时使原裁判的形式确定力受到阻碍,即发生中止效力(Suspensiveffekt)。——译者注

[11] 完整论述,参见 Schmidt, in: Karlsruher Kommentar zur Strafprozessordnung, 4. Aufl. 1999,Vor § 359 Rdn. 14 m. w. N.; Peters, Strafprozess, 4. Aufl. 1985, S. 679。

(Horizontale Teilrechtskraft):该原则要求,应尽可能快地释放无罪之人,而不应等到一项生效判决在多年后出现无罪情形时方才宣告其无罪。[12] 而针对判决(Urteil)作出的——如《德国刑事诉讼法》第349条第2款和第4款中规定的——足以终结诉讼程序的裁定(Beschluss),依通说同样允许提出再审,因为在创制再审时,此类裁定形式尚不存在。[13] 相反再审仅将诉讼判决(Prozessurteil)排除在外,因为再审只涉及那些含有实体决定(Sachentscheidung)的判决。[14] 总的来说,再审不涉及附加刑和附加法律结果(Nebenfolge)。[15]

(二)再审可能是不受限制的,其既不会因为刑罚的执行,也不会因为受有罪判决者的死亡而被排除在外(参见《德国刑事诉讼法》第361条)。而在受有罪判决者死亡后,被告人的配偶、直系的尊亲属和卑亲属以及兄弟姐妹均有权提出再审申请。如果被告人于判决宣告后但生效前死亡,则再审申请将因该判决不具备既判力而被拒绝。但部分学者认为,有时考虑到被告人的名誉利益,也应允许类推适用《德国刑事诉讼法》第361条对已经宣告并且实际上也已经造成影响的有罪判决提出再审申请[16],然而由于事实上并不存在此种违背再审目的之"法律漏洞",故判例和通说理论对前述观点持否定态度。[17]

(三)当仅以基于同一法律规定而作出不同量刑结果这一情形为理由提出再审申请时,该申请将依据《德国刑事诉讼法》第363条第1款而被拒绝。当然如果是基于迄今为止尚未适用过的——独立于其他条款所规定之犯罪情节的[18]——条款提出再审,即一旦存在该条款所规定的情节将增加或减少该被告人之可罚性(Strafbarkeit)时,则此时再审是有可能被允许的(如应适用少年刑法而非普通刑法之规定)。[19] 鉴于刑法总论已经就

---

[12] 参见 OLG Celle StV 1990,537;OLG Stuttgart MDR 1980,855;Schmidt, in:KK(注11),Vor § 359 Rdn. 14 m. w. N. ;a. A. Kleinknecht/Meyer-Goßner, Strafprozessordnung, 44. Aufl. 1999,§ 359 Rdn. 4,其指出此时亦存在诉讼拖延之可能;Peters, Strafprozess(注4),S. 679,其不赞同这种主流的部分既判力学说并将判决的终局性看作既成事实;对 Karl Peters 教授有关诉讼客体和既判力思想的评价,参见 Tiedemann, JZ 2000,139(142 f.)。

[13] Kühne, Strafprozesslehre, 4. Aufl. 1993,Rdn. 1108;Peters, Strafprozess(注4),S. 679;Schmidt, in:KK(注11),Vor § 359 Rdn. 14;深入论述参见 Trepper, Zur Rechtskraft strafprozessualer Beschlüsse, 1996。

[14]《该类诉讼判决虽为终局判决,但不生实体上之既判力。——译者注

[15] Gössel, in:LR(注6),§ 363 Rdn. 5;Schmidt, in:KK(注11),§ 363 Rdn. 3.

[16] Gössel, in:LR(注6),§ 361 Rdn. 9;Pflüger, NJW 1983,1894(1895);Roxin, Strafverfahrensrecht, 25. Aufl. 1998,§ 55 Rdn. 3.

[17] BGH NStZ 1983,179;Kleinknecht/Meyer-Goßner(注12),§ 361 Rdn. 3 m. w. N. ;Laubenthal, GA 1989,20(29 ff.);Schmidt, in:KK(注11),§ 361 Rdn. 7.

[18] 参见 Peters, Strafprozess(注4),S. 676 f;Schmidt, in:KK(注11),§ 363 Rdn. 4 m. w. N。

[19] 原文对"少年刑法"的表述为"Jugendstrafrecht",此处特指德国专门适用于青少年犯罪的刑事法律制度——《少年法院法》(Jugendgerichtsgesetz),该法包含了有关青少年犯罪的实体及程序性规定,故属于特别刑法(Sonderstrafrecht)和特别刑事诉讼法(Sonderstrafprozessrecht)。——译者注

此作出规定[20]，故此时是应作强制性规定以改变刑法适用还是应允许对两者予以选择适用实属无关紧要之问题。[21] 因此如申请人提出，该受有罪判决者实为参与犯（Teilnahme）而非正犯（Täterschaft）或者该犯罪行为应为未遂（Versuch）而非既遂（Vollendung）时，该再审之申请应被允许。而当涉及刑法分论之规定，如存在该构成要件所未能注意到的某种特权或资格时，亦应允许再审。并且当存在明文规定的应改变刑罚的原因时（如《德国刑法典》第213条所规定的第一种情形）[22]——这类原因总是指向与构成要件相关的某些情节，同样允许进行再审。[23] 但反之，依通说则不得因未明确载明的应改变刑罚的原因而提出再审——如所谓的减轻情节（如《德国刑法典》第213条所规定的第二种情形）或较轻情节（如《德国刑法典》第249条第2款），因为这类情节仅涉及最终的量刑结果，而与其本身是否构成犯罪无关。不过即使法律已经就从重判刑的原因作出了规定，但考虑到某些范例式规定（Regelbeispiele）（如《德国刑法典》第243条第1款第2项所涉情形）[24]，同样不应允许对此予以再审，因为此时也仅涉及有关量刑的规定。[25] 鉴于此类立法编排上的随机性，Karl Peters教授认为这种复杂的再审制度整体上是有失妥当的，并要求当可能判处极为轻缓的刑罚时，也应允许再审。[26] 此处需要说明的是，同样针对量刑问题所提出的更大规模的上告（Revision）申请却被准许，因此那种认为量刑问题属于事实审法官（Tatrichter）不可审验的知识领域的观点实际上是难以成立的。[27] Karl Peters教授认为非常不幸的是，法律首先将这一目的从再审的众多目的中排除在外，即以减轻的刑事责任能力（《德国刑法典》第21条）而导致减轻刑罚为理由提出的再审申请将不被准许（参见《德国刑事诉讼法》第363条第2款）。[28] 与Karl Peters教授的观点相反，通说认为以此

---

〔20〕《德国刑法典》第10条规定，只有当《少年法院法》未对青少年犯罪作出规定时，方可适用该法。——译者注

〔21〕参见Kleinknecht/Meyer-Goßner（注12），§ 359 Rdn. 41；Schmidt, in: KK（注11），§ 363 Rdn. 5 f m. w. N.

〔22〕《德国刑法典》第213条规定了故意杀人罪的减轻情节，即当出现以下两种情形时，处1年以上10年以下自由刑：①被害人对被告人本人或其家属进行虐待或重大侮辱；②具有其他减轻情节。——译者注

〔23〕参见Gössel, in: LR（注6），§ 363 Rdn. 8 f；Kleinknecht/Meyer-Goßner（注12），§ 363 Rdn. 4 f.；Schmidt, in: KK（注11），§ 363 Rdn. 7.

〔24〕《德国刑法典》第243条对盗窃罪的特别严重情形作出了规定，即根据该法第242条，犯普通盗窃罪，应处5年以下自由刑或罚金刑，但当所犯盗窃罪含有该法第243条第1款所涉7种情形时，则应处3个月以上10年以下自由刑（此处指从封闭容器或其他防盗设备中窃取物品的情形）。——译者注

〔25〕OLG Düsseldorf NStZ 1984, 571；Kleinknecht/Meyer-Goßner（注12），§ 363 Rdn. 5；Roxin（注16），§ 55 Rdn. 3；Schmidt, in: KK（注11），§ 363 Rdn. 8；a. A. Gössel, in: LR（注6），§ 363 Rdn. 12；Kühne（注13），Rdn. 1116 in Fn. 8；Peters, Strafprozess（注4），S. 677.

〔26〕Peters, Strafprozess（注4），S. 677；zustimmend Marxen/Tiemann, StV 1992, 534（535 f），die annehmen, dass § 363 I StPO gegen Art. 3 I GG verstößt；als "willkürlich" bezeichnet die unterschiedliche Behandlung Stern, NStZ 1993, 409（411）.

〔27〕Rieß, NStZ 1994, 153（158 f.）；Wasserburg, ZRP 1997, 412（415）.

〔28〕Peters, Strafprozess（注4），S. 677.

种限制性刑事责任为理由将可能导致产生无数的再审申请,并认为在某些重大案件中可以使用请求赦免而非再审的方式来减轻刑罚(如当一位被假定具有完全刑事责任能力的人被错误地判为终身监禁时)。[29]

(四)德国立法者采用列举式的方式对再审原因作出了规定,即不仅可以在有利于被告人时提起再审(《德国刑事诉讼法》第 359 条),而且在受限范围内作为禁止双重危险原则(《德国基本法》第 103 条第 2 款)之例外,也可以在不利于被告人时提起再审(《德国刑事诉讼法》第 362 条)。其指导思想为,再审的主要目的在于事后对实际的判决基础进行核查,只有在例外情形下才是为了实现对法律错误的修正。

1.《德国刑事诉讼法》第 359 条以及 362 条所规定的有利于和不利于受有罪判决者的再审原因中有三种原因是一致的。故当出现以下情形时,该判决一定是错误的:(1)由于在法庭审理中使用了伪造或变造的证书;(2)证人或鉴定人故意或过失地违反宣誓义务,或有责地故意作出虚假的未经宣誓的陈述;(3)法官或陪审员在与案件有关的问题上有责地作出违反职务义务的可罚行为(如枉法裁判和腐败行为)。[30] 当然在第二种和第三种情形中,只有当因该犯罪行为作出了确定有罪判决或者出于法律或事实上的原因——如诉讼时效或者受有罪判决者死亡——而未能启动或进行刑事程序时,才可准许该再审申请(参见《德国刑事诉讼法》第 364 条)。但上述要求导致产生了一处严重的法律漏洞:由于被告人对证人施加了巨大压力,故其虚假地作出了有利于该被告人的证言,使得最终未能形成有罪判决(Verurteilung),虽然证人的行为是可以被原谅的,但根据《德国刑事诉讼法》第 359 条和 362 条的规定,此时再审则不被允许。[31] 而通说认为只有通过修改法律才能弥补这一法律漏洞。[32]

2. 其他四种有利于受有罪判决者时的再审原因。

(1)《德国刑事诉讼法》第 359 条第 5 款规定了在司法实践中极为重要的用以核查实际的判决基础的情形。这里涉及应予再审的一般情形,即当提出新的事实或证据材料时,"仅依次或与先前提出的证据结合,使得有理由宣告被告人无罪,或者对其适用较轻刑法从而判处较轻刑罚,或者判处重大不同的矫正及保安处分"。依据通说,当停止程序(Die Einstellung des Verfahrens)在其作用和意义上可与一份无罪宣告相比时(如存在诉讼障碍)[33],同样可

---

〔29〕 参见 Schmidt, in: KK (注 11), § 363 Rdn. 11 m. w. N.; nach BVerfGE 5, 22 ist § 363 II StPO mit dem Grundgesetz vereinbar.

〔30〕 相关案例: LG Köln NJW 1998, 2608 – Danziger Postverteidiger, Gruppe Eberhardt (Rechtsbeugung wegen Verurteilung um jeden Preis), 批评意见参见 Gribbohm, NStZ 1999, 99 ff。

〔31〕 《德国刑事诉讼法》第 359 条和第 362 条的适用以该判决为有罪判决为前提,故在文中所设情形下,即使该证人有责地作出了虚假陈述,也将因不符合这一前提条件而被拒绝再审。——译者注

〔32〕 参见 KG JZ 1997, 629 Mit Anm. Marxen; Gössel, in: LR (注 6), § 362 Rdn. 6; Beulke, Strafprozessrecht, 4. Aufl. 2000, Rdn. 586.

〔33〕 参见 RGSt. 20, 46 (49); OLG Frankfurt NJW 1983, 2398 (2398 f.); Gössel, in: LR (注 6), § 359 Rdn. 55, 66 f., 138 f.; Kleinknecht/Meyer-Goßner (注 12), § 359 Rdn. 39; Peters, Strafprozess (注 4), S. 676.

就该停止程序提出再审。[34] 与那些主观判断和评价相反,事实(Tatsache)是一种对现在或过去予以证明的过程,而这一过程不仅是易接受的并且在客观上也是可辨认的。Karl Peters 教授认为,应在众多事实中对与案情、证据材料(如证人的可信性)、诉讼本身(如告诉、诉讼时效)和与科学相关的各类事实(如思维法则和经验法则)作出区分。[35] 其中证据材料应当由《德国刑事诉讼法》本身予以严格规定(证人、鉴定人、文书和勘验)。至于那些在之前的诉讼程序中未曾使用过的事实和证据材料,因为法院在作出判决之前并不知晓其存在,故法院也不曾使用过这类事实和证据材料,或者这些事实和证据材料可能是在判决作出之后才出现的(如新的辩方证人,第三人对案件作出的自白)[36],因此才将其称为新的事实和证据材料。通说认为,就司法实践中十分常见的出示新的鉴定意见的情形而言,其要求并不是该新的鉴定意见应对原审法院当前掌握的材料作异常评价,而是其必须是以更专业的技术和更丰富的实践经验为基础而作出的。[37] 并且之后法律评价的改变,也并非是因为新的事实,而是由于不同的社会观念和新修订的法律或更改后的判决(例如判例 BGHSt.20,105 废除了某些本应判处终生自由刑的情形)。[38] 通说认为[39],即使是一种明显的、"仍然错误的"法律适用(如以 1935 年诺贝尔和平奖获得者和反战论者 Carl v. Ossietzky 为被告的著名案例[40])也并非《德国刑事诉讼法》第 359 条第 5 款所称之新的事实,而这正是遭到法政策学强烈批评的地方。[41] Karl Peters 教授认为,在许

---

[34] 《德国刑事诉讼法》第 383 条第 2 款规定:"犯罪行为人罪责轻微时,法院可以停止程序。法庭审理中亦准许停止程序。对此裁定可以立即抗告作异议。"同时该法第 389 条第 1 款规定:"经过案件审理,法院认为本章规定的程序不适用于已认定事实所表明的犯罪行为时,应当以判决宣告停止程序,此判决必须强调这些事实。"——译者注

[35] 参见 Peters, Fehlerquellen Bd. 3 (注 3), S. 71。

[36] 此时原审法院是否曾告知该受有罪判决者此类事实和证据材料以及该受有罪判决者是否有可能提出此类事实和证据材料是无关紧要的;之前对提起再审的限制性规定(旧版《德国刑事诉讼法》第 359 条第 5 款第 2 句)和原因,参见 Peters, Strafprozess (注 4), S. 672 f.

[37] BGHSt. 31,365 (370);Schmidt, in: KK (注 11), § 359 Rdn. 26;不同观点,参见 Kleinknecht/Meyer-Goßner (注 12), § 359 Rdn. 24;Peters, Fehlerquellen Bd. 3 (注 3), S. 74, 97 f. Peters 教授将此时提出新的证据材料看作决定性的,但是其也承认,重新任命的鉴定人不应"将其鉴定意见建立在新的证据材料而应是其他评判标准的基础上"。

[38] 参见 Kleinknecht/Meyer-Goßner (Fn. 8), § 359 Rdn. 24 m. w. N.;kritisch Stern, NStZ 1993, 409 (410)。

[39] BVerfGE 12, 338 (340);BGH, Urt. v. 3.12.1992－2 StB 6/92;OLG Bamberg NJW 1982, 1714;OLG Düsseldorf JR 1992, 124;Roxin (注 16), § 55 Rdn. 12;Schmidt, in: KK (注 11), § 359 Rdn. 18.

[40] Carl v. Ossietzky 于 1929 年时在报纸《世界舞台》上公开发表文章,认为德国对空军力量的扩充为违反国际法之举,其因此于 1931 年 11 月 23 日被帝国最高法院(Reichsgericht)判处 18 个月的有期自由刑。而其于 1932 年被减刑释放后又再次遭到盖世太保的逮捕并于 1938 年死于狱中。但 Carl v. Ossietzky 女儿针对该案提起的再审却并未获得成功,参见 KG JR 1991, 479;BGHSt. 39, 75 mit Anm. Gössel, NStZ 1993, 565;Brauns, JZ 1995, 492;Joerden, JZ 1994, 582;J. Klug, Spendel-FS, 1992, S. 679 (684 f.);J. Meyer, ZRP 1993, 284.

[41] 参见 Stern, NStZ 1993, 409 (410)m. w. N.

多存在法律适用错误情形的案件中,应将通常所说的法律事实(Rechtstatsache)囊括到《德国刑事诉讼法》第 359 条第 5 款所规定的事实(Tatache)这一概念中,进而使得此情形下的再审成为可能。在此方面,Peters 教授认为,应对那些独立、客观和普遍有效的——如与证据材料禁止和询问方法禁止或审理之法律前提(如《德国刑法典》)有关的——法律规范作主观评价;当这些法律事实在之前的裁判中没有或者说没有被正确地予以考虑时,便可以将其称为新的法律事实。[42] 但通说认为,一旦使法律错误成为再审原因之一,将使事实概念失去其本有的事实基础,并因此使立法者所希望的那种对再审的限制不复存在。[43] 而这种对再审的严格限制在某些案件中体现得十分明显——此处指那些判决记载的在主审程序中使用的证据材料事实上没有或者说被错误地予以考虑的案件(如当一份本应减轻被告人责任的证人证言由于误解却被用来加重该被告人责任时)。依通说,在此情形中不应准许再审,因为该证据材料已为法院知晓,因此其已不再属于《德国刑事诉讼法》第 359 条第 5 款所称的新的证据材料。[44] 而不允许就此种明确的法律错误进行再审同样是难以令法政策学满意的。

(2)那些最初旨在对法律错误予以纠正的再审——如存在故意错误适用法律的情形(《德国刑事诉讼法》第 359 条第 3 款和第 362 条第 3 款)——也可以因该刑事判决所依据的民事判决已被另一确定判决撤销而提起(《德国刑事诉讼法》第 359 条第 4 款),并且欧洲人权法院强调,如果某判决是以违反《欧洲人权和基本自由保护公约》为前提而作出的(于 1998 年 7 月 9 日修法时补入《德国民法典》的《德国刑事诉讼法》第 359 条第 6 款[45]),那么同样可就此提出再审。此外还可依据《德国联邦宪法法院法》(BVerfGG)第 79 条第 1 款——除《德国刑事诉讼法》外唯一就普通再审原因作出规定之处——以实现对法律错误的纠正,该条款规定,若某刑事判决所依据的法规已被联邦宪法法院宣告为违反《德国基本法》之规定(该条款规定的第一种情形),或被联邦宪法法院依《德国联邦宪法法院法》第 78 条宣告为无效者(该条款规定的第二种情形),或某刑事判决以联邦宪法法院宣告为违反《德国基本法》之法规的法律解释为依据(该条款规定的第三种情形),均得依《德国刑事诉讼法》之规定提起再审。鉴于该条款规定的第三种情形,联邦宪法法院作出的一些新判决消除了与此有关的争论,之后其又作出了与《德国刑法典》第 240 条恐吓

---

[42] Peters, Fehlerquellen Bd. 3(注 3),S. 63 f.

[43] Brauns, JZ 1995, 492(497 f.);Kleinknecht/Meyer-Goßner(注 12),§ 359 Rdn. 24;Gössel, in: LR(注 6),§ 359 Rdn. 66.

[44] 参见 Kleinknecht/Meyer-Goßner(注 12),§ 359 Rdn. 30 m. w. N.;a. A. Gössel, in: LR(注 6),§ 359 Rdn. 97 f.,112;J. Meyer, JZ 1968, 7(注 15)。

[45] BGBl. I 1998, 1234;näher unter IV. 3. a. E.

罪有关的著名的被称为"第二类静坐"的判决（BVerfGE 92，1 及之后的判决）[46]，而联邦宪法法院在这一判决中对暴力概念作出的扩大解释是违反宪法的，而非仅仅是存在缺陷——正如将静坐示威行为归属至暴力概念之下。[47] 但《德国联邦宪法法院法》第 79 条第 1 款原文规定的第三种情形并未对此作区别对待，并且该条款的起源史也表明，对该条款的直接适用和类推适用实际上并不存在什么本质区别。[48] 之后一则广受关注的"民主德国间谍案"判决同样类推适用了《德国联邦宪法法院法》第 79 条第 1 款规定的第三种情形（BVerfGE 92，277 及之后的判决），该判决认为，由基本法得出的禁止类推原则不仅构成针对民主德国国家安全部之犯罪行为的特殊的刑事追诉障碍——这一机构仅于民主德国或者安全的外国境内开展活动，而且对民主德国国家安全部在联邦德国境内实施的依《德国刑法典》第 99 条之规定具有可罚性的犯罪行为而言构成了减轻刑罚的特殊原因。[49] 因而鉴于此种宪法上减轻刑罚的原因，只有当事实审法官没有考虑到这一原因或者对其有效适用范围发生误认，并因此得出严重违反宪法之要求的量刑结果时，才可准许再审。[50]

3. 在既定前提下，也可因前文描述的再审原因而准许有利于受无罪宣告者或受有罪判决者的再审。而此种再审之准许性和范围则完全取决于原判决是否是在刑事程序或刑事处罚令程序中作出的。

（1）针对错误刑事判决中受无罪宣告者提起的再审，仅在唯一一种情形中可以被准许：当该受无罪宣告者就其犯罪行为作出了具有可信性的自白时（《德国刑事诉讼法》第 362 条第 4 款）。此情形下针对再审的严重限制一方面是因为检察机关所具有的强势地

---

〔46〕《德国刑法典》第 240 条对恐吓罪的规定为："行为人违法地使用暴力或以明显的恶行威胁他人为一定行为、忍受或不为一定行为的，处三年以下自由刑或罚金刑。如果行为人所使用的手段（暴力或威胁）同其所要达到的目的相比应受谴责，则该行为同样违法。"德国联邦宪法法院在对一位反战主义者就其有罪判决提起的宪法诉愿于 2011 年 3 月 7 日作出的一份裁定中认为，将静坐示威行为扩大解释为《德国刑法典》第 240 条第 2 款中的"谴责性条款"（Verwerflichkeitsklausel）所规定的行为并未违背《德国基本法》第 103 条第 2 款所规定的禁止类推原则（Analogieverbot）。尽管如此，联邦宪法法院还是准许了这一宪法诉愿，其理由是地方方法院存有缺陷地认为该反战主义者的静坐行为具有可谴责性并因此侵犯了该抗告人的集会自由的权利，参见 BvR 388/05。——译者注

〔47〕 Graßhof, NJW 1995, 3085 (3086 ff.)，其观点出于对第一类静坐判决之信任（BVerfGE 73, 206）——德国联邦宪法法院类推适用《德国联邦宪法法院法》第 79 条第 1 款所列第三种情形而就一次非挑衅性静坐作出的有罪判决（3089 f.）；批评意见，参见 Stoffers, ZRP 1998, 173 (176)；相反意见，参见 OLG Frankfurt NJW 1996, 3353；LG Trier NJW 1997, 442；OLG Zweibrücken, NJW 1996, 2246。

〔48〕 对《德国联邦宪法法院法》第 79 条第 1 款所列第三种情形的直接适用，参见 Angerer/Stumpf, NJW 1996, 2216；OLG Koblenz NJW 1996, 3351；对《德国联邦宪法法院法》第 79 条第 1 款所列第三种情形的最低限度的类推适用，参见 Dehn, NStZ 1997, 143 (144)；auch Karl Peters 同样认为应将法律事实纳入《德国联邦宪法法院法》第 79 条的适用范围，参见 Strafprozess（注 4），S. 670。

〔49〕 BGH NStZ 1997, 140（刑事追诉障碍）；142（减轻刑罚之原因）。同意意见，参见 Dehn, NStZ 1997, 143 (144 f.)；kritisch Stoffers, ZRP 1998, 173 (176)。

〔50〕 BGH NStZ 1997, 142；德国联邦宪法法院认为《德国联邦宪法法院法》第 79 条第 1 款的适用范围不包括《德国刑事诉讼法》第 363 条中所涉情形，参见 BGHSt. 18, 339 (343 f.)。

位(与此相反,所有有利于受有罪判决者的新的案件事实和证据材料都是被允许的)——与被告人不同,检察机关在刑事诉讼中可以充分利用所有供其使用的认知方式(Erkenntnismittel)[51];另一方面在于一份不公正的无罪判决看起来比一份不负刑事责任者的有罪判决更容易令人忍受。Karl Peters 教授对此自然持批评态度,他认为受无罪宣告者的这种自白并不能替代明确的有罪证据本身(如当尸首事后被发现并可通过 DNA 检测证明其犯罪行为时);只要行为人被否定其"头脑健康或精神正常",那么就不得提起再审;尽管如今已对某些询问方法作出了禁止性规定,但鉴于自白在刑事司法(Strafrechtspflege)的发展史中所扮演的致命角色,使得《德国刑事诉讼法》第 362 条第 4 款之规定可能威胁到再审中的侦查行为是否能够被无瑕疵地实施。[52] 因此他强烈主张,若存在针对十分严重之犯罪行为的明确物证,从应然法(de lege ferenda)上讲此时应允许再审。依通说,此情形下的再审应与诉讼时效问题无关,因为诉讼时效已经因之前无罪判决产生的既判力而发生中止。[53] 但 Karl Peters 教授认为,此时再审应就所涉违法行为的诉讼时效期间作出限制性规定,因为不然的话,一项犯罪行为可能在数十年后仍遭追诉,而这也将使得该受宣告无罪者的处境甚至不如一位完全保持不受侵扰状态的行为人。[54] 其原因在于该行为人虽被宣告有罪,但如果其之后作出了一份同样表明犯罪行为之实际严重程度的自白(如实为故意杀人而非过失杀人),此时则不允许就该有罪判决进行再审,因为适用《德国刑事诉讼法》第 362 条第 4 款须以该判决是无罪判决为前提。因而 Karl Peters 教授认为,不应对这种理论上并不存在的同一犯罪行为(Tatidentät)或者说"虚构的无罪判决"(Freispruchsfiktion)进行再审;[55]但鉴于《德国刑事诉讼法》第 362 条第 4 款的特殊性,通说没有采纳此种观点。[56]

(2)很明显在刑事处罚令程序中——可在此种不含法庭审理的程序中对犯罪行为作出判决——再审被限制地较少。"如果提出了新的事实或新的证据材料,仅依此或与先前的证据结合,有理由因重罪作有罪判决时",即可依《德国刑事诉讼法》第 373a 条对受有罪判决者提起再审。也就是说再审可以因该犯罪事后被证明为重罪(Verbrechen)或者出现了可能使该犯罪被上升评价为重罪的情节(如受害人在受伤害不久后死亡)而被提起。此时既判力必须一直受到限制,因为刑事处罚令程序由于不含法庭审理环节而自始存在着一些缺陷,而这些缺陷将可能使得对案情的释明(Sachverhaltsaufklärung)是不完整的,并

---

〔51〕 参见 Peters, Strafprozess (Fn. 3),S. 671.

〔52〕 Peters, Strafprozess (注 4),S. 671 f.;zustimmend Schmidt, in:KK (注 11),§ 362 Rdn. 2.

〔53〕 BGH MDR 1973, 191;OLG Düsseldorf NJW 1988, 2251;Gössel, in:LR (注 6),§ 362 Rdn. 3.

〔54〕 Peters, Strafprozess (注 4),S. 684 f.;相同观点参见 Roxin (注 16),§ 55 Rdn. 13;Schmidt, in:KK (注 11),§ 362 Rdn. 9;ferner OLG Nürnberg NStZ 1988, 555;不过这一争议问题至少不存在于《德国刑法典》第 211 条规定的谋杀罪中,因为该罪名依《德国刑法典》第 79 条第 2 款之规定不受追诉时效的限制。

〔55〕 Peters, Fehlerquellen Bd. 3 (注 3),S. 107;Strafprozess (注 4),S. 678.

〔56〕 参见 Gössel, in:LR (注 6),§ 362 Rdn. 8;Schmidt, in:KK (注 11),§ 362 Rdn. 9 m. w. N.

可能使得在法律上对案情作不完整评价。[57]

（3）这种有利于其他涉案人的再审经常受到批评，因为此种再审严重违背了由宪法保障的"一事不再理"原则（ne bis in idem）。因而部分学者认为，考虑到其他法秩序（Rechtsordnung）的要求，应对此种再审作明确限制或者应直接废除此类再审。[58] 但此种观点的错误之处在于，认为当恰好出现的是一份错误的无罪判决时才会产生对实体公正的需求；受无罪宣告者即使对其罪行夸夸其谈也不会引发什么后果或者说——根据此处已知要求——即使是存在明确的物证，该受无罪宣告者也可以不再受刑事追究，但这对于法和平性而言显然是难以接受的。

三、再审程序

Karl Peters 教授对再审程序评价道："实施再审即使是对有经验的辩护人而言也是一条充满荆棘和失望但又需要耐心、时间、冷静和坚持的道路。"[59] 辩护人在再审程序中所扮演的角色因制度所限似乎与其他诉讼角色发生了混淆：辩护人成为代表公正的调查者，而法官和检察官则成为试图击退对既判力发起的每一次进攻的辩护人。[60] 而为了使申请人不在一开始就失去成功推动再审程序的机会，自 1974 年起负责再审程序裁判的法院可以在准备再审程序时即为该受有罪判决者指定辩护人（参见《德国刑事诉讼法》第364b 条第 1 款[61]）。当然此时必须存在足够的事实依据认为，调查可以得出有利于准许再审申请的事实或证据材料；或者事实或法律情况复杂，使得辩护人确有参与之必要；或者申请人无力自费委托辩护人。并且为了保证评判的公正，原则上应由与原审法院之事务管辖权（Die sachliche Zuständigkeit）相同的其他法院处理就原判决提出的再审申请（参见《德国刑事诉讼法》第 367 条第 1 款，同样于 1974 年《德国法院组织法》修改时才增加的该法第 140a 条）；基于相同原因，参与了之前通过再审申请之裁判的法官，依法也不得再参与再审程序的裁判（参见《德国刑事诉讼法》第 23 条第 2 款[62]），并且同一检察官也不得再参与再审程序（《刑事诉讼程序和罚金程序准则》第 170 条第 1 款）。真正的再审程序分为三个阶段：其中第一和第二阶段分别为对准许性和再审理由的检验，第三阶段则是

---

〔57〕 BVerfG NStZ 1984，325；Schmidt，in：KK（注 11），§ 373a Rdn. 4.

〔58〕 J. Meyer，S. 65 ff. ；Deml，Zur Reform der Wiederaufnahme des Strafverfahrens，1979，S. 135 ff. ，150；主张废除的观点，参见 Eckert，ZStW 1984，987 ff。

〔59〕 Peters，Strafprozess（注 4），S. 681；Gallas-FS（注 3），S. 441（453）；对其实践中具体困难的论述，参见 Dünnebier-FS（注 4），S. 53（71 ff.）und Strate，StV 1999，228 ff. ；对再审律师所犯典型错误的论述，参见 Stern，NStZ 1993，409（411 f. ）。

〔60〕 确切论述，参见 Strate，StV 1999，228（229 f. ）。

〔61〕 1974 年 12 月 9 日《德国刑事诉讼法》修改时首次引入这一条款（1. StVRG），BGBl. I 3393，3533；对再审法院适用这一条款的批评意见，参见 Stern，NStZ 1993，409（413）。

〔62〕 1964 年 12 月 19 日《德国刑事诉讼法》和《德国法院组织法》修改时新增了这一条款，BGBl. I 1067。

进行重新审理。

(一)首先需在通常所说的补充程序中(《德国刑事诉讼法》第 366 至 368 条)对只能以由辩护人或律师签名的文书或者以法院书记处制成笔录之形式提出的再审申请的准许性进行检验(《德国刑事诉讼法》第 366 条第 2 款)。因再审申请不具有中止效力(Suspensiveffekt),故其并不会导致原判决中止执行;但是法院可以命令暂缓或中止执行原判决(参见《德国刑事诉讼法》第 360 条)。再审法院不但检验再审申请是否符合形式要件,而且也检验是否存在再审理由以及证据材料是否适格。如果再审申请给出的证据材料被假定是真实存在的,那么需要回答的问题便是,其给出的证据材料能否支撑起其所给出的相应的再审理由,以及是否可以被期待在一次新的法庭审理中得出一份更有利于申请人的判决(即所谓的结论性审查,参见《德国刑事诉讼法》第 368 条第 1 款)。并且指导性判例(Ständige Rechtsprechung)认为,再审法院应被授权在那些存疑案件中对证据材料的证明力进行审查,只要这一审查工作可以在没有正式证据调查的情形下进行。[63] 而这首先涉及依《德国刑事诉讼法》第 359 条第 5 款以出现新的合格的事实和证据材料为理由提出的再审申请,因此这一审查工作将可能使得该类再审的实施受到限制。其结果是,再审申请经常在准许性审查阶段(Zulässigkeitsprüng)便遭拒绝并且存在着轻率地将一份合适的证据材料排除出去的风险。Karl Peters 教授认为这一违背再审目的的行为方式是非常不可取的,因为法官不应在补充程序中就对证据预先作出评价,而是只有其在法庭审理中作出的证据评价才是有效的,所以其认为,这种对证据评价之形成阶段的限制必须被结构性地保留下来。[64] 此外,该指导性判例认为至关重要的是,如果站在原审法院的立场去考虑新提出的事实或证据材料,所得裁判结果是否会不同于原裁判,即再审法院在考虑新提出的事实或证据材料时应结合原审法院的证据评价和法律观点。[65] 但通说认为,只有当原审法院和再审法院相同时,这一行为方式才有意义;[66] 而《德国刑事诉讼法》第 23 条第 2 款和《德国法院组织法》第 140a 条均明确规定,在再审程序中应由其他法院和法官作出裁判。除此之外,由再审法院去推测原审法官在认定案件事实或者证据材料时是否曾作出其他判断似乎也是不现实的。[67] 再审法院必须以其自身的独立性和职责作出裁判并将其自身评价作为再审判决之基础。

---

[63] BGHSt. 17,303;BGH NJW 1977,59;BVerfG NJW 1994,510:其认为只要不违反宪法即可。

[64] Peters,Dünnebier-FS (注 4),S. 53 (71 ff.);Strafprozess (注 4),S. 682;相同观点,参见 Roxin (注 16),§ 55 Rdn. 15 m. w. N.;Strate,StV 1999,228 (235);判例 BVerfG NJW 1995,2024 因有效法律保护之要求同样对这种预先的证据评价持批评态度。

[65] BGH 17,303 (304);18,225 (226);19,365 (366);Kleinknecht/Meyer-Goßner (注 12),§ 368 Rdn. 9.

[66] 参见 Peters,Strafprozess (注 4),S. 675 f.;Gössel,in:LR (注 6),§ 368 Rdn. 23 und 141 ff zu § 359;Rieß,NStZ 1994,153 (157);Schünemann,ZStW 84 (1972),870 (902);Wasserburg,ZRP 1997,412 (415).

[67] Peters,Strafprozess (注 4),S. 676;Fehlerquellen Bd. 3 (注 3),S. 99 ff.

（二）如果申请被准许，则再审申请人提出的尚被假定真实的再审理由将在所谓的检验程序中（《德国刑事诉讼法》第 369 条和第 370 条）通过裁定（Beschluss）的方式得以审查。对于可以由法官委托进行的证据调查来说，法庭审理规则只存在些许不同之处：是否对证人和鉴定人作宣誓询问，依法院裁量而定，以及在询问证人、鉴定人和进行法官勘验时，应准予检察官、辩护人和符合一定条件的被告人在场。而对再审理由而言至关重要的是能否为申请人提出的论点找到"足够的证明材料"。通说认为[68]，一旦存在此类"足够的证明材料"——无须为排除全部怀疑之证据[69]——就有很大可能在新的法庭审理中得出一项更有利于申请人的裁判。但这一障碍有时被看得过于严重，实际上在案件事实方面只要排除了对裁判的重大怀疑而非全部怀疑即可；[70]有时出于可预测性的考虑，也允许适用疑罪从轻原则（in dubio pro reo）。[71] 但通说观点拒绝作出这类改变，其认为不能仅仅因为怀疑裁判的正确性就提出再审；并且如果未能成功证明裁判存在错误，该裁判就仍受既判力的保护，也就是说此时不存在再审理由。[72] Karl Peters 教授同样认为，仅在确定案情时才需适用"疑罪从轻"原则，而在针对是否有必要重复刑事程序这一问题形成暂时的确信程度时适用这一原则则是不适当的。[73] 但越来越多的学者对此提出异议，其认为"疑罪从轻"原则在这一点上至少是间接相关的，因为在新的法庭审理中适用该原则并不受限制，并且该原则能够对新的法庭审理的结果施加决定性影响。[74] 因此例如当鉴定人无法排除于犯罪行为发生时可能存在《德国刑法典》第 20 条规定的精神障碍者无刑事责任能力的情形以及受有罪判决者可能对其行为无须负刑事责任时，必须允许再审。[75] 而为了对这种"足够的证明材料"予以查证，判例意见认为再审法院需要重新抛开原审法院的观点并将重新证据调查后得出的结果同原判决认定的案件事实相比较，通说同样认为此处再审法院的观点才是决定性的。[76]

如果再审理由成立，将由法院命令再审和重新进行法庭审理（《德国刑事诉讼法》第 370 条第 2 款）。而之所以说准许再审的裁定非常重要，是因为该裁定消除了第一份判决

---

〔68〕 参见 OLG Frankfurt, StV 1996, 138；Beulke（注 32），Rdn. 588；Kleinknecht/Meyer-Goßner（Fn. 8），§ 370 Rdn. 4；Kühne（注 13），Rdn. 1122；Schmidt, in: KK（注 11），§ 370 Rdn. 4 f.。

〔69〕 其经常要求的是"事实上有无罪证据即可"，Stern, NStZ 1993, 409（414）m. w. N.。

〔70〕 Hanack, JZ 1973, 403；赞同意见，参见 Rieß, NStZ 1994, 153（158）；Roxin（注 16），§ 55 Rdn. 16。

〔71〕 Schünemann, ZStW 84（1972），870，因为此时除应适用"疑罪从轻"原则外还应考虑到"就既判力产生的疑问"。

〔72〕 参见 OLG Karlsruhe GA 1974，250；Beulke（注 32），Rdn. 588；Gössel, in: LR（注 6），§ 370 Rdn. 23；Kleinknecht/Meyer-Goßner（注 12），§ 370 Rdn. 4；Kühne（注 13），Rdn. 1123。

〔73〕 Peters, Strafprozess（注 4），S. 684。

〔74〕 Beulke（注 32），Rdn. 588；Gössel, in: LR（注 6），§ 370 Rdn. 23；Schmidt, in: KK（注 11），§ 370 Rdn. 4；Stern, NStZ 1993, 409（414）；Stoffers, ZRP 1998, 173（177）。

〔75〕 OLG Stuttgart StV 1990，539；一致意见，参见 Beulke（注 32），Rdn. 588；Roxin（注 16），§ 55 Rdn. 16。

〔76〕 而这在宪法上却是存在疑问的，参见 BVerfG NStZ 1990，499。

所产生的既判力,即使得刑罚不再继续执行并且检察机关不得就该裁定提出异议(《德国刑事诉讼法》第 372 条第 2 款)。但如果受有罪判决者已经死亡,法院则不必重新进行法庭审理即可宣告其无罪(《德国刑事诉讼法》第 371 条第 1 款),[77] 即只有此时可以不受限制地适用"疑罪从轻"原则。[78] 并且当明确的证据情况(Beweislage)允许再审法院放弃重新进行法庭审理时(参见《德国刑事诉讼法》第 371 条第 2 款以及《刑事诉讼程序和罚金程序准则》第 171 条;事后对刑事责任能力的查明为其最主要的适用情形),其同样可以直接宣告受有罪判决者无罪。而在没有重新进行法庭审理便被宣告无罪的案件中,为了弥补其缺失的公开性以及公开为申请人恢复名誉,申请人可以要求再审法院在联邦司法部公报(Bundesanzeiger)上对此予以公告(是否仍需在其他报刊上作补充性宣告则依法院裁量而定)。反之如果申请人在审判程序开启后丧失诉讼能力,再审法院则可依据《德国刑事诉讼法》第 206a 条裁定停止诉讼程序,[79] 并且只有在唯一一种类似于《德国刑事诉讼法》第 371 条第 2 款规定的情形中再审法院才可以作无罪宣告为目的继续诉讼程序。[80]

(三) 新的审判程序由与原审法院同级的其他法院负责。新的审判程序完全独立于之前的审判程序——此时再审法院既不会结合原判决的事实认定也不会考虑已存在的法律评价——但在此之后则适用普通程序规定:所提出的证据必须是新证据,举证责任分配保持不变,不受限制地适用"疑罪从轻"原则。[81] 新的审判程序以维持原判或撤销原判对案件另作判决的方式而告终(《德国刑事诉讼法》第 373 条第 1 款)——如停止程序、无罪判决或其他类型的判决。而当仍作有罪判决时,再审法院必须注意到量刑上的上诉不加刑原则(Der reformatio in peius):只要申请人仅以存在有利于受有罪判决者之情形为理由提起再审,再审法院就不得对原判决的缺陷进行更正;但再审法院却有可能命令将其安置在精神病院或者戒瘾所(参见《德国刑事诉讼法》第 373 条第 2 款)。此外一般的法律救济方式仍可适用于该判决,因而例如针对一项已经过两审的判决仍可提出上告(Revision)。于 1971 年 3 月 8 日颁行的《德国刑事追诉措施赔偿法》(*Gesetz über die Entschädigung für Strafverfolgungsmaßnahmen*)规定:当再审法院在重新进行法庭审理后作出无罪判决或减轻刑罚之判决时,该因原刑事判决遭受损失者依法只能获得非常

---

〔77〕 如今依据通说此时应以裁定形式作此宣告,BGHSt. 8, 383;BGH NJW 1976, 431;Roxin (注 16), § 55 Rdn. 19;Schmidt, in: KK (注 11), § 371 Rdn. 9.

〔78〕 Schmidt, in: KK (注 11), § 371 Rdn. 2 m. w. N.;Peters, Fehlerquellen Bd. 3 (注 3), S. 159.

〔79〕 Baumann, Peters-FG II 1984, 7;一致意见,参见 Peters, Strafprozess (注 4), S. 686;相同观点,参见 OLG Frankfurt NJW 1983, 2398;类推适用《德国刑事诉讼法》第 371 条第 1 款继续法庭审理的情形,Hassemer, NJW 1983, 2355.

〔80〕 此处指虽然存在足以证明该受有罪判决者无罪的证据,但该案件为公诉案件且检察院不同意法院立即宣告其无罪的情形。——译者注

〔81〕 对辩护策略的论述,参见 Strate, StV 1999, 228;Karl Peters 教授的研究已经表明,尽管存在相同的证据材料但却完全有可能得出相反的评价结果,Strafprozess (注 4), S. 687.

少量的赔偿(该法第 7 条规定:被剥夺人身自由者每日仅可获得 20 马克赔偿[82])。并且当因被告人故意或重大过失或在关键问题上存在自行担责情形而被采取刑事追诉措施时,赔偿机构还可以拒绝作出赔偿(参见第 5 条和第 6 条)。[83]

四、改革目标

自《帝国刑事诉讼法》1877 年引入再审制度以来,要求改革再审制度的声音便不绝于耳,而这也属于围绕《帝国刑事诉讼法》的"经典议题"之一。[84] 其原因在于,法院在运用补充程序和检验程序时——如前文所述——经常会受到很多限制,因此立法者希望通过赋予既判力以优先性的方式使法安全性和公正性之间保持平衡。而部分学者对此认为,对既判力的"盲目坚持"不仅不利于对国家行为的认可,而且是有害于法和平性的。[85]

(一)在 20 世纪初,准确讲是 1908 年至 1919 年期间的改革草案对再审制度作出了更多限制,但于 1930 年所设计的可称为再审制度施行法的《德国刑事追诉法》(*Strafvollzugsgesetz*)则是符合再审原意的,如其规定仅可在有限范围内因法律原因提起再审。[86] 但于纳粹专政时期便遭作废而直到 1945 年其绝大部分才得以付诸实施的 1939 年版《德国刑事诉讼法》草案则完全拓宽了可以再审的范围,即无论是有利于还是不利于受有罪判决者均可提出再审,并且该草案还力求使这两种情形下的具体适用条件变得近似。[87] 不过之后于 1950 年颁行的《德国法律统一法》(*Rechtsvereinheitlichungsgesetz*)使法律状况实质上又重新回到了 1933 年之前时的样子。

(二)二战过后,要求在有利于受有罪判决者时拓宽再审适用范围的呼声占据多数,但偶尔也会出现相反的声音。而这一争论在 20 世纪 70 年代之后的 30 年间则达到暂时的顶峰。受 Karl Peters 教授对刑事诉讼中错误来源之大量研究的支持[88],联邦律师公会联合会(Bundesrechtsanwaltskammer)下属的刑事法委员会要求于 20 世纪 70 年代开

---

[82] 《德国刑事追诉措施赔偿法》最初颁行时对此的赔偿标准为每日 10 马克,其后于 1987 年 1 月 1 日被修改为每日 20 马克,之后历经多次修改最终定格为如今每日 25 欧元的赔偿标准。但根据《德国最低工资法》(*Mindestlohngesetz*)的规定,自 2015 年 1 月 1 日起德国最低工资标准为税前每小时 8.5 欧元。——译者注

[83] 《德国刑事追诉措施赔偿法》第 6 条第 1 款规定了三种被告人需自行担责的情形:被告人在关键问题上作伪证或证词前后矛盾或对可减轻其罪责的情节表示沉默。——译者注

[84] Rieß, NStZ 1994, 153.

[85] J. Meyer, ZRP 1998, 284 m. w. N.

[86] 基本情况及进一步论证,参见 Rieß, NStZ 1994, 153 (154 f.);Wasserburg, ZRP 1997, 412 (413)。

[87] Hierzu Gössel, in: LR (注 6), Vor § 359 Rdn. 71 ff. m. w. N.;这种被引入的"特别抗告"程序在纳粹时期遭到严重滥用,参见 J. Meyer, ZRP 1998, 284 m. w. N.

[88] 参见脚注 3。

始实行一项根本性改革,尤其是其明确主张减少进入补充程序和检验程序的条件。[89] 其次,该委员会要求实际改善经常是被判处自由刑且几乎无力负担定期但必要的调查研究所产生的较多费用的再审申请人的处境。而立法者于 1974 年实现了部分的改革愿望[90],特别是其中为受有罪判决者指定辩护人以准备和实施再审以及由其他法院处理再审申请的要求。但受到 Karl Peters 教授欢迎的这一改革计划,即在为再审申请做准备时,检察机关有义务在案件调查方面提供帮助[91],自然同个别学者提出的将再审转变为不受限制的上告的要求一样很少被付诸实施;[92]并且要求为错误判决中的受害人提供更多救济方式的愿望也未曾得到实现。[93]

(三)在迄今为止的改革讨论中,一份由德国社会民主党分别于 1993 年和 1996 年两次提起的改革草案颇值得关注。[94] 这份采纳了 Karl Peters 教授很多观点的改革草案——由对 Carl v. Ossietzky 案的再审申请被拒绝而引发——决心彻底改革再审制度。该草案一方面规定应在出现明显[95]和严重的法律错误时允许再审。[96] 对此有学者适时地提出了如下观点,即为了清除掉那些反映出国家意志的判决,非常值得作出关于再审和恢复名誉的特别规定(如在涉及纳粹时期和德国统一社会党时期的不法判决时所作的那样)。[97] 然而当出现 Karl Peters 教授尝试将其归入"法律事实"的那些法律错误时,《德国刑事诉讼法》——置其彼此间高度分化的法律救济体系于不顾——对此仍规定仅可在有限范围内提起再审。而再审至少应在出现明确的法律错误时才被允许,其原因特别在于请求赦免这种方式并不会导致对判决的正式撤销。另一方面改革草案也降低了在补充

---

〔89〕 Denkschrift zur Reform des Rechtsmittelrechts und der Wiederaufnahme des Verfahrens im Strafprozess, 1971, Leitsätze 35 bis 57;批评意见,参见 Hanack, JZ 1973, 392 (397 ff.)。

〔90〕 对其动机的论述,参见 Gössel, in: LR (注 6), Vor § 359 Rdn. 168 m. w. N.。

〔91〕 § 364c des Regierungsentwurfes des 1. StVRG, BT-Drucks. 7/551; Peters, Strafprozess (注 4), S. 681; hierzu Eckert, ZStW 84 (1972), 940 ff.; Hanack, JZ 1973, 393 (397 ff); J. Meyer, ZStW 84 (1972), 934 f.

〔92〕 赞同意见,参见 *Lantzke*, ZRP 1970, 201;批评意见,参见 Roxin (注 16), § 55 Rdn. 21 a. E.: Aushebelung der Befriedungsfunktion des Strafprozesses.

〔93〕 Deml (注 58), S. 172.

〔94〕 BT-Drucks. 12/6219 v. 3. 12. 1992 und mit Modifikationen 13/3594 v. 26. 1. 1996;改革草案以其建议为基础,参见 J. Meyer, Wiederaufnahmereform, 1977, S. 157 ff.;详细论述,参见 Brauns, JZ 1995, 492 (297); Rieß, NStZ 1994, 153 ff; Wasserburg, ZRP 1997, 412 (414 ff.);批评意见,参见 van Essen, Kriminalistik 1996, 762; *Stoffers*, ZRP 1998, 173.

〔95〕 对此标准的批评意见,参见 Wasserburg, ZRP 1997, 412 (414); Stoffers, ZRP 1998, 173 (175).

〔96〕 当然如果在二审时即发现针对原判决确实存在此类证明,那么便无须再考虑再审问题;不过有学者对此表达了相反的观点,认为二审时所未能发现的那些法律错误同样非常重要,参见 Wasserburg, ZRP 1997, 412 (414);也有学者认为这是不妥的,即将此作为未能充分使用法律救济途径的奖励,参见 Rieß, NStZ 1994, 153 (157 in Fn. 35a).

〔97〕 van Essen, Kriminalistik 1996, 762 (764); Rieß, NStZ 1994, 153 (158); Stoffers, ZRP 1998, 173 (175).

程序和检验程序中的要求：当再审之提出使得再审目的看起来有可能被实现并可以说明其理由时，或者当再审目的有很大可能被实现时，应当准许再审申请。[98] 不过对此也存在一些反对意见，其认为这种对再审限制性条件的明确松动可能会导致出现令人普遍担心的"溃坝"之景。并且该草案规定再审法院应较之前更为宽松地审核新提出的事实或证据材料的"资格问题"——正如 Karl Peters 教授所劝告的那样——此外在审核是否存在"足够的证明材料"时，再审法院应间接地考虑到"疑罪从轻"原则，而这显然是非常有益的。该改革草案的另一个主要观点是应对不利于受有罪判决者的再审作出大幅修改：当存在新的事实和证据材料时（但不能是在只含有自白的案件中），亦应允许不利于受有罪判决者的再审，当然针对谋杀罪和种族清洗罪提起的此类再审是受到限制的，即此时只有在排除掉针对之后有罪判决的每一合理怀疑后才可考虑是否准许再审。而这种扩大了当存在明确物证时再审之可能性的做法又一次与 Karl Peters 教授提出的要求不谋而合，但除了谋杀罪和种族谋杀罪外还存在一些其他一旦放弃对其再审将与公正之感相悖的严重罪行[99]，而不允许对此类严重罪行进行再审是完全有悖于现有的限制性条件的。并且依该改革草案之规定，仅当以可获得一项本质上更轻刑罚为目标时才可允许再审[100]，故 Karl Peters 教授的其他关切之处也实应受到考虑。然而当面对《欧洲人权和基本自由保护公约》与《德国刑事诉讼法》间不可弥合的差异时，仅当欧洲人权法院确认一项判决违反前者时，才可将其援引为已知的再审理由（《德国刑事诉讼法》第 359 条第 6 款）。虽然这一明显的法律漏洞能够借此得到弥补——但欧洲人权法院就此作出的决定并不具有撤销原判的功能；并且又不存在可以撤销此类判决的其他可能性；并且从其与其他具有深远意义的改革建议的关系上看，这种补充性规定几乎没什么重要性可言。

五、展望

"倘若人们通观近百年来的历史发展便会发现，法律状况本质上一直未有什么改变。而《德国刑事诉讼法》在基本特征上也始终停留在 1877 年时的样子。"Karl Peters 教授的这段话在其被记录下几乎 30 年后仍具有不朽的现实意义，如他看到的那样：范式的法律情况在个别问题上已经发生改变并将继续这一改变。[101] 20 世纪 70 年代时立法者已认为非常有必要对再审制度进行彻底改革[102]，然而与此有关的热烈讨论却未能体现到 20

---

〔98〕 "可能"的标准为初始嫌疑（Anfangsverdacht）；"很大可能"的标准为足够的犯罪嫌疑（hinreichender Tatverdacht），参见 BT-Drs. 13/3594，S. 6 und 10。

〔99〕 Van Essen, Kriminalistik 1996, 762 (764)，其指出在出现最为严重的性犯罪时应使用 DNA 检测这一现代的证明手段；深入论述，参见 Wasserburg, ZRP 1997, 412 (415)；Stoffers, ZRP 1998, 173 (178)，其认为针对那些法律将终身监禁规定为其最高刑罚的罪名应允许再审。

〔100〕 对将这种本质性作为评价标准的批评意见，参见 Stoffers, ZRP 1998, 173 (177)。

〔101〕 Peters, Fehlerquellen Bd. 3（注 3），S. 27.

〔102〕 参见 BT-Drucks. 7/551，52 und 7/2600，S. 7。

世纪 90 年代最终的改革方案中,不过立法者在这一问题上的犹豫不决也反映出另一种多数观点,即认为当前再审制度的缺陷总体而言并不十分严重:如果以必要的谨慎为前提提出并处理再审申请,凭借现有制度就已经可以令人满意地清除掉那些错误判决。[103] 虽然在很多案件中确实如此,但其必不可少的前提同时也应是为了使判决更为公正,正如 Karl Peters 教授一直强调的那样,司法权今后应对再审制度之运行作更少限制——其应就对此的态度和行为作出一场"由内而发的改革"。[104] 因此对再审制度的全面改革应在 21 世纪初被更为深入地进行,而这种全面改革事实上既有可能仅仅是对德国刑事诉讼中法律救济体系的部分改革,也有可能是对德国刑事诉讼程序本身的根本性改革。[105] 但 Karl Peters 教授对再审制度的这种被称为具有劝告性和预见性的思考可能首先会在欧洲范围内得到承认。[106]

---

[103] Deml(注 58),S. 173;Gössel, in:LR(注 6),Vor § 359 Rdn. 169;Roxin(注 16),§ 55 Rdn. 22;Rieß, NStZ 1994, 153(159);Stoffers, ZRP 1998, 173(178).

[104] 参见 Peters, Gallas-FS(注 3),S. 441(457):"不是法律本身,而是适用法律的人赋予了司法以力量和生命。"

[105] So bereits Dippel, GA 1972, 123 ff.;赞同意见,参见 Gössel, in:LR(注 6),Vor § 359 Rdn. 169;深入论述,参见 J. Meyer, ZStW 84(1972),935;Schmidt, in:KK(注 11),Vor § 359 Rdn. 9;有学者将再审制度描述为"静止不变的",参见 Rieß, NStZ 1994, 153(159).

[106] Tiedemann, JZ 1999, 139(145).

竞合性、融合性抑或修饰性：欧盟法院援引欧洲人权法院判决动机、方法与功能

范继增[*]

　　摘　要： 尽管欧盟尚未成为《欧洲人权公约》的缔约方，但是人权法院作出的判决对欧盟法院有着特殊的作用。《里斯本条约》生效前，欧共体法院和《马斯特里赫特条约》的立法者都将《欧洲人权公约》视为欧盟法一般原则。甚至欧盟法院在部分案件的判决中承认人权公约对其具有"特殊的意义"。《欧盟基本权利宪章》在《里斯本条约》生效后成为欧盟法院审理基本权利案件的基本法源。依据宪章第53条第3款和相应的立法解释，欧盟法院在确定权利的概念和范围时需要参考人权法院的判决。尽管欧盟法院尚未形成一套适用人权法院判决的通用方法，同时欧盟法院在个案中援引人权法院判决的动机也不尽相同，但是欧盟法官普遍都将援引人权法院判决视为增强该法院判决说服力以及减少或者消除两个欧洲法院判决冲突的主要手段。人权法院的判例在欧盟法院的判决中体现为四大功能，即权威性导向、合法性导向、"类推性"援引和修饰性援引。其中，合法性导向功能可再分为三类亚功能：一般性或具体性法理导向，确认判决合法性和警示国内法院，以及比较性分析。

　　关键词： 案例援引　人权法院判决　权威性导向　合法性导向　修饰性援引　"类推性"援引　法律对话

　　目前，对《欧盟基本权利宪章》与《欧洲人权公约》间互动性的研究早已成为欧洲人权研究的持续性的热点领域。上述的两个跨国人权立法与国内宪法体系共同构成了欧

---

　　* 意大利比萨圣安娜高等研究学院(Scuola Superiore Sant'anna Pisa)，法学博士；中国政法大学人权智库成员。作者对比萨圣安娜大学 Paolo Carrozza 教授、Giuseppe Martinico 副教授，英国埃塞克斯大学欧盟法域人权研究中心 Steve Peers 教授，美国纽约大学 Grainne de Burca 教授，中国政法大学人权与人道主义法研究所班文战教授，中国政法大学民商法学院费安玲教授，山东大学法学院齐延平教授，比萨圣安娜大学 Emiliano Frediani 讲师，米兰大学 Antonia Baraggia 讲师，比利时圣路易斯大学博士后 Giacomo Delledonne，比萨大学博士后 Paolo Addis，以及比萨圣安娜大学博士后 Fabio Pacini 的评论和观点表示感谢。

洲多层级基本权利保障机制。在三角模式的架构中[1],跨国性的欧洲法院与主权国家法院间设有正式性的"特殊关系"对话机制。[2] 例如,成员国法院可以通过预先裁决申请的方式与欧盟法院进行对话;欧洲人权公约体系则通过即将建立的咨询性机制在缔约国法院和人权法院间形成正式性对话机制,从而有效地帮助国内法院适用和解释公约权利。

两种司法对话机制的目标和功能具有截然的差异性。预先裁决机制的目的是通过具有普遍性的法律解释与司法审查确保成员国实施欧盟法具体方式符合欧盟条约的要求和保证欧盟法官在欧盟法律一体化过程中的权威性。相反,欧盟人权法院主要任务是在《欧洲人权公约》的框架下"保证缔约国履行公约标准"。相比于欧盟法,《欧洲人权公约》实质是"为各成员国创造国内义务的国家间协议"[3]。鉴于两个欧洲法院的意见和判决都会成为国内法院审查其本国法是否符合欧洲跨国条约的法律依据,这些正式的司法对话机制必然会潜在地影响国内法律秩序的演变。这种合理的推测可以从跨国法的特征中寻找出来:(1)当欧盟法条款具有直接效力时,成员国法院不得适用包括宪法条款在内的与其相冲突的国内法[4];当欧盟法条款不具有直接效力时,国内法院需要通过一致性解释(consistent interpretation)的方式调和欧盟法与国内法之间的矛盾。(2)由于预先裁决机制与人权公约体系"穷尽国内救济机制"的辅助性规范相冲突,所以《欧洲人权公约》无法移植欧盟法的预先介入模式。尽管如此,咨询性意见结果仍然可以对缔约国法院适用《欧洲人权公约》产生影响。在咨询性意见中,人权法院的法官可以摆脱依据先例进行法律推理的束缚。相反,大法官会议(Grand Chamber)会在重大案件(leading case)中发布具有普遍适用性的意见。这类意见可以成为不予受理其他缔约国法院递交的具有相似性

---

[1] 范继增:《三角模式下欧洲基本权利的冲突与融合》,《法律方法》,2015年第2期,第18卷,第439页。

[2] Allan Rosas, The european court of justice in context: forms and patterns of judicial dialogue, *European Journal of Legal Studies* (2007), vol. 1, pp. 125-126. Rosas法官将欧洲法域内的司法对话分为五类:纵向性对话、特殊性关系对话、半纵向性对话、横向性对话以及对抗性管辖权的法院之间的对话。Rosas认为由于欧盟法院不是成员国的上级法院,因此不存在纵向性的隶属关系。成员国法院仅在《欧盟机构运行条约》第267条的框架下就欧盟法的解释以及违宪审查事项向欧盟法院提出预先裁决申请,因此两者之间对话属于"特殊性关系对话"。同理,欧洲人权法院不是缔约国共同的最高法院,只以辅助性的方式审查缔约国政府是否维护了公约规定的标准。因此,两者之间不存在隶属关系。

[3] Case C-402/05, *Kadi vs. Council of European Union and European Union Commission*, delivered on 16 January 2008, para.37. 欧盟法院助裁官Maduro在Kadi案的助裁意见中指出"尽管建立人权公约的目的是为了实现和维护个人的基本权利,但是《欧洲人权公约》的本质是国家间的协议。此协议为缔约国在保障人权领域设定了国家义务"。

[4] Case C-11/70 ECR I-1125. 欧盟法院在 *Internationale* 案中指出"共同体法律秩序与成员国宪法体系和宪法结构相冲突不能成为成员国拒绝适用欧盟法的理由"。范继增:《多元结构下欧洲基本权利保障体系:欧盟法与欧洲人权公约交互式发展与影响》,载《厦门大学法律评论》,2016年第1辑,第115页。

案件的依据。依据目前尚未生效的《〈欧洲人权公约〉第 16 号议定书》第 2 条第 1 段的规定，缔约国法院需要在咨询性意见申请过程中向人权法院表明其欲适用公约权利和相应的需要人权法院审查的国内法。在作出国内法无法与公约相符的咨询决定后，人权法院可以建议缔约国的立法机关修改其立法抑或在现有的国内法框架下给予国内法院新的适用人权公约的方法和技术。因此，咨询性决定能在缔约国司法体系中有效地传播。缔约国法院可以在边际裁量的范围内以及人权法院作出的咨询性意见指导下审理案件。尽管咨询性意见本身不具有约束力，但是人权法院在受理个人申诉时认为缔约国法院已经对该意见进行了适当性考虑时会作出"不予受理"的裁定。

此外，欧盟法院与欧洲人权法院通过彼此援引对方判例的方式建立了非正式的司法对话渠道。[5] 本文以欧盟法院援引人权法院判例的方法和援引的判决在欧盟法院中的功能作为研究对象。目前，欧盟法院在判决中大量地援引了人权法院的判例。令人遗憾的是很少有学者分析欧盟法院援引人权法院判决的具体原因和动机。欧盟法院也极少地在判决中全面地展示其援引人权法院判决的理由。[6] 这些遗憾促使笔者对欧盟法院援引人权法院的案例方法（what）、动机（why）以及功能（how）问题进行思考。鉴于欧盟法院很少通过论证（argumentative）和论述（discursive）的方式阐述其援引的域外法原因，[7] 笔者认为有必要从欧盟法院第一次援引人权法院判决的 P v. S 案[8]开始对欧盟法院援引人权法院判决的方法和功能作一次尝试性的分析。

在具体分析前，有必要重新梳理和认识《欧洲人权公约》和欧洲人权法院判例在欧盟法律体系中的法律地位与效力。《里斯本条约》第 6 条第 3 款要求欧盟机构及其成员国将《欧洲人权公约》规定的基本权利作为欧盟法的一般原则。从规范角度分析，《欧洲人权公约》不具有欧盟一级立法的效力。在欧盟成为《欧洲人权公约》的缔约方之前，人权公约也

---

〔5〕 Rosas，supra n. 2，at 127. Rosas 法官认为欧盟法院与欧洲人权法院之间的法律对话属于"半纵向性对话"。由于欧盟尚未加入《欧洲人权公约》，人权法院无权直接管辖欧盟的行为。但是《欧盟条约》第 6 条第 3 款以及《欧盟基本权利宪章》第 52 条第 3 款分别提及了尊重《欧洲人权公约》以及欧盟法院在解释宪章权利过程中不得低于公约标准。这就使得《欧洲人权公约》在欧盟法体系中具有了欧盟法一般性原则的地位。因此，从理论上说，欧盟法院的法官需要在判决过程中关注人权法院对相关的基本权利适用的解释。

〔6〕 Grainne de Burca. After the EU charter of fundamental rights: the court of justice as a human rights adjudicator，*Maastricht Journal of Comparative Law*（2013），vol. 20，pp. 176-178. de Burca 教授解释了欧盟法院不愿意援引国际条约和外国法的原因。首先，欧盟法院采用了法国法院判决书撰写模式。与人权法院依靠论述（discursive）和完全性的推理模式（full of reasoning）不同，欧盟法院则采用形式性和简易性的判决书撰写方法。其次，为了避免因判决推理过程带来的争议，欧盟法院会尽量避免在判决直接援引相关的国际法和比较法。最后，尽管外界对欧盟法院判决的印象是固守自己的判决书撰写方式和在司法实践中不经常援引国际法和比较法，但在具体的审理过程中法官或者助裁官会经常性阅读相应的域外规定和判决。

〔7〕 Sionaidh Douglas-Scott. A tale of two courts: luxembourg，strasbourg and the growing European human rights acquis，*Common Market Law Review*（2006），vol. 43，pp. 657-658.

〔8〕 Case C-13/94［1996］ECR I-2143.

无法对欧盟机构形成外在的约束力。相反,倘若上诉人或者成员国法院要求欧盟法院以公约标准审查具体的欧盟二级立法的合约性或者解释相应的欧盟法条款时,欧盟法院则会以独立的(autonomous)方式解释《欧洲人权公约》。[9] 尽管《欧盟基本权利宪章》伴随着《里斯本条约》的生效成为欧盟一级立法,《欧洲人权公约》以及相应人权法院的判例在保障未成年人和自由、安全和司法领域中依然发挥着不可替代的导向功能。

据笔者从欧盟法院网站 Curia 数据库搜集到的信息分析[10],从 1996 年到 2015 年间大概有 50 个欧盟判决援引了欧洲人权法院的案例。35 个判决是发布在《里斯本条约》生效以前,15 个欧盟法院的判决发布于《里斯本条约》生效后。援引人权法院判决呈现出多样性和非系统性的特征。Peers 教授将其归纳为相关性援引、不相关性援引以及疑问性援引三类。[11] De Witte 教授将欧盟法院援引人权法院判决的方式描述成"随意性(eclectic)和非系统性"。[12] Douglas-Scott 教授更加直接地批评道,欧盟法官经常是以一种模糊的方式援引人权法院的判决[13],缺乏连续性和明确性比较方法[14]。欧盟法官经常以"类推性"(by analogy)的方式援引人权法院的判决。[15] 因此,欧盟法院通常将人权法院的判决视为具有非约束力的法源。在与人权法院解释不相冲突的条件下,欧盟法院可以独立且平行地解释基本权利。[16]

遗憾的是通过具体且系统性分析欧盟法案例的方式研究欧盟法院援引人权法院判决的动机和功能的文献寥寥无几。这种研究方法有助于找出在何种类型的案件中人权法院的判决将会实质性地影响欧盟法院的决定,在何种情况下欧盟法院仅仅简单地提及了人权法院的判例。另一方面,具体的案例分析有助于揭示欧盟法院援引人权法院判决的方法和动机。此外,这种研究方法能够有效地检验通过援引人权法院判决的方式是否可以提升欧盟法院

---

〔9〕 Bruno de Witte. The use of ECHR and the convention of the case-law by the European Court of Justice // P. Popelier, C. Van de Heyning, P. Van Nuffel. *Human Rights Protection in the EU Legal Order: The Interaction between European and National Courts*, Intersentia, 2011, p. 22.

〔10〕 笔者在 Curia 数据库搜集信息的时间是 2015 年 11 月月底。当时,数据库公布的最晚判决时间是 2015 年 6 月份。

〔11〕 Steve Peers. The European Court of Justice and the European Court of Human Rights: Comparative Approach // Esin Ocuru. Judicial Comparativism in Human Rights Cases, United Kingdom National Committees of Comparative Law, 2003, pp. 113-127.

〔12〕 de Witte, supra n. 9, at 24.

〔13〕 Douglas-Scott, supra n. 8 at 646.

〔14〕 Douglas-Scott, supra n. 8, at 656; see Koen Lenaerts. Interlocking legal orders in the EU and comparative law, *The International and Comparative Law Quarterly*, 2003, vol. 52, p. 873. 现任欧盟法院院长 Lenaerts 指出欧盟法院经常以人权法院的判例作为自身判决的依据,但是欧盟法院很少在判决中明确地承认这一点。

〔15〕 Laurent Scheeck. Solving Europe's binary human rights puzzle: the interaction between the supranational courts as the a parameter of the European governance, *Questions de Recherche* (2005), no. 15, p. 21.

〔16〕 Joint Communication from President Costa and Skouris, 24 January 2014, para. 1.

决定的可说服性[17]以及确保两个欧洲跨国法院解释基本权利的和谐性[18]。

考虑到完整地分析所有援引人权法院判决的困难性和不必要性，笔者在本文中欲先将欧盟法院援引人权法院依据功能进行分类，并在此基础上尽量选择具有代表性的案件进行分析：

人权法院判决为欧盟法院的判决提供了实质（权威）性导向：这是指欧盟法院将人权法院对基本权利的解释作为自身判决的基础和出发点。当欧盟法律体系缺乏具体基本权利保障规定或者不存在具体的二级立法时，欧盟法院通常会以人权法院判决作为标准审查成员国实施欧盟法的规定是否符合欧盟基本权利保障要求。此外，当立法解释（Official Explanation）特别说明某项欧盟基本权利的标准源自于特定的人权法院的判决时，欧盟法院不仅会在相应的判决中援引该判决，同时也会依据该人权法院的说理进行审判。

装饰性援引：援引的人权法院判例并未对欧盟法院的判决产生任何实质性的影响。在这类判决中，欧盟法院援引的人权法院的判例既可能与审理结果不具有关联性，也可能仅是介绍（人权法院概念）性援引，不能对审判结果产生根本性的影响。

以"类推性"的方式援引人权法院的案例：这表示欧盟法院在判决中援引人权法院判决的情景与欧盟法院所审理案件的情景相似但不相同。这反映了其扩大了人权法院判决的适用范围。

寻找合法性导向：欧盟法院援引人权法院判例的目的通常是寻找合法性导向。欧盟法院从其援引的欧洲人权法院的判决中确定特定法律词语的确切概念和基本权利的适用范围。此外，欧盟法院经常以人权法院的法理为依据证明欧盟初审法院以及国内法院适用和解释法律的合理性和可接受性；抑或欧盟法院在判决中通过援引人权法院判决警示成员国法院必须尊重人权法院确定的最低标准；或者，通过比较法的方法揭示出公约体系或欧盟法体系的相似点和不同点。

一、人权法院的判例在欧盟基本权利保障体系中的作用

（一）作为欧盟法一般原则的《欧洲人权公约》在欧盟法律体系中的地位

在欧共体创立之初，欧共体法院并没有被赋予保障基本权利的职能。[19] 1950 年代

---

　　[17]　Guy Harpaz, The European court of justice and Its relations with the European court of human rights: the quest for enhanced reliance, coherence and legitimacy, *Common Market Law Review*, 2009, vol. 46, p. 121. 作者指出"欧盟法院应该依赖于人权法院的判决，并且其判决结果都明确地建立在人权法院基础之上。将人权法院作为欧盟法院在保障基本权利领域的外在制约力有助于提高欧盟法院判决的合法性"。

　　[18]　Sonia Morano-Foadi. Fundamental Rights in Europe:"Constitutional" Dialogue between the Court of Justice of the EU and the European Court of Human Rights. *Sortuz. Oñati Journal of Emergent Socio-Legal Studies*, 2013, vol. 3, p. 79; Harpaz, supra n. 17, at 119.

　　[19]　Joseph H. Weiler, eurocracy and distrust: some questions concerning the role of the European Court of Justice in the protection of fundamental rights within the legal order of the European Community, *Washington Law Review*, 1986, vol. 61, p. 1110.

的《罗马条约》仅为了推动欧洲煤铁联营体和欧洲经济共同体一体化设定了一系列经济性权利。由于欧盟之父们希望通过各成员国让渡国家主权方式建立一个全新的超国家组织，所以欧盟法院利用能动性司法解释创建欧盟法直接效力[20]和优先性[21]从而建构出一套全新的超国家法律体系。[22] 这主要体现在欧盟法直接赋予了各成员国公民权利和义务；当欧盟法与国内法发生冲突时，各成员国的法官必须优先适用欧盟法。欧盟法随即变成了不受外部制约的自治性法律体系。但是，部分欧盟法官和成员国担心缺乏对基本权利的保障会最终导致人们对欧盟法院判决合法性的质疑以及加深欧盟与成员国之间的不信任。Pescatore 大法官就对此直言不讳地质疑欧盟法院能否仅凭借其判例法体系保障欧盟公民的基本权利。[23]

欧盟法院在 Stauder 案[24]的判决中指出根源于各国宪法传统的基本权利是欧盟法一般原则的组成部分。Nold 案[25]的判决明确地将欧盟法与欧洲人权公约联系在一起。欧盟法院指出国际条约，尤其是《欧洲人权公约》，反映了成员国共同的宪法传统。此后，欧盟法院在 Rutili 案[26]的判决中指出《欧洲人权公约》为欧盟基本权利保障确定了指导原则，成员国应该在欧盟法律体系内遵守其规定。由于长期以来欧盟法院以独立的方式解释《欧洲人权公约》，所以《欧洲人权公约》在欧盟法律体系中具有"特殊的意义"（special significance）。[27]

《马斯特里赫特条约》以立法的方式确认了《欧洲人权公约》具有欧盟法一般原则的法律地位。[28] 尽管这不代表其他国际性（联合国）人权公约在欧盟法律体系中无法获得尊重和实施，但是立法者显然是希望确认《欧洲人权公约》在欧盟法中的"特殊意义"。由于

---

〔20〕 Case C‑26/62 [1963] ECR I‑1. 欧盟法院在该案（Van Gend en Loos）判决中指出："……我们可以得出一个新的结论：欧洲共同体法院基于成员国主权权利建构了一个全新的国际法秩序。在此法律秩序中，成员国以及成员国的公民都是共同体法律体系中的主体，独立于成员国的国家立法。共同体不仅为个人设置了义务，同时也给予他们权利。这些权利不仅仅体现在经济共同体制定的条约中，同时也要求个人、成员国以及共同体的机构通过履行特定义务的方式实现。"

〔21〕 Case C‑6/64 [1964] ECR I‑585. 欧盟法院在该案（Costa vs. Enel）的判决中指出"共同体条约具有独特性。伴随着条约的生效，共同体条约成为成员国法律体系中的一部分，成员国法院必须尊重与实施。欧共体是通过各国主权转让方式建立的具有特定法律人格和法律机构的共同体……因此依据（当时）《欧共体条约》第 294 条的规定，共同体法律是独立的法律来源，具有优先的适用性，不能被缔约国立法所推翻"。

〔22〕 Julio Baquero Cruz. Another look at constitutional pluralism in the European Union, *European Law Journal*, 2016, vol. 22, pp. 359-361.

〔23〕 Pierre Pescatore, Les Droits de l'homme er l'intégration Européenne, Cahiers de Droits Européenne（1968），no. 4, p. 657.

〔24〕 Case C‑29/69 [1969] ECR I‑419.

〔25〕 Case C‑4/73 [1974] ECR I‑491.

〔26〕 Case C‑36/75 [1975] ECR I‑1219.

〔27〕 Opinion 2/94 [1996] ECR I‑1759.

〔28〕 《马斯特里赫特条约》第 6 条第 2 款规定欧盟将尊重源自于《欧洲人权公约》的权利，并将其视为欧盟法的一般原则。

《欧洲人权公约》已普遍被欧洲各国视为"通行于各国的人权保障最低标准"[29]，所以欧盟成员国法院以及上诉人经常在《里斯本条约》生效前要求欧盟法院以公约权利为标准解释或者审查相应的欧盟法条款合宪性。

(二)《欧盟基本权利宪章》第 52 条第 3 款

在《里斯本条约》生效后，欧盟法院可以直接适用《欧盟基本权利宪章》对欧盟二级立法以及国内实施欧盟法的规定进行合宪性审查。为了确保欧盟的基本权利保障与《欧洲人权公约》处于相同的水平，基本权利宪章第 52 条第 3 款指出"那些来源于《欧洲人权公约》的宪章权利，其权利的范围以及定义应该至少与人权公约的标准保持一致"。Douglas-Scott 教授指出有一半以上的宪章权利源自于《欧洲人权公约》。[30] 但是，立法者并没有简单地采取"复制—粘贴"模式移植所有的公约权利。为了保障欧盟基本权利条款具有可视性以及与欧盟法体系相融合，立法者们总共采取了五种移植的方法。[31]

由于人权法院将《欧洲人权公约》定义为"活法典"[32]，因此学者以及法官对在基本权利宪章第 52 条第 3 款下欧盟法院是否需要尊重欧洲人权法院的判例法产生了争议。人权法院通常将公约权利保障范围与各缔约国在特定领域中是否形成"共识"相结合。如果该共识在某个特定的领域中存在，缔约国所享有的边际裁量的范围就会缩小；反之，缔约国享有的边际裁量范围会随着缔约国共识的缩小而扩大。[33] 这种动态性的解释方式将公约塑造成了一部普遍适用于所有缔约国且永不过时的人权法典。在第 16 号议定书生

---

〔29〕 Jörg Polakiewicz. Europe's multi-layered human rights protection system：challenges，opportunities and risks，Lecture at Waseda University，Tyoko，14 March 2016，available at website：http：//eulawanalysis. blogspot. it/2016/03/europes-multi-layered-human-rights. html.

〔30〕 Sionaidh Douglas-Scott. The Court of Justice of the European Union and the European Court of Human Rights after Lisbon Treaty，*Legal Research Paper Series*，2012，p. 8.

〔31〕 Paul Lemmens. The Relation between the Charter of Fundamental Rights of the European Union and European Convention on Human Rights：Substantive Aspects，*Journal of European and Comparative Law*，2001，vol. 8，p. 50；范继增：《欧洲多层级框架下人权保障机制——欧盟法与"欧洲人权公约"的交互性影响》，《中山大学法律评论》2015 年第 13 卷第 3 期，第 33—35 页。这五种方式分别是：(1) 简单的复制—粘贴模式，即立法者逐字逐句地将公约权利移植到宪章文本之中，没有做任何重大的修改。(2) 宪章以抽象的表达方法移植了公约的权利。(3) 宪章权利来源于公约权利，但是宪章权利标准高于公约标准。(4) 宪章权利移植与公约议定书体系。(5) 宪章权利标准移植于人权法院的判例。

〔32〕 George Letsas. The ECHR as a Living Instrument：Its Meaning and Legitimacy. // Andreas Follesdal，Birgit Peters，Geir Ulfstein. *Constituting Europe：The European Court of Human Rights in a National，European and Global Context*，Cambridge：Cambridge University Press，2013，p. 109. 这个词语最早是出现在 *Tyere* 案的判决书中，人权法院否认缔约国对未成年人实施鞭刑的合约性，其指出"人权法院必须重申欧洲人权公约是一部'活法典'，必须对该公约以符合现代观念的方式进行解释。在本案中，法院不能不顾及其他地区刑罚政策的发展情况，也无法不受其他缔约国制度的影响"。

〔33〕 Francisco Javier Mena Parras. From Strasbourg to Luxembourg？Transposing the margin of appreciation concept into EU law，working paper 2015/7，Centre Perelman de pholosphie du droit，p. 4.

效前[34]，人权法院的判决是确定公约权利内容和标准的重要来源之一。尽管人权法院判决的适用性仅限于诉讼双方当事人[35]，但是人权法院对公约权利的解释为欧盟法院在相同或者相似情形中解释相同基本权利提供了导向。[36] 因此，有理由认为欧盟法院将会通过援引人权法院判决的方式对其原先不符合欧洲人权法院解释的判决进行修正和完善。

现任欧盟法院主席 Lenaerts 甚至认为，由于人权法院的判决已经成为公约体系的重要组成部分，欧盟法院有义务受到其约束。[37] 欧盟法院前助裁官 Jacobs 曾经在 Bophorus 案的助裁意见中大胆地指出"人权公约应该被视为直接适用于欧盟法院与国内法院的欧盟法组成部分"[38]。宪章第 52 条第 3 款的立法解释也似乎作为人权法院判决对欧盟法院有约束力的依据，"本宪章所保障的基本权利的定义和范围不仅仅来源于文本的规定，同时也包含欧洲人权法院与欧盟法院判决的内容"。这就意味着《欧洲人权公约》在欧盟法体系中并非仅指公约文本，也包含人权法院的判决。

然而，上述观点解释很难与欧盟法自治性相符合。欧盟法院的法官在解释基本权利时需受到人权法院判决约束的要求直接损害了欧盟法律秩序的自治性。这不仅意味着欧盟尚未加入人权公约时就已经受到人权公约的制约，也意味着欧盟法与人权公约形成了二元层级隶属结构，且前者受到后者的制约。[39] 所以，欧盟法院无法接受将人权法院的判例作为有约束力的法源。这个推测似乎可以从第 52 条第 7 款的规定中得到支持。[40] 此条款指出"欧盟法院和成员国法院在解释基本权利过程中应该'适当考虑'（due regard）官方解释"。这就意味着欧盟法院无须严格遵守人权法院的解释。因此，第 52 条第 3 款的含义应该是欧盟法院在必要的情况下可以考虑（并且强制性遵照）人权法院的判决。立法者将最终的选择权交由欧盟法官裁量。

---

〔34〕 Naiara Posenato，Il Protocollo n. 16 alla CEDU e il rafforzamento della giurisprudenza sui diritti umani in Europa，Diritto pubblico Comparato ed europeo (2014)，no. 3，p. 1442. 作者认为新的机制推广将会减少个人申诉案件的数量。此外，人权法院的咨询性意见能够对国内法院产生指导和导向性作用。

〔35〕 除了人权法院的判决仅对当事人双方产生约束力，人权法院判决其他效力取决于国内法的规定。与普通法系先例约束力不同，《欧洲人权公约》并没有给予人权法院判决约束力的效果。

〔36〕 Alec Stone，Helen Keller. The Reception of the ECHR in National Legal Order. // Helen Keller，Alec Stone Sweet. *A Europe of Rights*：*The Impact of the ECHR on National Legal System*，Oxford University Press，2008，p. 14.

〔37〕 Koen Lenaerts，Eddy de Smijter. The Charter and Role of the European Courts，*Maastricht Journal of European and Comparative Law*，2001，vol. 8，p. 99；Lord Goldsmith. The Charter of Rights-a brake but not a acceleration，*European Human Rights Law Review*，2004，p. 476.

〔38〕 Case C‑84/95，Advocate General Opinion，para. 53.

〔39〕 Tobias Lock. The ECJ and ECtHR：The Future Relationship between the Two European Courts，*The Law and Practice in the International Courts and Tribunals*，2009，vol. 8，p. 383.

〔40〕 Sionaidh Douglas-Scott. The European Union and Human Rights after the Lisbon Treaty，*Human Rights Law Review*，2011，vol. 11，p. 655.

二、欧盟法官援引人权法院判决的动机与方法

区别动机和方法并非是一件容易的事情。在本文中，动机代表着法官个人援引欧洲人权公约的目的或者意图；方法则是欧盟法院在集体讨论和最后判决书的撰写过程中援引人权法院判决的方式。前者具有个人化倾向，后者具有集体化倾向。

由于欧盟法院采用了法国模式的判决书撰写模式，因此案件的审理和法律说理的方法显得简单且形式化。[41] 与人权法院依赖比较法与推理的判决书撰写模式不同，欧盟法院极少在正式发布的判决书中大量地援引外国法或者国际条约；由于惧怕法官间的分歧会导致人们对其判决合法性的怀疑，欧盟法院也不会公布异见法官的判决。然而，与其他国际条约相比，《欧洲人权公约》对欧盟法具有独特的影响性。欧盟法院在判决中不断重复着欧洲人权公约在欧盟法体系中具有一般性原则地位、对欧盟法院判决提供借鉴、为欧盟法院审理案件提供指导等词语。有学者甚至发现欧盟法院有时会将人权法院的判决直接视为自己的杰作。[42]

欧盟法院似乎不愿意通过解释宪章第 52 条第 3 款的方式明确地回答人权法院判决在欧盟法中具体的效力或者作用。鉴于欧盟法院负有维护欧盟法律体系独立的责任，避免简单地回答这个笼统且敏感的问题显然是明智之举。但是，欧盟法院不能为维护其独立性而在多层级基本权利保障体系中完全忽视了《欧洲人权公约》的影响性。人权法院在 *Loizidou* 案[43]的判决中将公约称为在人权领域中维护"欧洲公共秩序的宪法性文件"，《欧洲人权公约》和人权法院判例共同成为衡量缔约国人权保障的重要标准。因此，即便人权法院判例法在各缔约国法律体系中地位不同，[44]但是各国已经逐渐地将其视为具有

---

〔41〕 Christopher McCrudden. Using Comparative Reasoning in Human Rights Adjudication: The Court of Justice in European Union and European Court of Human Rights Compared, *Cambridge Yearbook of European Studies*, 2012 - 2013, vol. 18, p. 403.

〔42〕 de Witte, supra n. 9, at 23.

〔43〕 *Loizidou vs. Turkey*, appl no. 15318/89, judgment 18 December 1996.

〔44〕 Giuseppe Martinico. Is the European Convention Going to Be "Supreme"? A Comparative Constitutional Overview of ECHR and EU Law before National Courts, *The European Journal of International Law*, 2012, vol. 23, p. 404.《欧洲人权公约》在国内法律体系中的地位似乎可以被分为以下几类：(1) 一些国家法律体系规定《欧洲人权公约》具有宪法性的法律地位，例如奥地利和荷兰（一元论国家）。(2) 在一些国家法律体系中，《欧洲人权公约》具有高于立法的地位，例如法国、比利时、西班牙和葡萄牙。(3) 在有些国家，《欧洲人权公约》具有立法性的地位，例如英国。意大利和德国也属于这一类。这两个国家的宪法法院指出《欧洲人权公约》在宪法体系中具有超越一般国际性条约的地位。Douglas-Scott, supra n. 40, at 657. 1998 年英国《权利法案》第二章中仅规定法官可以将人权法院的法理"考虑其中"，但是不具有必然的约束力。Giuseppe Martinico, Oreste Pollicino. The Interaction between Europe's Legal Systems: Judicial Dialogue and the Creation of Supranational Laws, Cheltenham/Northampton: Edward Elgar, 2012, p. 92. 意大利宪法法院在 2007 年通过第 348 号和第 349 号判决确定《欧洲人权公约》在意大利法律体系中的地位。这个判决结果可以被概括为四点：(1) 人权公约具有超越基本立法的价值；(2) 在特定的案件中，鉴于国内的立法违反人权公约可能会导致对宪法间接地损害，人权公约可以作为"中间性标准(parametro interposto)"评估基本立法的有效性；(3) 这并不意味着人权公约具有了宪法性法律的地位，相反《欧洲人权公约》必须尊重宪法的价值；(4) 人权公约获得宪法的支持是指必须依据人权公约的条款解释法律。欧洲人权法院的判决因此就成为解释公约条款的参考标准。

宪法性或者高于立法性的法源。[45] 欧盟成员国法院经常会在预先裁决机制下将案件递交至欧盟法院,要求其审查欧盟法或者相应的国内实施欧盟立法的规定是否符合《欧洲人权公约》的标准。[46] 即使可以直接以宪章权利作为出发点,但是如果欧盟法院缺乏先例判决或者需要以人权法院最新判决为基础修正已有的判例,那么欧盟法官就必须认真对待人权法院的判决。例如,欧盟法院就曾经在 *Hoechst* 案[47]的判决中基于"欧洲人权法院在该领域中没有相应的判例"为理由拒绝将企业场所视为私人空间,并且指出《欧洲人权公约》没有明确地规定该权利。人权法院随后在 *Nietmietz* 案[48]中公开批评了欧盟法院对公约基本权利的错误解释并指出当工作场所与个人生活具有密切的联系时,前者应该被视为"家"的范围。在此范围内生活的一切主体(包括法人)不得受到不适当的干扰。此后,欧盟法院在 *Roquette* 案[49]的判决中修正先前的解释并特别地强调"(欧盟法院)必须要考虑欧洲人权法院在 *Hoechst* 案后的判例"。欧盟法院注意到在 *Colas Est* 案[50]中人权法院指出"在特定情形下,《欧洲人权公约》第 8 条对于'家'的保护可以包括商业场所",并且承认 *Nietmietz* 案是"职业和商业活动场所涉及个人私生活的程度比其他案件更为明显"。尽管欧盟法院为了维护自身的独立性,宣称其仅仅以"类推性"的方式使用人权法院的判例,但是在本案中欧盟法院实质地依据人权法院判例改变其先前对公约权利的解释。这似乎也反映出基本权利保障可能是欧盟法领域中最无法完全独立的领域。

---

〔45〕 Martinico, supra n.44, at 411. 德国宪法法院于 2011 年基于人权法院的判例通过扩大解释宪法的方式推翻了先前宪法法院的预防性羁押合宪的裁决。Alec Stone Sweet. A Cosmopolitan Legal Order: Constitutional Pluralism and Rights Adjudication in Europe, *Global Constitutionalism*, 2012, vol. 1, p.70. 尽管《欧洲人权公约》在德国法律体系中仅与普通立法有着相同的法律地位,德国宪法法院也在很长的一段时间认为,即使德国作为人权诉讼的被告一方,德国法院也不必然要遵守人权法院的判决。但是,德国宪法法院在 2005 年的 Görgülü 案的判决中指出,除非在极端的情况下成为保障宪法原则免受损害的唯一方法,德国法院需要适用人权公约的判决。如果德国法官忽视或者未能遵守《欧洲人权公约》,个人可以以此理由向德国宪法法院提出宪法申诉。2011 年德国宪法法院指出人权公约与人权法院的判决可以作为"确定宪法保障的基本权利范围和内容以及法治原则的参照标准"。Merris Amos. Transplanting Human Rights Norms: The Case of United Kingdom's Human Rights Act, *Human Rights Quarterly*, 2013, vol. 36, pp. 389-390, 403-404. 尽管《人权法案》没有要求英国法院必须遵守人权法院的法理,但是国内法庭却普遍认为"在没有强烈理由的情况下,不得削弱欧洲人权法院判决的有效性"。即使英国上院和最高法院认为当人权法院的判决同英国法律体系实质性或者形式性内容相冲突时不能对"国内法律体系产生约束力",英国法院还是一如既往地遵守人权法院的法理判决。

〔46〕 Jasper Krommendijk. The use of ECtHR case law by the CJEU after Lisbon: The view of Luxembourg Insiders, *Maastricht Working Paper*, 2015/6, p.20. 一位受访的法官表示,在 90%~95% 的涉及欧盟基本权利的案件中,诉讼参与人或者国家机关都会在诉讼中援引欧洲人权法院的判例。另一位法官补充道,倘若案件争议涉及公约权利,但是当事人却没有援引相应的人权法院判决,那么很有可能该当事人的请求是错误的。

〔47〕 Joined Case C - 46/87 and 222/88 [1989] ECR I - 2859.

〔48〕 *Nietmietz vs. Germany*, appl no.13710/88, judgment 16 December 1992.

〔49〕 Case C - 94/00 [2002] ECR I - 9011.

〔50〕 *Société Colas Est vs. France* (2004)39 EHRR 17, para.41.

与欧盟法官对于人权法院判决持有高度谨慎性态度相反，助裁官们（Advocate General）经常在其个人意见中明确地表达不同的见解。在 *Connolly* 案中，助裁官 Colomer 认为"（《欧洲人权公约》）是欧盟法院确定基本权利定义的重要来源"。Cosmas 在 *Van del Wal* 案的个人意见中认为"鉴于欧盟尚未签署《欧洲人权公约》，因此以'类推性'的方式援引人权法院和人权委员会的判决似乎具有合法性和逻辑性。共同体法院和共同体初审法院不能将人权公约以及人权法院的判例作为有约束力的法源"。助裁官 Mischo 在 *Roquette* 案的个人意见中明确指出"在很大程度上欧盟法院依赖人权法院的判决"。在 *Kaba* 案和 *SGL Carbon* 案中，助裁官 Colomer 和 Geelhoed 分别指出"欧盟法院高度关注人权法院的法理"以及"欧盟法院视人权法院裁判法理具有价值导向"。在《里斯本条约》生效以后，助裁官对于人权法院判决在欧盟法律体系中的地位依然缺乏一致性的认识。在 *Fransson* 案中，助裁官 Villalon 认为由于尚有欧盟成员国未加入《欧洲人权公约》第 4 号议定书，因此欧盟法院不应该将其规定的"一事不再理"（ne bis in idem）原则考虑其中。相反，助裁官 Kokott 在 *Bonda* 案的个人意见中则表达了不同的观点，她认为尽管尚有欧盟成员国未签署《欧洲人权公约》第 4 号议定书，欧盟法院应该承认和尊重该议定书确立的一事不再理原则。

欧盟法院的判决体系无法反映法官个人对人权法院判例的清晰态度。这不仅是由于前面提及的欧盟判决无法为异见法官提供表达的空间，同时欧盟判决书的撰写程序也可能会阻碍援引人权法院的判例数量和程度。欧盟法院最终判决是基于法官的合意形成的。欧盟法院担心过多地讨论和援引域外法可能会导致法官间分歧风险的增加。判决中的每一句话乃至每一个字都会吸引法官们无数次的注意，不当的引用必然会导致法官间的分歧。[51] 因此，欧盟法官更喜欢简明的判决结果以及将法律说理仅限定于案件核心领域中。[52] 可以合理地推测出，在判决初稿中，报告法官（Rapporteurs）援引的人权法院案例可能会被欧盟法官以不必要或者导致判决过长等理由而最终删除。[53] 例如，*Pupino* 案[54]最终判决书中援引的人权法院判决的数量远远少于本案初稿判决书中的数量。[55] 此外，法官撰写判决的风格以及其知识背景会成为两大重要的影响因素。有过在欧洲人权法院工作经历的欧盟法官显然会在涉及基本权利的案件中习惯性地思考相应的人权法院判决。鉴于这些法官非常了解人权公约以及人权法院的判例法，所以通常会倾向于以人权法院判例为基础界定基本权利的范围和定义。同样，热衷于学术研究的法官也时常

〔51〕　Konrad Schiemann. A Response to the Judge as a Comparativist. *Tulane Law Review*，2005—2006，vol. 80，p. 290.

〔52〕　Koen Lenaerts. How the ECJ Thinks：a Study on Judicial Legitimacy. *Fordham International Law Journal*，2013，vol. 36，p. 1351.

〔53〕　Jasper Krommendijk，supra n. 46，at 28.

〔54〕　Case C‑105/03 [2005] ECR I‑5285.

〔55〕　Laurent Scheeck. Competition，Conflict and Cooperation between the European Courts and the Diplomacy of Supranational Judicial Networks，*GARNET Working Paper*，23/07，p. 17.

会通过援引人权法院案例的方式证明自己的观点和见解。然而,并非所有的欧盟法官都对人权法院怀有友好的心态,甚至不少欧盟法官明确表示不愿意参加同人权法院的年度"联谊会"。因此,这类法官通常以解释和适用欧盟法作为出发点,在一般情况下排斥对人权法院判例做周密研究。[56] 但是,这类法官在欧盟法律体系缺乏具体的人权保障标准时会认真对待人权法院的判例。[57] 例如,在涉及实施联合国安理会决议的欧盟规章是否具有合法性的 *Kadi I* 案[58]判决中,欧盟法院在缺乏欧盟法依据的情况下援引了人权法院 *Jokela* 案[59]的判决,要求成员国法院必须对限制当事人财产权的法律进行司法审查。在 *Kadi II* 案[60]的判决中,欧盟法院援引了人权法院 *Nada* 案[61]的判决,指出当联合国法律体系无法为当事人提供有效的司法救济时,国内法院应该为其提供相应的司法程序,此乃公平审判权的核心内容。[62] 值得一提的是,人权法院在 *Nada* 案的判决中也援引了 *Kadi I* 案的判决。[63] 两个欧洲法院在同一系列的案件中交互援引彼此的判决构成了在欧洲跨国基本权利保障领域中"交互受孕"(cross-fertilization)的法律现象。

从相应的欧洲学者搜集的数据来看,欧盟法院在《里斯本条约》生效后援引欧洲人权法院的频率和数量上均有下降。[64] 但是,人权法院判决仍在特定的案件中具有权威性的导向功能。例如在 *McB* 案[65]的判决中,欧盟法院就明确地指出"依据基本权利宪章第 7 条的规定,私生活权利在欧盟法体系中与人权公约第 8 条具有同样的内容。因此,本法院

---

〔56〕 Schiemann, supra n. 51, at 287.

〔57〕 Sara Iglesias Sanchez. The Court and the Charter: the Impact of the Entry into the Force of the Lisbon Treaty on the ECJ's Approach to Fundamental Rights, *Common Market Law Review*, 2012, vol. 49, p. 1604.

〔58〕 Joined Cases C – 402/05 and C – 415/05 [2008] ECR I – 6351.

〔59〕 *Jokela vs. Finland*, appl no. 28856/95, judgment 21 May 2002.

〔60〕 Joined Cases C – 584/10 P, 593/10 P and 595/10 P, judgment 18 July 2013.

〔61〕 *Nada vs. Switzerland*, appl no. 10593/08, judgment 12 September 2012.

〔62〕 Supra n. 60, para 133-134.

〔63〕 Nada, supra n. 59, para 122. 人权法院援引了 *Kadi I* 案第 86 段的判决,指出联合国法律体系无法为当事人提供有效的救济程序。两个欧洲法院的判决结果似乎都在说明国内的法律体系必须维护欧洲基本权利的最低标准,即使与联合国安理会决议相冲突。Marko Milanovic. European Court Decides Nada v. Switzerland, available at: http://www.ejiltalk.org/european-court-decides-nada-v-switzerland/. , last visit in 13 – 02 – 2016.

〔64〕 de Burca, supra n. 6, p. 174. 依据作者当时的统计,在《里斯本条约》生效后,欧盟法院在 122 个判决中提到了基本权利宪章。其中有 27 个判决是实质性地适用欧盟宪章条款。在此 27 个判决中,欧盟法院在 10 个判决中援引了人权法院的判例。Marek Safjan. A Union of Effective Judicial Protection: Addressing a Multi-level Challenge through the Lens of Article 47 CFREU, Lecture at King's College London, 09 – 02 – 2014, p. 9. Safjan 法官指出在《里斯本条约》生效后,欧盟法院在 60 个有效司法保障的判决中共 16 次援引了欧洲人权法院判例。Krommendijk, supra n. 46, p. 23. 作者对 9 名欧盟法官或者助裁官进行了访谈,其中有 8 名受访者认为欧盟法院在《里斯本条约》生效后援引人权法院判决的数量和频率皆下降。

〔65〕 Case C – 400/10 PPU, judgment 2 September 2003.

必须尊重人权公约第 8 条的规定和相应的人权法院的判例"。欧盟法院注意到 *Giuchard* 案[66]的背景与本案具有相似性，皆是未婚母亲希望将其子女带往其他的欧盟成员国。法国和爱尔兰的国内立法也都规定只有亲生母亲才对其非婚生子女具有监护权。人权法院在判决中认为只要"孩子的亲生父亲可以通过司法程序要求法院以变通方式保障其探视权的履行"，亲生母亲单独享有监护权就不违反《欧洲人权公约》。此后，欧盟法院又依据 *Zaunegger*[67] 案的判决认为未婚生父有权在不经过其孩子母亲的同意下具有探视权。这个判决反映了欧盟法院依靠人权法院判决的方式解释《布鲁塞尔规章 II》，从而认可了在生母带离子女去其他欧盟国家之前其生父的行使探视权是"个人和家庭生活的本质内容"[68]。在 *DEB* 案[69]的判决中，欧盟法院在缺乏明确的二级欧盟立法规定的情况下慷慨地以欧洲人权法院的判例为出发点。[70] 依据德国法，诉讼人必须在庭审前预交诉讼费用，法人也无法享有司法帮助的权利。欧盟法院则依据人权法院在 *McVicar* 案[71]和 *Steel&Morris* 案的[72]判决裁定寻求司法救济是公约第 6 条公平审判权的核心环节。因此，确保诉讼人获得法庭诉讼的权利是本案的基本要求。除此之外，德国的法院必须以 *Steel&Morris* 案为指导将诉讼人的财政状况考虑其中。因此，欧盟法院指出除非德国法院遵照人权法院在 *O'Limov* 案[73]判决中确立的审查方式，必须检验所有相关因素以及权衡相互冲突利益间的关系，尤其是考虑到私营企业或者公司能够为其诉讼活动提供的预算，否则任何对寻求司法救济的限制都构成对公平审判权的侵犯。同时，欧盟法院建议德国法院采用人权法院在 *VP Diffusion Sari* 案[74]的裁决方式，用诉讼费用来抵扣每年公司必须缴纳的税金，多出的部分抵扣隔年的税金缴纳。同样，欧盟法院在 *N.S.* 案[75]中不惜以破坏欧盟难民法律体系确定的"互信"（Mutual trust）原则，而基本遵守了人权法院在 *M.S.S.* 案[76]确定的法理。

　　相比于成员国的普通法院，欧盟法院对待宪法法院提交的预先裁决问题持有更为谨

---

〔66〕　*Giuchard vs. France*，appl no. 56838/00，judgment 2 September 2003.

〔67〕　*Zaunegger vs. Germany*，appl no. 22028/04，judgment 7 May 2002.

〔68〕　Supra n. 65，para 56.

〔69〕　Case C－279/09，judgment 22 December 2010.

〔70〕　Tawhida Ahamed. The EU's Protection of ECHR Standard：More Protective than Bosphorus Legacy？// James A. Green，Christopher P. M. Waters. Adjudicating International Human Rights：Essays in Honor of Sandy Ghandi，Martinus Nijhoff Publisher，2014，p.111. 德国法院在预先裁决机制中并没有要求欧盟法院依据基本权利宪章第 47 条进行审查，而是询问法人是否在欧盟法秩序下可以依照人权公约第 6 条和第 13 条的规定，作为欧盟法一般原则，享有获得司法帮助的权利。尽管欧盟法院以宪章第 47 条为出发点，但实质上依赖人权法院在 *Airey* 案中的法理判决。

〔71〕　*McVicar vs. UK*，appl no. 46311/99，judgment 7 May 2002.

〔72〕　*Steel and Morris vs. UK*，appl no. 14564/04，judgment 24 September 2008.

〔73〕　*CMVMC O'Limov vs. Spain*，judgment 24 November 2009.

〔74〕　*VP Diffusion Sari vs. France*，appl no. 14564/04，judgment 24 September 2008.

〔75〕　Case C－411/10，judgment 21 December 2011.

〔76〕　*M.S.S vs. Belgium*，appl no. 30696/09，judgment 21 January 2011.

慎的态度。[77] 因此,欧盟法院经常在其裁决意见中援引人权法院的判决以显示其认真考虑对相关基本权利的保障。在 *Jemery F.* 案[78]的判决中,法国宪法委员会向欧盟法院提交预先裁决申请询问其被批准逮捕人无法针对调查法官的判决进行上诉的规定是否为欧盟立法者的本意。[79] 法院通过人权法院 *Khodzhamberdiyev* 案[80]的判决分析了人权公约第 5 条第 4 款规定的程序性最低标准。人权法院指出"当法院通过封闭性司法程序剥夺个人的自由时,对该判决的监督性程序应该包括在内"。鉴于欧洲两个法律体系都为缔约国在程序上预留了自由裁量空间,因此欧盟法院指出"欧盟法并没有要求成员国法律体系设置上级司法监督程序以审查法院判决的合法性和听取被驱逐人的意见"。在 *Melloni* 案[81]中,西班牙宪法法院询问是否可以在欧盟统一逮捕令框架决定(European Arrest Warrent Framework Decision)下依据基本权利宪章第 47 条和第 48 条给予在意大利缺席审判而获罪的 Melloni 先生重新在西班牙受审的机会。考虑到欧盟法院最终的解释可能会与西班牙宪法的基本权利标准产生冲突,从而导致西班牙第 1/2004 号宪法令规定的反限制性程序的启动,欧盟法院必须表明其判决结果符合人权公约最低标准以说服西班牙宪法法院服从其决定。欧盟法院援引了三个人权法院案例证明被告人在被合理告知其审判的时间、地点和相应的后果时,其公平审判权就已经得到最低限度的保障。被告人不出席审判则意味着主动放弃其法庭辩护权利。[82] 因此,在基本权利最低标准得到保障以及与公共利益不冲突的情况下,西班牙政府必须执行欧盟统一逮捕令。当欧盟法院的预先裁决结果反馈回宪法法院后,西班牙法官们认为在解释基本权利的过程中必须要考虑国际人权公约规定。宪法法院特别强调了欧洲两个人权立法文件以及相应案例法在宪法法院解释宪法权利过程中具有权威性作用。此后,宪法法院指出人权法院审理的 *Sejdovic* 案[83]与本案事实和客观背景都存在绝对重合性,同时也是欧盟法院在预先裁决中援引的人权法院判决之一。宪法法院因此依靠人权法院判例推翻了执行欧盟第三国在被告人缺席审判的情况下发布的逮捕令违反西班牙宪法的先例。在本案中,人权法院判决在西班牙宪法第 94 条的规定下演变成了"解释性标准",即西班牙宪法法院将国际性法院判决效

---

〔77〕 Barrett Jizeng Fan. The Judicial Dialogue between the Luxembourg and National Courts in the European Framework of Multilevel Protection of Fundamental Rights, *International Journal of Human Rights and Constitutional Studies*, 2016, vol. 4, p. 111.

〔78〕 Case C‑168/13 PPU, judgment 30 May 2013.

〔79〕 François-Xavier Millet, Nicoletta Perla. The First Preliminary Reference of the French Constitutional Court to the CJEU: *Révolution de Palais* ore Revolution in French Constitutional Law, *German Law Journal*, 2015, vol. 16, p. 1477.

〔80〕 *Khodzhamberdiyev vs. Russia*, appl no. 64809/10, judgment 30 May 2013.

〔81〕 Case C‑399/11, judgment 26 February 2013.

〔82〕 Case C‑399/11, judgment 26 February 2013, para. 81.

〔83〕 *Sejdovic vs. Italy*, appl no. 56581/10, judgment 1 March 2006.

力置于国内的宪法先例之上。[84]

一般而言，欧盟法院在短时间内不会以同一理由在其他案件中重复性援引相同的人权法院判决。[85] 例如，欧盟法院在 *Kaveh Puid* 案[86]的判决中仅仅援引了 *N. S.* 案的判决，却未能提及人权法院 *M. S. S.* 案的判决。在 *Trade Agency* 案[87]的判决中，欧盟法院将 *DEB* 案作为导向，却未能提及 *DEB* 案中援引的一系列人权法院判例。而在另一方面，由于人权法院判例法体系发展极为迅速，欧盟法院很难在第一时间获得人权法院的最新资讯。因此，部分欧盟法官担心会援引过时的人权法院判决。

此外，由于欧盟法院并非一个纯粹的跨国性人权法院，所以在基本权利不是案件争议焦点的情况下，欧盟法院不会援引公约权利和相应的人权法院判决。即便案件涉及基本权利的解释，欧盟法院在欧盟二级立法具有完全的证明效力以及自身能够权衡相冲突的诸利益抑或人权法院判例法体系无法为其审判提供实质性帮助情况下可以不援引人权法院的判决。例如，在著名的 *Google Spain* 案[88]中，由于本案并不涉及在政治领域中表达自由的作用，也不涉及普通的新闻通讯社的报道活动，因此欧盟法院找不到任何对其有实质性帮助的人权法院判决结果。相似地，在受到批评较多的 *Radu* 案[89]的判决中，由于欧盟法院主要任务是解释《欧盟统一逮捕令框架性决定》的适用标准，因此也不必要援引人权法院的任何判决。

根据访谈笔记，部分欧盟法官会在案件准备审理阶段对人权法院的判决作仔细分析。[90] 一位受访的法官谈到了其个人适用人权公约和人权法院判例的方法时说，"总体来说，如果基本权利宪章规定了该权利，我们将首先从该宪章出发。倘若人权公约也规定了该权利，那么公约将成为重要的文件。从某种程度来说，我们也会遵守我们的判例法、法律一般原则和国际公约"[91]。这名法官的态度似乎表明他（她）在任何的案件判决中都

---

〔84〕 Aida Torres Pérez. *Melloni* in Three Acts: From the Dialogue to Monologue, *European Constitutional Law Review*, 2014, vol. 10, p. 321.

〔85〕 Krommendijk, supra n. 46, at 30. 依据比较法理论，这属于普遍性的法律现象。新兴国家法院和国际组织在一段时间大量援引域外法或者判决后就逐渐形成了自己的判例法体系。这个法律现象尤其常见于普通法系国家。Irene Spigno. *Namibia*: *The Supreme Court as a Foreign Law Importer*, p. 171; Christa Rautenbach. *South Africa*: *Teaching an "Old Dog" New Tricks? An Empirical Study of the Use of Foreign Precedents by the South African Constitutional Court* (1995 - 2010), p. 194; Valentina Rita Scott. India: A "Critical" Use of Foreign Precedents in Constitutional Adjudication // Tania Groppi, Marie-Claire Ponthoreau. *The Use of Foreign Precedents by Constitutional Judges*, Oxford/Portland/Oregon: Hart Publishing, 2013, p. 86.

〔86〕 Case C - 4/11, judgment 14 November 2013.

〔87〕 Case C - 619/10, judgment 6 September 2012.

〔88〕 Case C - 131/12, judgment 13 May 2014.

〔89〕 Case C - 369/11, judgment 29 January 2013.

〔90〕 Krommendijk, supra n. 46, at 14.

〔91〕 Sonia Morano-Foadi, Stelios Andreadakis. Reflection on the Architecture of the EU after the Treaty of Lisbon: The European Judicial Approach to Fundamental Rights, *European Law Journal*, 2011, vol. 17, p. 601.

会尽量避免两个法院间法理冲突。另外一名受访的法官也认为即使《里斯本条约》已经生效,欧盟法官也不会改变其适用人权公约的已有方法。[92]

目前,欧盟法院尚没有形成一套统一地适用人权法院判例的方法。一些受访法官指出,欧盟法官很少在案件审理阶段集中讨论相关的人权法院判决。当个别合议庭的法官提醒其判决有可能会与人权法院的判决冲突时,法官们才可能集中地讨论人权法院相关判决。例如在涉及保障公平审判权的 *Akzo Nobel* 案[93]审理中,法官们集中讨论了涉及公约第 6 条的人权法院的判决。[94] 这也确保了欧盟法院实质性地将人权法院的判决考虑其中。[95]

总体来说,欧盟法院援引《欧洲人权公约》的动机不外乎是"最大程度促进两个法院解释基本权利的一致性"[96]、"寻求竞合性"[97]抑或"确保欧盟法院的判决不要偏离人权法院的最低标准"[98]。否则,成员国法院将会对遵守哪个跨国法院的解释产生疑惑。[99] 因此,援引人权法院的判例是消除两个法院间冲突的相对有效方法之一。[100] 但是,这并不能确保两个法院在法理上完全保持一致。例如,在 *Emesa Sugar* 案[101]的判决中,欧盟法院拒绝了诉讼人回复助裁官个人意见的权利。显然,这与人权法院对公约第 6 条的解释截然相反。两个法院目前对罢工权也有着不同的认识。[102] 此外,Callewaet 法官也指出

---

〔92〕 Morano-Foadi & Andreadakis, supra n. 91, at 600. 这名法官指出"尽管在外人看来,宪章使用了不同于人权公约和人权法院判决的词语,但是其代表的基本价值并没有改变,也不会破坏公约在欧盟法中的地位"。

〔93〕 Case C–550/07 P, judgment 14 September 2014.

〔94〕 Krommendijk, supra n. 46, at 17.

〔95〕 Krommendijk, supra n. 46, at 15.

〔96〕 Joint Communicationfrom President Costa and Skouris, 24 January 2014, para1.

〔97〕 Sacha Prechal, Kess Cath. The European Acquis of Civil Procedure: Constitutional Perspective, *Uniform Law Review*, 2014, vol. 19, p. 13.

〔98〕 Scheeck, supra n. 15, at 45.

〔99〕 Francis Jacobs. The European Convention of Human Rights, The EU Charter of Fundamental Rights and The European Court of Justice, available at website: http://www.ecln.net/elements/conferences/book_berlin/jacobs.pdf. p. 293.

〔100〕 Scheeck, supra n. 15, at 20.

〔101〕 Case C–17/98 [2000] ECR I–668.

〔102〕 Nicole Busby, Rebecca Zahn. The EU's Accession to the ECHR: Conflict or Convergence of Social Rights, Paper to Present at the Labor Law Research Network's Inaugural Conference, Barcelona, 13–15th June 2013. See also Amy Ludlow. The Right to Strike: a Jurisprudential Gulf between the CJEU and ECtHR // K. Dzehtsiarou, T. Konstandinides, T. Lock N. O'Meara. Human Rights Law in Europe: The Influence, Overlaps and Contradictions of the EU and the ECHR, *Routledge*, 2014, p. 133. 在欧盟法律体系内,罢工权被视为集体行动权的一部分。欧盟法院承认罢工权对经济自由构成合理性的限制,但是也规定了在这种情况下,经济性权利优先于非经济性权利。工会和国内的法院需要采取比例原则的方式以确保在欧境内设立公司权利的核心内容不受损害。相反,人权法院对罢工权的保障范围的确定根源于国际公约和缔约国共识。即使罢工权的行使与集体谈判没有直接的关系,但是只要其能够为职工在谈判中取得有利的地位,人权法院也承认该权利行使的合法性。

在立法标准上,欧盟法与人权公约在难民保障和刑事诉讼权利标准等方面具有明显差异性,[103]就更不用提欧盟法官经常抱怨没有时间阅读人权法院的最新判决[104]。这些问题都为两个欧洲法院差异性解释基本权利留下可能。

除非有法官提醒大家注意欧盟法院作出的判决与人权法院判决可能会产生差异性,否则合议庭法官很少会集中讨论人权法院的判决。尽管各位法官对援引人权法院判例的动机不同,但是都会将其视为消除与人权法院法理差异性的方法之一。除此之外,援引人权法院的判决会提高欧盟法院判决的说服性和合法性。因此,即使欧盟法院解释最终可能会损及国内的宪法秩序,援引人权法院判决有助于阻止宪法法院启动反限制性程序。当然,由于人权公约在欧盟法中不具有约束力,欧盟法院援引人权法院案例的动机也具有复杂性,所以其在不同案件中体现的功能也不尽相同。

三、欧洲人权法院的案例在欧盟法院判决中的功能

目前,很少有欧洲法学者系统性地研究人权法院的判例在欧盟法院的判决中的作用。[105] 如前言部分所述,笔者依据功能标准将欧盟法院援引人权法院判决分为四类:(1) 实质(权威)性导向;(2) 合法性导向;(3) "类推式"援引;(4) 装饰性援引。

(一) 人权法院的判例为欧盟法院提供了实质性导向

由于实质性导向意味着欧盟法院将人权法院的判决作为其自身说理或者判决的基础,因此这种现象并不常见。在寻找出的 50 个援引人权法院案件的欧盟法院判决中,不到 10 个欧盟法院判决属于这一类,所占比例仅约为 20%。这个结果也印证出欧盟法官尽量避免给外界留下欧盟法院实际受制于人权法院判例的印象。然而,鉴于欧盟法院缺乏审理人权案件的经验,所以有时难免将人权法院的判决作为案件审理的出发点。此外,国内法院、上诉人和助裁官的意见也给予欧盟法院压力,要求其以符合人权法院判决的方式解释欧盟法。所以,欧盟法院可能在基本权利宪章第 52 条第 3 款框架下将人权法院的法理作为实质性的导向。这一类的判决绝大多数出现在对公约第 6 条公平审判权以及第 8 条私生活权利的解释。同时,也有部分的判例涉及公约第 14 条反对歧视规定、第 12 条

---

〔103〕 Johan Callewaet. The European Convention on Human Rights and European Union Law，*European Human Rights Law Review*，2009，vol. 6，pp. 777-782.

〔104〕 Krommendijk，supra n. 46，at 20 - 21.

〔105〕 Peers 教授从功能性视角将欧盟法院援引人权法院的判例分为"相关性"、"不相关性"和"疑问性"。Peers，supra n. 11，at 113 - 127. Douglas-Scott 教授也从法理的角度研究了两个法院之间的案例援引。Douglas-Scott，supra n. 30，at 5 - 9；Douglas-Scott，supra n. 8，at 644 - 652；Douglas-Scott，supra n. 40，at 655 - 658. 一位欧盟法官也对该问题进行了研究。George Arestis. Fundamental Rights in the EU：Three Years after Lisbon, the Luxembourg Perspective, Cooperative Research Paper 02/2013，College of Europe，pp. 10-13.

婚姻权保障以及第 3 条的禁止酷刑和有辱人格待遇。

1. 私生活的权利

欧盟法院在涉及男女平等的 *Grant* 案[106]中第一次将欧洲人权法院的判例作为实质性导向。案件的上诉人是一名女性。她指出因为欧盟委员会的条例没有能够将异性夫妻与同性伴侣平等对待,所以违反了人权公约第 14 条规定的反对歧视的原则。欧盟法院援引了一系列人权法院的原则以证明该法令并没有违反《欧洲人权公约》。鉴于该法令给予包括未婚的固定异性伴侣在内的"家庭"以优惠,法院援引了相关的人权法院判决以表明同性伴侣组成的"家庭"不能被人权法院所认可。[107] 此后,法院通过援引 *Rees* 案[108]和 *Cossey* 案[109]以表明婚姻只限于"男女双方的自然结合"。由于人权法院与欧盟法院审判标的相同,因此援引并且跟随人权法院法理的判决本身证明该判决具有实质导向功能。前面提到的 *Roquette* 案具有标志性的以人权法院判决作为权威性导向的判决。在 *Hoechst* 案判决中,欧盟法院以《欧洲人权公约》没有明确的立法规定以及不存在人权法院的判例支持为理由拒绝承认人权公约第 8 条给予法人在其工作场所中享有不受干涉的私生活权利。甚至,法人无法依据欧盟法的一般原则获得相应的保障。但是,法国最高法院提醒欧盟法院应该注意人权法院在 *Nietmietz* 案的判决中已经明确将私生活保障范围扩展到法人的商业或者职业场所。这就导致了欧盟法院需要在服从和拒绝人权法院判决的两难中作出选择。一方面,欧盟法院有义务保障欧盟法的独立性,该义务的要求有时与遵守人权法院的判例难以协调;而另一方面,人权法院的判决确定了欧洲人权最低保障标准,受到缔约国的普遍尊重。欧盟机构任何不适当的违反人权保障的行为都可能导致成员国以及欧盟公民怀疑其是否认真保障基本权利。欧盟法院对这个问题采取了 U 形迂回的策略,企图掩盖其实质上遵守人权法院判决的事实。有意思的是,尽管在本案的判决中欧盟法院声称只是依据"类推性"方式援引人权法院的判决,但是欧盟法院却无法解释为何推翻了 *Hoechst* 案的判决结果。实际上,欧盟法院判决语言似乎暗示了人权法院的 *Nietmietz* 案和 *Colas Est* 案在该判决中的权威性导向功能。在前者的判决中,人权法院明确指出公约第 8 条规定的"家"的定义适用于商业场所。此外,欧盟法院更为认真对待了人权法院在 *Nietmietz* 案中对"家"概念性的解释。人权法院认为法文版本的"*domicile*"比英文"*home*"具有更大的保障范围,并且可以扩展到具有隐私领域的商业场所。[110] 这也就是为什么欧盟法院在其判决中称人权法院的解释具有"深远的意义"。

前文提及的 *McB* 案是另一个比较典型的实质性依赖人权法院判决的案例。由于该判决发生在《里斯本条约》生效以后,因此欧盟法院可以直接从基本权利宪章出发解释《布

---

[106] Case C - 249/96 [1998] ECR I - 636.

[107] *X. and Y. vs. UK*, appl no. 9369/81; *S. vs. UK*, appl no. 11716/85, para. 2; *Kerkhoven and Hinke vs. Netherland*, appl no. 15666/89.

[108] *Rees vs.UK*, appl no. 9532/81, judgment 17 October 1986.

[109] *Cossey vs. UK*, appl no. 10843/84, judgment 27 September 1990.

[110] *Nietmietz vs. Germany*, appl no. 13710/88, judgment 16 December 1992, para. 30 - 31.

《鲁塞尔公约 II》的规定。考虑到立法解释已经明确地指出宪章第 7 条移植于人权公约第 8 条的规定，所以欧盟法律体系中保障私生活权利的范围与人权公约应该保持一致。正如前文所提到的，欧盟法院在此案判决中将其援引的人权法院的判决作为实质性的权威导向，指出非婚生子女的生父有权在不经生母的同意下对其子女进行探望。值得注意的是欧盟法院在法律推理的过程中并未援引欧盟法院的判决。这意味着当欧盟法院在某一基本权利保障领域尚处于空白时，人权法院判例将会对欧盟法院产生实质性的导向功能。

2. 公平审判权

除私生活权利外，欧盟法院也会在涉及公平审判权的案件中大量地援引人权法院的判例。[111] 由于人权法院在该领域中积累了大量判例和司法经验，成员国法院和上诉人通常会以相应的判决为标准请求欧盟法院审查二级立法和国内实施欧盟法措施的合宪性或者要求欧盟法院依据公约规定解释相应的欧盟法。

在部分复杂的案件中，欧盟法院通常以人权法院法理判决为出发点判断欧盟规定是否违反了公平审判权。在 *Kobler* 案[112]的判决中，欧盟法院需要决定成员国政府是否需要因其终审法院错误解释欧盟法的行为对受害者实施国家赔偿。欧盟法院在判决中援引了人权法院在 *Dulaurans* 案中[113]判决的意见，指出即使该错误的判决是由终审法院作出，受害人仍应该获得赔偿。本案的核心问题涉及具有既判力（res judicata）的与欧盟法院解释结果相反的国内判决是否可以免于欧盟法院的司法审查。部分成员国代表明确地反对将已经具有既判力但错误解释欧盟法的国内判决作为向受害人提供国家赔偿的理由，担心这将会破坏国内判例法体系的稳定性。英国代表特别表达了欧盟法院的决定会对具有先例约束（stare decisis）传统的普通法系破坏的担忧。然而，维护欧盟法的权威是欧盟法院的最高目标。欧盟法院因此采用目的论的解释路径指出成员国法院错误解释欧盟法导致对上诉人的赔偿并不会实质性破坏判决的既判力。同时，欧盟法院没有要求成员国法院必须推翻先例。此外，鉴于欧盟成员国法院有义务正确地实施欧盟法，所以成员国应当对其错误承担国家责任。欧盟法院的解释似乎有意忽略了不同成员国对国家赔偿前提的差异性。这些差异性显然属于成员国的宪法特征（constitutional identity）。另一方面，即使是以目的论作为出发点，该解释也具有明显的不足。欧盟法院未能清楚地解释为什么国家政府对其最高法院的错误解释进行国家赔偿的要求没有对既判力原则形成侵害。欧盟法院也未能回答为何该决定不适用于欧盟法院本身。此外，欧盟法院否决了欧盟委员会将国家赔偿仅限于那些"严重"违反欧盟法的国内判决。欧盟法院认为不论基于何种动机和理由，任何错误适用欧盟法的行为都应该依据人权法院的判决由国家向诉讼人进行赔偿。这也就是为什么欧盟法院选择引用人权法院在 *Dulaurans* 案中判决的

---

[111] Alejandro Saiz Arnaiz，Aida Torrez Pérez. Main Trends in the Recent Case Law of the Court of Justice and the European Court of Human Rights in the Field of Fundamental Rights，*European Parliament*，2012，p.97.

[112] Case C - 224/01 [2003] ECR I - 10290.

[113] *Dulaurans vs. France*，appl no. 34553/97，judgment 31 March 2001.

原因。

在 *KNK* 案[114]的判决中,欧盟法院完全依照人权法院判例所确定的案件受理标准。鉴于上诉人并非在欧盟第 2001/931 号名单中(Common Position),因此其活动不受欧盟特定的打击恐怖主义法律的限制。依据人权法院在 *Gestoras* 案[115]判决中确立的"无实质性损害,无适格主体"标准,欧盟法院认为除非相对人受到了实质性的损害,否则无法成为适格的申诉人。

3. 其他权利

欧盟法院在 *K. B.* 案[116]的判决中完全依照了人权法院在 *Goodwin* 案[117]所作出的决定。本案的原告认为退休金受益制度对其配偶的性别限制违反了《欧共体条约》第 141 条以及相关的欧共体法令所规定的禁止性别歧视的条款。依据英国政府制定的《国家卫生系统退休金规章》的规定,卫生系统职员去世后,退休金的继承人为与其具有登记婚姻关系的异性配偶。尽管英国遵照欧盟法院 *Pv. S* 案的判决将区别对待变性人和自然性别人的立法规定视为歧视,但是英国的《婚姻法案》规定只有异性男女才能登记结婚,从而排除了变性人结婚的可能。这也就导致了女护士 K. B. 不能与其变性配偶进行婚姻登记。

受理该案的英国法院认为自然性别与变性人之间应该属于特殊的异性关系,但是变性人的婚姻权是否受到欧盟法的保障需要由欧盟法院决定。因此,本案焦点就从变性人是否有权成为退休金的继承人演变为欧盟法是否保障变性人登记结婚的权利。鉴于欧盟成员国在国内的法律体系中缺乏共识性标准,欧盟法院将人权法院在 *Goodwin* 案的判决作为了出发点,认为如果国内法律无法保障变性人重新登记性别的自由,从而连带地导致了其无法登记结婚,那么缔约国的行为构成了对公约第 12 条婚姻自由以及第 14 条禁止歧视的违反。从审判技术的视角分析,当欧盟成员国尚未在变性人是否有权登记结婚领域达成共识以及在欧盟法令缺乏明确规定的情况下,人权法院的相关判决能够为欧盟法院提供合法性的支持。因此,欧盟法院以公约及人权法院的判决为欧洲通行的人权最低标准为理由要求英国政府修改该国内立法。这就意味着在敏感性案件的判决中,人权法院的判例能够为欧盟法院提供实质性导向。

在《里斯本条约》生效后的 *N. S.* 案判决中,欧盟法院以人权法院的 *M. S. S.* 案的判决为参照对《都柏林规章 II》相关条款作出了解释。《里斯本条约》将欧盟一体化从经济领域扩大到政治、社会、司法和外交领域。然而,为了强调欧盟合作,欧盟立法者们似乎忽视了以最为严格的方式保障基本权利。人权法院在 *M. S. S.* 案判决中指出比利时政府在从人权非政府组织的年度报告以及联合国人权高专的汇报中了解或者应该知道希腊存在针对难民申请人普遍酷刑和有辱人格的待遇情况下依然将阿富汗难民送至希腊的行为违反了

---

[114] Case C - 229/05 [2007] ECR I - 470.

[115] *Segi and Others vs. 15 EU Member States*, appl nos. 6422/02 and 9916/02,judgment 23 May 2002.

[116] Case C - 117/01 [2004] ECR I - 541.

[117] *Goodwin vs. UK*, appl no. 28975/95,judgment 11 July 2012.

公约第 3 条的规定。比利时政府则认为由于相关的欧盟法规定的成员国间的"互信原则"，所以移送国法院无权审查接受国的人权状况。比利时政府执行的是欧盟法律，并且由于欧盟尚未加入《欧洲人权公约》，因此认为人权法院在本案中不具有管辖权。但是，人权法院却基于 *Matthews* 案[118]确立的缔约国不得以实施某个国际组织的义务为理由违反人权公约义务为法理依据坚持认为本法院具有管辖权。此后，人权法院没有依据 *Bosphorus* 案[119]确立的标准给予欧盟法以"推定合乎公约"的地位，而是实质性地依据公约标准审查了比利时实施欧盟法的行为。

在涉及如何实施《都柏林规章 II》的 *N. S.* 案中，英国法院向欧盟法院提交了几乎完全相同的问题。鉴于人权法院已经在 *M. S. S.* 案的判决中指出《都柏林规章 II》的实施方式不符合《欧洲人权公约》的标准，欧盟法院需要调和欧盟"互信原则"和保障基本权利间的冲突，其核心问题在于移送国是否有权在欧盟法框架下检验接受国履行欧盟法和保障基本权利的实际状况。英国政府在国内上诉法院指出都柏林规章要求移送国必须推定接受国达到了欧盟认定的基本权利保障标准，因此英国无权审查希腊保障难民申请人的实际状况。与英国政府观点相反，欧盟法院认为仍有以符合人权法院法理的方式解释欧盟法的空间，所以不希望同人权法院的判决直接发生碰撞。因此，欧盟法院在判决中说道，"以完全推定方式认为难民申请人接受国（原文为申请人首先进入的欧盟国家）在实施《都柏林规章 II》中基本权利保障与成员国尊重欧盟基本权利的要求不相符"。

欧盟法院指出具有现实的证据足以确信接受国存在对难民权利"系统性的侵犯"时[120]，移送国就不能以推定接受国符合基本权利保障标准为由移交相应的难民申请人，否则就构成了对宪章第 4 条的违反。人权法院判决的实质性影响不仅体现在欧盟法院要求成员国法院在"特定的情况下"对接受国的人权状况进行司法审查，同时也表现在认可人权法院确定的证据来源，即成员国政府应该认真对待来源于人权非政府组织以及联合国人权高专的报告。

（二）人权法院的判决为欧盟法院提供合法性导向

欧盟法院经常将人权法院的判例视为合法性导向，并通过援引判决的方式体现出其认真对待基本权利的保障。在部分案件中，欧盟法院通过简单援引的方式（passing

---

[118] *Matthews vs. UK*, appl no. 24833/94, judgment 18 February 1999.

[119] *Bosphorus vs. Ireland*, appl no. 45036/98, judgment 30 June 2005.

[120] 欧洲人权法院的判决对欧盟法院产生实质性的导向作用并不意味着两个欧洲法院间对基本权利的保障达到了完全的一致。诚然欧盟法院在 *N. S.* 案的判决中受到了人权法院 *M. S. S.* 案判决结果的实质影响，但是欧盟法院仅将移送国审查义务局限在"有证据证明接受国存在'系统性的人权侵犯'"，而人权法院在此后的 *Tarakhel vs. Switzerland* 案的判决中指出，即使意大利不存在规模性侵犯难民申请人的状况，瑞士当局在履行《都柏林规章》的过程中仍然负有考虑申请人家庭生活公约责任。这个判决意味着人权法院仍然不满意欧盟法院对基本权利保障标准，也是欧盟法院公布 2/13 意见反对《欧盟加入欧洲人权公约协议草案》的理由。Tobias Lock. The Future of EU Accession to ECHR: Is It still Possible or is it still Desirable? *Europa Working Paper*, 02/2015, p. 19.

reference)表明两个法院对特定的法律概念具有相同的认识。在部分案件中,人权法院的判例成为确认成员国法院或者欧盟一般性法院(General Court)的观点或者判决符合人权公约的规定抑或警告国内法院不要违反人权法院确定的最低保障标准。在部分敏感案件的判决中,欧盟法院总是在判决的最后提及人权法院判决以表示两个法院对基本权利的解释不相冲突。而在另外一些案件中,欧盟法院通过适用比例原则或者在探寻权利边界的过程中视人权法院判决具有一般性或者具体性的导向作用。在这些案例中,援引人权法院判决并不意味着欧盟法院完全遵守人权法院的法理。相反,在合法性导向功能下,欧盟法院将会在权利解释以及权衡相冲突的诸利益上与人权法院作出相似但并非相同的决定。此外,欧盟法院在极少数案件中援引人权法院判决的目的是通过比较法的路径展示公约权利的特点或者展现出欧盟法和人权公约体系的相同性和不同性。尽管可能存在援引人权法院判例的不同动机,但是任何一种动机都会对应着以下三个亚功能(sub-functions)中的一种:(1) 指导性功能;(2) 确认判决合法与告诫功能;(3) 比较分析功能。

1. 指导性功能

为了尊重《欧洲人权公约》保障的基本权利,欧盟法院通常会援引相应的人权法院的判决。其中,多数人权法院判例在欧盟法院的判决中发挥着指导性功能。指导性功能可再分为两种方式:一般性指导功能(general guidance)和具体性法理指导功能(concrete jurisprudential guidance)。

一般性指导功能是指欧盟法院赞同人权法院在界定权利范围过程中所使用的抽象性法律方法或技术。欧盟法院通常会在审查司法与行政期限是否合理的案件中运用此种方法。在 *Baustahlgewebe* 案[121]的判决中,欧盟法院所援引的人权法院判决就是明显的例证。欧盟法院认为判断某个审理期限是否合理应该考虑到该案的相关因素。法官尤其需要考虑案件的复杂性以及公权力主体和申请人的行为等因素。在 *Z* 案[122]的判决中,欧盟法院援引了与 *Baustahlgewebe* 案中相同的人权法院的判决以证明审理期限的合理性。

此外,欧盟法院通过援引人权法院相关判决的方式表示其认同人权法院裁判的方式或者技术。尽管人权法院判例无法对欧盟法院的判决产生实质性影响,但是援引本身则证明了欧盟法院会选择或者考虑人权法院的审判思路。在涉及限制公职人员言论自由的 *Connolly* 案[123]中,欧盟法院就援引了包括 *Sunday Times* 案[124]和 *Handyside* 案[125]在内的人权法院经典案例表明本案对当事人表达自由的限制将适用人权法院确定的比例原则

---

[121]　Case C－185/95 [1998] ECR I－8485.

[122]　Case C－270/99 [2001] ECR I－9214.

[123]　Case C－274/99 [2001] ECR I－1611.

[124]　*Sunday Times vs. UK*, appl no. 6538/74, judgment 26 April 1979.

[125]　*Handyside vs. UK*, appl no. 5493/72, judgment 7 December 1976.

与边际裁量的司法进路。[126] 在涉及红酒名称权保障的 *Tocai* 案[127]中，欧盟法院援引了人权法院 *Jokela* 案的判决指出对财产权的限制必须符合合法性原则和比例原则。由于欧盟法院在本案中没有实际移植人权法院的比例性审查法理，所以 *Jokela* 案并未对欧盟法院的最终判决产生实质性的影响。在 *Österreichischer* 案[128]的判决中，欧盟法院实质性地审查了国内法院运用比例原则的合理性。为了留下欧盟法院判决符合人权法院法理的印象，欧盟法院援引了 *Gillow* 案的判决，特别强调了"必要性"的含义是指"与其追求的合法性目的成比例"。此外，欧盟法院在本案中通过援引 *Leander* 案[129]的判决一般性地指出成员国在此领域中享有边际裁量权，其范围"不仅仅取决于特定干预事实的本质"。

另一方面，绝大多数援引的人权法院判决则具有具体性法理导向功能。法院通过这种方式寻找共同认可的法律概念、具体的人权法院说理方法以及说服性法源（persuasive legitimacy）。

在 *Familiapress* 案[130]的判决中，奥地利行政当局向本国法院控诉一份在当地发行的德国报纸举办的猜字游戏提供的奖金总额已经超过了奥地利法律规定的上限，该行为违反了奥地利的公平竞争法。此后，奥地利行政法院将该案提交至欧盟法院。欧盟法院认为奥地利国内立法对当时《欧共体条约》第 30 条规定的货物流通自由构成了限制。此种限制的合理性必须要经过欧盟所认可的公共利益标准的检验。奥地利行政当局认为设定最高奖金数额的目的是依据人权公约第 10 条保障国内报业的多元性，保护小规模的报业集团的生存空间。欧盟法院援引了人权法院在 *Informationsverein Lentia* 案[131]中的判决确认保障媒体多元性是人权公约第 10 条的基本要求之一。在上述提及的 *Connolly* 案判决中，欧盟法院通过具体的人权法院判决寻找本案的合法性导向。通过援引 *Willey* 案[132]和 *Glasenapp* 案[133]的判决后，欧盟法院特别指出在特定条件下公职人权的言论自由权需要接受特定的限制。

在涉及保障程序性权利（公约第 6 条）的部分案件中，人权法院的判例为欧盟法院在程序性规则和法律概念中提供了特定性法理导向。在 *Aalborg Portland* 案[134]的判决

---

[126] 范继增：《欧洲人权法院适用比例原则的功能与逻辑》，《欧洲研究》2015 年第 5 期，第 102—104 页；Jizeng Fan. Deference or Proportionality: Two Concepts of Margin of Appreciation in the Strasbourg Court and Their Influence, *The Journal of Human Rights*, 2016, vol. 14, pp. 258-259.

[127] Case C - 347/03 [2005] ECR I - 3820.

[128] Joined Case C - 465/00 and C - 138 - 139/00 [2003] ECR I - 5041.

[129] *Leander vs. Sweden*, appl no. 9248/81, judgment 26 March 1987.

[130] Case C - 368/95 [1997] ECR I - 3709.

[131] *Informationsverein Lentia vs. Austria*, appl no. 37093/97, judgment 28 November 2002.

[132] *Willey vs. Liechtenstein*, appl no. 28369/95, judgment 28 October 1999.

[133] *Glasenapp vs. Germany*, appl no. 9228/80, judgment 28 August 1986.

[134] Case C - 204/00 [2004] ECR I - 403.

中,欧盟法院依据人权法院 *Kerojarvi* 案[135]和 *Mantovanelli* 案[136]的判决将"对抗性程序"(adversarial principle)解释为"仅局限于'法庭'审理的司法程序中。人权法院判例法并没有形成任何一种普遍或者抽象的原则认为诉讼人在案件审理的所有程序中皆有机会参与公权力机关的询问或者享有复印与另一位诉讼人一切相关文件的权利"。在 *Weiss* 案[137]的判决中,欧盟法院通过援引人权法院判例的方式对"起诉书"的概念进行定义。依据人权法院 *Kamasinski* 案[138]的判决,欧盟法院认为应诉方不能以起诉方未能提供相应的证据翻译为由拒绝接收证据材料。在 *ASML* 案[139]判决中,欧盟法院从人权法院的 *Artico* 案[140]的判决中获得具体性合法导向,承认辩护权是源自于公约第 6 条保障的公平审判权并且要求国家给予被告人辩护权以特定的保障。在 *Krombach* 案[141]的判决中,欧盟法院以人权法院判决为具体导向认为法国刑事诉讼程序侵犯了被告人的辩护权。即使被告人无法出席审判,其有权通过聘请律师的方式代其参加法庭审理,此乃不可剥夺的基本权利。

在《里斯本条约》生效后,人权法院判例依旧在个别案件中为欧盟法院判决提供具体性的指导功能。此种方法在成员国宪法法院与欧盟法院进行司法对话时尤为重要。在著名的 *Melloni* 案的判决中,欧盟法院就通过援引人权法院 *Sejdovic* 案判决具体指出当被告已获得合理告知审判时间和地点以及不出席审判的法律后果时,被告人未出席的行为就意味其放弃权利。而在前面提及的 *DEB* 案中,欧盟法院通过援引人权法院判决的方式提醒德国法院必须要依据案件的背景和客观因素来确定是否在本案中具备提供司法援助的必要性。

在私生活保障领域中,人权法院的判例成为欧盟法院寻找法律概念定义和解释基本权利的"阐释性工具"。在上述所提及的 *Österreichischer* 案的判决中,欧盟法院认为尽管个人资料不会被公开,但是将个人资料转移至政府的行为构成了对公约保障的个人隐私权的干涉。考虑到人权法院的判决是公约权利的动态性规范,欧盟法院特别地援引了 *Amann* 案和 *Rotaru* 案的判决后指出"没有原则性的理由将与职业相关的行为完全排除在'私生活'之外",从而依据保障隐私权的规范对政府的行为进行实质性的审查。在《里斯本条约》生效后的 *Volker and Schecke* 案[142]判决中,欧盟法院在此案件中再次引用了人权法院的上述判决作为反对政府强制搜集个人信息的具体性法理导向。而在

[135] *Kerojarvi vs. Finland*,appl no. 17506/90,judgment 19 July 1995.

[136] *Mantovanelli vs. France*,appl no. 21497/93,judgment 18 March 1997.

[137] Case C - 14/07,judgment 8 May 2008.

[138] *Kamasinski vs. Austria*,appl no. 9783/82,judgment 19 December 1989.

[139] Case C - 283/05 [2006] ECR I - 12067.

[140] *Artico vs. Italy*,appl no. 6694/74,judgment 13 May 1980.

[141] Case C - 7/98 [2000] ECR I - 1956.

[142] Case C - 92 - 93/09,judgment 9 November 2010.

Schwartz 案[143]的判决中，欧盟法院完全同意人权法院在 *S. and Marper* 案[144]判决中对"指纹"的定义，即"指纹包括个人信息，它们包括个人独有的且可以被识别的信息"。

在欧盟议会诉欧盟理事会一案中，欧盟议会请求欧盟法院审查欧共体第 2003/86 法令部分条款的合宪性。欧盟议会认为该法令将在欧盟生活的家庭成员团聚的非欧盟籍的未成年人年龄资格限制在 12 岁以下的规定违反了相关的国际人权法。然而，欧盟理事会则认为由于欧盟尚未加入任何的国际人权公约，因此欧盟不必遵守相关公约的规定。与欧盟理事会的观点相反，欧盟法院指出《欧洲人权公约》以及相应国际公约规定的基本权利属于欧盟法一般原则，因此应该将相关的国际法考虑其中。欧盟法院注意到尽管依据《欧洲人权公约》第 8 条的规定缔约国具有积极和消极的义务，但是缔约国同时也享有边际裁量的权利。因此，缔约国的公约责任的范围（同意其外国亲属入境团圆）随着涉及的个人和公共利益环境的变化而变化。因此，《欧洲人权公约》第 8 条并没有赋予缔约国一般性义务保障在其境内居住的外国人可以在任何情况下与外来的亲属团聚。为了证明其观点不违反《欧洲人权公约》，欧盟法院将 *Sen* 案[145]与 *Rodriguez da Silva* 案[146]作为具体性法理导向指出人权法院同意缔约国将儿童的年龄、儿童在原始国的生活环境以及儿童在多大程度上依赖其父母作为是否放行的依据。实际上，欧盟法院在该判决中没有偏袒任何一方，而是依据人权法院的判例明智地将最终决定权给予了成员国政府。

除了公平审判权、私生活权利以及表达自由之外，人权法院的判例也能为欧盟法院在其他领域的人权案件提供具体性的法理导向。在 *Avocaten* 案[147]中，欧盟法院直接援引人权法院在 *Coeme* 案[148]将"罪刑法定"原则解释为国内法官有义务依据国内的法律条款和相应的解释让被告人知道何种作为或者不作为构成犯罪。在前述的 *Kadi I* 案判决中，欧盟法院决定依据实施联合国安理会决议的欧盟法令执行针对上诉人财产限制的行为侵犯了其财产权。根据欧盟基本的法治要求，司法机关有权审查任何对财产限制的行为。因此，欧盟法院特别援引了 *Jokela* 案的判决要求国内法院必须完全尊重人权公约第 1 号议定书第 1 条给予本案申请人的程序性权利（接受司法审查权）。在 *M* 案[149]的判决中，一名生活在比利时的意大利公民被指控对一名未成年少女（涉案人的孙女）性侵。意大利警方和比利时警方同时对此案件进行了调查。比利时警方首先完成了该程序。然而，比利时预审法庭（pre-trial chamber）决定对本案不予起诉。但是，意大利检察机构以同样的事实向意大利法院提起了公诉。因此，M 先生指出鉴于比利时的不予起诉的决定具有既判力，意大利法院受理起诉的行为构成了对"一事不再理"原则的违反。欧盟法院援引了

〔143〕　Case C－291/12，judgment 17 October 2013.

〔144〕　S. and Marper vs. UK，appl no. 30562/04 and 30566/04，judgment 4 December 2004.

〔145〕　Sen vs. Netherlands，appl no. 31465/96，judgment 21 December 2001.

〔146〕　Rodriguez da Silva vs. Netherlands，appl no. 50435/99，judgment 31 January 1999.

〔147〕　Case C－303/05［2007］ECR I－3672.

〔148〕　Coeme and Others vs. Belgium，appl no. 32492/96，judgment 22 June 2000.

〔149〕　Case C－398/12，judgment 5 June 2014.

Zolotukhin 案⑴⑤⁰的判决指出只有发现新的事实或者审理程序有重大的瑕疵时,法院才能对已生效的判决进行重审。由于本案不符合该要求,因此意大利法院无权对该指控进行再次司法审理。

2. 确认判决合法与告诫功能

在部分案件的判决中,援引的人权法院判决用于确认欧盟一般性法院判决或者国内法规范符合基本权利保障标准抑或告诫国内法院注意相关的人权法院判决确立的基本权利保障标准。在 *Schindler* 案⑴⁵¹的判决中,上诉人和欧盟法院就应该以哪些人权法院判决为依据的问题展开了辩论。上诉人反对初审法院在本案中以 *Jussila* 案⑴⁵²作为判决的导向。人权法院在该案中决定当特定的违法行为尚不构成触犯刑法时,只要其依据的法律条款合法,罚款的决定不必由法院作出。因此,其本质已经完全变成了行政卡特尔程序(反对垄断的行政程序)。同时,当事人鉴于罚款的数额巨大,反对以 *Menarini* 案⑴⁵³为欧盟一般性法院审理案件的导向。这是因为行政机关作出的罚款决定实质上侵犯了行政相对人的公平审判权。然而,人权法院认为一审法院已经正确地适用了人权法院的决定。该案件不仅规定了行政机关有权实施"刑事性"(数额巨大)的罚款,同时也规定了上诉人认为行政机关的行为违法时保留向法院寻求司法救济的权利。当本案的上诉人指出欧盟法相关条款给予法官巨大的自由裁量权违反了法治原则和罪刑法定原则时,法院援引了两个人权法院的案例指出该条款不违反基本权利的保障。依据人权法院的 *G. vs. France*⑴⁵⁴判决结果,法院不仅要依据立法性的语言解释法律,同时也要依据已有的判例法。在 *Margareta & Anderson* 案⑴⁵⁵中,人权法院指出只要法院行使的自由裁量权足够清晰且不构成任意性,那么自由裁量权就不会影响法律的预见性。

在 *G* 案⑴⁵⁶的预先裁决中,国内法院向欧盟法院询问在无法确定被告人的住址时,其是否有权在被告缺席的情况下通过公告的方式发布判决。欧盟法院注意到德国国内法有具体的规定,但是欧盟法体系中却缺乏相应的规定。因此,欧盟法院认为只要国内法规定不会损及《欧盟基本权利宪章》和《欧洲人权公约》规定的辩护权的核心内容以及对辩护权限制不会构成对公共利益不合比例的侵害,缔约国应当享有巨大的边际裁量空间。因此,欧盟法院将人权法院的 *Nunes Dias* 案⑴⁵⁷的判决作为说服性理由指出人权法院没有禁止"通过公告的方式进行传唤",只要相应的辩护权得到维护。此案援引人权法院判决的功能就是要告诫国内法院应该尊重人权法院判决确立的基本权利保障标准。

⑴⑤⁰ *Zolotukhin vs. Russia*, appl no. 14939/03, judgment 10 February 2009.

⑴⁵¹ Case C‐501/11 P, judgment 18 July 2013.

⑴⁵² *Jussila vs. Finland*, appl no. 73053/01, judgment 23 November 2006.

⑴⁵³ *Menarini vs. Italy*, appl no. 43509/08, judgment 27 September 2011.

⑴⁵⁴ *G. vs. France*, appl no. 15312/89, judgment 27 September 1989.

⑴⁵⁵ *Margareta & Anderson vs. Sweden*, appl no. 12963/87, judgment 25 February 1993.

⑴⁵⁶ Case C‐292/10, judgment 15 March 2012.

⑴⁵⁷ *Nunes Dias vs. Portugal*, appl no. 69829/01, judgment 10 April 2003.

同样，在 *El Dridi* 案[158]的判决中，欧盟法院通过援引人权法院在 *Saadi* 案的判决标准告诫意大利法院不得以不合理的时限过长地羁押被驱逐人，也就是说羁押的时间必须要与合法的目的成比例。在 *Lanigan* 案[159]的判决中，欧盟法院以 *Quinn and Gallardo Sanchez* 案判决[160]为导向要求缔约国在羁押程序中尽职履行职责。

人权法院在 *N. vs. UK* 案[161]判决中为欧盟法院在 *M'Bodj* 案[162]和 *Abdida* 案[163]中的判决提供了具体性的法理导向功能。在后一个案件的裁决中，欧盟法院提醒比利时当局必须认真对待人权法院的 *N. vs. UK* 案的解释，即只有在特殊的状况下驱逐患有重病且无法在其国籍国获得适当医疗的人方能构成对人权公约第 3 条的违反。在前一个案件中，欧盟法院通过援引该人权法院的判决指出本案申请人，既不是难民也不是低收入者，不能获得《欧盟资格法令》(*EU Qualitative Directive*)给予的医疗权保障。

3. 比较分析功能

有时，欧盟法院通过相关的人权法院的判例分析比较了欧盟法与《欧洲人权公约》的异同。在 *Jeremy F.* 案的判决中，法国宪法委员会就向欧盟法院提交预先申请询问其《欧盟统一逮捕令框架性决定》是否剥夺了被捕人要求对调查法官判决(investigating judges)进行上诉的权利。欧盟法院原则性地指出任何执行统一逮捕令的决定都应该以符合宪章第 47 条以及人权公约第 13 条的方式进行。

但是，欧盟法院通过分析人权公约法律体系后发现相对于人权公约第 13 条，人权公约第 5 条第 4 款在审查驱逐当事人合法性领域内具有特别法的法律地位。欧盟法院在援引人权法院的 *Khoazhamberdiyev* 案判决后指出，当法院在封闭性的程序中作出决定后，其审查或者监督性机制理应包含在该封闭性司法程序之中。此外，依据 *Marturana* 案[164]的判决，人权法院并没有强制要求各缔约国对重新听证以及审查羁押合法性的行为设置二级监督程序。欧盟法院通过比较后发现其自身的法律体系与人权公约有着相同性，因此其宣布应该在审查与判决中尊重该基本权利，缔约国在司法程序的设置上享有自由裁量权。

同样的，在前述的 *KNK* 案的判决中，欧盟法院以人权法院在 *Klass* 案[165]和 *Tauira* 案[166]的判决为具体判断诉讼主体适格的标准。欧盟法院指出除非有特殊情况，否则案件受理的基础必须以当事人权利受到了实质性的侵害为前提。

---

[158] Case C‑11/61，judgment 28 April 2011.

[159] Case C‑237/15 PPU，judgment 16 July 2015.

[160] *Quinn and Gallardo Sanchez vs. Italy*，appl no. 11620/07，judgment 24 March 2015.

[161] *N. vs. UK*，appl no. 26565/05，judgment 27 May 08.

[162] Case C‑542/13，judgment 18 December 2014.

[163] Case C‑562/13，judgment 18 December 2014.

[164] *Marturana vs. Italy*，appl no. 63154/00，judgment 4 March 2008.

[165] *Klass and Others vs. Germany*，appl no. 5029/71，judgment 6 September 1978.

[166] *Tauira and 18 Others vs. France*，appl no. 28204/95，judgment 4 December 1995.

(四)"类推式"援引

由于适用基本权利的背景不同,欧盟法院在部分案件中以"类推性"的方式援引人权法院的判例。在涉及将非欧盟成员国公民驱逐出境的 *Carpenter* 案[167]和 *Akrich* 案[168]中,欧盟法院慷慨地依据人权法院的判决扩大解释了人权公约第 8 条的适用范围。

在第一个案件中,Carpenter 夫人是一名菲律宾人,其在英国的居留期限已到。不幸的是她的英国丈夫正在荷兰忙生意而无暇回国。Carpenter 夫人成为家里唯一可以照顾家庭和孩子的亲人。欧盟法院注意到不维护欧盟公民亲属在欧盟成员国的居住权就无法切实保障欧盟公民经济自由。在后一个案件中,欧盟法院认为成员国以不符合移民法为由驱逐一名与当地人结婚且婚后在此地连续生活多年的非欧盟公民的行为构成了对公约第 8 条的限制。在两个案件的判决中,欧盟法院都指出人权公约第 8 条并未给予外国人进入本国以特定的保障,但是依据本条第 2 款的规定,对该权利的限制必须要符合合法性目的和必要性。为了增强判决的合法性,欧盟法院特别在两个判决中援引了人权法院 *Boultif* 案[169]和 *Amrollahi* 案[170]以寻找"必要性"的认定标准。值得注意的是人权法院的两个判决涉及的驱逐性决定属于执行缔约国刑法的范畴,而欧盟法院审理的案件本质是保障欧盟公民及其非欧盟配偶的家庭权,属于民事法律范围。因此,欧盟法院扩大了人权法院判决的适用范围。

(五)装饰性援引

欧盟法院在少数案件的判决中所援引的人权法院判决不具有必要性或者与最终判决结果不相关。在这种情况下,援引人权法院的判决就只有装饰性的功能。例如,欧盟法院在 *P. v. S* 案判决中就援引了人权法院在 *Rees* 案中对"变性人"(transsexual)的定义。然而,该名词解释与案件最终判决不具有实质性的关联。援引该案件只能证明欧盟法院同意或者了解人权法院的名词解释。

相似的,欧盟法院在 *Francophones* 案[171]的判决中通过援引人权法院三个判决确定公约第 6 条规定的公平审判权所包含的具体权利内容:辩护权、对抗双方权利对等(the principle of equality arms)、寻求法庭裁判权以及寻求律师在民事或者刑事诉讼程序中帮助权。但是,鉴于在本案判决中援引的人权法院判决目的仅仅是对抽象性概念的描述,无法将其实际地运用到具体问题之中,因此其援引属于装饰性援引。

此外,欧盟法院有时会在特定事项中同时援引欧盟法院与欧洲人权法院的判决。例如在 *Schmidberger* 案[172]的判决中,欧盟法院同时援引了人权法院 *Steel* 案和相关的欧盟

---

[167] Case C‐60/00 [2002] ECR I‐6305.
[168] Case C‐109/01 [2003] ECR I‐9665.
[169] *Boultif vs. Switzerland*, appl no. 54273/00, judgment 2 August 2001.
[170] *Amrollahi vs. Denmark*, appl no. 56811/00, judgment 11 July 2002.
[171] Case C‐305/05 [2007] ECR I‐5335.
[172] Case C‐112/00 [2003] ECR I‐5694.

法院的判决以证明欧盟法院与人权法院采用了同样的合比例的限制基本权利的方法。但是，鉴于欧盟法院存在大量先例判决，因此并无援引人权法院判决之必需。

四、结　论

在欧洲宪法多元体系[173]中，超国家法律体系与成员国法律体系相互交缠且互相合作。[174] 一方面，欧盟法院具有维护欧盟法律体系独立性的职能[175]；另一方面，欧盟法院在《欧盟条约》和《欧盟基本权利宪章》的规定下无法脱离人权法院法理判决的影响[176]。从《马斯特里赫特条约》到《里斯本条约》，欧盟的立法者们皆赋予《欧洲人权公约》欧盟法一般原则的法律地位。在司法实践领域中，欧盟法院在《里斯本条约》生效前经常将人权公约视为具有"特殊的意义"。即便是在《里斯本条约》生效后，欧盟法院也经常依据公约权利解释欧盟法条。《欧盟基本权利宪章》第 52 条第 7 款给予了欧盟法院考虑人权法院判决的边际裁量空间。然而，考虑到一半以上的宪章权利移植于公约，因此欧盟法院似乎不能忽略人权法院的判决，毕竟公约权利本身具有"动态性"，其权利的概念和范围皆依靠人权法院的动态解释。

隶属于不同司法体系的法院通过法律对话的方式调节彼此间法律解释的冲突[177]，从而减少在欧洲一体化过程中各机构间的冲突和摩擦。区别于《欧盟功能条约》第 267 条以及《欧洲人权公约》第 16 号议定书，欧盟法院以援引人权法院判决的方法同人权法院进行了"隐形对话"[178]，增强了在基本权利保障领域中判决的合法性。但是，由于欧盟 2/13 号意见中止了欧盟加入《欧洲人权公约》的前景，欧盟无法受公约的外在约束。

---

[173]　Neil Walker. The Idea of Constitutional Pluralism, *Modern Law Review*, 2002, vol. 65, p. 337. Walker 对欧洲范围内的宪法多元主义给予了最为经典的解释，即"1950 年代的《罗马条约》已经发展出一套超越所有已存在国际法的新的法律秩序。在法律冲突过程之中，新的政治实体欧盟具有自身的宪法诉求。这些宪法诉求伴随着旧有的国家宪法诉求"。

[174]　范继增：《三角模式下欧洲基本权利的冲突与融合》，《法律方法》第 18 卷，2015 年第 2 期，第 440 页。

[175]　Nasiya Daminova. Two Aspects of Legal Order Autonomy Doctrine in the CJEU Opinion 2/13：Protocol No. 16 and Art. 344 TFEU, PANOPTICA（2015），vol. 10, no. 2, pp. 46-47.

[176]　Scheeck，supra n. 55, at 9.

[177]　Giulio Itzcovic. Legal Order, Legal Pluralism and Fundamental Principles. Europe and Its Law in Three Concepts, *European Law Journal*, 2012, vol. 18, p. 359. "对话的目的是为了在不同的国家以及国家和欧盟层级对欧盟法具有统一的认识和解释。对话的必要性源于法官们的需求，即便并非追求统一或者同质性的法律文化，那么也是追求形成共同的法律语言和概念性工具，为以后的'对话'服务……其实，欧洲一体化的过程本身就是改变法律语言和法律文化的过程"；Francis G. Jacobs. Judicial Dialogue and Cross-Fertilization of Legal Systems：The European Court of Justice, *Texas International Law Journal*, 2003, vol. 38, pp. 547-556.

[178]　Cian C. Murphy. Human Rights Law and Challenge of the Explicit Judicial Dialogue, Jean Monnet Working Paper，no. 10/12，pp. 11-12.

同时,欧盟法官也可以任意地选择欧洲人权法院判决作为解释公约的标准。欧盟并不需要完全尊重欧洲人权法院的判决。只要两个法院的判决之间不形成冲突,欧盟法院的判决就具有规范意义的合法性。[179] 由于欧盟法官的工作压力以及个人因素等,他们往往无法了解或者阅读人权法院的最新判决。这一缺陷只能通过非正式定期交流和私人沟通的方法弥补。

尽管依据搜集的数据以及受访欧盟法院的观点分析,欧盟法院在《里斯本条约》生效后援引欧洲人权法院的判决频率有所降低,但是这并不意味着人权法院的法理判决失去了影响力。在 Curia 数据库所发布的欧盟法判决书皆为修改后的版本。与原版相比,欧盟法院的法官可能已经大量删除了其审理过程中援引的人权法院案件以保证判决的合法性不受外界质疑。有时,欧盟法院与人权法院作平行解释时也无须援引人权法院的判决。但是当部分法官提醒欧盟法院的判决可能违反人权公约时,合议庭法官或者全体大法官会议会在审理最后阶段检验其判决与公约权利的相容性。

欧盟法院在其判决中援引人权法院的判例可以分为四种功能:(1)实质性(权威性)导向;(2)合法性导向;(3)"类推性"援引;(4)修饰性援引。多数援引的人权法院判例在欧盟法判决中发挥了合法性导向功能,即欧盟法院从人权法院的判决中寻求说服性的理由以及告诫成员国法院应该遵守相应的人权法院判决标准。在欧盟缺乏实施某一立法具体性的程序规范,或者人权法院的判决推翻了欧盟法院对人权公约的解释时,欧盟法院通常会实质性地遵守人权法院的判决。只有在较少的案例中,人权法院判决只发挥着"类推性"援引或者装饰性的功能。前者意味着欧盟法院慷慨地扩大了人权法院判决的适用范围,而后者仅是欧盟法院肤浅地援引或者简单了解人权法院的相关决定。总体来说,欧盟法院不存在一套具有统一性的适用方法,法官援引和对待人权法院判决的动机和态度也各异,但是也存在共识性,即通过援引人权法院的案例增强自身判决的说服性和合法性。

---

[179] Aida Torres Peréz. *Conflicts of Rights in the European Union: A Theory of Supranational Adjudication*, Oxford: Oxford University Press, 2009, p. 98.

检察规律论纲*

孙洪坤**

摘　要： 检察规律是在检察经验中发现并反复印证，是人们在认识检察制度和检察活动过程中形成的必然向着一定趋向发展的一系列普适性的客观检察法则，是不以人的意志为转移的内在的本质联系，是指导支配检察改革、理论研究和实务工作者思维与行动的精神指导和价值取向。应以发展、科学、社会进步、开放自治的眼光来考量检察规律。从威权到权威、从人治到法治、从维护王权皇权到维护公平正义、从打击犯罪到打击犯罪与保障人权相结合、从追诉犯罪到法律监督蕴含了检察规律的基本发展路径模式。

关键词： 检察规律　内涵　考量因素　路径模式

2015 年 3 月 24 日，习近平总书记在中央政治局集体学习司法体制改革时强调，"要坚持司法体制改革的正确政治方向，坚持以提高司法公信力为根本尺度，坚持符合国情和遵循司法规律相结合，不断促进公平正义"。对此，张文显教授认为，当前，无论实务界还是理论界，对于司法规律、法治发展规律的研究都尚有欠缺。深入研究司法规律具有三重意义：一为司法改革提供学理支撑和理论指导；二来凝聚改革共识，凝聚改革的力量；三是深化司法改革、推进司法文明的必由之路。提出司法规律的问题，体现了司法改革过程中的问题意识，确立了问题导向。[1] 然而，作为司法规律重要一环的检察规律[2]，目前

---

*　【基金项目】最高人民检察院重点项目：《司法行政事务管理权与检察权相分离制度研究》（GJ2015B12）。

**　浙江农林大学法政学院教授。

〔1〕　参见张文显：《为什么要研究司法规律》，《检察日报》2015 年 5 月 14 日，第 3 版；彭巍：《司法规律学术研讨会纪要》，《法制与社会发展》2015 年第 3 期，第 110 页。

〔2〕　我国宪法并未在文本中直接使用"司法机关"这一词语，真正将检察机关定性为司法机关的是1997 年 9 月党的十五大报告中提出的"推进司法改革，从制度上保障司法机关依法独立公正地行使审判权和检察权"。近些年来，中央政策和文件已将人民检察院和人民法院统称为约定俗成意义上的司法机关，司法改革或司法体制改革均包含两个机关，但由于检察权与审判权是具有内在质的差异性的两种国家权力，如检察权具有积极主动性，而审判权却具有消极被动性。因此，无论是在制度设计还是在学术研究意义上都有必要将两者区分开来，据此笔者将司法规律分为检察规律和审判规律。

对其研究基础更为薄弱，〔3〕而要使检察理论和检察活动始终体现时代性和先进性，必须把握其规律性，这就要深入研究检察发展的规律性，在遵循检察规律的前提下，站在检察自身运行规律的立场上，科学地深化党的十八大和十八届三中、四中全会规定的各项检察改革任务，探讨中国特色社会主义检察制度的改革和完善，进而探索如何建设公正高效权威的中国特色社会主义检察制度及其运行机制，将具有十分重大的理论价值和实践意义。

一、检察规律的基本内涵

对检察规律内涵的研究，我们首先要准确理解"规律"的内涵。《中国大百科全书》对规律的解释为："事物本身所固有的、存在于现象之中并决定或支配现象的方面。又称法则。规律就是事物的发展过程中同一类现象的本质关系或本质之间的稳定联系，它是千变万化的现象世界的相对稳定的方面。规律是反复起作用的，只要具备必要的条件，合乎规律的现象就必然重复出现。"〔4〕《现代汉语词典》对其阐释为："事物之间的内在的本质联系。这种联系不断重复出现，在一定条件下经常起作用，并且决定着事物必然向着某种趋向发展。也叫法则。"〔5〕

马克思辩证唯物主义与历史唯物主义哲学原理告诉我们，世界上的事物，现象千差万别，它们都有各自互不相同的运行发展规律，有其自身发展的特性，"自然规律是在自然界中各种盲目的力量相互作用中表现出来的；社会规律则必须通过人们的自觉活动表现出来。规律是客观的，即不可能创造，也不能消灭。人们要想在活动中获得预期的目的，即取得成功，就要从实际出发，坚持实事求是，认识和尊重客观规律，按照客观规律办事。否

---

〔3〕 以"检察规律（procuratorial law）"为关键词上网检索，对检察规律进行初步研究的成果主要有向泽选、曹苏明：《检察规律及其启示》，《华东政法大学学报》2010 年第 6 期，该文是国内第一篇专门论述检察规律的文章，但所述检察规律仅指当前刑事检察活动的规律，在内涵和外延上没有覆盖到整个检察制度和检察活动系统；向泽选：《检察规律引领下的检察职权优化配置研究》，《政法论坛》2011 年第 3 期，该文主要从我国当前检察职权优化配置的角度进行论述；向泽选：《新时期检察改革的进路》，《中国法学》2013 年第 5 期，该文指出检察规律应当成为检视和制定检察改革方案的一个重要依据，拟定新时期检察改革进路应当遵循符合检察规律的原则，并首次提出检察规律包括检察制度嬗变的规律，但并未展开论述。另外，张建伟教授将检察规律列为检察学的七大主要理论范畴之一，认为，当前检察学研究并非不重视检察规律的总结和提炼，但受研究者视野和能力所限，检察规律的把握和揭示显然是不够的，今后的检察学研究需要在检察规律方面继续努力，为检察制度的发展和检察活动的改良创造条件，使检察学真正成为一门"科学"。参见张建伟：《论检察》，中国检察出版社 2014 年版，第 5—8 页。谢鹏程在《检察规律论》中仅阐述了法律监督与法制统一等六大关系。参见谢鹏程：《检察规律论》，中国检察出版社 2016 年版。而本文主要从检察制度和检察活动（或曰检察权）运行的历时性和共时性相融合的嬗变规律方面溯本清源，从多角度、立体式的层次展开研讨，从而揭示影响检察制度和检察活动运行规律的主导因素和逻辑机理。

〔4〕 中国大百科全书总编辑委员会：《中国大百科全书》（第 2 版），中国大百科全书出版社 2009 年版，第 288 页。

〔5〕 中国社会科学院语言研究所词典编辑室：《现代汉语词典》（第 6 版），商务印书馆 2012 年版，第 489 页。

则就要受到客观规律的惩罚"〔6〕。"正像达尔文发现有机界的发展规律一样,马克思发现了人类历史的发展规律和剩余价值规律。"〔7〕因此,辩证唯物主义认识论的原理表明,规律是可以总结、发现的,并能用以指导人类改造自然和社会的活动;检察规律属于人类认识社会规律的范畴,与审判规律、行政规律、立法规律以及经济规律等相比,既具有一般社会规律的共同特征,又具有其自身的特性。而有学者却认为:"世界各国的检察体制都是各具特色的,并无单一的规律可循。"〔8〕殊不知,检察规律作为一种特定的社会规律,是个性和共性相结合的检察制度(静态)和检察活动(动态)的运行法则,不同国家、不同时代、不同社会形态下的检察制度和检察活动必然具有一定的差异性(个性);但也存在其内在本质的必然联系的相同性(共性),即共同规律,也即可复制、可推广的人类检察发展的客观规律。

根据上述原理,对检察规律的研究,从马克思主义本体论和认识论层面的方法论上来讲,是一种宏观性的研究,是一种基于社会历史发展语境基础上的,检察哲学思想价值观念深层次变革性的研究。有鉴于此,我们可以这样理解检察规律的内涵:检察规律首先是在检察经验中发现并反复印证,是人们在认识检察制度和检察活动过程中自觉形成的必然向着一定趋向发展的一系列普适性的客观检察法则,是不依人的意志为转移的内在的本质联系,是指导支配检察改革、理论研究和实务工作者思维与行动的精神指向和价值取向。换言之,检察规律的内涵是现代法治国家检察理论研究的结晶,是人类检察文化的长期积累与沉淀,是检察发展客观规律的高度抽象概括,它虽然不是具体的检察制度,有别于一般的检察理论,但这些规律却始终支配着人们进行科学的检察改革、理论研究和检察实践活动的定势与走向。

二、检察规律的考量因素

那么,我们应当从哪些方面考量检察规律的个性和共性呢?笔者认为,影响检察制度和检察活动发展的个性因素应包括各国的政治制度、历史传统、法律文化、经济社会发展水平等;〔9〕而影响检察制度与检察活动发展的共性因素,是跨越时空,不同国家和地区以及不同民族在检察发展历史进程中,人类所必然共同追求的价值取向,它凝聚了人类理性认识检察制度和检察活动的共通品格。尤其是在全球化时代21世纪的今天,各国经济政治文化密切交往,检察活动和检察文化的交流、对话和合作亦日趋频繁,特别是世界各国在反腐败、打击跨国犯罪和保障人权问题上,有了愈来愈多共同面临的问题,因此我们必

---

〔6〕 前引〔4〕,第288页。

〔7〕 《马克思恩格斯选集》(第3卷),人民出版社2012年版,第1002页。

〔8〕 韩大元:《中国检察制度宪法基础研究》,中国检察出版社2007年版,第443页。

〔9〕 对此,曹建明检察长指出:"一种检察制度好不好,关键看它是否适应本国经济、政治、社会和文化发展的需要,是否适应国家民主法治的进步,是否适应国家政治体制和司法体制的内在要求。"参见曹建明:《坚持和完善中国特色社会主义检察制度》,《人民检察》2014年第17期,第1页。

须以深邃的目光,认清时代发展的方向,研究和尊重检察制度和检察活动发展的客观规律,从而科学把握其发展趋势。

(一) 发展的眼光

"唯物辩证法的宇宙观主张从事物的内部、从一事物对他事物的关系去研究事物的发展,即把事物的发展看作是事物内部的必然的自己的运动,而每一事物的运动都和它的周围其他事物互相联系着和互相影响着。事物发展的根本原因,不是在事物的外部而是在事物的内部,在于事物内部的矛盾性。任何事物内部都有这种矛盾性,因此引起了事物的运动和发展。事物内部的这种矛盾性是事物发展的根本原因,一事物和他事物的互相联系和互相影响则是事物发展的第二位的原因。"[10]检察制度和检察活动内部自身的发展矛盾性也是如此,但其发展趋势总是不断地由低级向高级发展,由落后向先进发展,由简单粗糙向科学规范发展,虽然其也会历经许多波折,但最终会遵循唯物辩证法事物发展矛盾性的否定之否定规律。

检察制度和检察活动符合检察发展规律,我们才能站在时代科学发展观的高度,与时俱进,以发展的眼光辩证地看待过去的检察制度和检察活动,慎重地反思现在的检察制度和检察活动,科学地开创未来的检察制度和检察活动。但把握检察发展规律不是一蹴而就的事情,它不仅是个自觉运用辩证唯物主义的理性认识论问题,更是一个深刻的社会实践问题,往往需要一个长期的认识—实践—再认识—再实践,由感性到理性的反复的艰苦探索过程;而且,认识和揭示检察发展规律,还要受个人能力和所处时代的局限,以及阶级立场、世界观和方法论的局限。

(二) 科学的眼光

本文所谓的科学,一是指科学技术的发展水平,二是指检察制度与检察活动本身的科学性,在此,仅论述第一点。科学技术是第一生产力,对法律有着重要的影响作用。恩格斯曾指出:"这种技术,照我们的观点看来,也决定着产品的交往方式以及分配方式,从而在氏族社会解体后也决定着阶级的划分,决定着统治和被奴役的关系,决定着国家、政治、法等等。"[11]因而,科学技术对检察制度和检察活动的发展影响也是非常重要的。如古代不可能出现现代基于保障人权的检察机关讯问职务犯罪嫌疑人的同步录音录像技术、远程视频传输和讯问技术等。目前,已进入信息化互联网时代,从检察机关办案上看,先进的科学技术有助于提高其执法办案质量,例如,DNA 技术的发现,能有效鉴定比对犯罪嫌疑人的身份;测谎仪很大程度上能证明犯罪嫌疑人是否说谎,从而证实其口供的真实性;而且在犯罪侦查活动中,各国普遍使用了电子监听、电子监控、电话监听、秘密拍照或录像、电子邮件检查、网上通缉等专门技术侦查手段。并且,针对全球职务犯罪日益严重的

---

[10] 《毛泽东选集》(第 1 卷),人民出版社 1991 年版,第 301 页。

[11] 《马克思恩格斯选集》(第 4 卷),人民出版社 1995 年版,第 731 页。

紧迫形势,我国于 2005 年加入的《联合国反腐败公约》第 50 条规定:"为有效打击腐败,各缔约国均应当在其本国法律制度基本原则许可的范围内并根据本国法律规定在其力所能及的情况下采取必要措施,允许其主管机关在其领域内酌情使用控制下交付和在其认为适当时使用诸如电子或者其他监视形式和特工行动等其他特殊侦查手段,并允许法庭采信由这些手段产生的证据。"我国 2012 年修正的刑事诉讼法,虽在侦查一章中设专节对技术侦查措施作了专门规定,但检察机关只有对重大贪污、贿赂犯罪等案件的决定权,并无实施执行权,而且立法及其相关解释中也未对其能否拥有秘密侦查和控制下交付的权力加以明确规定,所以仍无法满足运用科学手段打击当前各种复杂腐败犯罪的需求。然而,先进的科学技术是一把双刃剑,也很有可能被不法分子用来进行违法犯罪活动,如利用信用卡进行盗窃,利用计算机信息技术作案,等等,尤其是职务犯罪和跨国犯罪日益趋向高智能化、高科技化、反侦查手段现代化以及追逃追赃国际化。因此,如何在提高检察活动的科技含量和优化技术侦查措施的同时,又能加强人权保障的力度,对现代各国的检察改革提出了新要求、新挑战,也是当代各国检察制度和检察活动发展的新特点和新趋势。

(三)社会进步的眼光

社会进步,是人类社会孜孜以求的永恒主题,它伴随着科学技术的进步,人们物质生活条件的不断提高,人类在对自身价值的追求不断提升的基础上,对检察制度和检察活动发展的认知更加能适合时代的要求,更加向前发展。社会越进步,检察制度和检察活动越民主、文明,涉嫌违法犯罪的公民的人身、诉讼权利就越有保障。以刑讯为例,18 世纪著名法学家贝卡里亚指出:"为了迫使罪犯交代罪行,为了对付陷于矛盾的罪犯,为了使罪犯揭发同伙,为了洗涤耻辱——我也不知道这有多么玄虚和费解,或者为了探问不在控告之列的另外一些可疑的罪行,而在诉讼中对犯人进行刑讯,由于为多数国家所采用,已经成为一种合法的暴行。"[12]如德意志帝国 1532 年颁布的《加洛林纳刑法典》和法国 1670 年颁布的《刑事诉讼法》都规定,被告人的口供是证据之王,调查官可以对被告人和证人实施秘密的或公开的刑讯逼供。同样,刑讯在中国封建刑事诉讼中也是以合法的形式运行的,并且更加细致严密。从《睡虎地秦墓竹简》看,战国时代有关"刑讯"的规定已经相当完备,其后历代直到清末对刑讯的规定更加严密。如《唐律》对刑讯的条件、刑讯的方法、拷问的刑具和拷打的部位、拷囚之禁忌都作了详尽而完备的规定。当然,刑讯在现代人看来是一种非常落后野蛮的做法,它不符合诉讼文明和诉讼民主理性的要求,不符合以人为本的人道精神,但当时却有其存在的现实合理性。[13] 现代社会各法治国家不但在立法上废除了

---

〔12〕 [意]贝卡里亚:《论犯罪与刑罚》,黄风译,中国大百科全书出版社 1993 年版,第 31 页。

〔13〕 具体内容可参见张建伟:《口供主义与刑讯取证》,《国家检察官学院学报》2006 年第 4 期,第 78—87 页;陈如超:《刑讯逼供的国家治理:1979—2013》,《中国法学》2014 年第 5 期,第 5—25 页;徐朝阳:《中国古代诉讼法·中国诉讼法溯源》,中国政法大学出版社 2012 年版,第 115—116、159—166 页。

刑讯,而且还规定了一些防止刑讯行为的配套措施,如沉默权制度、非法证据排除规则、讯问职务犯罪嫌疑人时全程同步录音录像制度等,昭示了社会进步对检察制度和检察活动的深刻影响。

(四) 开放自治的眼光

随着经济全球化、市场化、信息化的快速发展,各国检察制度和检察活动的对话与合作也日益加强,所以我们必须以中国的问题、世界的视野来观察和思考检察制度和检察活动中的一些问题,探讨其规律性,取长补短,共同发展。开放,不仅能带来检察制度和检察活动的对话与合作,而且能理性地促进检察制度和检察活动的丰富和完善。

进入 21 世纪后,任何一国单凭自己的检察机关单打独斗,都会有一定的困难性和局限性,这也为各国检察制度和检察活动的发展融合提供了契机,为学习、借鉴他国的经验提供了基础。对此,联合国通过了《世界人权宣言》、《公民权利和政治权利国际公约》、《关于检察官作用的准则》、《执法人员行为准则》、《反腐败公约》,以及中国与其他国家为追回外逃贪官犯罪资产有必要签订的双边或多边刑事司法协助条约、协定等,从中我们可以领悟到世界各国将来检察制度发展的某种趋势。世界各国的检察制度都是各具特色的,正如世界上没有两片完全相同的树叶一样,开放让我们放眼世界、俯瞰全球,大有一览众山小之神采;而自治又让我们近望自身、细细端详,大有独坐深山中之韵味。自治要求在开放的"乱花渐欲迷人眼"中寻找自我,因为一国检察制度的发展更受其本国政治制度的影响,如根据我国宪法规定,政体模式实行在人大之下的一府两院制,检察机关作为"两院"之一,与西方两大法系国家检察机关一般隶属于行政机关或者与审判机关合署的体制不同,中国的检察机关是同国家行政机关、审判机关平行的,是具有独立的宪法地位的国家机关;检察权、审判权、行政权相对独立,但又统一于人民行使国家权力的机关——人民代表大会。[14] 这些政体特征不可能吸收美国自认为先进的三权分立政体制度。因此,自治要求在开放中不断借鉴世界各国先进的检察经验、检察理念和检察理论,但又不能囫囵吞枣似的完全借鉴,而只能在自己这块土壤里,根据国情,在合理吸收中,不断创新有中国特色、中国风格的社会主义检察制度。

三、检察规律的路径模式

通过上述对检察规律内涵与考量因素的分析,我们可知,虽然各国检察制度都具有自身的个性,但其发展演变最终都会遵循一个符合社会发展进步要求的共性路径模式,一定程度上反映出今后的发展趋势与走向,亦是检察制度与检察活动科学发展的原动力与驱动力。

---

[14] 参见孙谦:《论检察》,中国检察出版社 2013 年版,第 3 页。

(一) 从专制到民主

专制,是指最高统治者独自掌握政权,完全凭自己的意志独断专行,操纵一切。检察专制,意即检察官独断专行,运用刑讯逼供等酷刑手段逼取口供,被告人毫无人身权利和诉讼权利可言,成为被赤裸裸地拷问的对象,完全沦为诉讼的客体。无论西方还是东方,检察制度的雏形均形成于封建专制社会时期,检察官多为封建专政的工具,涉嫌犯罪的人多无自由可谈。"在专制的国家里,政体的性质要求绝对服从;君主的意志一旦发出,便应确实发生效力。在那里,绝无所谓调解、限制、和解、条件、等值、商谈、谏诤这些东西;完全没有相等的或更好的东西可以向人建议,人就是一个生物服从另一个发出意志的生物罢了。在那里,人们不得把坏的遭遇归咎于命运之无常,也不得表示对将来厄运的畏惧。在那里,人的命运和牲畜一样,就是本能、服从与惩罚。"[15]最早出现近现代检察制度端倪的是 14 世纪法兰西王国的"国王代理人",代理国王对某些犯罪行使追诉权,当时是欧洲最黑暗的中世纪时期,刑事诉讼采用超强的纠问式诉讼程序模式。在这种诉讼程序模式下,个人的权利被牺牲得一干二净。个人可以在其本人不知情的情况下受到侦查。个人所面对的证据,本人不可能提出异议,直至出庭之时,才能组织辩护,并且可能受到极其残酷的拷打、刑讯;审判不公开进行,即使承认提出的证据不足,个人仍然处于官方的怀疑之下,并有可能再次受到追诉。常常发生这样的情形,一方面无辜者受到有罪判决,另一方面犯罪人却没有受到惩罚而逍遥法外。正因为如此,孟德斯鸠、贝卡里亚都曾经严词抨击刑讯拷打以及诉讼程序所导致的不平等,尤其是对专断行为提出了有力的批判。[16]有鉴于此,1789 年法国资产阶级革命胜利后,封建检察制度是否应当废除的问题,曾引起了广泛的争论,结果是通过法令明确规定,保留检察制度,同时 1791 年法律又规定,国王可以命令公诉人追诉犯罪,也可以向法庭派驻专员,就一切公诉发表意见。对此,曾担任过封建时期检察官的资产阶级左派领袖罗伯斯庇尔指出,这些法律"把这职位间接地授予国王本身,亦即把对公民和最热爱自由的人们的命运具有最危险影响的权力交给宫廷和内阁,歪曲和破坏了公诉制度,使它变成了行政官员的卑鄙工具"。他还指出:"我看到正义和平等的原则处处被破坏,宪法的规范处处都被践踏,公民的自由好像陷于公诉人、皇家委员和检察长等夹击之中。"[17]

"权者,君之所独制也。"[18]在中国,秦始皇于公元前 221 年统一六国后,建立了以维护皇权为核心的封建专制主义中央集权,为了进一步巩固封建秩序,建立了监管纠察百官的御史制度,以后各朝代均仿效之。到魏晋南北朝,御史台由皇帝直接领导,号称"天子耳目"。在"朕即国家",皇帝集立法、行政、司法大权于一身的中国封建专制政治体制中,法

〔15〕 参见[法]孟德斯鸠:《论法的精神》,张雁深译,商务印书馆 2006 年版,第 18 页。
〔16〕 参见[法]卡斯东·斯特法尼等:《法国刑事诉讼法精义》(上册),罗杰珍译,中国政法大学出版社 1998 年版,第 82—83 页。
〔17〕 参见邓思清:《检察权研究》,北京大学出版社 2007 年版,第 7 页。
〔18〕 《商君书·修权篇》。

律监督部门往往成为统治阶级残酷镇压政敌的工具，难以形成民主的思想。

民主是开放的，广泛的，参与式的。民众参与检察活动是检察民主的外在体现和内在要求，是现代法治国家检察文明与进步的里程碑，体现了权利对权力以及权力对权力的有效约束和制衡。在近现代民主思想的启蒙下，尤其是二战后，针对法西斯专制独裁司法之害的深刻反省后，现代各法治国家在检察制度和检察活动中均渗入了现代民主性因素，如检察院审查批准逮捕阶段，讯问犯罪嫌疑人，询问证人等诉讼参与人，听取辩护律师的意见；在审查起诉阶段，听取被害人、犯罪嫌疑人及其代理人、辩护人的意见，沉默权制度，错案赔偿制度，以及我国的检察委员会制度与人民监督员制度和美国的大陪审团制度。这样，以探索真相的民主精神，从保障犯罪嫌疑人及其诉讼参与人"言说"的权利和外部大众参与民主相结合的协同机制出发，共同展现了从专制到民主这一检察规律的轨迹。

（二）从威权到权威

威权，意即威力和权势，专制独裁型检察也即威权型检察，或称检察威权，检察机关和检察官被当作专制独裁者的以法制之名行个人专制独裁之实的工具，法律完全成为政治权力的工具，检察活动完全取决于当权者的政治需要，检察机关成为政治权力的奴仆，检察官以严刑峻法、恐怖、高压手段残酷侵害人权来显示其权威，被认为或自认为是贯彻当权者命令的柔顺工具，这种状态并非检察活动发展的常态，只是在古代封建极端专制时期和 20 世纪的一些极端专制独裁国家的某个时期存在。如希特勒法西斯统治时德国的检察机关，不再是资产阶级法治的捍卫者，而是实行恐怖统治的工具，当希特勒上台对犹太人进行血腥清洗时，他本人就宣称他是德国人民的"最高法官"，有随意处死任何人的权力。纳粹党第二号头目戈林对普鲁士的检察官们说："法律和元首的意志是一回事。"这使得检察官不能以法制原则履行职能，而只能按希特勒的旨意，进行高压性的检察活动。在1933 年 7 月 22 日的一次会议后，各州检察院院长要求下级检察院提高警惕。布莱斯劳检察院院长呼吁刑事司法体系"尽快地迅速行动，采取最严厉的手段打击国家社会主义的一切敌人"。8 月 8 日，瑙姆堡检察院院长下令下属的检察官与纳粹党员进行通力合作。[19] 当时，有罪判决的上诉机关大为减少，所有的"特别申诉"都是检察官"代表元首"提起，所有的"特别申诉"都"具有历史性意义"，被小心完整地保藏。它们独一无二地提供了司法部官员、最高检察院和最高法院特别法庭串通一气进行谋杀的记录。[20]

苏联在 20 世纪 30 年代的"肃反运动"中，领导人的个人专断曾使得法律形同虚设，个人的言行就是"法"，使检察机关完全成为维护其个人极权统治的专政机关，沦为政治斗争中打击异己的工具。在国民党蒋介石独裁时期，司法院于 1930 年曾规定，所谓"反革命"

---

〔19〕 参见［德］英戈·穆勒：《恐怖的法官——纳粹时期的司法》，王勇译，中国政法大学出版社2000 年版，第 49—50 页。

〔20〕 参见［德］英戈·穆勒：《恐怖的法官——纳粹时期的司法》，王勇译，中国政法大学出版社2000 年版，第 118 页。

的被告人应送入反省院者,"由检察官径行处分"。而反省院设立的目的在于用以对付共产党和进步人士,对其进行肉体上和精神上的折磨,达到解除其反抗意志的目的。

检察威权多出现在极端专制独裁国家的某个特定时期,说明当时检察机关和检察官对最高专制独裁统治者的人身依附性和权力工具性,随着民主、法治理念逐步深入人心,由检察威权走向检察权威是其必由之路。而检察权威是检察机关自身所蕴含的地位、价值、尊严等内在力量以及在检察权运行过程中形成的外在影响力的总和。它不仅包含了检察机关和检察官在整个国家政治体制中的地位和职能,以及检察官职业的荣誉和尊严,更包含了检察机关和检察官在执法办案中获得的公众认同度和在人民心中的形象及地位。[21]

(三) 从人治到法治

"所谓人治,实质上是君治和君主操纵下的官治,这是专制制度所决定的。"[22]在人治下,法律服从政治并成为政治的附庸,成为掌权者统治被统治阶级的工具。中西封建专制社会时期,以及近现代法西斯独裁的特定时期,当时的国家都属于典型的人治国家,如西欧中世纪,在神学世界观的统治下,检察制度和检察活动也自然摆脱不了神学法律思想的束缚,人的尊严、权利和自由被湮没在王权和神权的共同宰割之中。在中国古代以商鞅、韩非等为代表的法家所主张的"以法治国"和"法治",虽被人称为"不别亲疏,不殊贵贱,一断于法"[23],但其目的仍是维护统治者的专制统治,其本质是以君权为基础,要求的是严明赏罚、严刑峻法。秦王朝采取法家思想,重视法制,却把法家的严刑峻法推向极致,发展成为一种机械的、僵化的法治,导致二世而亡。真正支配中国两千多年封建社会的正统思想是孔孟的人治思想,孔子在治国方略上重德轻刑,重人轻法,主张"人治",认为"为政在人",孟子则提出了"重贤轻能"的"人治论"。在这种权大于法的人治模式中,法律仅被视为"治国之具",监察官吏虽充任皇帝之耳目,执行钦差之特殊使命,但其命运却往往与国运的盛衰相关联,和政治上的清明与否相联系。如同为唐朝,贞观盛世时,御史多能人尽其才,敢于纠举弹劾权贵;武周专制时御史难以自保,往往缄默其口不敢问政。这表明监察官吏的权势和地位最终取决于皇权统治的需要,服从于政治形势的需要。[24]

英国 17 世纪的资产阶级通过革命手段首先在宪法中确立了"国王不能违法"的原则,即国王也必须服从议会通过的法律;加之 18、19 世纪法国反对君主专制,崇尚民主法治,资产阶级革命的胜利,逐步建立了近现代意义上的检察制度和检察机关,虽然历经波折,但代表先进思想的人们无时无刻不在寻求真正的"法治"主义上(以人权为基础)的检察制度。按照法治原则,法律在一个国家的各项事物中具有最高权威,任何立法、行政、司法人

---

[21] 具体内容可参见孙洪坤:《检察权威研究》,《东方法学》2014 年第 3 期,第 12—22 页。

[22] 张晋藩:《中国法律的传统与近代转型》,法律出版社 2009 年版,第 411 页。

[23] 《史记·太史公自集》。

[24] 参见曾宪义主编:《检察制度史略》,中国检察出版社 2008 年版,第 57 页。

员都必须依法办事,法律面前人人平等,没有任何人具有凌驾于宪法和法律之上的特权。法治作为治国理政的基本方式,是跨越世界各个法系国家法治文明理性发展的重要标志。检察权运行在法治的轨道上,方能实现检察权在国家法治治理能力和治理体系现代化基础上的善治目标。"秉持法治的普遍价值和基本原则,立足各国的历史文化传统和现实国情条件,选择法治,抛弃人治,是包括中国人民在内的大多数人民大众的基本共识,是包括中华文明在内的大多数人类文明的普遍实践。"[25]

从人治走向法治,是人类社会政治文明发展的规律在检察领域的特殊形式,也可以说是检察规律的具体映像,从人治的检察走向法治的检察,首先要求有一个开明的政治环境,依法治国、建设法治国家的理念深入人心,国家法制系统完备;其次检察官具备严格依法办案的能力和素质,在其内心深处认同法律的至上性和权威性,在执法活动中只服从宪法和法律;再次,法治的基本精神和要义在于"治官",防止其权力的恣意和滥用,作为行使国家法律监督权的检察机关仍然要为其自身建立良性有效的内外部监督制约机制,以解决谁来监督监督者的理论难题和实践逻辑。

(四) 从维护王权皇权到维护公平正义

中世纪的欧洲大陆一直没有实现统一,各国的诸侯势力强大,王权微弱,教会自成一体,而且教会权威在其统治者的领域内实行神权,王权受制于教权,为了压制教权,加强王权,法国在 14 世纪初创立了"国王代理人"制度,这一制度被认为是法国的第一个检察机构,是检察制度的源头。"国王代理人的首要任务是维护国王的领土权益、财政特权和司法特权,以及通过多种方式,致力于扩大国王的权力,如贬抑其他法院管辖权(如教会法院和城市法院等)以扩大王室管辖权、宣传王室法院优越性等"。[26] 因此,"国王代理人"实际上维护的是国王的利益,是世俗王权与宗教特权相斗争的工具,而不是维护社会的公平正义。在中国,皇帝或皇室的尊严和权益,是封建专制皇帝权力的象征,神圣不可侵犯,否则便会构成严重犯罪(如大不敬等),受到严重处罚。秦始皇统一六国,号称始皇帝,也即第一个皇帝,其为加强皇权专制统治,把最初只是在其身边记载百官言行的御史,委以监察百官的重任。从西汉汉武帝时期,董仲舒提出"天人感应"、"罢黜百家,独尊儒术"的儒家思想理论之后,封建皇权进一步神化为"居宸极之至高,奉上天之宝命,同二仪之覆载,作兆民之父母"[27],突出了中国封建专制皇权主义下的检察活动只能是维护皇权统治需要的工具本质。以御史为例,他们在政治体制中虽拥有显赫地位,但在封建帝王面前只能俯首听命,充当天子耳目。有的或因纠举弹劾皇帝宠信的权臣贵戚,而招致斥责、罢黜与处罚;有的或因卷入党争的旋涡,而成为派系倾轧的牺牲品;有的则因参与统治者对政敌

---

[25] 李林:《全面推进依法治国的时代意义》,《法学研究》2014 年第 6 期,第 8 页。

[26] 魏武:《法德检察制度》,中国检察出版社 2008 年版,第 6 页。

[27] 《唐律疏议·名例律》。

的无情镇压,而成为皇帝为平息民愤所抛出的替罪羊。[28] 因而,御史制度作为皇权的附属品,往往成为维护皇权的御用工具。

现代意义上的检察制度,是资产阶级革命反封建专制、反王权皇权胜利的产物,如具有现代雏形的检察官,创始于 1789 年彻底改造刑事诉讼的法国大革命,定型于 1808 年之《拿破仑治罪法典》,随后传播于欧陆各国。无论在法国还是德国,检察官制皆属革命风潮与启蒙时代的产物,因而有"革命之子"及"启蒙的遗产"的雅号,考其创始之目的:一曰废除当时的纠问制度,确立诉讼上的权力分立原则;二曰以一受严格法律训练及法律拘束之公正客观的官署,控制警察活动的合法性,摆脱警察国家的梦魇;三曰守护法律,使客观的法意旨贯通整个刑事诉讼程序,而所谓的客观法意旨,除了追诉犯罪之外,更重要的是保障民权。[29]

公平正义是现代法治社会价值体系中的核心内容,也是衡量社会全面进步的重要标志。检察官维护公平正义有一个天然的优势,那就是检察官常常被认定是出于保护公众抵御来自被告人的某种形式的威胁之目的而站在人民一边的,因此更容易被看作是"正义的化身"[30],正如德肖维茨所言:"检察官代表的是好人:他们代表法律与秩序,代表受害者与人民;他们是公仆;他们站在真理与天使的那一边。"[31] 以承担法律实施的客观公正义务,发现事实真相,维护社会公平正义为使命,西方各现代法治国家的检察官角色已完全由"国王的守护人"转变为"法律的守护者"、"公共利益的看护人";我国更把"强化法律监督,维护公平正义"作为检察工作的主题,蕴含了从维护王权皇权到维护公平正义这一检察运行发展的规律。

(五) 从打击犯罪到打击犯罪与保障人权相结合

著名比较法学家埃尔曼坦言:"社会越是趋向专制,检察机构的地位便会越高,他们的对手受到的限制便会越多。"[32]笔者认为,这种观点非常值得商榷,是不符合检察运行发展规律的,检察机构的地位高低与社会专制或民主并无本质的联系。专制意味着检察活动的目的只是打击犯罪、排除异己,如在极端专制独裁的德国纳粹时期,检察机关和检察官也只能成为纳粹党、秘密警察、法官实施恐怖统治的配角,在政治威权统治下不如此就会自身难保,根本谈不上独立、受尊崇的地位,而高的地位也只是相对于被告人而言的。再如中国历史上唯一的女皇帝武则天在建立周王朝初期,为了保护她的王朝,唯我是从,

〔28〕 前引〔24〕,第 49 页。
〔29〕 参见林钰雄:《检察官论》,法律出版社 2008 年版,第 6—8 页。
〔30〕 参见张建伟:《司法竞技主义——英美诉讼传统与中国庭审方式》,北京大学出版社 2005 年版,第 125 页。
〔31〕 参见[美]德肖维茨:《合理的怀疑:从辛普森案批判美国司法体系》,高中义、候荷婷译,法律出版社 2010 年版,第 167 页。
〔32〕 [美]H. W. 埃尔曼:《比较法律文化》,贺卫方、高鸿钧译,清华大学出版社 2002 年版,第 151 页。

大量任用来俊臣、索元礼、周兴等酷吏，实施各种残酷的刑罚，监察御史自身难保，不敢言政，遑论其有多高的地位了。换言之，检察官地位的高低，法律的好坏，不在"法条"的本身，而在"诉讼法"的执行，不在如何处罚犯罪，而在如何确定犯罪。唐王朝的法律，是中国各王朝法律中最完善的一种，但因中国古代政治思想缺乏人权观念，所以中国始终不能产生证据主义的诉讼法，《唐律》自不例外。于是酷吏的酷刑就代替诉讼法，检察官在侦查报告时，不追求事实，只追求口供。[33] 作为美国法学及其意识形态的代言人，埃尔曼只比较了现代英美、欧洲大陆国家和社会主义国家的检察制度，自然得出英美国家的检察制度不如法德等欧洲大陆国家和苏联、中国等社会主义国家发达，检察机关也不如后者强势，令人吊诡的是，近些年来英美国家检察制度不断向后者学习，如美国独立检察官享有完全独立、充分的权力可以调查包括总统在内的高层官员。但毋庸讳言，无论是西方还是东方，无论是王权代理人还是皇权代理人，诞生于封建专制时代的检察机构，由于缺乏人权观念，都是出于统治者维护其统治秩序、打击犯罪的需要。只是到了 17、18 世纪，启蒙自然法人权思想对在刑事司法中保障人权起到了促进作用。如洛克认为："自然状态有一种为人人所应遵守的自然法对它起着支配作用；而理性，也就是自然法，教导着有意遵从理性的全人类：人们既然都是平等和独立的，任何人就不得侵害他人的生命、健康、自由和财产。在自然状态中，一个人就是这样地得到支配另一个人的权力的。但当他抓住一个罪犯时，却没有绝对或任意的权力，按照感情冲动或放纵不羁的意志来加以处置，而只能根据冷静的理性和良心的指示，比照他所犯的罪行，对他施以惩处，尽量起到纠正和禁止的作用。"[34] 法国于 1789 年发布了《人权与公民权利宣言》，1810 年改为共和政体后，检察官也由"国王代理人"转变为"共和国代理人"，随之便建立了现代意义上的既注重打击犯罪，又考虑人权保障的检察制度。德国于 1975 年废除调查法官后，检察官成为侦查程序中当之无愧的"霸主"。由于检察官被定位为客观的、公正的法律守护者，他不但要收集证明嫌疑人有罪的证据，也要收集嫌疑人无罪的证据。检察官的这种客观公正的角色一直持续到审判和执行阶段。检察官还可以要求法官判决被告人无罪，甚至可以为了被告人的利益而上诉。[35]

1990 年第八届联合国预防犯罪和罪犯待遇大会通过的《关于检察官作用的准则》第 12 条规定："检察官应始终一贯迅速而公平地依法办事，尊重和保护人的尊严，维护人权从而有助于确保法定诉讼程序和刑事司法系统的职能顺利地进行。""现代刑事程序的重点在于建立防止国家刑事追诉权、惩罚权被滥用，防止公民权利被侵害的装置，惩罚犯罪更多地体现为刑事程序的隐性目的，而保障人权则是刑事程序的显性要求"。[36] 因此，"尊重人权、保障人权、发展人权已成为衡量一个国家文明程度、法治水平的重要标志。没

---

〔33〕 参见柏杨：《中国人史纲》，商务印书馆 2007 年版，第 274 页。

〔34〕 ［英］洛克：《政府论》（下篇），叶启芳、瞿菊农译，商务印书馆 2005 年版，第 4—5 页。

〔35〕 何家弘主编：《检察制度比较研究》，中国检察出版社 2008 年版，第 158 页。

〔36〕 熊秋红：《解读公正审判权——从刑事司法角度的考察》，《法学研究》2001 年第 6 期，第 25 页。

有对人权的保障,徒有一千部、一万部周密的法律也绝不能实现法治;法律始终只会是一些人收拾另一些人的工具。"[37]进入 21 世纪后,由于经济全球化等的影响,各国都面临着跨国腐败犯罪的追逃追赃、禁止酷刑等问题,联合国也发布了一系列如何打击犯罪和保障人权的国际性文件。可见,从最初的只打击犯罪到打击犯罪与保障人权相结合,在打击犯罪的同时又注重对人权的保障,在人权保障的同时又要加强对犯罪的打击力度,二者构成了辩证的统一体,是检察制度和检察活动发展的趋势和规律。

(六) 从追诉犯罪到法律监督

从追诉犯罪到法律监督是检察制度职能发展的根本趋势和方向。追诉犯罪是检察机关的原初职能和基本职责,现代法治国家的检察制度均发端于对犯罪的追诉。作为近现代西方检察制度发源地的法国,14 世纪初腓力四世时的国王代理人,被认为是现代法治国家意义上检察官的雏形。即从那时起,国王代理人的工作已扩展到检举、追诉有害于社会安宁的所有犯罪。在 14 世纪至 16 世纪,国王代理人已成为进行刑事追诉的中坚力量;17 世纪,法国国王路易十四于 1670 年颁布的刑事法律敕令中明确规定,检察官和助理检察官对刑事案件行使调查权、起诉权。18 世纪末至 19 世纪初,几经整顿和改革,法国近现代检察制度乃告奠基:检察官不仅在刑事诉讼上拥有指挥司法警察而从事犯罪之调查,提起公诉,维持追诉,指挥、监督预审法官,以及执行裁判等权限,且在民事诉讼上,对公益有关之案件,在审判时,亦有莅庭陈述意见、监督审判之权限。同时,在司法行政上,具有监督警察、律师、执行员、法院书记员等权限以外,检察官本身亦须服从以司法部长为顶级上司的长官之命令。由此,整个司法制度中,检察官乃于狭义之司法机关与法院分庭抗礼,而成为一个司法行政机关。[38] 德国在 19 世纪仍实行法官身兼控告者和审判者双重身份的纠问式程序,对此,许多自由派人士提出了引入法国检察制度。关于引进检察制度的目的,巴伐利亚 1848 年立法草案指出,检察制度的引入实现了法官在纠问程序中作为起诉者和裁判者的双重身份的分离,法官获得了超然于诉讼双方的地位,检察院的介入可以防止某些法官的肆意妄为,并且提高刑事诉讼的效率。但当时各邦国的刑事诉讼法都规定检察院是一种专司追究犯罪的国家机构;[39] 1975 年调查法官废除后,检察官成了客观公正的法律角色,赋予了其在刑事诉讼中监督警察、法官等的权利和义务。英国传统上一直是个实行私人起诉的国家,其普通法上唯一的公诉人是国王律师,追诉侵犯国王权利的行为是其唯一职责,直到 1985 年颁布《犯罪起诉法》设立王室检察署,初步建立了现代意义上的检察制度,这是英国逐步吸收大陆法检察制度的一个重要体现,摈弃了英国以往的以私诉为主的起诉制度,也否定了起诉人完全从自己利益出发进行起诉的纯粹当事

---

〔37〕 孙洪坤:《刑事诉讼法学》,法律出版社 2014 年版,第 43 页。
〔38〕 黄东熊:《中外检察制度之比较》,台湾文物供应社 1986 年版,第 10 页。
〔39〕 前引〔35〕,第 155—156 页。

人的做法,而要求检察官应当保证公正和客观,[40]可在侦查过程中向警察提出检察建议,蕴含了一定意义上的法律监督权能。美国于1662年在康涅狄格最早设立的检察官,仅负责对刑事案件的起诉;1870年,美国联邦司法部成立,总检察长兼任司法部长,总检察长不仅是联邦政府的首席法律顾问,而且是联邦检察机关的最高长官。20世纪70年代以后,为打击高层的政治腐败现象,1978年,美国国会通过《政府道德法》设立了独立检察官制度,独立检察官独立于司法部,享有充分的独立的调查和起诉职权,可以对包括总统、副总统、国会议员等在内的高层官员进行初步调查,因而美国检察机关的职能已由原来侦查、起诉职能初步发展到法律监督职能。[41] 苏联的检察制度是沙俄在18世纪仿效法国的检察制度建立起来的,因而,苏联的检察制度从其历史渊源上来说,多少带有大陆法系的色彩。[42] 俄国十月社会主义革命胜利后,列宁提出了建立社会主义国家检察制度,完全跳出了西方国家三权分立政治理论的束缚,规定检察机关不仅是公诉机关,更是法律监督机关,拥有包括一般监督权在内的广泛的职权,以法律守护人的身份维护国家法制的统一,因此,列宁在1922年《论"双重"领导和法制》一文中指出:"应当记住,检察机关和任何行政机关不同,它丝毫没有行政权,对任何行政问题都没有表决权。检察长有权利和有义务做的只有一件事:注意使整个共和国对法制有真正一致的理解,不管任何地方差别,不受任何地方影响。检察长的唯一权利和义务是把案件提交法院裁决。"[43]赋予检察机关以专门法律监督机关的宪法地位,要求"检察长执行其对于讯问和预审机关、民警机关、法院、禁闭所的监督职权时,应当永远牢记其法律的守护人的作用"[44]。1991年苏联解体后,1993年俄罗斯《宪法》将检察机关和审判机关一起规定在司法权之中,检察机关本质上是一个以监督为核心的护法机关。

我国在清末之前,自秦汉以来逐步形成的纠察弹劾的御史制度,御史至多可以算得上是"半个检察官"或者"形式意义上的检察官"[45],实际上也是对犯罪官员进行追诉,如明律和清律都规定,大小官员"有犯公私罪名",应由有关官员开具事由,"实封奏闻请旨",奉旨准许才可以对犯罪官员依法审理,对其定罪量刑仍需奏准皇帝,"方许判决"。[46] 清末到民国,我国借鉴了大陆法系的检察制度,追诉犯罪是其主要职能。中华人民共和国成立后,按照列宁的法律监督思想,宪法中明确规定了中华人民共和国人民检察院是国家的法律监督机关。

---

〔40〕 参见陈国庆:《检察制度原理》,法律出版社2009年版,第209页;[美]戴维斯:《专横的正义:美国检察官的权力》,李昌林、陈川陵译,中国法制出版社2012年版,第9页。

〔41〕 美国《独立检察官法》,因独立检察官斯塔尔调查克林顿总统对莱温斯基的性骚扰问题,因没有达到预期效果,遭到社会各界的一致反对,而于1999年6月30日期满失效。但是增强检察官之独立性的改革仍在继续,如美国国会于2007年3月20日高票通过了《维护美国检察官独立法案》。

〔42〕 参见何勤华主编:《检察制度史》,中国检察出版社2009年版,第412页。

〔43〕 《列宁全集》(第43卷),人民出版社1987年版,第195页。

〔44〕 谢鹏程选编:《前苏联检察制度》,中国检察出版社2008年版,第34页。

〔45〕 参见宋远升:《检察官论》,法律出版社2014年版,第26页。

〔46〕 明清律《名例·官职有犯》。

从追诉犯罪到法律监督,打破了封建国家检察机关维护王权、皇权的机制,以及资产阶级国家立法、行政、司法三权分立的政治理论和政治体制。作为社会主义国家维护法制统一、控制约束国家公权力的政治安排,其是一种新型的国家权力配置模式,即在行政权和审判权之外另设与它们并列平行的法律监督权(检察权),并依法对行政权和审判权进行监督。但检察机关的这种法律监督权,"设置的根本目的,是要督促实现公正执法和公正司法,确保法律的正确实施。它不仅要求按照法定程序标准实施监督,还要求按照公众对公正的需求实施监督,并且要做到法律效果与社会效果的高度统一"〔47〕。

追诉犯罪是法律监督的逻辑起点,法律监督是追诉犯罪的逻辑延伸;法律监督不仅包含了侦查、起诉的追诉犯罪职能,而且包含了对刑事、民事、行政审判以及刑罚执行活动的监督职能,还包含了法律的守护人、公益代表人对违反国家利益、社会公共利益问题和对行政机关乱作为、不作为的法律监督权以及由此派生的行政公益诉权。〔48〕

从追诉犯罪到法律监督这一检察规律,彰显了检察机关和检察官职能和作用的重要性和历史使命性,因此,在全面依法治国大背景下,如何在法治思维和法治方式下进行法律监督,其监督权力和监督边界如何界定,是检察改革能否促进法治增长和社会进步的关键,并且也为当前的检察改革提出了一个全新的重大课题。

---

〔47〕 向泽选、骆磊:《检察:理念更新与制度变迁》,中国法制出版社 2013 年版,第 21 页。

〔48〕 关于行政公诉问题,具体内容可参见孙谦:《设置行政公诉的价值目标与制度构想》,《中国社会科学》2011 年第 1 期;傅国云:《行政检察监督:从历史变迁到制度架构》,法律出版社 2014 年版,第 139—165 页。

法律援助的现状与存在问题：
基于对法律援助工作者的实证研究

林　静[*]

摘　要：对河南、山西两省10个地区的法律援助工作者的实证访谈发现，我国目前在经费、办案补贴、人力资源以及援助质量方面都存在不同程度的欠缺。此外，促成办案过程中相关机构对法律援助案件的非区别对待，亦是不可忽视的尚待攻克的课题。此次实证调研的对象涵盖了法律援助中心工作人员、社会律师、基层法律服务工作者、法律服务志愿者等共计144名法律援助工作者。

关键词：法律援助　法律援助工作者　实证研究

一、研究背景、方法和数据

（一）研究背景

1994年年初，司法部提出要建立有中国特色的法律援助制度，并于2003年通过了全国性的《法律援助条例》。二十余年来，我国的法律援助在立法和司法实践上，取得了长足的进步。但是，一系列的实证研究表明，目前的法律援助尚存在如下问题。

司法部在全国开展的法律援助"规范与质量"调研检查活动显示，基层法律援助机构经费短缺和经费监管机制不健全，从根本上制约了规范化建设的进程。特别是西部一些省份的基层法律援助机构，自成立以来基本依靠中央或省级财政的拨款或中国法律援助基金会等社会组织的资助款项，本级政府经费投入问题长期得不到解决。^[1] 由于经费紧张，部分基层法律援助机构在硬件设施上存在欠缺，比如部分基层法律援助机构没有专门的接待室，

*　弗莱堡大学博士，德国马普外国刑法与国际刑法研究所研究人员。

本文作者感谢德国马普外国刑法与国际刑法研究所资深研究人员 Michael Kilchling 博士在问卷设计上的辛勤付出，感谢资深研究人员 Volker Grundies 博士在数据分析上的辛勤付出。当然，文中所有错误和瑕疵概由本文作者负责。

〔1〕　司法部法律援助中心：《全国法律援助"规范与质量"情况调研报告》，《中国司法》2007年第4期，第80—83页。

欠缺适宜残疾人员的无障碍设施，大部分基层机构没有专门的档案室，等等。[2]

法律援助经费的短缺，直接导致了办案经费不足，补贴过低。而法律援助经费分配的不合理（管理经费所占比例过大，而办案经费所占比例太小）[3]进一步加剧了现有办案补贴过低的问题。顾永忠和杨剑炜通过对刑事法律援助的实证考察发现，目前我国对办理刑事案件的律师补贴非常有限：在被调查的18个地区，在侦查、审查起诉及审判三个诉讼阶段，律师办案补贴的平均额仅分别为511.11元、527.78元和750元，三项合计平均额仅为596.30元。[4]

与经费短缺并行的法律援助人力资源的短缺，亦广受诟病。司法部的实证调研显示，相当一部分的法律援助机构编制缺乏，没有专职的法律援助工作者，现有人员的知识结构、业务能力与工作岗位要求不相适应。[5]法律援助人力资源的不足，在农村、边远及少数民族地区尤为明显。一项对宜城（湖北省襄阳市所辖的一个县级市）地区的调研表明，该县有上百万农民，但注册律师仅7至8名。同时，法律援助机构的办事人员往往身兼数职，整天公务繁忙，但不是忙于接待困难群众，有的是忙于为司法局领导开车，有的虽然不忙，但已退休。[6]

法律援助人力资源的短缺和办案经费的不足，导致了法律援助案件中，律师在会见、证据调查和出庭辩护上的限制。北京市律协2003年的调查表明，只有58.7%的律师能做到至少会见被告人一次，8.5%的律师很少会见，甚至有3.3%的律师从不会见。此外，多达20.2%的律师从不进行证据调查，另有52%的律师很少或基本不调查。不仅如此，由于法律不禁止辩护律师进行书面辩护，有7%的援助案件中律师根本不出庭。在接近40%的案件中，律师庭前准备时间不足10天，甚至有部分案件（0.3%）是开庭当天才临时通知律师出庭。[7]此等走过场形式的法律援助，受援人的权利能在何种程度上被保护，实在堪忧。如果说，该调研发生在2003年，全国性的《法律援助条例》刚刚通过，法律援助尚处于初步发展阶段，上述情况尚情有可原，而2007年司法部的调研表明，部分法律援助工作者不会见被告人，仅依靠阅卷即提供辩护意见的情况仍然存在。[8]

此外，法律援助的准入门槛过高，以及相应的申请获准的法律援助的比例偏低，也反映在部分的实证研究结果上。[9]以刑事案件为例，在司法实践中，律师参与刑事案件辩

---

[2] 前引[1]。

[3] 参见陈永生：《刑事法律援助中的中国问题与域外经验》，《比较法研究》2014年第1期，第32—45页。

[4] 参见顾永忠、杨剑炜：《我国刑事法律援助的实施现状与对策建议——基于2013年〈刑事诉讼法〉施行以来的考察与思考》，《法学杂志》2015年第4期，第35—51页。

[5] 参见前引[1]，司法部法律援助中心文。

[6] 参见叶显伟：《论农村法律援助的实践问题》，《中南财经政法大学研究生学报》2006年第3期，第115—119页。

[7] 参见马明亮、张星水：《中国刑事法律援助的实证分析——兼述法律援助对现代诉讼制度的影响》，载陈瑞华主编：《刑事辩护制度的实证考察》，北京大学出版社2005年版，第158—162页。

[8] 参见前引[1]，司法部法律援助中心文。

[9] 参见：前引[3]，陈永生文；顾永忠主编：《刑事法律援助的中国实践与国际视野》，北京大学出版社2013年版，第15页。

护的比例一般只有 30% 左右,还有 70% 左右的案件没有律师辩护。[10] 在这 30% 的案件中,有一部分案件是被告人自己聘请律师,有一部分是在法定情形下,由司法机关指定的辩护律师,故当事人因经济状况困难而申请法律援助律师的比例明显偏低。

　　法律援助的良好运行不仅仅依赖法律援助中心,亦需要其他政府、司法、社会部门的配合和支持。司法实践中,法律援助案件办案律师的诉讼权利是否得以保障到位呢?根据顾永忠和杨剑炜对刑事法律援助的实证考察,承办律师在会见在押犯罪嫌疑人、被告人时,存在遭遇不合理要求的情形:比如,承办律师被要求出具"委托书";不认可法律援助机构的律师持有的"律师工作证"等。在费用减免上,虽然两院两部"规定"第 20 条明确了对承办律师复印案卷材料的费用予以减免,但是实践中,仍有部分办案机关,对法律援助案件的承办律师全额收取复印费。在通知时间上,存在司法机关向法律援助机构通知指派律师、送达诉讼文书及通知律师出庭辩护的时间太晚的情形,使得律师没有足够的时间会见、阅卷和准备出庭辩护。[11]

(二)研究方法和数据

　　针对上述问题,此次实证调研选取了中、西部地区的两个省份——河南和山西,作为研究样本。与东部经济发达地区相比,一般认为中、西部地区在法律援助的财政投入、法律人员素质及数量等各方面相对较弱。与之相对的,中、西部地区贫困人口相对较多,潜在的法律援助的需求较东部沿海地区更为广泛。

　　样本分布上,如表 1 所示,本次实证研究根据随机选取的方式,共选取了山西省、河南省共 10 个地区的 144 名法律援助工作者。根据人员的分类,该样本可以分为三组,即法律援助机构工作人员(N＝46)、社会律师(N＝50)和其他法律援助工作者(N＝48)。此处的"其他法律援助工作者"(下文简称"其他")包括基层法律服务工作者、法学院高校学生志愿者及其他法律援助志愿者等。

表 1　调查样本(按地区和类别划分)

调查地区		法律援助机构工作人员	社会律师	其他法律援助工作者*
山西	太原	5	5	5
	古交	2	5	5
	阳泉	4	5	5
	阳泉郊区	4	5	4

---

〔10〕　参见前引〔9〕,顾永忠书,第 15 页。
〔11〕　同上。

续　表

调查地区		法律援助机构工作人员	社会律师	其他法律援助工作者*
河南	济源	5	5	5
	信阳市新县	5	5	5
	新乡	6	5	4
	中牟	5	5	5
	清丰	5	5	5
	开封新区	5	5	5
合计		46	50	48
总计		144		

* 包括基层法律服务工作者、法学院高校学生志愿者及其他法律援助志愿者等。

在研究方法上，此次调研采用了开放性问题为主和封闭选择性问题为辅相结合的问卷设计，进行抽样式的定性研究。问卷由四大部分组成，即针对所有法律援助工作者的一个基本问卷和分别针对三组人员的三个分类问卷。基本问卷主要涉及法律援助工作者的基本情况，这些基本情况具有共性，包括年龄、一般教育程度、法学教育及法律职业资格等基本信息。分类问卷根据三组人员的不同特性，有针对性地进行设计。比如，针对法律援助机构工作人员，询问法律援助中心工作人员数量、培训机会、法律援助申请通过率、社会支持及合作等具体情况；针对社会律师，询问办案补贴、代理案件的类型以及与普通案件相比代理法律援助案件是否被区别对待等具体情况；针对其他法律援助工作者，询问其具体的工作事项、培训机会等具体情况。

实证调研的具体执行由当地的法律援助中心予以统筹领导，由当地的高校及学生进行辅助，于 2014 年 6 月至 7 月进行数据收集。

二、法律援助的现状与存在问题：基于实证调研

（一）法律援助的经费支出和办案补贴

根据 2012 年的《中国法律援助年鉴》，法律援助经费支出总额为 119535.74 万元（大约 14940 万欧元）[12]。根据第 6 次人口普查数据[13]，人均法律援助经费支出为 0.897 元（大约 0.11 欧元）。不论是经费支出总额还是人均支出，都低于同时期的一些欧洲国家/

---

〔12〕　按 2012 年的汇率，1 欧元兑换 8 元人民币计算，下同。

〔13〕　参见国家统计局官方网页：http://www.stats.gov.cn/tjsj/pcsj/rkpc/6rp/indexch.htm，最后访问时间：2016 年 10 月 15 日。

地区(见表2)。特别是人均法律援助的经费支出,大大低于表2中所列的欧洲国家/地区,与人均最高的英格兰及威尔士地区甚至相差300多倍。

表2　年度法律援助经费总支出和人均支出

序号	年度法律援助经费总支出/百万欧元		法律援助人均支出/欧元	
1	英格兰及威尔士	2.489	英格兰及威尔士	39.37
2	德国	533	苏格兰	34.28
3	荷兰	484.7	荷兰	29.11
4	法国	351	爱尔兰	21.18
5	苏格兰	182	芬兰	12
6	中国	149.4	比利时	6.96
7	爱尔兰	97.41	德国	6.52
8	比利时	76.6	法国	5.40
9	芬兰	67.70	波兰	0.59
10	波兰	22.86	中国	0.11

* 欧洲各国的数据来源于 Legal Aid in Europe：Nine Different Ways to Guarantee Access to Justice? p.49。

当然,法律援助经费的支出和一个国家的经济发展水平息息相关。根据统计数据,2012 年我国国内生产总值(GDP)现价总量为 519470 亿元[14]。2012 年度法律援助经费总支出占 GDP 的比例为 0.0023%,大大低于欧洲国家所占的比例(见图1)。

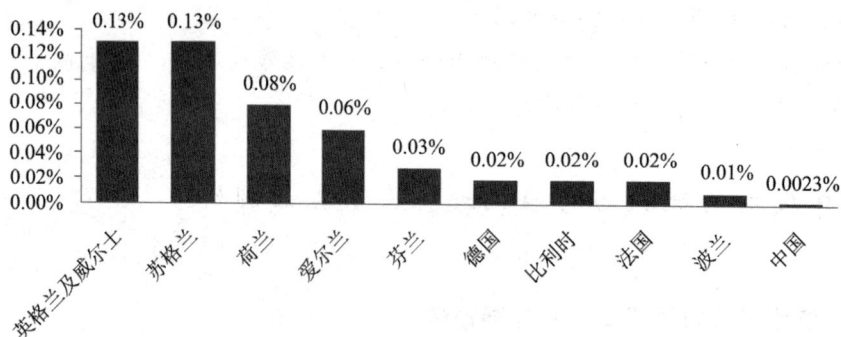

图1　年度法律援助经费总支出占国内生产总值(GDP)的比例

* 欧洲各国的数据来源于 Legal Aid in Europe：Nine Different Ways to Guarantee Access to Justice? p.49。

〔14〕 参见国家统计局官方网页：http://www.stats.gov.cn/tjsj/pcsj/rkpc/6rp/indexch.htm,最后访问时间：2016 年 10 月 15 日。

在经费支出构成中，人员经费、基本公用经费和业务经费在经费支出总额中所占比例分别为 32.9%、10.1%和 57%。在办案补贴及支出中，支付给法律援助机构工作人员、律师事务所律师和基层法律服务工作者的办案补贴数额分别为 7966.51 万元、22733.38 万元、13182.77 万元，根据上述三类人员办结案件情况计算平均办案补贴或支出额分别为 426 元、798 元、399 元。刑事案件补贴额、民事案件补贴额和行政案件补贴额分别为 9744.62 万元、35115.63 万元和 406.13 万元，在假定已结案件全部支付补贴的情况下，大致计算各类案件的平均补贴额为 879 元、470 元和 857 元。[15] 此平均个案的支出额/补贴额亦大大低于欧洲国家的支出额，比如比利时的个案平均支出额为 365 欧元，芬兰的个案平均支出额为 809 欧元。[16]

本次调研中，特别针对"社会律师"群组，询问了法律援助补贴是否足够支付办案开支。鉴于不同的案件类型，补贴和开支有所差异，故对此问题进行了分别询问。如表 3 所示，绝大多数案件的补贴不够支付开支。特别是行政案件，仅 25%的有效回复人员认为，其获得补贴足够支付开支，剩余 75%的人员认为办理法律援助案件会带来额外的经济负担。

表 3　法律援助补贴是否足够支付办案开支

案件类型	有效回复总数	补贴足够支付开支	
		N	占比/%
民事案件	49	16	32.7
刑事案件	47	14	29.8
行政案件	24	6	25.0

* 此项数据源于问卷的封闭式单项选择；针对社会律师。

回复补贴不够支付办案开支的人员被进一步询问了尚不足的具体金额。如表 4 所示，每个法律援助案件的平均不足金额约为 658.8 元。此数据分布较为分散，最大的不足额为 2000 元，最小的不足额为 200 元。

表 4　补贴不足支付办案开支的金额数(人民币)

平均值	中间数	最小数	最大数	标准差
658.8	500.0	200.0	2000.0	425.8

* 此项数据源于问卷的开放性问题；针对社会律师。

(二) 法律援助人力资源及人员素质

表 5 基本显示了河南、山西两省的法律援助人力资源概况。截至 2013 年年底，河南

---

〔15〕 参见司法部法律援助中心：《中国法律援助年鉴》2012。

〔16〕 参见 Legal Aid in Europe: Nine Different Ways to Guarantee Access to Justice? p. 52. 报告全文见 http://www.hiil.org/data/sitemanagement/media/Report_legal_aid_in_Europe.pdf，最后访问时间：2016 年 10 月 18 日。

全省县级以上司法行政机关共设立法律援助机构 177 个(不含法律援助管理机构,下同)。法律援助机构共设有 1048 个岗位编制,其中 323 名为法律援助专职律师。此外,尚有 3720 余名基层法律服务工作者和 16000 余名法律援助志愿者。山西省共设有法律援助机构 131 个,法律援助工作站 2190 个。法律援助机构共设有 717 个岗位编制,其中 148 名为法律援助专职律师。

表 5　法律援助机构及人员

地区	法律援助机构数 (不含法律援助管理机构)	法律援助工作站	法律援助机构 工作人员	法律援助 专职律师
河南	177	—	1048	323
山西	131	2190	717	148
全国	3249	65069	14548	—

* 数据截至 2013 年年底;全国性数据来源于"中国法律援助网",各省数据由地方司法行政机关提供。

图 2 进一步体现了人均拥有的法律援助机构工作人员及法律援助专职律师的数量。仍然以 2013 年年底的数据为例,全国总人口大约为 13.397 亿,每万人可获得法律援助机构工作人员大约为 0.1086 名。河南省的常住人口大约 9413 万,每万人可获得法律援助机构工作人员大约为 0.1113 名,法律援助专职律师约 0.0343 名。山西省常住人口大约为 3629.8 万,每万人可获得法律援助机构工作人员大约为 0.1975 名,法律援助专职律师大约为 0.0408 名。河南、山西两省在人均法律援助机构工作人员的拥有量上,都超过了全国的平均数。其中,山西省虽然在法律援助机构工作人员总数及法律援助专职律师总数上占劣势,但是基于其相对较小的省人口量,其人均拥有数都相对占据优势。

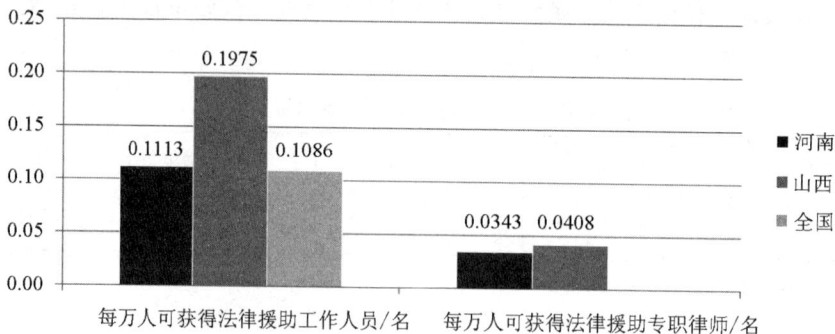

图 2　法律援助人力资源——每万人可获得法律援助工作者数

* 每万人可获得法律援助专职律师全国数据。

从年龄角度观察,法律援助工作者大多具备一定的工龄。"法律援助机构工作人员"组和"社会律师"组的平均年龄几乎一致(37.9 周岁),而"其他"组的平均年龄相对较小(35.8 周岁)(表 6)。究其原因,"其他"组的法律援助工作者包含了一定数量的法学高校的志愿者。而此类志愿者,一般而言,年龄相对较小。

表6　法律援助工作者基本情况——年龄/周岁

组别	平均年龄	人数	标准偏差	最小值	最大值	中间值
法律援助机构工作人员	37.9	46	9.1	22	60	38
社会律师	37.9	50	8.1	24	61	38
其他	35.8	48	7.6	24	52	36
总计	37.2	144	8.3	22	61	37

* 此项数据源于问卷的开放性问题；针对所有法律援助工作者。

　　根据表7所示，绝大多数法律援助工作者具备大学教育程度(88.1%)，部分具备硕士及以上的教育程度(7%)。"社会律师"组人员的教育程度相对最高，即所有的人员都具有大学及以上教育程度。"其他"组人员的教育程度相对较低，其中两名人员仅具有初中学历。对此，下文具体介绍了其法律素养、培训、职务和援助对象等情况(见个案一、个案二)。根据具体个案，可以发现法律志愿者在农村及郊县地区的作用不可忽视。此类法律志愿者虽然拥有的学历相对较低，但通过培训等途径，掌握了一定的法律知识。且其一般都系当地的居民，熟知当地的风俗民情、人情世故，在邻里冲突、家庭矛盾的协调中，具有专业法律人士无可比拟的优势。

表7　法律援助工作者素质——教育程度

教育程度		分　类			总计
		法律援助机构工作人员	社会律师	其他	
初中	N	0	0	2	2
	占比/%	0.0	0.0	4.2	1.4
高中（包含职高、技校、中专）	N	3	0	2	5
	占比/%	6.5	0.0	4.2	3.5
大学（包括本科和专科）	N	40	45	41	126
	占比/%	87.0	91.8	85.4	88.1
硕士及以上	N	3	4	3	10
	占比/%	6.5	8.2	6.3	7.0
总计	N	46	49	48	143
	占比/%	100.0	100.0	100.0	100.0

* 此项数据源于问卷的封闭式单项选择；针对所有法律援助工作者。

　　个案一：

　　法律援助志愿者，某某，男，49周岁，汉族，籍贯河南，中学学历，不具备法律文凭。

　　主要职业为农村个体经营户，从事养殖业，已作为志愿者在法律援助领域服务了9年。从事法律援助的动机源于帮助大家维护自己的权益，普及法律知识，为和谐社会的构建作出贡献。虽然不具备法律文凭,但是通过有关培训,获得了法律知识,并且希望获得更多的关于发生在村里的一些经济纠纷的案件的培训。其工作职责主要为:在案件中帮助受援人与对方达成和解,积极维护受援人的合法权益;积极地和有关当事人沟通交流;与法律援助工作者联络和宣传法律援助。援助的对象包括:农民工、家庭暴力受害者、未成年人和老人。提供的服务包括:帮助受援人与对方达成和解以及为受援人提供情感上的支持。其以兼职的形式,平均每年处理20件法律援助案件,平均每年向法律援助中心转介9件法律援助案件,向律师事务所转介8件案件。

个案二:

法律援助志愿者,某某,女,41周岁,汉族,籍贯山西,中学学历,具备法律文凭。

主要职业为法律援助志愿者。作为志愿者在法律援助领域服务了1年。从事法律援助的动机系自愿服务弱势群体,为贫困人民争取公平,公正地解决事情。其工作职责主要为接待受援人、代写法律文书和解答法律疑难。援助的对象包括:农民工、未成年人、残疾人和妇女。提供的服务包括:帮助受援人提起针对刑事案件被告人的附带民事请求;帮助受援人获得受害人赔偿;帮助受援人作为原告提起民事诉讼。其以全职的形式,平均每年处理30件法律援助案件,平均每年向法律援助中心转介5件法律援助案件,向律师事务所转介2件案件。

如表8所示,法律援助工作者的法学教育与职业资格的情况与一般教育情况非常相似。"社会律师"组有很大一部分人员同时具备了法学学位和职业资格(46.9%),反之,"其他"组人员中,有相当一部分人员欠缺法学教育且无法律职业资格(14.9%)。此差别主要由人员构成不同所决定:在律师事务所就职的律师,基本上为律师、律师助理、法学实习生等法律专业人才;而"其他"组的人员多由基层法律工作人员和地方志愿者构成,此类人员在法学教育和知识上相对欠缺。总体而言,被调查人员的法律援助工作者基本具备较好的法学素养,仅较小比例的人员(7.8%)不具备法学学位/法律职业资格。

表8 法律援助工作者素质——法学教育与职业资格

法学教育与职业资格		法律援助机构工作人员	社会律师	其他	总计
仅有法学学位	N	19	16	22	57
	占比/%	42.2	32.7	46.8	40.4
仅有法律职业资格（通过司法考试）	N	9	10	4	23
	占比/%	20.0	20.4	8.5	16.3
具备两者	N	13	23	14	50
	占比/%	28.9	46.9	29.8	35.5

续 表

法学教育与职业资格		法律援助机构工作人员	社会律师	其他	总计
两者都不具备	N	4	0	7	11
	占比/%	8.9	0.0	14.9	7.8
总计	N	45	49	47	141
	占比/%	100.0	100.0	100.0	100.0

* 此项数据源于问卷的封闭式单项选择；针对所有法律援助工作者。

根据上文显示，"其他"组人员在一般教育和法学素养上与其他组群相比，相对较弱。据此，本文进一步观察了该组人员在法律援助实践中所执行的事务。此问题仅针对"其他"组的人员，由其根据自身实际情况，进行开放性自由回答。随后，根据自由回答将其归纳总结为八类任务。根据任务是否与案件结果直接相关，将任务进一步划分为主要工作和辅助工作。值得注意的是，在开放性回答中，被调查人员的回复可能同时涉及多项任务。故如表9所示，每项任务存在两个百分比，即相对于回复任务个数的百分比和回复人数的百分比。总体而言，"其他"组的人员既从事提供法律咨询等主要工作，也从事法制宣传和接待受援人等辅助工作，且两者所占的比例差距甚微。

表9 "其他"组人员在法律援助中所执行的事务

事务	有效回复个数	百分比(依回复任务个数)	百分比(依回复人数)
执行主要工作			
答疑/提供法律咨询	5	25.0%	27.8%
代理案件	4	20.0%	22.2%
保护受援人的权利	2	10.0%	11.1%
执行辅助工作			
宣传法律援助/法制宣传	3	15.0%	16.7%
联络法律援助工作人员	1	5.0%	5.6%
接待受援人	2	10.0%	11.1%
协助法律援助律师	1	5.0%	5.6%
执行其他部分法律援助工作	2	10.0%	11.1%
总计	20	100.0%	111.1%

* 此项数据源于问卷的开放性问题，根据自由回答归纳总结；针对"其他"群组（其中的高校、群众组织中的志愿者）。

（三）法律援助的标准及批准比例

对法律援助的标准的探讨,应当区分案件的性质,即行政/民事案件的法律援助和刑事案件的法律援助。行政/民事案件的法律援助核心标准可以概括为经济困难:《法律援助条例》第 10 条规定了在行政案件和民事案件中,公民基于经济困难申请法律援助的权利。该条第 1 款采用了列举的形式,规定了可以申请法律援助的具体事项。第 2 款赋予省级人民政府对前款规定以外的法律援助事项作出补充规定的权限。此处,条例没有规定全国范围内适用的经济困难的具体标准,而是由各省根据当地的经济水平等因素作个别规定。一般而言,法律援助中"经济困难"的标准参照适用当地的"最低生活保障标准"。比如河南省,根据《河南省法律援助条例》第 12 条,经济困难标准参照法律援助实施地人民政府规定的最低生活保障标准执行。山西省则在适用最低生活保障标准的基础上,进一步扩大了"经济困难"的标准[17]:（1）在养老院、孤儿院等社会福利机构中由政府供养的;（2）由农村集体经济组织保吃、保穿、保住、保医、保葬的;（3）因自然灾害或者其他不可抗力等原因造成经济困难,无力支付法律服务费用的。

基于指定辩护的存在,刑事案件的法律援助标准比较多元:刑事诉讼法第 34 条第 2 款和第 267 条规定了基于被告人、犯罪嫌疑人身体状况（聋、盲、哑或者尚未完全丧失辨认或者控制自己行为能力的精神病人）、年龄状况（未成年人）的法律援助类型,司法机关依职权提供指定辩护。该款的规定针对受援人基于身体上或者年龄上的局限无法进行自我辩护,而法定提供援助,保障其诉讼权利;刑事诉讼法第 34 条第 3 款规定了基于可能的量刑（死刑或者无期徒刑）的法律援助,司法机关依职权提供指定辩护。该款的规定针对被告人、犯罪嫌疑人基于可能的重大量刑,欠缺专业的法律人士的援助将导致的重大不利,而法定提供援助;此外,《最高人民法院关于适用〈中华人民共和国刑事诉讼法〉的解释》第 43 条规定了法院依职权可以提供法律援助的特定情形:（1）共同犯罪案件中,其他被告人已经委托辩护人;（2）有重大社会影响的案件;（3）人民检察院抗诉的案件;（4）被告人的行为可能不构成犯罪;（5）有必要指派律师提供辩护的其他情形。当然,民事/行政案件中基于经济困难而提供法律援助标准同样适用于刑事案件:刑事诉讼法第 34 条第 1 款规定了被告人、犯罪嫌疑人基于经济困难可以申请法律援助。该款的规定针对受援人基于财务状况,无法获得专业法律人士的援助,而酌定提供援助。《法律援助条例》第 11 条第 2 款和第 3 款进一步规定,基于经济困难,公诉案件中的被害人及其法定代理人或者近亲属,自诉案件的自诉人及其法定代理人,亦有申请权,酌定获得法律援助。

此次的实证调研,主要着眼于基于经济困难而酌定提供的法律援助。表 10 显示了各地法律援助的经济标准（月收入）,超过该标准,在实践中一般不能予以法律援助。理论上而言,被调研人员就同一地区的经济标准的回复应该一致,例如本次调研中河南多个地区（济源、新乡、中牟、清丰、开封地区）和山西的阳泉郊区。但尚有几个地区,不同人员就同

---

〔17〕 参见《山西省法律援助条例》(2003 年通过)第 7 条。

一地区的回复存在差异，特别是山西省的阳泉地区，最小值（400 元）和最大值（1450 元）之间的差异约 1000 元。此差异可能源于受访人员对经济标准的理解存在差异，即个人收入还是家庭收入，除薪资收入外是否包含其他收入（如投资收入），以及不动产、贵重物品、交通工具等是否予以考虑等等。总体而言，两省各地区的法律援助的经济标准均低于 2013 年的全国人均可支配收入（1530 元/月）。[18]

表 10　法律援助经济标准（人民币）

调查地区		平均值（最小值/最大值）
河南	济源	1240（1240/1240）
	信阳市新县	734（600/1100）
	新乡	1100（1100/1100）
	中牟	1020（1020/1020）
	清丰	1200（1200/1200）
	开封新区	1050（1050/1050）
山西	太原	1142（960/1410）
	古交	1320（960/1500）
	阳泉	995（400/1450）
	阳泉郊区	700（700/700）
合计		1050（400/1500）

* 此项数据源于问卷的开放性问题；针对"法律援助机构工作人员"群组。

就此经济标准，受访人员被进一步询问了他们的评价（见图 3）。作为法律援助机构的工作人员，多数人员认为此标准合理（59%）。也有相当一部分受访人员认为可以进一步降低法律援助的门槛，其中 20% 的人员认为现行法律援助金额标准过低（20%）或者太低（15%）。

---

〔18〕　参见国家统计局官方网页 http://www.stats.gov.cn/tjsj/ndsj/2014/indexch.htm，按年人均可支配收入 18310.8 元计算得出月人均可支配收入。最后访问时间：2016 年 10 月 20 日。

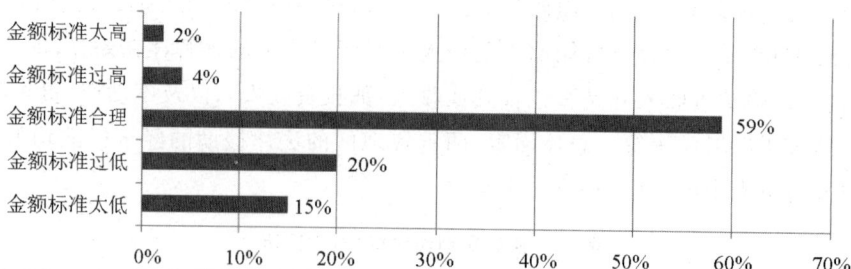

图3　就法律援助经济标准的评价

* 此项数据源于问卷的封闭式选择；针对"法律援助机构工作人员"群组。

表11 显示了实践中因经济标准不达标而被拒绝提供法律援助的比例。共有 45 位法律援助机构工作人员就此问题作出了回答。其中，4 名回复为 0%，2 名回复为 100%，此两类回复不符合本问题的原意，故不计入有效数据，不予以统计。根据 39 名法律援助机构工作人员的有效回复，实践中平均大约 14% 的申请因经济标准不达标而被拒绝。其中河南信阳市新县因经济标准不达标而被拒绝的比例最小（约 5%）；山西太原和阳泉郊区被拒绝的比例最大（约 25%）。但是，鉴于数据基于的样本过小，数据反映的情况未能全面、客观，只能有限度地予以参考。

表 11　因经济标准不达标而被拒绝提供法律援助的比例

地区		平均值	N	最小值	最大值	中间值	标准差
河南	济源	17.40	5	2	50	3.00	21.813
	信阳市新县	5.33	3	1	10	5.00	4.509
	新乡	12.17	6	3	20	10.00	6.646
	中牟	12.00	5	10	20	10.00	4.472
	清丰	16.00	5	15	20	15.00	2.236
	开封新区	7.40	5	2	10	10.00	3.715
山西	太原	25.00	2	20	30	25.00	7.071
	古交	15.00	2	10	20	15.00	7.071
	阳泉	12.50	2	5	20	12.50	10.607
	阳泉郊区	25.00	4	20	30	25.00	4.082
合计		14.31	39	1	50	10.00	10.095

* 此项数据源于问卷的开放性问题；针对"法律援助机构工作人员"群组。

（四）法律援助案件是否被区别对待

区别于普通案件的代理，法律援助案件的代理有何不同？表12 显示了社会律师曾经代理的法律援助案件类型。根据数据显示，区别于普通案件代理的高度专业化（即民事案件的律师一般较少代理刑事或行政案件，反之亦然），法律援助案件的代理的专业化区分较为模糊。仅 12% 的律师只代理一种类型的案件，其余 88% 的律师有跨领域代理的情形，20% 的律师代理的领域甚至涵盖了所有类型的案件。

表 12　社会律师代理法律援助案件的案件种类

案件种类	N	占比/%
仅代理民事案件	4	8
仅代理刑事案件	2	4
代理刑事、民事案件	34	68
代理刑事、民事、行政案件	10	20
总计	50	100

*此项数据源于封闭式多项选择；针对"社会律师"群组。

　　在具体代理过程中，代理法律援助案件是否会被区别对待呢？本次调研从以下三个层面对三类案件分别进行了考察：（1）司法机关（法院、检察院）和司法行政机关（公安机关等）是否提前得知社会律师所代理的案件为法律援助案件；（2）根据该社会律师的实际经验，其在代理法律援助案件过程中是否被区别对待；（3）根据该律师的实际经验，其所代理的法律援助案件的法院判决是否有异于同等情形下的普通案件。据表 13 显示，绝大多数的案件在事前就被得知其为法律援助案件。尤其是刑事案件，92% 的社会律师认为其所代理的案件提前被有关机关得知了系法律援助案件。该调研结果与部分刑事案件由司法机关指定辩护的法律规定相符。相当一部分的社会律师认为，其在代理法律援助案件的过程中，被区别对待。但这一区别对待多止于程序方面，仅很小一部分情况下，法律援助案件的审理结果亦区别于普通案件。

表 13　社会律师代理的法律援助案件被区别对待情况

被区别对待情况	民事案件	刑事案件	行政案件
司法（行政）机关提前得知占比/%	70	92	65
案件过程被区别对待占比/%	40	42	34
案件结果被区别对待占比/%	12	8	10

*此项数据源于封闭式多项选择；针对"社会律师"群组。

（五）法律援助案件的挑战和前景

　　就法律援助的挑战和前景，受访人员从法律援助提供者的角度，进行了自由回答。对该类自由答复，作者通过关键词归纳的方式，进行了分类统计，进而量化观察他们眼中法律援助面临的挑战和理想的法律援助的特征。

　　根据表 14 数据，改善目前的法律援助的工作条件是法律援助目前面临的最大的挑战，特别是加大政府财政对法律援助的投入，提高法律援助的案件补贴，以及进一步充实法律援助的人力资源。此外,提高法律援助案件的代理质量,以及加强公众对法律援助的认知也被相当一部分的法律援助工作者所提及。从人员分组角度,"法律援助机构工作人员"但对提供工作条件的诉求较另外两组更为强烈,而"社会律师"较其他两组人员更加关注法律援助案件的结果和执行,"其他"组的人员则相对更加关注提高法律援助的公众认知。此外,"社会律师"组对获得公检法机关的支持的诉求更为强烈,这一结果符合其在法律援助中的分工和角色,即较"其他"组的工作人员,其工作任务多为案件代理,与公检法机关的接触也相对更为频繁。

表 14　法律援助的挑战

挑战	分组			总计
	法律援助机构工作人员	社会律师	其他	
法律援助的申请和批准				
法律援助的门槛标准过高	2	0	3	5
法律援助的门槛标准不统一	0	1	0	1
法律援助案件类型太过局限	0	4	3	7
法律援助受援人数太少	1	0	1	2
应当有特殊通道,允许特别情形下不符合申请标准的人员申请	1	1	0	2
工作条件				
缺乏法律援助工作人员	9	6	5	20
缺乏专业的法律援助工作人员	1	0	3	4
应当增加法律援助律师/提高其素质	1	1	1	3
工作压力过大	2	6	1	9
缺乏定期的培训	3	0	2	5
法律援助的补贴发放不够及时	1	4	2	7
法律援助的补贴过低	7	10	4	21
缺乏法律援助政府财政	12	9	10	31
法律援助的工作条件有待提高/设备有待完善	6	1	1	8
结果及执行				
法律援助案件的代理质量有待提高	4	11	4	19
法律援助案件判决结果难以执行	0	0	1	1
法律援助的公众认知				
法律援助公开宣传力度不够大	4	1	7	12
民众对法律援助存在误解	2	4	3	9

续　表

挑战	分组			总计
	法律援助机构工作人员	社会律师	其他	
法律援助的客户对法律援助要求太高,法律意识薄弱	1	2	1	4
其他				
完善法律援助立法	4	2	2	8
欠缺公检法机关的支持	0	8	1	9
与其他律所存在竞争	0	0	1	1
其他社会因素(地区发展不平衡等)	0	4	0	4
不知道	0	2	0	2
合计	38	46	40	124

﹡此项数据源于问卷的开放性问题,根据自由回答归纳总结;针对所有法律援助工作者。

就理想的法律援助的特征而言,多数法律援助工作者认为其涵括高质量地提供法律援助的过程及积极的法律援助的结果两个层面,详见表15。就法律援助的过程而言,专业地(46)、认真负责地(36)提供法律援助尤为被受访人员所提及。此外,提高法律援助的效率(20)和友好(17)的服务态度,也被大多数的法律援助工作者视为理想的法律援助的特征。就法律援助的结果而言,绝大多数的受访人员认为受援人满意(27)和最大限度地保护受援人的利益(25),是理想的法律援助的应有之义。值得注意的是,积极的社会影响(10)和解决社会冲突(5)亦为一部分受访人员认为是理想的法律援助的特征。此两项特征,明显带有"和谐司法"的痕迹,符合"司法的社会效果"理念,具有较强的当代中国特色。此外,加大法律援助的宣传和普法以及减轻受援人的经济负担等也被少数受访人员所提及。

表 15　您眼中理想的法律援助的特征

特征	分组			总计
	法律援助机构工作人员	社会律师	其他	
加大法律援助的宣传和普法				
向受援人普法	0	1	0	1
提供法律援助时,向受援人介绍法律援助	4	0	2	6
减轻经济负担				
向弱势群体提供免费的服务	2	2	0	4
不向受援人收取不当的费用(包括红包等)	3	0	0	3

特征	分　组			总计
	法律援助机构 工作人员	社会律师	其他	
高质量地提供法律援助（法律援助的过程）				
一如其他案件一样重视	0	2	0	2
认真负责地提供法律援助	15	10	11	36
服务态度友好	8	3	6	17
专业地提供法律援助	13	14	19	46
提高法律援助的效率	7	7	6	20
与当事人充分沟通	0	3	0	3
高质量地提供法律援助（法律援助的结果）				
最大限度地保护受援人的利益	4	8	13	25
受援人满意	17	6	4	27
获得受援人的信任和支持	3	3	3	9
积极的社会影响	4	6	0	10
积极的案件结果	4	6	6	16
解决社会冲突	0	4	1	5
实现公平和正义	3	1	3	7
其他				
司法程序合法	0	4	1	5
获得相关机构的支持	1	2	4	7
相关机构满意（如政府部门）	1	1	0	2
定期访问受援人获得意见反馈	0	1	0	1
充足的财政资金和补贴	1	2	3	6
扩大法律援助的受众面	2	2	2	6
合计	43	49	44	136

　　* 此项数据源于问卷的开放性问题，根据自由回答归纳总结；针对所有法律援助工作者。

三、主要问题的分析及解决对策

　　我国目前法律援助的经费支出与经济发展的水平较为失衡。不论是法律援助的人均支出，还是与 GDP 的比例，均远远低于西方国家。法律援助经费的不足直接导致了办案补贴额的短缺。某种程度上，法律援助变成了法律援助工作者，特别是社会律师的负担。

从社会责任的角度,要求民营律师事务所及社会律师承担一定的法律援助义务,当然未尝不可。事实上,《法律援助条例》已经将这一义务纳入了法律范畴,规定了对拒绝履行法律援助义务的律师事务所(第 27 条)及律师(第 28 条)给予处罚。但是,以惩罚性的方式,只能确保义务的实施,却很难保证义务在何种程度上被完成。换言之,当代理法律援助的案件对以追逐经济效益为主要目标的民营律师事务所而言,意味着提供免费法律服务并且很有可能承担费用负担时,很难期待律师能够一如其他案件,确保会见、证据调查和出庭辩护的质量。普遍存在的情况是,律所为完成指标,通常指定刚刚入所不久的年轻律师代理此类案件,且经常是没有严格的专业分工,一个律师往往代理各种类型的案件。当然也存在个别例外,比如案件具有高度的社会影响力,代理该案件能给律所以及律师个人带来一定的声誉;或者该律所或者律师本人对道德情操及职业操守的坚守,已经超越了对物质利益的追求。然而,此种情形只能期待不能强求。一个国家的制度的良好运行,如果仅仅依赖于对民众的超乎一般标准的情操期待,则是相当危险的。

一般认为,法律援助的经费主要由如下几部分构成:(1)政府的财政拨款,包括中央财政以及地方财政拨款(其中中央财政包括中央专项彩票公益金法律援助资金);(2)社会捐助;(3)行业奉献等。其中,财政拨款是法律援助经费的主要来源。以 2012 年的数据为例,财政拨款占了法律援助经费总额的 99%。[19]法律援助是国家及政府确保公民获得公平的司法保护的一项义务,从这一角度,财政拨款理所当然是法律援助经费的主要来源。从中国现阶段慈善公益发展的水平考察,社会捐助及行业奉献也仅仅能够作为经费来源的补充。在加大财政拨款的同时,应当确保经费的合理分配,特别是确保业务经费的比例,逐步提高办案补贴的费用。除了经费补贴上的激励,可以纳入其他激励机制,比如对法律援助工作完成得出色的律所,通过律师协会给予行业内的表彰。法律援助案件的质量监控和评比,可以由当地律师协会协同法律援助中心进行。

根据此次调研,法律援助人力资源的短缺被认为是仅次于经费和补贴问题的重要挑战。解决此问题的基本途径包括:(1)扩充已有的法律援助中心的岗位编制,招纳更多的专业法律援助工作者;(2)大力发展基层法律工作人员和其他志愿者,对其进行适当培训,将其纳入法律援助的工作中。鉴于前述的经费短缺问题,第一种途径显然会在人员经费支出上,产生额外的负担,挤占业务经费的比例。第二种途径,在目前的发展阶段,具有较强的可行性。一方面可以继续将基层法律工作者纳入法律援助工作中,适当加大培训力度,及时更新和提高法律专业知识;另一方面,可以利用中国现有的高校法学教育优势,将更多的法学学生,特别是高年级学生纳入法律援助的队伍中。根据数据统计,截至2012 年 2 月,全国已有 149 所法学院系开设法律诊所课程,其中部分院校已经开展卓有成效的法律援助工作。[20]将这些法学学生纳入法律援助的工作,不仅可以弥补现阶段法

---

〔19〕 参见《中国法律援助年鉴》2012。

〔20〕 参见兰荣杰、胡珉瑞:《历史与比较视野中的刑事法律援助——兼论〈刑事诉讼法〉修改的进步与局限》,《浙江社会科学》2012 年第 11 期,第 53—59 页。

律援助人力资源短缺的缺陷,另一方面也利于法学学生学以致用,提早开展法学实践工作。值得注意的是,上述的对策尚需进行试点施行,结合地方特色调整,渐进推广。在高校聚集区,如北京、上海等地区可以侧重纳入法学学生志愿者;而西部等高校较少的地区,则要加大对基层法律工作人员的发展和培训。

在解决经费问题和人员问题的基础上,可以逐步扩大法律援助的范围。根据此次调研的结果,大部分的法律援助机构工作人员认为现行的法律援助标准较为合理,但也有相当一部分的人员认为可以降低法律援助的门槛。特别是针对社会弱势群体,比如残疾人员、未成年人、老人等,应当允许存在特殊通道。一般认为,此类人员与其他人员相比,法律知识相对薄弱,通过司法途径进行自我维权更加困难。从公民平等获得司法救助的角度,可以对此类人员适当放宽标准。

法律援助不仅仅是一个法律问题,更是一个社会问题。提高公众的认知以及对法律援助合理的期待,一方面可以使更多的潜在受援人获得应有的接受法律援助的权利,另一方面可以避免对法律援助有不切实际的期望,比如对胜诉结果的苛求。因此,法律援助工作者在提供法律援助服务时,承担着法律援助宣传的责任。此外,社会团体、国家机关的配合和支持,也一定程度上助推了法律援助的顺利实施。根据此次调研,有相当一部分的社会律师认为其在代理法律援助案件时,被有关机关区别对待。虽然,仅有极少一部分的社会律师认为这种区别对待最终影响了法院的审判结果,但是程序的正义仍然不容忽视。如果代理法律援助案件,对社会律师而言不仅仅意味着经济上的负担,更需要承受执行过程中不公正的待遇,则很难期待社会律师能够向受援人提供专业、认真的服务。

博士论文精要

BOSHI LUNWEN JINGYAO

"形散"与"神聚"：民初平政院
行政诉讼裁决书再探

吴　欢[*]

摘　要：民初平政院行政诉讼裁决书不仅是近代中国最早的行政诉讼判决书，也是作为治理秩序建构者的民初平政院之鲜活而生动的治理宣言书。平政院行政诉讼裁决绝对数量少而财产类裁决相对数量多。这种"或多或少"的局面折射出民初政制设计和社会生活的实际，也隐含着平政院的能动选择与治理取向。平政院行政诉讼裁决书形式简陋，行文简洁，说理简单，同时制作流程较完备，分部形式较齐整，案情罗列较详细。这种"似简还繁"的特征既保留了传统法律文化依恋，又表征着法制近代化趋向。平政院行政诉讼裁决在北洋政府时期没有判例效力，且被南京国民政府宣告无效，但在民初行政审判实践中切实具有法律拘束力和实质影响力，且具有相当程度的独立性与自主性。这种"若有若无"的状态意味着平政院行政诉讼裁决中蕴含的经验与智慧具有超越时空的回响。

关键词：民告官　平政院　行政诉讼裁决书　治理秩序　治理智慧

一、引言：重新发现民初平政院裁决

在当代中国治理体系和治理能力现代化改革的历史进程中，行政诉讼无疑扮演着重要角色，肩负着重要功能，甚至可能进而构成推进我国法治政府建设乃至国家治理现代化的重要抓手与推手。然而，中国行政诉讼制度自清末民初移植自德日以来，不过百余年时间。百余年来，国家政权几经更迭，行政诉讼的法制功能与政制角色究竟有何基本定位，有何施展空间，又有何值得今人反思的经验与智慧、教训与不足，着实值得认真检讨。笔者的系列研究即试图进行此种基础性工作，并以近代中国行政诉讼的起点——民初平政

* 南京师范大学法学院讲师、博士后研究人员，中国法治现代化研究院研究员，2012—2015年于浙江大学光华法学院宪法与行政法学专业学习，师从胡建淼教授。本文系在作者博士学位论文《民初平政院裁决研究》第二章的基础上改写，感谢胡建淼教授和导师组老师的指导。本文获国家社科基金重大招标项目"法治文化的传统资源及其创造性转化研究"（项目编号：14ZDC023）、南京师范大学法制现代化研究中心和江苏高校优势学科创新平台资助。

院的行政审判实践为考察中心。不同于其他学者[1]，笔者认为，欲探寻民初平政院法政人在帝制走向共和之际，通过裁决行政诉讼案件建构国家治理秩序的经验与智慧，必须充分深入民初平政院的行政审判实践之中去体察和省思。因此，本文进一步选定民初平政院的行政诉讼裁决书作为聚焦对象。[2]

众所周知，作为审判权行使的重要物质载体和表现形态，判决（书）和更进一步的判例，以及与之密切相关的典型案例、指导性案例等，一向是法律实践和法学研究的重要内容和对象。英美法系蔚为壮观的判例法传统自不待言，大陆法系发源地法国也有着强大的行政判例传统，即使在古代中国成文律典传统下，律例和判词也构成了传统法律文化的重要面向。在近代中国法律移植进程中，民初大理院的判决例与解释例也一直受到法学理论与实务界的广泛关注，因为其不仅是民初最高司法权行使的表征，更在彼时社情变迁而法制粗疏的局势下，毅然扮演了事实上的法典角色，至今仍在台湾地区司法实践中发挥作用。[3] 但是，同样是北洋政府时期的中央裁判文书，民初平政院行政诉讼裁决书受关注的程度却远不及大理院民事/刑事判决书进而判决例；同样是一国最高行政审判机关的裁判文书，民初平政院行政诉讼裁决书的知名度也远不及法国最高行政法院判决书进而判例；甚至，民初平政院行政诉讼裁决书的影响力还远不及作为其继承者的南京国民政府行政法院判决书进而判例。在当代中国，不仅行政法学者对民初平政院行政审判实践知之甚少，就连法律史学者也较少论及，遑论总结和提炼其中蕴含的行政法学遗产和国家治理智慧。[4] 事实上，作为彼时中国最高且唯一的行政审判机构，民初平政院在1914—1928年共计14年的存续时间里，一直不间断地受理和审断全国各地的"民告官"案件，最终制作形成相关档案达77卷。这是一笔宝贵的民国法学遗产，却因卷帙浩繁，遍览不易，一直尘封于中国第二历史档案馆，处于"养在深闺人未识"（白居易诗）的状态。[5]

---

〔1〕 既有研究参见武乾：《论北洋政府的行政诉讼制度》，《中国法学》1999年第5期；张生：《中国近代行政法院之沿革》，《行政法学研究》2002年第4期；宋玲：《清末民初行政诉讼制度研究》，中国政法大学2009年版。此类研究多遵循法制现代化范式，在材料上较少运用平政院裁决文书，未能深入其裁决实践；在方法上以史学考辨为主，较少运用案例研究乃至社会科学方法；在视角上局限于法学内部，以制度论和立法论为主，较少将平政院置于民初治理秩序建构的广阔视野之中。

〔2〕 民初实定法用语中，平政院的裁判活动与文书分别称"裁决"和"裁决书"。在本文中，"平政院裁决"与"平政院裁决书"兼而用之。此外，平政院一度内设执掌官吏纠弹的肃政厅，故平政院裁决（书）又可分为纠弹事件裁决（书）和行政诉讼裁决（书），本文仅就其行政诉讼裁决（书）立论并适当简称。

〔3〕 张生：《民国初期的大理院：最高司法机关兼行民事立法职能》，《政法论坛》1998年第6期。

〔4〕 近年来，部分学者已将近代行政诉讼法制（法学）纳入行政法学研究范畴，但有待进一步聚焦。见林莉红：《中国行政诉讼的历史、现状与展望》，《河南财经政法大学学报》2013年第2期；王贵松：《论近代中国行政法学的起源》，《法学家》2014年第4期。法史学界的既有研究如前所述，不再赘评。

〔5〕 近年来，部分学者开始利用这些一手素材展开研究，如赵勇：《民国北京政府行政诉讼制度研究——基于平政院裁决书的分析》，西南政法大学2012年博士学位论文；张焰辉：《民初建立法治国的实践——以平政院裁决为中心》，台湾政治大学2003年硕士学位论文；黄源盛：《民初平政院裁决书整编与初探》，《中西法律传统》2008年总第6卷等。其中以黄源盛先生的研究最具洞见，该文虽名为"初探"，实对平政院裁决的数量种类和法理问题进行了奠基性考证和纲领性概述，但就平政院裁决的形式结构、性质效力等问题似未深究，尤未能结合彼时政经社会情势和平政院之治理者定位加以探讨，故本研究仍有必要。

有鉴于此，本文将在既有研究的基础上结合实证素材，对民初平政院裁决书的若干重要问题进行聚焦研究，以丰富学界有关近代中国行政法史和行政诉讼法制生成的研究，并为当代中国国家治理现代化进程中的行政诉讼法制变革提供来自近代的理性与经验。本文所欲论证的基本命题是：民初平政院行政诉讼裁决书不仅是近代中国最早的行政诉讼判决书，也是作为治理秩序建构者的民初平政院之鲜活而生动的治理宣言书，其中的经验智慧值得今人珍视与深思。为完成此项论证，下文主要分为四部分。第二部分对现有可资利用的平政院裁决书进行统计与分类。平政院裁决书绝对数量少，但财产类裁决相对数量多。这种"或多或少"的局面折射出民初政制设计和社会生活的实际，也隐含着平政院的能动选择与治理取向。第三部分着重探讨平政院裁决书的形式与结构问题。平政院裁决书形式简陋，行文简洁，说理简单，同时制作流程较完备，分部形式较齐整，案情罗列较详细。这种"似简还繁"的特征既保留了传统法律文化依恋，又表征着法制近代化趋向。第四部分结合彼时实定法和政治情势探讨平政院裁决的性质、独立性与效力等问题。平政院裁决在北洋政府时期没有判例效力，且被南京国民政府宣告无效，但在民初行政审判实践中切实具有法律拘束力和实质影响力，且具有相当程度的独立性与自主性。这种"若有若无"的状态意味着平政院裁决中蕴含的经验与智慧具有超越时空的回响。最后的结论部分总结全文，指出平政院裁决书具有"形散"而"神聚"的整体特征，并交代下一阶段研究重点。

必须事先说明的是，本文研究虽然聚焦于民初平政院裁决书，但主旨在于通过解剖"麻雀"，在近代以来中国国家治理转型与重构的宏观视野中窥见百年中国行政诉讼制度奠基与流变之深层意义和限度，因此，本文以及笔者的系列研究对于理解当代中国国家治理现代化改革中的行政诉讼及其治理功能不无启示意义。在案例指导制度已经建立的当下，本文研究还将为深入总结民初行政审判实践中蕴含的法理经验与治理智慧，以资今日之用提供基本的素材框架。

二、或多或少：平政院裁决的数量与种类

民初平政院在存续的 14 年间，究竟受理并裁决了多少行政诉讼案件，这些案件在分布上有何时空特征，是深入研究平政院裁决必须首先回答的问题。已有学者对此作出探讨，笔者将在其基础上进一步揭示某些可能被忽略的话题。

(一) 平政院裁决的数量考证

民初平政院全部案卷现存于中国第二历史档案馆，全宗号 1005，共 77 卷。但由于历经数次政权更迭，兼之实在卷帙浩繁，所以多年来一直未得到充分利用，有关平政院裁决的准确数量，也一直众说纷纭。

首先看民初有关裁决汇编中的收录情况。彼时先后有两种《平政院裁决录》：前者出

版于 1916 年,收录 1914—1915 年平政院纠弹事件裁决书 13 份和行政诉讼裁决书 18 份[6];后者出版于 1922 年,共 7 卷,收录 1915—1921 年平政院行政诉讼裁决书 18 份[7]。这两种裁决汇编无疑是残缺不全的,但作为原始文献汇编,其分门别类标准和具体呈现方式仍具有史料价值。

其次看平政院有关人士回忆的裁决数据。曾任平政院书记官的民国法学家陈顾远先生回忆:"平政院本来是一个清闲机关,每年所收的案子不到十件,……然在此数年中,我倒主办了 5 件案子……"[8]据此测算,平政院存续期间内所办理案件在 140 件左右,但这个数据尚不够准确。

再看台湾行政法学者蔡志方先生的统计。蔡氏指出:"平政院 15 年间共受理 407 个案件,其中公布于《政府公报》之公开案件计 126 起,除去纠弹案件,计行政诉讼案件 124 件。"但并未给出数据来源和统计口径[9]。蔡志方先生的统计看似精确到个位,但其统计的纠弹案件已与 1916 年《平政院裁决录》有较大出入,总数 407 个则与陈顾远先生的回忆相差太远。笔者认为,蔡氏似乎将平政院收受案件数与最终结案数相混淆:彼时起诉到平政院的案件,有的因为受理程序不合法而被驳回,有的则最终未能结案或者未以裁决书形式结案,所以最终结案和裁决书的数量要远小于收受案件数,其比例有时甚至不到 10%。《平政院民国八年审理案件统计表》即显示,民国八年"平政院共收案 252 件,程序不合法而驳回者高达 196 件,未结者有 38 件,最终裁决者只有 18 件"[10]。因此,蔡志方先生统计的数据尽管在海峡两岸被广泛引据[11],其实并不可信。

既然当年裁决汇编残缺,时人回忆不够准确,后人统计涉嫌混淆,那么,平政院究竟裁决了多少行政诉讼案件呢?目前学界一般以台湾学者黄源盛先生辑纂的《平政院裁决录存》[12](以下简称《录存》)作为准据,本文亦从之。1997 年,台湾法律史学者黄源盛先生制定了整理编纂全部平政院裁决书的研究计划。黄源盛先生本拟从平政院案卷入手,影印全部原档文件,但为更完整而经济地搜集所有平政院裁决,他转而着手从彼时《政府公报》《司法公报》《法律周刊》《法律评论》等媒介中寻求。实践证明这样的做法是行之有效的,2007 年出版的《平政院裁决录存》共收集民初平政院行政诉讼裁决书 187 份,另有纠弹事件裁决书 13 份。这一数据极大补强了民初有关裁决汇编,不仅与据陈顾远先生回忆

---

[6] 《平政院裁决录》,1916 年印行,日本东京大学东洋文化研究所图书室和北京大学图书馆有馆藏。

[7] 《平政院裁决录》,1922 年印行,北京图书馆和吉林大学图书馆有馆藏。

[8] 陈顾远:《双晴室余文存稿选录》,1965 年自印,第 170—171 页。

[9] 蔡志方:《中国第一个行政诉讼审判机关——平政院》,台北《宪政时代》1985 年第 1 期。

[10] 黄源盛:《民初平政院裁决书整编与初探》,《中西法律传统》2008 年总第 6 卷。

[11] 林莉红:《中国行政诉讼的历史、现状与展望》,《河南财经政法大学学报》2013 年第 2 期。

[12] 黄源盛纂辑:《平政院裁决录存》,台北五南图书出版公司 2007 年版。

之推算较为接近,亦较蔡志方先生的统计持之有故。[13]

　　笔者之所以不避烦琐地将平政院裁决书有关统计和黄源盛先生辑录平政院裁决的经历罗列于此,有两点特别用意：其一,平政院准确而完整的裁决书数量与内容截至目前仍未为学人所遍知遍览,但已有可资利用的《录存》是目前为止最为准确和全面的；其二,平政院裁决书从"养在深闺人未识"到如今能够方便利用,实赖黄源盛先生筚路蓝缕、芒鞋踏破之功,故特书其事以表敬意。虽然《录存》难谓完美,但研究平政院裁决实践已基本够用。事实上,案例研究欲穷尽全部素材是可遇而不可求的,只要误差在合理范围内,素材相对固定且集中,则可以开展研究。此外,《录存》还附有"平政院行政诉讼裁决一览表""平政院十四年来案件类别详目表""平政院十四年来案件裁决终审情形百分表"等,可以直观反映平政院裁决整体、类别和结果等情况,赵勇博士也做了相关统计。

（二）平政院裁决的分类统计

　　1. 根据裁决作出时间分类。《录存》所载 187 份裁决中,1915 年 18 份,1916 年 18 份,1917 年 11 份,1918 年 23 份,1919 年 15 份,1920 年 30 份,1921 年 18 份,1922 年 6 份,1923 年 16 份,1924 年 10 份,1925 年 7 份,1926 年 8 份,1927 年 4 份,1928 年 3 份,平均每年约 13 份。由此可见,平政院历年裁决案件数量先低后高再转低,呈"马鞍形",且1920 年代中后期裁决数量逐渐减少至低谷。这也与彼时担任书记官的陈顾远先生之前述回忆相符。

　　2. 根据涉诉事件类型分类。1914 年《平政院编制令》和《行政诉讼法》均采取"概括式"受案范围,并未规定具体受案类型,但 1906 年清廷"官制改革"中拟定的《行政裁判院官制草案》第 9 条曾列举"行政裁判院应行裁判之事"。在法制未备、理论粗疏的情况下,平政院受案类型遂在事实上因袭了该条规定。《录存》编者根据系争事项将所载裁决书具体分为：产权争讼 50 份,水利争讼 8 份,税捐争讼 12 份,盐务争讼 7 份,矿务争讼 17 份,营业争讼 8 份,教育争讼 3 份,交通争讼 2 份,垦荒争讼 10 份,公地承领争讼 13 份,征收争讼 16 份,人事争讼 22 份,智慧财产权争讼 1 份,其他争讼 18 份。从涉诉行政争议事件类型来看,一个突出的现象就是财产类事件比重较高,竟有 160 件之多；在财产类事件中,又有 20 余件涉及庙产问题,这一现象着实耐人寻味。

　　3. 根据原告身份省籍分类。从彼时行政诉讼原告的身份来看,有商人、农民、僧侣、学生、政府职员等自然人和商号、商会、学会、公司、省议会等组织,其中商人(含商号、商会)、农民、僧侣位居三甲,政府职员起诉也有 20 余案。商人位居原告榜首,可能与清末民初"实业救国"思潮的兴起和民族工商业的初步发展有关。彼时各部宪法性文件虽然在

---

　　〔13〕　此外,赵勇博士提到,他目前掌握平政院裁决书 212 份,其中行政诉讼裁决书 200 份,纠弹事件裁决书 12 份,但并未公之于众。见赵勇：《民国北京政府行政诉讼制度研究——基于平政院裁决书的分析》,西南政法大学 2012 年博士学位论文,第 11 页。赵勇博士搜集的行政诉讼裁决书虽较黄源盛先生为多,但其实相差不大,有关纠弹事件裁决书则较黄源盛先生少 1 份。在综合权衡之后,我决定仍以黄源盛先生的数据和素材为研究基准,并视情况参考赵勇博士的研究。

名义上均宣布保护公民财产权与营业自由,但在现实中商人权益容易受到各路军阀与官僚的侵害,辛亥革命之初和军阀混战之际,各种非法充公与征税也十分常见。[14] 商人由于较早接受近代法律知识和诉讼观念,故更易在权益受侵害之际提起行政诉讼。农民位居次席则与彼时中国在整体上仍属于农业国的基本国情有关。北洋政府时期战乱连连,中央政府又鼓励开垦各类荒地,东北等处的前清禁地也日益放垦,地权关系领域遂易发生纠纷。[15] 僧侣位居前列似与清末以来的"庙产兴学"运动有关。辛亥战乱之际,又有很多革命党人提充庙产以为革命之资,或者作为地方公益之需。待到北洋政府统治基本稳定,《保护庙产条例》等法令接连发布,权益被侵夺的僧侣遂据此提起行政诉讼。[16] 从原告省籍分布来看,由多到少依次是:直隶(含京兆)27份,浙江19份,奉天(辽宁)19份,江苏16份,安徽11份,湖北8份,湖南8份,河南7份,福建7份,江西5份,广东4份,山东4份,黑龙江4份,吉林3份,陕西2份,贵州1份,其他42份。直隶地区位居榜首主要是因为其是首善之区,人民获取法律知识和提起行政诉讼较为便利。江浙等东南沿海省份紧随其后,则是因为这些地区较早经受近现代商业文化和法律知识的洗礼,且为近代民族工商业发展较为迅速的省份,故当地人民能够较为频繁地拿起法律武器维护自身权益。部分西部省份14年间无一起案件起诉到院,除了受制于地方实力派与北洋政府离心离德外,也因为这些地区较为闭塞,人民尚缺乏较强的行政诉讼观念。此外,原告多聘请代理人助讼,所聘代理人有一般人民,更多的是彼时法界名流,如阮性存等知名律师、张一鹏等卸任平政院评事和许卓然等卸任大理院推事。这说明彼时法律职业共同体有一定的发展,并能影响人民的诉讼选择。

4. 根据被告行政官署分类。彼时行政官署被诉次数由多到少依次是:农商部23,浙江省公署16,江苏省公署13,财政部12,内务部12,直隶公署12,湖南省公署9,京兆尹公署8,湖北省公署7,盐务署7,安徽省公署7,福建省公署6,交通部4,广东省公署3,教育部3,陕西省公署2,吉林省公署2,江西省公署1,司法部1,其他37。农商部高居被告榜首、江浙两省紧随其后的状况,也与前文对原告身份和省籍的统计相吻合。由于中央行政官署均在北京,直接承受大量起诉,所以直隶公署当被告频次低于该地原告省籍的比重也是可以理解的。必须指出的是,北洋政府1914年《行政诉讼法》规定,只有不服中央和地方最高级行政官署的行政处分或者经诉愿不服前述官署的诉愿决定才能向平政院提起行政诉讼,故实践中的行政纠纷远较统计数据为多。即便如此,彼时人民能将省部级官署推上被告席接受平政院的审判,也是颇为难得的历史进步。

5. 根据平政院裁决结果分类。《录存》所载187份裁决书中,裁决维持的有101份,约占54%;裁决取消的有47份,约占24%;裁决变更的有39份,约占22%。单就结果来看,有如此高的取消或变更比率,很难指责平政院有偏向行政官署之预设立场,且平政院

---

〔14〕 参见刘云虹:《北洋时期江苏商人的捐税抗争》,《民国档案》1998年第4期。

〔15〕 王丹:《试论北洋军阀政府的垦殖政策》,《兰台世界》2009年第11期。

〔16〕 王雷泉:《对中国近代两次庙产兴学风潮的反思》,《法音》1994年第12期。

所有裁决结果均得到大总统相当程度之尊重和各级官署相当程度之遵循。因此，前人所谓"平政院与北京政府相始终，十余年间，殊少令人满意之成绩与表现"，"此一制度在当时政治局势及社会环境下，未曾发挥功能，仅属聊备一格而已"等评价[17]，实在有失偏颇。时至今日，我国行政诉讼原告胜诉率还不到10%，有些省份甚至只有2%。[18] 相比之下，民初平政院裁决变更或撤销的比率能够达到46%，着实不易。如果进一步考虑到民初行政诉讼被告皆为省级公署和中央部院，则此种比率所蕴含的法治意义更为重大。至于有论者引述陈顾远先生"贫政院"之说，指平政院于民初政事无有裨益，更属望文生义。陈顾远先生回忆曰："当灾害遍北平的时日，平政院尤其贫苦，每年能向财政部领到四个月经费薪给就算好景，冬日连办公室的煤炉都生不起，其他可推而知。于是，平政院便有了一个众所周知的黑名'贫政院'。"[19]陈仅就平政院人员生活贫困而言，并非言其无补于政事。相反，平政院在生活清苦不堪、薪酬常遭拖欠的境况下，兢兢业业于行政审判，取得如此成绩实属难能可贵。

（三）平政院裁决的"多"与"少"

虽然《录存》收录并不完全，但就目前情况来看，民初平政院裁决行政诉讼案件绝对数量确实偏少。所谓"绝对数量偏少"，至少有三重含义。

首先，与平政院收案数量相比，平政院裁决行政诉讼案件数量很少。蔡志方先生统计平政院在14年间裁决行政诉讼案件407件，虽然存在混淆收案与裁决数量等问题，但也说明彼时平政院收案数量较大。前引《平政院民国八年审理案件统计表》显示，1919年平政院共收案252件，最终作出裁决者只有18件，这也说明裁决数量与收案数量不成比例。其次，与彼时行政争讼现状相比，平政院行政诉讼裁决数量很少。民国初年，一方面宪法性法律文件广泛规定国民权利，并设立平政院受理官民争讼，国人权利观念与维权意识较之传统中国空前高涨；另一方面军阀混战，官风倾颓，公民权利频繁受到公权侵犯。两相作用之下，可以想见彼时行政争讼案件必然频发，但目前所见平政院裁决仅187件，殊为不成比例。第三，与同期大理院审判案件数量相比，平政院行政诉讼裁决数量很少。据不完全统计，民初大理院仅汇编案例就有3900余件，公布解释例2000余件，尚不包括仅作出判决而未形成判例与解释例者。[20] 与之相比，平政院在差不多的存续期间内，裁决行政诉讼案件数量着实很少。

为什么平政院裁决绝对数量少？原因可能有以下几点：

首先，平政院人员编制有限。民初全国仅在北京设置平政院一所行政诉讼审判机构，且采用一级一审制。这种行政审判体制虽然有客观成因，但在交通、通讯落后的当时，出

---

[17] 吴庚：《行政争讼法论》，台北三民书局1999年版，第9页。

[18] 张渝：《再插手民告官案，拿行政机关"说事"》，《大河报》2014年11月5日。

[19] 陈顾远：《双晴室余文存稿选录》，1965年自印，第170—171页。

[20] 戚渊：《北洋政府时期的行政诉讼》，《法学》1992年第2期。

于诉讼成本的考虑,大多数人民必然会选择放弃这一救济途径。有诉愿制度作为补充,但其毕竟是行政机关的自我审查,中立性与公正性不无疑问。在制度设计之外,平政院的人力、物力和财力也是十分有限的。平政院人员编制极为精简,全院仅35名评事,要应付当事人起诉到北京的行政诉讼案件尚分身乏术,更无再多精力投入地方巡回审判。就财力物力而言,民初财政常年入不敷出,公务人员薪资常被拖欠。因审判资源十分有限,必然无法对所有起诉到平政院的案件作出裁决,故其收案数量与裁决数量相差较大。

其次,行政诉讼程序的分流作用。民初行政诉讼实行诉愿前置主义,大量行政争讼在层层诉愿阶段得到解决或消化,故进入行政诉讼程序的案件较少;即使进入行政诉讼程序,按照彼时制度设计,平政院会通过诉状格式、诉讼时效、诉费缴纳等规定予以驳回,从而减少自身诉累。以往的研究者多将驳回率高视为民国司法不公的表现,但往往忽略了其背后司法资源与国家能力有限的困境。事实上,在案多人少的情况下,平政院必须有所不为才能有所为。同样以《平政院民国八年审理案件统计表》为例,在1919年收受的252件案件中,因提起和受理程序不合法而被驳回者高达196件,未最终结案者亦有38件。可见,平政院通过运用程序闸口,较大程度地实现了案件分流和诉累减缓。

第三,行政诉讼的现实障碍。尽管民初行政争讼频发,但百姓毕竟对平政院的职能属性知之甚少,遇有官民纠纷很难想到提起行政诉讼;兼之中国幅员辽阔,层层诉愿已不堪其扰,起诉至北京成本更加巨大,经过百姓利弊权衡,很大一部分行政争讼也就未能进入行政诉讼程序。但切不可因裁决绝对数量少而对平政院裁决的治理功能和平政院的治理者角色有所轻视。恰恰在有限的裁决中,平政院较大程度地保障了人民权益,也较好地发挥了自身治理者的作用。可以想见,在民初的具体时空范围内,平政院欲通过裁决"民告官"的行政诉讼以实现"帝制走向共和"之际的国家治理秩序建构重任是何其难也。但正是惟其艰难,才愈发体现出平政院法政人努力的可贵,愈发体现平政院及其法政人的经验与智慧。

《录存》所载平政院裁决书在数量上另一个突出特点就是,财产类裁决书相对数量很多。所谓"相对数量很多",也包含三个层面的含义。

首先,平政院财产类裁决书有160余份,占《录存》所载187份平政院裁决书90%以上。一般而言,现代行政诉讼制度主要保障公民人身权与财产权,甚至有观点认为行政诉讼保障公民人身权的功能更为重要。比如,新中国修订前后的《行政诉讼法》虽然都是以列举形式规定行政诉讼保障公民权益的范围,而且修订后的保障范围还有所扩大,但其基本面仍在于人身权和财产权,且人身权居于财产权之前。但是,在民初平政院的裁决实践中,如此畸高的财产权裁决数量,不仅与同一时期其他类型裁决数量不相称,也与人们对行政诉讼权利保障指向的一般观感不相符。其次,平政院财产类裁决涉及的权利范围广泛,类型丰富。如前所述,平政院财产类裁决涉及产权、水利、税捐、盐务、矿务、营业、教育、交通、垦荒、公地承领、征收、智慧产权等广泛的社会生活和经济活动领域,涉及动产所有权、不动产所有权、矿业权、荒地承垦权、公地承买权、优先承买权、林地承买权、永佃权、营业权、盐业权、著作权、铁路线路敷设权、庙产处分权、利率确定权、航运专有权、典权等丰富的财产权利类型和争议。第三,平政院财产类裁决涉及行政权作用类型众多。平政院财产类裁决涉及的先在行政处分包括行政处罚、行政强制、行政征收、行政许可、行政确认、行政裁决、行政命令、行政契约和私法行为等。如此众多的行政权作用类型,也说明彼时行政权对公民财产权和经济生活的干预范围较为广泛。

为何财产类裁决相对数量如此之多?其可能原因也有以下几点:

首先,财产权在公民权利体系中具有特殊重要地位。[21] 在西方法制史上,财产权是1215年英国《大宪章》所保障的贵族基本权利之一,被1789年法国《人权宣言》列为公民"自然和不可剥夺"的基本人权,"所有权绝对保护"也构成了近代民法三大基本原则之一,"免于匮乏的自由"更位列美国前总统罗斯福所谓人类四大自由之一。"无财产即无人格"构成了近代民法的理论基石,"私有财产神圣不可侵犯"是近现代民主国家宪法的基本原则,保护私有财产则是近现代法治国家义不容辞的基本责任。一般而言,在一个国家由"专制国"向"法治国"转型之际,构成"法治国"首要基石的无疑应当是财产权。这并非因为"法治国"的草创者们不注重保障人身权,也不是因为当时的司法者们偏重财产权,而是由财产权在一个社会中的基础性地位,以及保障财产权对于社会秩序具有的重要意义所决定的。孟子所谓"有恒产者有恒心",即是强调财产权对于国家治理秩序的奠基性作用。因此,平政院在财产权保障问题上不得不格外用心。

其次,民初平政院在事实上继承了清末《行政裁判院官制草案》的受案范围,而这一范围主要涉及财产权保护。该草案第9条规定的各类应行裁判之事,除了第一项"特旨饬交"事件,其余各项都是有关财产权的规定,包括"关于征纳租税及各项公费之事件""关于水利及土木之事件""关于区划居民土地之事件"和"关于准否营业之事件"等。再对照《录存》对平政院裁决的分类,平政院财产类裁决基本上都可以纳入这一范围。因此,在民初实定法未规定具体受案范围的情况下,行政诉讼原告参照1906年草案的受案范围提起诉讼,平政院亦参照这一范围受理并作出裁决,也属情有可原。

第三,民初宪法性法律首重保障人民财产权,而财产权在事实上也较易受到行政权侵犯。私产保护是近代中国建立"亚洲第一个共和国"时所追求的基本目标之一,"人民有保有财产及营业之自由"不仅写入民国历部宪法或宪法性文件,也在民国法制实践中艰难地被落实。1912年3月,南京临时政府接连发布《大总统令各省都督保护人民生命财产电文》《内务部通饬保护人民财产令》等命令,一再强调保障公民财产权,并提示人民遇有行政官署侵犯财产权得向平政院提起诉讼。[22] 而民初共和肇始之际,人民财产权极易受到行政权侵害,基层行政官署动辄以命令、法令、条例对人民财产施以处罚、强制征收,或侵犯人民营业自由,或通过行政裁决和行政确认权侵犯人民财产权,或在行政契约、私法行为等场合滥用行政权威,损害人民权利。凡此种种,都导致民初财产权保障不容乐观。当此之时,民初平政院通过裁决大量财产权案件,较为有效地保障了公民财产权,也较为有

---

〔21〕 石佑启:《私有财产权公法保护研究——宪法与行政法的视角》,北京大学出版社2007年版。
〔22〕 参见刘海燕:《南京临时政府的立法实践及其历史启示》,《江海学刊》2007年第4期。

效地建构了经济活动和社会生活秩序。

总之,民初平政院裁决书的绝对数量少和财产类裁决相对数量多都不是偶然的,平政院裁决书数量的"或多或少",折射出民初政制设计和社会生活的实际,也透露了平政院在民初治理秩序建构中的选择与取向。在当代中国,如何通过制度设计和程序闸口化解官民纠纷,建构治理秩序,考验当代中国政治家和法律人的智慧,民初平政院的相关经验与做法,无疑具有重要启示意义。

三、似简还繁:平政院裁决书的形式结构

民初平政院存续的 14 年间,共和与帝制交替,革命与复辟并举,大总统、皇帝、临时执政、大元帅"你方唱罢我登场"。这些时局变换细致入微地影响了平政院裁决书的制作与呈报流程,也型塑了其在形式与结构上的过渡特征。当代研究者一般并不关注判决书制作公布流程和形式结构特征等枝节问题,但在研究与当下具有相当时空距离的平政院裁决书时,平政院这一民初治理秩序建构者如何建构自身话语载体的问题,就有必要深入探讨。

(一) 平政院裁决的制作流程

民初平政院裁决书制作呈报流程的实定法规范主要包括 1914 年《行政诉讼法》第 32—33 条,《平政院处务规则》第 13 条和第 21→25 条,《平政院各庭办事细则》第 37 条和第 39—42 条。根据以上规定,平政院裁决书制作呈报流程如下:

(1)平政院案件由各庭评事专任审查,认为应予受理者制作报告书交庭长审查,庭长审查后决定是否开庭审理,但无论是否开庭审理均由该庭评事合议议决事实与法律问题。(2)专任评事根据本庭评事合议拟具裁决书送交庭长审查。(3)庭长核定裁决书稿本后送院长审查,院长可视情况作出指告。(4)经院长审查无误后由书记官根据专任评事稿本制作裁决书缮本。(5)裁决书缮本应在最后一次开庭后 10 日内作成,并由评事、书记官署名钤章。(6)裁决书缮本作成后由院长以平政院名义作为附件呈报大总统,如系变更或取消行政官署违法行政处分由大总统批令主管官署执行。(7)将裁决书缮本送达原告、被告及参加人,以为裁决宣告。(8)将呈报获准之裁决书连同呈文刊载于《政府公报》等媒体公开。

在以上流程中,(1)—(4)均为平政院内部程序,今人难见详情;(5)是时限和落款程序,可以直接观察;(7)是裁决书送达程序,今日无法还原;(8)是裁决书公开程序,平政院裁决大部分借此传世。这些姑且可以存而不论,唯有(6)是最特别的裁决书呈报流程,不仅反映了平政院裁决特殊的生效与执行机制,也因为附带平政院院长呈文和最高领导人批令,而能够反映平政院裁决特殊的形式特征。鉴于程序(6)在平政院裁决书制作呈报流程中的特殊性,以下结合平政院存续期间政局变换,选取呈报不同阶段最高领导人的不同呈文文本进行分析。

1. 袁大总统阶段。从 1914 年 3 月 31 日平政院成立到 1915 年 12 月 12 日袁世凯称帝,是平政院历史上的袁大总统阶段。这一阶段典型裁决书呈文是《平政院呈审理胡庆余堂代表施凤翔陈诉内务部处分违法一案依法裁决随同裁决书呈请鉴核文》。[23] 这是目前所见最早的一份行政裁决书呈文,也是一份变更裁决呈文,自应以平政院名义呈请大总统批令执行。该呈文言简意赅,交代了呈请事由、原告、被告、参加人、审理经过、审理结果和呈请鉴核等事项,并解释了部分变更原行政处分不影响其主体适法性的问题。视其文字,如"呈请鉴核"等,均是中国传统上行公文之遗迹;观其排版,如提及大总统时均空一字,提及奉大总统批令时更另起一行,均体现了对大总统权威的尊重。这些不仅表明了平政院隶属于大总统的地位,也显示了平政院裁决书行文上的传统法律文化遗存。

2. 洪宪皇帝阶段。从袁世凯称帝到 1916 年 3 月 2 日袁氏取消帝制是平政院历史上的洪宪皇帝阶段。这一阶段典型呈文如《平政院奏审理矿商王秉钺提起诉讼一案依法裁决折(附裁决书)》。[24] 这是洪宪帝制时期为数不多的裁决书呈文之一,因为是裁决维持原行政处分,所以皇帝袁世凯只是批令"悉交农商部查照"而非"准照……执行"。由于时值帝制复辟,此份呈文更加体现了平政院的隶属与臣下地位,如所用"奏""伏祈 皇帝陛下圣鉴训示"等,提及自身时使用"臣院"并将"臣"字特别小写。该呈文还有时任国务卿副署,亦属少见。

3. 直皖奉纷争阶段。从 1916 年 6 月 6 日袁世凯病逝到 1928 年 11 月 17 日平政院闭院是平政院历史上的直皖奉纷争阶段。这一阶段北洋政府最高领导人更迭不休,平政院呈报裁决书时的称谓也有大总统、代理大总统、摄行大总统、临时执政、摄行临时执政、大元帅等多种,彼时典型呈文如《平政院院长夏寿康呈 大总统裁决河南新野县民人刘元善等上诉不服河南省公署决定庙柏一案祈鉴文(附裁决书)》[25]。这是直系军阀冯国璋任代理大总统期间的一份呈文,其值得注意者有三:首先,呈文标题明示平政院院长姓名,这是袁世凯病逝后北洋军阀割据交攻时代的新变化,暗示后政治强人时代平政院院长地位的提升;[26]第二,呈文用"以资折服,而昭平允"字样概括变更裁决的目的,这类表述在平政院裁决书中经常可见,暗示平政院裁决的实质理由;第三,这一时期《政府公报》等媒体刊载平政院裁决书在格式上已大大简化,仅称"已奉训令",有很多裁决书甚至不再附上呈文批令,这暗示了平政院裁决书与大总统权威之间依赖关系的淡化。

通过以上规范梳理和个案分析,可以认为,平政院裁决书在制作程序上较为严密,在呈报机制上延续了传统公文格式的等级制外观,体现了平政院在政制地位上隶属于大总统的属性。但在后袁世凯时代,平政院裁决书的呈报机制有了新的变化,暗示着平政院对自身的治理者角色趋向自觉。

---

[23] 黄源盛纂辑:《平政院裁决录存》案例 1,台北五南图书出版公司 2007 年版,第 5 页。
[24] 黄源盛纂辑:《平政院裁决录存》案例 81,台北五南图书出版公司 2007 年版,第 503 页。
[25] 黄源盛纂辑:《平政院裁决录存》案例 12,台北五南图书出版公司 2007 年版,第 75 页。
[26] 平政院历任院长在民初政局中地位资历皆不容小觑,如汪大燮曾代理国务总理,钱能训曾代理国务总理,张一鹏曾代理司法总长,胡惟德曾摄行临时执政,熊希龄曾任国务总理,张国淦曾任教育总长。

(二) 平政院裁决的分部结构

有关平政院裁决书形式结构的实定法规范包括 1914 年《行政诉讼法》第 32 条,《平政院处务规则》第 21、第 25 和第 27 条,《平政院各庭办事细则》第 5 和第 38 条。结合平政院组织机构,可知平政院裁决书的形式要件有:

(1) 裁决书由审判庭评事合议议决。(2) 平政院院长可就裁决书中解释法令、适用法令、审理程序、文字体裁等问题进行指告。(3) 平政院有权自定裁决书文书格式。(4) 裁决书缮本应载明案由,当事人姓名、年龄、职业、住址,主文,事实,理由,评事及书记官署名盖章和年月日等内容。(5) 平政院评事与书记官应在裁决书缮本上独立署名盖章。(6) 裁决书应另行制作缮本发交原告、被告及参加人。以上最为要害的是要件(4),在要件(3)授权下直接而具体地规定平政院裁决书的基本形式结构,值得认真探讨。相较于裁决书呈文随着民初政局变换而呈现出阶段性差异,平政院裁决书正文在 14 年间保持了相对稳定的结构。

首先是"当事人信息"。本部视情况分列原告、原告代理人、参加人、参加人代理人和被告。如"新化同乡会诉湖南省行政公署案"裁决书先列原告"苏鹏、周来苏等",次列原告代理人曾纪煌的年龄、职业和住处,复列参加人赖承裕的年龄和住处,再列参加人代理人刘敦谨的年龄、职业和住处,末列被告"湖南省行政公署"。[27] 平政院裁决书有时会在当事人信息方面省略部分内容,如人数众多时不全部列出当事人身份信息,在部分案件中当事人信息也并不完整,存在不列明年龄、职业、住址等情况;而对被告仅写明名称,无其他信息。

其次是"案由"。本部并未特别标注"案由"字样,一般用一句话言简意赅地交代本案涉讼事项、是否经过诉愿程序、本院经由何庭以何种形式审理。如"古宗荣诉广东巡按使公署案"案由部分曰:"右原告因与李姓互争山场一案,不服被告对于诉愿之决定,提起行政诉讼。本院第三庭依法审理,裁决如左。"[28] 纵观《录存》所载全部平政院裁决书,行政诉讼案由并未类型化,而是直接提炼自具体涉讼事项,由此亦可见彼时行政诉讼理论与实践尚处初创阶段。

第三是"主文"。本部明确标示"主文"字样,但仅以寥寥数语宣示涉诉行政处分应予维持、取消还是变更,欲知详情还要参看裁决理由。但也有个别裁决书主文有具体指示,如"夏赞熙等诉湖南省公署案"裁决书主文在变更原行政处分外,更对涉诉学校法定名称、校务管理、校产经营、校长选任和经费支给等问题作出具体指示,大大超出了原告诉讼请求。[29]

第四是"事实"。本部是对案件事实和双方观点的概述,一般先交代涉讼事件前因后

---

〔27〕 黄源盛纂辑:《平政院裁决录存》案例 9,台北五南图书出版公司 2007 年版,第 57 页。

〔28〕 黄源盛纂辑:《平政院裁决录存》案例 4,台北五南图书出版公司 2007 年版,第 27 页。

〔29〕 黄源盛纂辑:《平政院裁决录存》案例 21,台北五南图书出版公司 2007 年版,第 130 页。

果,接着指出先在行政处分与诉愿经过,然后列举原告、被告和参加人口头与书面辩论理由及其提出的证据,还可能交代二次答辩和时效、回避等程序事项。如"周焕章等诉安徽省行政公署案"裁决书事实部分首先介绍系争滩地曾由原告开垦并转卖,经垦务局清丈官荒后为他人承领,原告向被告呈控请求发回原产,经县知事查明滩地归属后拟具办法结案,原告不服遂向被告诉愿,被告批示维持原处分,原告遂提起行政诉讼。接着列举了原告陈诉要点和被告针锋相对的答辩,以及双方提交的证据。此外,还指出原告系以"代表名义"起诉,虽已过诉讼时效,"经分别指驳,经原告声明理由,因批准受理",并依职权命令与本案有利害关系者参加诉讼,然"迄未正式具状,应即作为抛弃参加",[30]这就涉及当事人、参加人、时效等程序问题。本部分在裁决书中所占分量最大。

第五是"理由"。本部是最重要的理由说明,但往往比较简洁,与事实部分不成比例。平政院在说明裁决理由时注重找准争点,解决争点后往往不过问其他枝节问题,同时也注意引据法律条文和审查双方证据判断案情是非。如"张国栋诉安徽省行政公署案"裁决书理由部分,首先指出,"依上述事实此项沙洲是否张国栋祖产,应以有无确实证据为断",这就指出了本案争议焦点在于沙洲归属;接着指出,"查原告状称祖遗洲产历在张后龄名册完课,并有执照、印串为证,经本院调验三项证件所填地名互相歧异,印串户名又非一律,何足征信?被告官署指为影射,实非无因",这就从证据角度否定了原告主张;然后指出,"且卷查此项洲地各造争执有年,既经官厅派委查勘明确,并非原告私产,复以地近盐河关系水利,决定收回官有,不准何造承垦,核与承垦条例第二条规定认为有特别使用者相符,办理尚无不合",这就从法律角度肯定了被告处分;最后指出,"综上理由,被告官署之决定并无违法,应予维持"。[31]

第六是"署名盖章"。本部是平政院裁决书落款部分,由作出裁决的所有评事及当值书记官独立署名盖章。有时院长或庭长也参加裁决,各庭评事间时有兼代。如"许成光诉浙江省行政公署案"署名盖章情况为,"第三庭庭长卢弼 第三庭评事杨彦洁 兼代第三庭评事贺俞 第三庭评事李渠 第三庭评事范熙壬 第三庭书记官黄炳言",[32]即见评事兼代的现象。

第七是"年月日"。本部是平政院裁决书最后部分,遗憾的是《录存》所载大部分裁决书落款时间并不完整,且"年月日"与"署名盖章"两部分位置时有颠倒。从《录存》所载最早也是格式最完整的 1915 年 18 份裁决书来看,有 17 份落款日期在大总统批令日期之前,另有 1 份两个日期一致。这说明,平政院裁决书落款日期并非获得大总统批令日期,而应当是裁决书缮本作成日期。

(三)平政院裁决的"简"与"繁"

通过对分部结构的观察,并与不同时空条件下的相关判决文本进行比较,可以将平政

---

〔30〕 黄源盛纂辑:《平政院裁决录存》案例 7,台北五南图书出版公司 2007 年版,第 43 页以下。

〔31〕 黄源盛纂辑:《平政院裁决录存》案例 11,台北五南图书出版公司 2007 年版,第 73 页。

〔32〕 黄源盛纂辑:《平政院裁决录存》案例 13,台北五南图书出版公司 2007 年版,第 83 页。

院裁决书的形式特征概括为"简"与"繁"的对立与统一。

所谓"简",主要体现在形式简陋、行文简洁、说理简单三个方面。

首先,平政院裁决书形式简陋。《录存》所载平政院裁决书均无文号,而彼时大理院判决书和此后南京国民政府行政法院判决书均有连续文号,[33]这说明平政院裁决书缺乏系统性和连贯性,也为后人整理研究带来不便,更不利于发掘其法制贡献。平政院所有裁决书均未提炼裁决要旨,这与彼时大理院判决和此后的行政法院判决不同,也导致平政院裁决无法形成裁决例,在判决拘束力和法制影响力上有所缺憾。须知,大理院裁决之所以在民初法制中占有重要地位,很大程度上即因其依据"统一法令解释权"在判决要旨中提炼出了一般法律原则和规则,不仅对后续案件有事实拘束力,更成为南京国民政府制定民法典时的重要参考。平政院裁决书在记载当事人有关信息方面也过于简陋,姓名、年龄、职业、住址多有不全或粗疏,案由仅仅是对具体涉讼事项的描述,而没有进一步类型化。更为重要的是,平政院裁决书主文也十分简陋,除少数外仅仅表示对先在行政处分是维持还是取消还是变更的立场,欲理解其裁决依据还需要参看理由部分。

其次,平政院裁决书行文简洁。从前引数份裁决书呈文和当事人信息、案由与主文等部分的文字即可看出,平政院裁决书在语言文字风格上保持了传统公文和判词简明扼要的优点和尊卑森严的陋规,行文简洁有力,叙事要言不烦,语言文白夹杂,富有转型期的时代特征。总体而言,平政院裁决书在语体特色与中国传统判词讲求骈四俪六、排比对偶、文采斐然的格调不同,也与中共革命根据地时期以来判决语体大众化、口语化、通俗化的倾向不同,却与彼时大理院判决书、南京国民政府行政法院判决书一道,构成了近代判决语体的转型趋向,体现了审判活动的专业性特征,至今仍在台湾地区司法实践中被遵循和沿袭。

第三,平政院裁决书说理简单。平政院裁决书的裁决理由是仅次于裁决主文的重要内容,但平政院法政人往往惜墨如金,在指出争点或先决问题之后,结合事实、证据与法律规定,径行裁决双方是非曲直而不作过多论述,以至有论者指出:"平政院最大不足之处,乃在对命令、法律的合法性及合宪性审查之不足","在裁决里,处处可见'呈准''成例''草案',甚至是'省法规'作为审理的依据。惟自始至终,却未见平政院反对见解。"[34]可见平政院裁决书对彼时实定法确实存在审查不足的问题。但另一方面,平政院又常常运用裁量权对先在行政处分予以变更,甚至是在维持现在处分的主文之下,在裁决理由部分作实质变更而不作过多说明,往往以"以资折服而昭平允"一言以蔽之。[35] 当然,这些所谓的简陋、简洁与简单也是彼时社会管理粗疏、行政法制未备、行政法理不彰的大环境造成的,不可强求平政院作出超常发挥。甚至,这些形式上的"简"在某种程度上未尝不可视为优

---

〔33〕 见黄源盛纂辑:《大理院民事判例辑存》,台北元照出版有限公司 2012 年版。

〔34〕 张焰辉:《民初建立法治国的实践——以平政院裁决为中心》,台湾政治大学 2003 年硕士学位论文。

〔35〕 这实际上涉及平政院对先在行政处分的审查强度和裁决技艺问题,平政院并未严格遵循我们熟知的一般行政法理,而是以治理者的身份自觉处理官民纠纷。笔者将专门撰文讨论此问题。

点，未尝不蕴含着平政院法政人的治理智慧与经验。

所谓平政院裁决书的"繁"，主要体现在制作流程较完备，分部形式较齐整，案情罗列较详细等方面。当然，这种"繁"也是相对的，并非贬义评价。

首先看制作呈报流程。平政院裁决书的制作呈报，依次要经历评事合议、庭长审查、院长指告、制作缮本、限期钤章、呈报奉批、送达缮本、媒体公开等环节。其中的评事合议、庭长审查、院长审查等流程，有助于保障平政院裁决书在事实与法律上的正确性和可接受性，院长指告、制作缮本与限期钤章流程有助于保障平政院裁决书在形式上的完备性，呈报奉批流程有助于保障裁决书的权威性与执行力，送达缮本是裁决书生效的必要条件，媒体公开则有助于裁决书的执行和法律的普及，也有助于社会舆论对平政院审判的监督。中国古代虽然也有判决拟定、制作和批准等内部流程以及"读鞫""发给断由"等判决宣告送达流程，但是在通过法定程序保障裁判的正确性、可接受性和公开性方面，平政院裁决书的系列流程无疑具有历史的进步性。此外，因为存在呈报奉批的特殊环节，平政院裁决书的制作呈报流程也比同一时期大理院判决书制作流程要复杂。

其次看裁决分部形式。如前所述，平政院裁决书除标题和呈文批令外，还包含当事人信息、案由、主文、事实、理由、署名盖章和年月日等七部分。与之相类似，民初大理院判决书除标题外，还包括文号、判例要旨、当事人信息、案由、主文、理由、年月日和署名盖章八部分。二者虽然有差别，但大致反映了近代裁判文书的基本形式。与之相比，中国古代判决文书，无论是唐代《龙筋凤髓判》中的骈体判词，《文苑英华》中的拟制判词，还是宋代《名公书判清明集》中的散体实判，抑或是明代《盟水斋存牍》中的州县判牍，都没有如此齐整而划一的体例。[36] 这就从判决书体例的角度折射了近代以来法律移植的初步成果。与当代中国行政诉讼判决书相比，平政院裁决书在分部形式上的齐整性也值得重视。

最后看案件事实罗列。前已述及，"事实"是平政院裁决书中分量最多的一部分。尽管平政院法政人已经尽量用简洁的语言对案件相关事实、证据和双方理由进行了摘录，但就其包含信息来看仍然显得十分详细。"事实"部分的开始会叙述案件前情，有时甚至追溯到百十年前无当下法律意义的细节，接着叙述案件此前的争议、处理、申控、诉愿和陈诉经过，然后依次摘录原告陈诉的若干理由和被告官署的相关答辩。由于彼时官民法律素养都不甚专业，相关证据法制也不健全，所以体现在裁决书"事实"中的争议内容往往也与法律和案情关涉不大，但裁决书仍照录不误，可见其细致。如《录存》19"邓德辅诉河南省行政公署案"裁决书"事实"部分开篇曰："缘河南新野县城西北地方相传有邓禹台故址，自前清嘉、道年间至光绪末年，邓氏子孙因争环台地亩屡次涉讼。"但这一情况与案件本身并无直接联系，该案主要是邓氏与佃户之间的争议。

平政院裁决书形式上的"简"与"繁"看似矛盾和对立，但并非不可理解、不可协调。事实上，北洋政府时期是中国法制近代化整体进程中的过渡阶段，不仅大理院和平政院分别成为南京国民政府司法院和行政法院的前身和基础，就连平政院裁决书也呈现出从古代

---

〔36〕 参见田荔枝：《我国判词语体流变研究》，山东大学 2010 年博士学位论文。

到近代的过渡属性。对此可从以下几个方面考察：

首先,在形式体例上,平政院裁决书既保留传统文书遗迹,又初具近现代判决书分部规模。所谓传统文书遗迹,即平政院裁决书呈文和正文中时常可以见到的"仰祈鉴核""呈请""呈明""呈报""谨呈"等谦卑字样,以及提及大总统、皇帝等人物时空格、换行的敬书格式;所谓近代判决书分部规模,即平政院裁决书正文所具有的当事人信息、案由、主文、事实、理由、署名盖章和年月日等七部分内容,这些分部比传统判决文书专业化,也具有相当程度的稳定性,但在内容上又较为简陋,还没有实现法理上的类型化。

其次,在语言文体上,平政院裁决书既保留了传统判决文书言辞简洁文雅的风格,又注入了近现代法言法语。平政院裁决书沿用了传统散文体判词(如《名公书判清明集》)而非骈文体判词(如《龙筋凤髓判》)的体裁形式,在近代法治西方化进程中保留了传统文化的流风余韵,具有文学和文体上的美感。同时,作为法制近代化的产物,平政院裁决书中也包含着大量的近代法言法语,如"法治国""行政诉讼""行政处分""私有财产""营业自由""诉讼时效""回避"等,体现了平政院法政人对近代法学知识体系的接纳与运用。

第三,在裁决说理上,平政院裁决书既注重根据近现代法理、实定法规范和证据,又注重兼顾情理之平。平政院裁决书在裁决理由中频频引据"溯及力""法定程序""诉讼时效""保护私有财产"等近现代法理和《临时约法》《中华民国约法》《管理寺庙条例》《国有荒地承垦条例》《官产处分条例》等实定法规范,并屡屡查验田契、粮串、矿图、盐引等证据。同时,为了实现官民和谐息讼的治理秩序,平政院裁决书还常以"以资折服而昭平允""公私交利、情法两平""事实兼顾,情法两平"等语变更或取消行政官署的行政处分,或者用"办理极为允当""办法亦属平允""办理自无不合"来肯定先在行政处分,或者用"实有未合""实有不合""殊属不合"来否定先在行政处分或者原告方的诉讼请求和主张,这体现了平政院裁决对传统法律文化兼顾情理法原则的追随。

总之,平政院裁决书作为近代法制变革过渡阶段的产物,其在形式结构上既"简"又"繁",既远接唐宋明清判词风韵又与大理院判决书并立时代潮头,更开创民国行政诉讼传统,既有传统法律文化遗存又有近现代法制外观,既保留着对传统法律文化的依恋又表征着法制近代化的趋向,的确值得认真对待。

四、若有若无：平政院裁决的性质与效力

在民初"二元制"行政审判体制之下,自设立之初就饱受争议的平政院其裁决究竟何时才算作成,究竟是最终司法判决还是新的行政处分? 在人事任免、惩戒处分和裁决执行均受制于大总统的实定法框架下,平政院裁决行政诉讼案件究竟能否脱离官官相护的窠臼而保持独立性? 在军阀割据、南北征战、官场腐败、民瘼深重的北洋政府时期,平政院裁决的效力究竟是"聊备一格"还是"实属难能"? 这些问题不仅涉及平政院裁决的性质、独立性和效力,还影响着平政院在民初政治实践中治理者功能的发挥,着实应当认真探讨,予以厘清。

（一）平政院裁决的性质

根据前述制作呈报流程,平政院所有裁决书缮本均须呈报大总统批令执行,并须将裁决书缮本发交当事人。那么,在大总统作出批示之前,所谓裁决书缮本究竟是否已经作成? 与之相关,送达当事人的裁决书缮本究竟是大总统批令之前还是之后的版本? 这里看似是纠结裁决书作成时间,实际上关涉平政院裁决的性质问题,即平政院裁决究竟是最终司法判决,还是新的行政决定。其背后更深刻的问题则是,民初行政裁判究竟是司法权还是行政权。[37]

民初相关实定法对平政院裁决书的制作、呈报与送达的规定主要包括 1914 年《行政诉讼法》第 32—33 条,《平政院各庭办事细则》第 37—42 条。这些实定法规范主要涉及三个时间节点：(1)专任评事拟具裁决书并由书记官作成缮本,此缮本应载有年月日;(2)平政院院长审查前述缮本无误呈报大总统,大总统批令有年月日;(3)审毕 10 日内作成裁决书送达当事人即为宣告,此缮本亦载有年月日。由于裁决书缮本落款年月日在理论上和实践中均只能有一种,所以(1)和(3)的年月日应当是一致的,三个时间节点可以简化为裁决书落款年月日和大总统批令年月日两个。二者意义有别：如果以大总统批令年月日作为作成时间,这至少在理论上意味着大总统批令之前平政院裁决书在形态上还处于未定状态,其文字内容和裁决结果还可能因为大总统的意志而被改变。也就是说,在这种情况下平政院呈送的裁决书虽然名为缮本,实际只是稿本,并不是一份独立的和已完成的文本。相反,如果以裁决书落款年月日为作成时间,这就意味着在平政院内部作成裁决书缮本后,裁决书的文字内容与裁决结果就已经固定,不会再改变,事后送达当事人的裁决书缮本也是平政院自己作成的,其内容与形式不会受到大总统意志的左右。也就是说,在这种情况下平政院尽管需要呈送裁决书给大总统,但实际上只是例行公事,裁决书在法律上和事实上已经宣告完成。

从《录存》所载最早也是格式最完整的 1915 年 18 份裁决书来看,有 17 份裁决书落款日期在批令日期之前,另有 1 份两个日期一致。进一步的统计显示,在大总统权威最盛的 1915 年,平政院所有 18 份裁决书,除最早的 1 份外,缮本落款日期都早于总统批令日期,一般约早 2 天,最长的早了 8 天。这一方面说明袁世凯对于平政院裁决书呈文的批令较为及时,另一方面也说明在呈送大总统批令之前,裁决书缮本已经作成而大总统也未对裁决书的内容形式有所变更。当然,这只是按照相关实定法所进行的必要呈报程序,似乎说明不了什么问题。但是如果联系起《录存》所载全部裁决书均来源于彼时《政府公报》等公开出版物,则这一"时间差"就有了相当的象征意义。这就证明,最后送达当事人的生效平政院裁决书的作成时间就是所谓裁决书缮本作成时间,也就是裁决书的落款时间;平政院制作的裁决书缮本就是最后送达生效的裁决书缮本;平政院裁决书虽然需要呈报大总统批令,但这种批令并不影响裁决书的形式与内容;因为《政府公报》等刊物刊载的是包括批

---

〔37〕 参见李启成：《清末民初关于设立行政裁判所的争议》,《现代法学》2005 年第 5 期。

令时间和落款时间的裁决书全文(含呈文与正文),如果大总统对裁决书施加影响,那么公之于众的裁决书文本必然与当事人手中所持裁决书文本不一致,这在政治实践中是不允许出现的"乌龙事件"。由此也可以说明,民初以《政府公报》等媒体公开裁决书文本的法治意义所在。

平政院裁决的实质属性问题,表现为平政院裁决究竟是一个最终司法判决还是一个新的行政决定。这两种定性似乎都有其理由和依据。

认为平政院裁决属于最终司法判决的观点似乎是毋庸置疑的。首先,平政院既然是近代中国第一个也是唯一一个行政审判机构,又采取一审终审制,那么平政院作出的裁决当然是一个最终的司法裁决。其次,平政院作为与大理院并列的民初中央审判机构的事实,也补充证明了平政院裁决的司法判决属性。第三,平政院的机构属性虽然在设立之初存在较多争议,但是在投入实际运行之后,其业务主要以审理行政诉讼为主,特别是在后袁世凯时代,平政院肃政厅被撤销,平政院的司法功能更加凸显。〔38〕第四,即使平政院本身的机构属性存在争议,但根据 1914 年《行政诉讼法》等相关实定法,平政院的裁决活动已经纳入了与刑事诉讼、民事诉讼并列的司法制度框架下,早期的行政裁判权争议不能拿来否定平政院审理行政诉讼的史实。民初相关实定法和平政院裁决书的字里行间都显示,平政院是在进行含义明确的行政诉讼而非性质暧昧的行政裁判。〔39〕第五,从近现代法学基本原理和司法实践来看,行政诉讼判决也应当被视为司法判决,平政院裁决尽管名为"裁决",但事实上就是行政诉讼判决。

认为平政院裁决属于新的行政决定的观点似乎也有其道理。首先,论者不能以今日较为成熟的行政法学理论和实践,去想象和定位民国初年的平政院及其裁决,所以今日行政诉讼判决是司法判决并不意味着民初平政院裁决也是司法判决。其次,平政院裁决名为"裁决"而非"判决",说明彼时的立法者已经意识到平政院裁决与大理院判决之间存在性质上的差异。第三,平政院裁决固然是终局性的,但具有终局性的裁决并不必然就是司法裁决,因为实践中由行政机关作出的终局性裁决比比皆是,当代中国行政复议制度中仍有行政机关终局决定的存在空间。第四,平政院虽然与大理院并列,但其性质暧昧不明,尤其是其直接隶属于大总统,而大总统又具有对平政院裁决的批令执行之权,这与大理院判决的制作、生效与执行方式完全不同,故平政院裁决不同于大理院判决。第五,正因为平政院裁决须经大总统批令执行,所以这种裁决在性质上无异于平政院借助大总统之权威对行政官署的先在行政处分进行的一次事后审查,平政院的维持裁决可以视为是对先在行政处分的一次重新确认,取消裁决是对先在行政处分的一个撤销决定,变更裁决是对先在行政处分的一个变更决定。

以上两种观点看似斤斤计较,实际上反映了民初关于行政裁判权属性的争议。百年

〔38〕 武乾:《论北洋政府的行政诉讼制度》,《中国法学》1999 年第 5 期。
〔39〕 如 1914 年《平政院处务规则》第 8 条规定:"平政院审理案件之程序,除法令有规定外,得参用通常法院之诉讼程序。"该条似将平政院定性为通常法院之外的特殊法院,并可参照普通诉讼程序。

前那场争议虽然对于兼收并蓄的平政院模式之确立裨益良多,但彼时论者无疑有其自身局限,对行政裁判权的认识存在片面性,存在非此即彼的意气之争。如果今人仍然局限于此种惯性思维,对平政院裁决性质的认识也会莫衷一是。对此,民初学人张东荪的立场堪称清醒:"且大凡裁判,必为保护二方面权利而始成立。行政权于一定之范围中,应受保护,亦理之公允者也。是故行政法及行政裁判之设立,行政权虽得其保护,然亦受其制限;人民亦未尝褫夺其诉讼权,不得谓专注重于行政一方面也。此吾人对于行政裁判之主张也。"[40]

张东荪的行政裁判观超脱于行政裁判究竟属于司法权还是行政权的意气之争,转而强调行政裁判的功能属性,具有超越时空的洞见。他认为行政裁判既在"一定之范围中"保护行政权又对其进行限制,同时"保护人民公权",这种功能主义的视角对于认识平政院裁决书的性质也有借鉴意义。

平政院裁决书的性质应当结合平政院在民初政制设计与政治实践中的地位与性质来认识。在功能主义视角下,寄寓"共同议政""平政爱民"设计理念的平政院,在民初帝制共和转型之际的国家治理实践中,并非一个单纯的行政机关抑或司法机关,而是具有广泛治理角色和治理职权的治理秩序建构者。具有中西学历背景、专业法律素养和丰富仕宦经历的平政院法政人,在审判行政诉讼案件时,也不仅仅是一个被动的司法判决提供者抑或行政处分审查者,而是积极运用治理经验与智慧保障公民权利,解决官民纠纷,建构治理秩序的具体治理者。[41] 因此,承载平政院法政人治理经验与智慧的平政院裁决书,在民初治理秩序建构的视野中,也不应机械地被视作最终司法判决抑或新的行政决定,而应当被认为是民初治理秩序具体建构者的鲜活而生动的治理宣言书。在一件件官民纠纷中,平政院法政人通过一份份裁决书,宣示着自己的治理主张,也建构着民初治理秩序。进而言之,从学术的立场来探究平政院在民初国家治理秩序建构中的经验与智慧,立场与考量,决断与选择,应当依靠也只能依靠平政院裁决书。

(二) 平政院裁决的独立性

将平政院裁决书视为民初治理秩序建构者的宣言书,首先面临的问题就是,平政院裁决的作出是否具有独立性? 如果具有独立性,则平政院裁决书的言说尚可称为平政院法政人的意思表示;如果不具有独立性,则平政院裁决书的见解只不过是大总统意志的反映,平政院裁决书就不能被视为治理者的宣言书。

在民初实定法框架下,平政院裁决是否具有独立性抑或自主性值得怀疑。

首先,平政院在组织机构上隶属于大总统。《平政院编制令》第 1 条明确规定"平政院直隶于大总统"。虽然"直隶于大总统"并不一定意味着依附于大总统或者受大总统干涉,但在袁世凯"窃取"革命果实的民初话语体系和观念下,"直隶于大总统"似乎成为平政院

---

〔40〕 张东荪:《行政裁判论》,《庸言》1913 年第 23 期。

〔41〕 参见吴欢:《裁判者抑或治理者:民初平政院制度功能与人事角色再探讨》(未刊稿)。

的一种无法洗脱的"原罪"。如果联系到袁氏极力主张设立平政院并在院内另设肃政厅,人们对于平政院裁决独立性与自主性的实现无疑会更加不抱希望,甚至将其视为袁氏独裁专制之工具。

其次,平政院人事任免与惩戒受制于大总统。《平政院编制令》第16—18条规定平政院院长由大总统直接任命,平政院庭长由院长呈请大总统任命,平政院评事经密荐呈请大总统选择任命,第23条规定评事不能履职呈请大总统命其退职,第27条规定荐任书记官由院长呈请大总统任命,第22条规定平政院评事的惩戒权由大总统选任的惩戒委员会行使。平政院在人事任免和惩戒上受制于大总统,更加重了人们对平政院裁决独立性与自主性的担忧。

第三,平政院裁决书需呈报大总统批令执行。1914年《行政诉讼法》第33条规定,平政院的取消裁决和变更裁决由平政院院长呈请大总统批令主管官署执行,《平政院各庭办事细则》设专章规定裁决书呈报程序,《平政院裁决执行条例》也对裁决书执行程序作了规定。如果行政官署拒绝执行,可由肃政史对主管官员进行纠弹,肃政厅撤销后则由平政院督促主管官署执行,并将其拒不执行裁决的情况呈报大总统。从理论上讲,平政院裁决书的制作和执行均受制于大总统,这就更加令人怀疑平政院裁决的独立性与自主性。

但在民初实定法框架下,平政院裁决的独立性与自主性也并非全无空间。

首先,平政院法政人的任职资格较高。《平政院编制令》第2条规定平政院各庭5名评事中须有1到2人为司法职出身,第14条规定评事须年满30岁且任荐任以上行政职3年以上著有成绩或任司法职2年以上著有成绩。这比1914年《文官任职令》规定的普通文官任用资格要高得多。

其次,平政院法政人的任用程序严格。民初官等分特任、简任、荐任和委任,平政院评事均为荐任以上官,可见其高规格。《平政院编制令》第18条规定了平政院评事的特别密荐程序,这比普通荐任文官的任职程序要严格得多,可见其重视度。平政院庭长由院长开列名单呈请大总统任命的规定也显示了平政院庭长的特殊地位。平政院院长更是官等最高的特任官,由大总统直接任命。

第三,平政院法政人的任职保障较强。1913年《文官保障法草案》是北洋政府文官保障的基本法令,但平政院法政人的身份保障远较其严格。《文官保障法草案》第2条仅规定免官限制,《平政院编制令》第21条却禁止强令评事退职、转职与减俸。《文官保障法草案》第5条仅规定文官非经其同意不得转任同等以下官,而《平政院编制令》则禁止任何非法强令转任。《文官保障法草案》第3条规定的免职情形包括"身体残废、精神衰弱或年老不胜职务",《平政院编制令》第23条则仅限于"精神衰弱及其他不治之障碍"。平政院人员任职期间被禁止成为政治结社及政谈集会之社员或会员、国会及地方议会议员、律师、商业之执事人,这比一般公务人员的职务禁止严格。此外,《平政院编制令》第10和第20条分别规定肃政史监视平政院裁决执行并不得干涉或兼任审判。

因此,单就民初实定法框架来看,不能说平政院裁决完全具有独立性与自主性,亦不能认为其全无独立性与自主性。从民初平政院的裁决实践来看,平政院法政人裁决行政

诉讼案件具有事实上的独立性与自主性,这体现在以下几点:

首先,裁决采用合议制,院长无权干涉具体案件。根据民初相关实定法规定,平政院审判权行使的基本单位是各庭,由 5 名评事组成,由庭长担任审判长;案件由专任评事审查,决定是否受理,庭长决定是否开庭审理;案件之事实与法律问题由各庭评事合议议决,须经半数以上同意,并由专任评事拟具裁决书;裁决书由庭长核定,院长虽有指告之权,但遇有错误仍由各庭评事合议议决;各庭评事与书记官均独立署名盖章于裁决书。由此可见,平政院院长虽然位高权重,但是对于具体的行政诉讼案件,在体制机制上并没有过多的干涉空间,平政院裁决由评事组成的合议庭集体议决,这种合议制有利于保证裁决的独立性与自主性。

其次,裁决虽须呈报大总统批令,但仅为例行公事。对平政院裁决独立性与自主性的担忧主要是因为大总统对平政院组织机构与人事任免具有较大牵制力。特别是在所谓"窃国大盗"的袁世凯担任最高领导人时期,平政院裁决的独立性与自主性颇令人怀疑。但是前文对于平政院裁决作成时间的研究已经证明,平政院裁决虽然需要呈报大总统批令,但是在此之前平政院裁决缮本已经完成且固定,大总统批令只是例行公事,并不能对裁决形式与内容施加影响力。从事实上看,所有 187 份平政院裁决均来自于公开出版物,亦未见大总统对裁决有所干涉。

第三,裁决执行虽由大总统批令但并未受到干涉。对平政院裁决独立性与自主性的另一个怀疑,来自于大总统对裁决享有批令执行权,也就是说平政院裁决在执行问题上并不独立。但是,从所有 187 份裁决书呈文来看,不管是维持裁决、取消裁决还是变更裁决,最高领导人都是批令同意或者批令主管行政官署遵照执行,并未见大总统对裁决执行有所干涉。大总统批令之后,主管行政官署也照章执行,未见"执行难"现象。虽然平政院设立之初裁决执行主要依靠肃政厅监督,但是在肃政厅撤销之后,平政院所作 160 余份裁决仍然得到行政官署的尊重与执行,这也从一个侧面说明了平政院裁决具有独立性与自主性。

因此,尽管从实定法规范和政治意识形态的角度,很难避免对平政院裁决独立性与自主性的怀疑,但是在裁决实践中,上至大总统,下至平政院院长和被告行政官署,至少在表面上保持了克制与谨慎,没有干涉平政院的独立审判。虽然在个别案件中,平政院裁决的执行会遇到一些波折,[42]但从未有未获执行的情况发生。从案件审理和裁决执行两方面看,平政院裁决确有独立性与自主性。

(三)裁决效力的"有"与"无"

南京国民政府行政诉讼制度无疑以北洋政府为基础,其行政法院和 1932 年《行政诉

---

〔42〕 如在《录存》63"刘春柏等诉湖南省行政公署案"中,平政院作出变更裁决后,被告分别于 1920 年 3 月 9 日和 5 月 5 日两度以财政困难为由请求按照原处分决定征收纸捐(即不执行平政院裁决),大总统在分别咨询财政部和平政院后两次予以驳回,其在 5 月 11 日发布的命令中认为:"此案既经平政院依法裁决,自应仍依前次训令查照执行,至该省财政困难应如何另筹抵补,着交财政部查核办理。"

讼法》都是北洋政府平政院和 1914 年《行政诉讼法》的延续。如果没有民初行政审判体制的广泛争议和平政院 10 余年间的裁决实践,南京国民政府行政法院不可能迅速而平稳地建立。吊诡的是,南京国民政府全盘否定了平政院裁决的效力。

1919 年 10 月 9 日,广州国民政府最高法院通过司法解释曰:"行政诉讼,应俟行政法院成立后,再行依法办理。"[43]在南北对峙的时局下,该解释已经暗示广州国民政府并不承认北洋政府平政院及其裁决活动。在北伐战争节节胜利之际,南京国民政府最高法院作出司法解释曰:"前平政院裁决日期,在该省隶属于国民政府领域以后者无效。即令裁决日期在该省隶属于国民政府领域以前,如果未经核准盖印批行之程序,仍无执行之效力。"[44]这一解释表明了南京国民政府对平政院裁决效力的基本态度。彼时正值北伐军渐次收复各省之际,两军对垒,敌我分明,为保持政令之统一与法统之纯粹,自然不能继续承认北洋政府平政院裁决的效力,因此凡裁决在各省隶属于国民政府领域之后作出者一概无效。但为保持法律秩序的安定性,解释又附条件地承认在各省隶属于国民政府领域之前作出的平政院裁决,惟须经过"核准盖印批行之程序"。此后不久,南京国民政府最高法院进一步作出司法解释曰:"前平政院裁决,在十六年以后,自属无效。"[45]该解释措辞更为坚决,否定平政院裁决效力的立场更为坚定,而且主张 1927 年以后的平政院裁决一律"自属无效"。这充分体现了南京国民政府与北洋政府决裂的"革命"立场。但战争终有结束之日,革命不能永远继续。待北伐战争基本完成,北洋政府成为历史,南京国民政府政局稳定,平政院彻底闭院后,1928 年 9 月 18 日,南京国民政府司法院作出解释曰:"前平政院就各省区行政诉讼所为裁决,其裁决日期,在各该省区隶属国民政府之后者,当然无效。"[46]该解释一方面毅然决然地否定了裁决在各省区隶属国民政府后作出者的效力,且使用"当然无效"的严厉措辞,另一方面又似乎默认了各省区隶属国民政府之前作出的平政院裁决之效力,而无须经过"核准盖印批行之程序"。这一细微变化似乎暗示北伐完成、政局稳定后的南京国民政府不再决然区分南北政令法统,而试图着手恢复和保持安定的法秩序。

通过一系列的司法解释,南京国民政府彻底否定了平政院裁决的效力,但是同样是民初中央审判机构的大理院却被改造为最高法院,其判例和解释例在南京国民政府时期继续保有效力。个中原因,大约有以下几点:首先,南北政府 10 余年敌对,互相争夺中华民国之正统,南京国民政府既以"革命"旗号发动北伐战争,对于北洋政府之政令与法统,当然在原则上一概不予承认,即使在事实上需要继承和延续法制成果,也要在立场上表明决裂姿态。民初行政诉讼法制与平政院裁决作为北洋政府政令法统的一部分,自然会被南京国民政府予以否定。其次,平政院乃自清末以来就有所谓"出卖"戊戌志士、"窃取"辛亥

---

〔43〕 院字第 354 号,《司法院解释汇编》第 2 册,第 292 页。

〔44〕 院解字第 81 号,转引自徐家齐:《诉愿法释义》,上海法学编译社 1937 年版,第 100 页注释 1。

〔45〕 院解字第 90 号,转引自徐家齐:《诉愿法释义》,上海法学编译社 1937 年版,第 100 页注释 2。

〔46〕 院字第 1920 号,《司法院解释汇编》第 3 册,第 1640 页。

果实、"谋杀"共和巨子、"镇压"二次革命、"复辟"封建帝制斑斑劣迹的袁世凯所极力倡设，而真正的"平政院之父"宋教仁又英年早逝，加之平政院肃政厅在时人看来系属袁氏"鹰犬爪牙"，因此平政院的真实面目不仅今人难以遍览，就连时人也疑窦重重。在"革命"意志高涨的南京国民政府看来，平政院实为民初政局黑暗、官场腐败、行政独大、民权难伸的帮凶，必欲关闭其机构，否定其效力为快。第三，平政院作为"共同议政"的民初治理秩序建构者，其所进行的行政诉讼裁决具有相当程度的国家治理色彩，具有较强的政治属性，这一点与大理院民刑判例和解释例不同。大理院的审判活动主要涉及民事与刑事案件，关涉"民生"，平政院裁决针对的是行政权的行使，关系"国计"，二者虽然同为审判活动，但与政治关联度有远近之别。在北伐成功、民国一统之际，南京国民政府可以容忍大理院的民刑判决例和解释例，但是无法接受具有较强治理色彩和政治属性的平政院裁决。恰恰也是这一点，说明平政院及其裁决活动在北洋政府时期具有强烈的治理意涵。

平政院裁决虽然被南京国民政府宣布为"当然无效"，但在北洋政府时期具有基本法律效力。1914 年《行政诉讼法》第 34 条规定："平政院之裁决有拘束与裁决事件有关系者之效力。"彼时法学论著中对行政诉讼判决效力的讨论较为细致，如：1906 年出版的美浓部达吉《行政法总论》中提出了行政诉讼既判力的概念；[47]1927 年出版的白鹏飞《行政法总论》中将行政诉讼判决效力分为拘束力和确定力，并提出了形式确定力和实质确定力的区分；[48]1933 年出版的美浓部达吉《行政法总论》中将行政诉讼判决效力进一步分为拘束力、确定力和执行力。[49] 这是民初关于行政诉讼判决效力的基本实定法与学理框架。在现代行政法学理论中，行政诉讼效力则大致包括羁束力、确定力、形成力、拘束力、执行力和特定情形下的扩张效力等类别，这些效力类型在平政院裁决实践中皆有体现：[50]

（1）羁束力。民初仅设一所平政院于北京，采一审终审制，明禁再审，因此裁决羁束力主要是指对平政院自身的羁束。平政院在裁决实践中也确实做到了自我羁束，所有宣告之裁决均无再次撤销或变更的情况。（2）确定力。平政院采一审终审制，不发生形式确定力问题。平政院于 1919 年和 1920 年先后受理"钟兰亭等诉农商部案"和"钟兰亭等诉浙江省行政公署案"。两案原告相同，所争事项亦属一致，但前案中原告误认被告对于浙江省实业厅禁止开采岩石的行政处分拥有管辖权，向被告诉愿不被受理遂提起行政诉讼，平政院审理查明被告并无此项职权，遂裁决维持被告不受理之决定；后案中原告找准了适格被告，平政院遂裁决取消被告之行政处分。两相比较，可见平政院对裁决既定力的坚持。（3）形成力。平政院裁决有取消和变更两种，均对先在行政处分有形成效力。（4）拘束力。1914 年《行政诉讼法》第 34 条规定："平政院之裁决有拘束与裁决事件有关系者之效力。"可见，平政院裁决具有拘束力，就裁决实践来看，民初行政官署也充分尊重

---

〔47〕 ［日］美浓部达吉：《行政法总论》，袁希濂译，上海普及书局 1906 年版，第 196 页。

〔48〕 白鹏飞：《行政法总论》，上海商务印书馆 1927 年版，第 314—315 页。

〔49〕 ［日］美浓部达吉：《行政法总论》，黄屈译，上海民智书局 1933 年版，第 444 页。

〔50〕 参见赵勇：《民国北京政府行政诉讼制度研究——基于平政院裁决书的分析》，西南政法大学 2012 年博士学位论文，第 168—173 页。

了此点。（5）执行力。1914 年《行政诉讼法》第 33 条、《平政院编制令》第 10 条和《平政院裁决执行条例》均对平政院裁决执行制度作了具体规定。在实践中，即使在肃政厅撤销后，平政院裁决亦均得到执行，可见其确有执行力。（6）扩张性。在《录存》117"章济众诉安徽省长公署案"中，平政院审理后作出了取消行政官署行政处分的裁决。但由于八都湖官荒面积有数万亩，与原告情况相同者人数众多，因此在裁决理由中平政院特别说明："本案原答辩书内称事关通案，非为章济众个人特设限制，是以本院裁决亦系概括办法，不以原告系争地为限，合并声明。"该案中的裁决效力不止限于拘束原告章济众，同时还拘束未提起诉讼的与章济众处于类似地位的其他土地权利人。

总之，以 1914 年《行政诉讼法》第 34 条确立的"拘束效力"为中心，结合相关法理，民初平政院裁决在制度和实践中，拥有广泛的效力。与之相关的问题是，民初大理院判决具有判例效力，法国行政法院也拥有行政判例传统，平政院裁决与之相比黯然失色。但是，这并不意味着平政院裁决在基本的裁决效力之外毫无其他影响力。对于这一问题，可从以下几个方面考察：

首先，民初平政院拥有法令解释权，这为平政院裁决形成裁决例创造了可能的条件。根据 1914 年《平政院处务规则》第 25 条的规定，平政院在审判行政诉讼案件时拥有对相关法令的解释权，而且与"适用法令"之权力相并列。这一权力不容轻视，因为大理院正是凭借"统一法令解释权"而创造性地生发出判例和解释例制度。平政院在审判实践中也积极运用这一权力对相关实定法进行解释。这就为平政院以治理者的身份，整合民初相关行政法规，建构统一的行政法秩序，进而提炼出一般行政法理和规则，弥补行政法制粗疏创造了可能的条件。

其次，平政院虽然拥有法令解释权，但其裁决并未形成裁决例。平政院裁决在形式结构上没有"裁决要旨"部分，这就无法准确表征平政院基于个案的一般见解，更无从经此形成一般行政法理与规则。而且，民国初年行政法制本身极为粗疏，行政法学研究亦尚属起步阶段，平政院法政人虽然具有法律专业素养，但对于行政法学原理的提炼和总结可能还存在相当困难。推而言之，民初大理院与平政院都是过渡性质的审判机构，大理院或因最高司法机关地位和"统一法令解释权"而能在判决效力上有特殊作为，但平政院在设立之初就饱受争议，且带有袁世凯强烈的个人色彩，在实践中也有诸多限制与掣肘，故难以形成裁决例。也正因此，平政院本身的影响力和知名度远不及与其同期的民初大理院、作为其渊源的法国行政法院和作为其继承者的南京国民政府行政法院。

第三，平政院裁决虽未形成裁决例，但是先在裁决会在实质上影响平政院后续裁决。由于平政院裁决具有羁束力、确定力和拘束力等效力，所以尽管其不具有判例效力，但还是会在事实上对后续裁决产生影响。在"罗国瑞等诉交通部案"中，平政院于 1916 年 10月 6 日裁决变更交通部原行政处分。[51] 其裁决理由略谓："惟（原告）既经受任为简、荐各职，即应呈请　大总统以明令任免，方始适法。总长监督全署原有考核属僚之责，罗国瑞

---

〔51〕 黄源盛纂辑：《平政院裁决录存》案例 148，台北五南图书出版公司 2007 年版，第 907 页。

等应否停职应由该部按照法定程序，呈请　大总统分别任免，以符法制。其主事杨鏵等经该部停职，于法得由总长专行，但亦未经法定程序，应如何适法之处，仍应由该部另行办理。"该案是平政院受理的行政官署"擅退职员"系列案件中的第一件，平政院于此案中确立了行政官署惩戒职员应遵循法定程序的原则。此后，共有十余件类似案件陈诉到院，平政院皆以未遵循法定程序为主要理由变更或取消行政官署的行政处分。

第四，平政院裁决虽未形成裁决例，但是少数裁决会被大理院吸收变成大理院判例。据戚渊先生研究，北洋政府时期行政诉讼制度的特点之一就是判例、解释例的广泛使用。他指出："从 1912 年到 1927 年的十五年中，大理院汇编的判例多达三千九百余件，公布的解释例有二千余件。其中很多就是有关行政诉讼的案例。"[52]此语未免言过其实。平政院裁决书中的确可以见到双方当事人引用大理院判例和解释例，但是平政院裁决本身并未广泛使用判例和解释例，也未形成裁决例。当然，戚渊先生所谓大理院判例和裁决例中有很多关于行政诉讼的案例，这种情况倒是有可能，只是目前限于材料，尚不能一一举出。

第五，平政院裁决的效力虽然被否定，但南京国民政府行政法院判决暗合平政院裁决的精神旨趣。如平政院在 1918 年"刘顺福等诉直隶省长公署案"裁决书中指出，"查划分县界系数地方行政官厅职权，非人民所得干预"，并据此维持行政官署先在处分。[53]该案裁决理由实际表达了平政院尊重行政官署在职权范围内享有自由裁量权的立场。这一立场在南京国民政府行政法院 1933 年判例中亦有体现："行政机关之处分，除在职权范围以内，依法得以自由裁量者外，必须有法规之根据。"[54]二者均承认行政机关在一定职权范围内享有自由裁量权。

综上所述，平政院裁决在北洋政府行政审判实践中虽然没有判例效力，但具有切实的法律拘束效力和广泛的实质影响力。虽然南京政府通过一系列司法解释宣告平政院裁决"自属无效"，但作为中国行政诉讼法制近代化过渡阶段的开创性成果，平政院裁决中蕴含的法理经验与治理智慧，具有超越时空的回响。

五、结论：平政院裁决的"形散"与"神聚"

"形"与"神"是法律史料研读不可偏废的两大着眼点。大致而言，"形"是法律史料的形态，包括时空定位、载体素材、数量篇幅、属种类别、形式结构等，"神"则是法律史料的时代特色、功能属性、内容意涵、性质特征、意义价值等。二者是一种对立统一关系，有"形神兼备""貌合神离""形散神聚""形神俱灭"等矛盾表现形态。所谓"形神兼备"是一种理想状态，大约是指法律史料丰富多样，能够较为完整全面地呈现特定法律史意义；所谓"貌合神离"是一种不甚理想状态，大约是指法律史料虽然丰富多样，却无法妥善确当地阐释特

〔52〕 戚渊：《北洋政府时期的行政诉讼》，《法学》1992 年第 2 期。
〔53〕 黄源盛纂辑：《平政院裁决录存》案例 50，台北五南图书出版公司 2007 年版，第 300 页。
〔54〕 1933 年判字第 1 号判例，《行政法院判例要旨汇编》，台北"行政法院"1963 年编印，第 16 页。

定法律史意义;所谓"形散神聚"是一种次理想状态,大约是指法律史料虽然凌乱破碎,但经过研究者努力仍能揭示特定法律史意义;所谓"形神俱灭"是一种最不理想的状态,大约是指法律史料杂乱无章,特定法律史意义也无从体认。当然,以上都是单就"形"与"神"而言,事实上,二者之间还必须加入研究者的主观能动性,需要研究者运用见识和判断,在法律史料与特定法律史意义之间穿梭来回,流连忘返,才能在有限的知识之内构建无穷的意义。[55]

平政院裁决是民初行政诉讼法制的基本载体。诚然,平政院裁决与民初行政诉讼法制之间不是"形神兼备"的关系,论者不能脱离彼时政治局势和法制环境而仅凭对裁决书的研读来断言民初行政诉讼法制的得失。但是,论者也不能脱离平政院裁决而仅凭粗疏的实定法和意识形态化的历史观来断言民初行政诉讼法制的利弊。因此,平政院裁决书与民初行政诉讼法制之间也不应当是"貌合神离"甚至"形神俱灭"的关系。事实上,二者之间是"形散"而"神聚"的。通过对现有可资利用的平政院裁决书进行深入的研读,的确能够发现以往因为视角、方法与材料的局限,以及意识形态与宏大叙事的傲慢,而被忽视和遮蔽的民初行政诉讼法制真相,以及平政院法政人通过裁决行政诉讼案件实现国家治理秩序,保障公民权利的经验与智慧。当然,无论是或多或少的数量种类,还是似简还繁的形式结构,还是若有若无的裁决效力,都主要来自于"形"的归纳,如欲提炼平政院法政人的治理经验与智慧,还需要结合民初行政诉讼实定法框架,深入研读平政院的具体个案,并在个案与规范的互动中,重新发现与解释民初行政诉讼法制。于是,平政院裁决中蕴含的法理经验,就成为需要进一步研究的问题。

---

〔55〕 参见陈景良:《从〈天圣令·狱官令〉看唐宋司法文明的发展》(未刊稿)。

读书会
DUSHU HUI

知识产权正当性理论的再论战

——导读莱姆利《知识产权信仰论》

魏立舟[*]

导　言

当代美国知识产权法学界群星璀璨,高水平的著述层出不穷,诞生了许多具有国际影响力的学术巨匠。在这片广袤的星空中,最耀眼的一颗无疑当数斯坦福大学的马克·莱姆利(Mark Lemley)教授。论著述之丰、写作之勤、引证率之高,在同时代的学者中,几乎无人出其右。

据统计,现年不到 50 岁的莱姆利教授,已经是 7 本专著和 140 余篇论文的作者。他的观点被包括美国最高法院在内的各级法院直接引用近 200 次,被业内同行在著作和论文中的引用数更是达到了惊人的 13000 余次,这份成绩单使他雄踞有史以来全美法学家(不限于知识产权领域)引证率的前五。在 2012 年全美当下最重要 50 名法学教授的评选中,他更是力压我们耳熟能详的劳伦斯·却伯、罗纳德·德沃金等大腕,摘得头魁。

我国知识产权的制度建设上接引欧美,近年来在解释论上受美国法的影响日深。因此,莱姆利教授的芳名亦逐渐为国人所知。[1] 最近,莱姆利教授的两篇新作又被翻译成中文,[2]在我国知识产权学界可谓引发了一股"莱姆利小旋风"。

明星上台之前需要专人暖场。同理,对重磅文章的阅读也需要有人为读者进行理论

---

[*]　德国慕尼黑大学知识产权博士研究生。

[1]　近年来莱姆利教授的若干作品被译成中文。例如:其合著教材《新技术时代下的知识产权》(第一版),齐筠译,中国政法大学出版社 2003 年版;合著论文《专利法的政策杠杆》,汤俊芳等译,载李扬主编:《知识产权法政策学论丛》(2009 年卷),中国社会科学出版社 2009 年版,第 7—95 页。

[2]　智合法律平台组织人手并联系翻译了这两篇新作。Mark Lemley, Faith-Based Intellectual Property (March 30, 2015). 62 UCLA L. REV. 1328 (2015),译文《知识产权信仰论》,载于 http://zhihedongfang.com/article - 10482/;IP in a World Without Scarcity (March 24, 2014), Stanford Public Law Working Paper No. 2413974,译文《非稀缺世界的知识产权》,载于 http://zhihedongfang.com/article - 11142/。

铺垫。朋友嘱我为教授的新作《知识产权信仰论》写一个导读,就这篇文章所讨论的议题及相关背景为大家作简要介绍。野人献芹,聊作引玉之砖。此即为本文写作之缘起。

一、知识产权法的"纲"与"目"

秦相吕不韦在总结御民之术时,非常强调抓住民众积极性对统治者的重要性。他曾说:"用民有纪有纲,一引起纪,万民皆起;一引起纲,万目皆张。"(《吕氏春秋·用民》)。纲,指网上的大绳;目,指网上的孔眼。成语"纲举目张"就来源于此,意指提起网上的大绳子,网眼自然就都张开了,比喻做事要抓住事物的关键,从而带动其他细节。

做事需要抓住事物的关键,否则往往事倍功半,知识产权法的学习也是这个道理。在这么一个知识更新极快、研究热点频出的领域,学者如果不能抓住这个学科的最核心问题(纲),而径直去研究各个小制度小问题(目),就极容易"淹没"在规则和判例等细节构筑的"海洋"中,失去整体判断的能力。如此,一来不能保证看问题的深度,二来因为没有掌握知识和知识之间的"可迁移性",使得每解决一个问题都要付出更多的时间和精力,很难融会贯通,甚至于丢掉研究的乐趣。

可见,掌握知识产权法学的"纲",对于研究和实践这个学科至关重要。那么,到底哪些问题算是知识产权法学的"纲",通过抓住这些问题,就能达到"纲举目张"的效果呢?

这是一个见仁见智的问题。结合自己若干年来在专业学习上的经验教训和所见所闻,管见所及,笔者认为欲打通知识产权法学的"任督二脉",关键在抓住下面三个核心问题:一是知识产权法的正当性;二是知识产权法与反不正当竞争法的关系;三是知识产权与公民的基本权利保护的关系。

莱姆利教授《知识产权信仰论》一文,即是围绕第一个核心,即知识产权的正当性问题而展开。藉此,我们可以一窥教授在这个问题上的态度,以及他的论证思路。特别需要提到的是,知识产权正当性问题一度也是我国知识产权领域的热点,从莱姆利教授诸多鸿篇巨制中率先译介此一篇幅并不很大的文章,也是希望国内同仁对世界范围内最为出色的知识产权学者在这一知识产权制度根本问题上的最新观点有所了解。如能引起大家新的思考,则善莫大焉。

二、知识产权正当性理论中的"剑宗"与"气宗"

在介绍莱姆利教授的立场之前,我们先对知识产权法的正当性问题作一个简要的梳理。

在任何一个奉行自由竞争市场的法治国家中,对市场进行干预的立法都必须有足够的正当性。缺乏正当性的干预因为违背自由市场和法治的内在要求,往往难以获得认可。知识产权制度,究其实质就是一种对于自由市场的干预,它通过法律手段给予先行者(first-mover)以排他权,从而禁止其他竞争者(latercomers)在一定时间内对其成果的模仿。这种对于自由竞争的干涉，需要有正当性理论给予支持。[3]

关于知识产权制度的正当性基础有多种多样的理论。其中，道义论和功利论最为重要。在回答为什么要有知识产权制度这个问题时，洛克的劳动说认为劳动的客体中凝结了劳动者的劳动，因此劳动的客体归该劳动者所有和支配，例如树是我种的，那么树上结的果别人不能摘，当代道义论者将洛克原本用于有体物的理论移植到知识产权制度中，主张创作者（或发明人）在创作作品（或进行发明）时投入了大量的劳动，所以法律应该给予这些人在他们的劳动成果上以一定的排他权。以康德和黑格尔为代表的人格权说则认为，作品体现了创作者的人格，为了个体的自我实现，因此作者对该作品应享有排他权，这也被认为是一种道义论的观点。

对此，以休谟和边沁为代表的功利论者则持不同的见解，认为之所以有知识产权这一制度，原因并不在于创作者和他们智力成果之间存在着某种"形而上"的直接联系，而在于这种制度能够实现"最大多数人的最大利益"。因为智力成果本身具有某种公共产品（public goods）的属性，如果不限制对其的过度使用，则可能导致人人争着在别人的智力成果上"搭便车"。这样就会导致没人愿意进行无回报的创新，从而引发所谓的公地悲剧（tragedy of the commons）。因此需要通过知识产权制度制造一种人为的稀缺性，给予发明者和作者以一定条件和时间的垄断权，以鼓励创新，增进社会福利。

在正当性问题上，道义论和功利论的双峰对峙，犹如华山派的剑宗和气宗一样，各守宗派之见，互不相让。道义论和功利论的最大区别是理论起点的不同。道义论以权利为原则，限制为例外，而功利论正好相反，只有在纠正市场失灵、鼓励创新的限度内才允许法律人为创设有限垄断，即权利是例外，限制是原则。而这一区别直接影响到知识产权的制度设置和司法实践的利益平衡。而二者之所以难较高下，其逻辑上的原因正在于二者各自不同的论证路径：道义论依赖理论的共识，而功利论依赖效果的明证。功利论者往往根本否定道义论的理论出发点，或认为模糊的道德说教不足以解释具体的制度设计；而道

---

[3] 对正当性理论存在的必要性可以通过如下的例子进行说明：比如在一个中学，原则上校方对于学生在教学时间之外的行为没有管束力。午休时间学生可以选择去学校食堂吃饭，或者选择叫外卖或者在校外的餐馆吃饭，甚至可以干脆不吃。但是，如果有一天，政教处主任突然宣布一项规定，说以后每个学生午餐必须在学校食堂吃，不许去校外吃。对于这种干涉学生自由的规定，较真地说，必须提供正当性来说明。校方可以说，这个规定的正当性在于最近学校附近的馆子卫生情况极差，已经发生了好几起学生饭后闹肚子进医院的事故，为了大家的健康着想，所以规定必须在校内食堂吃饭。校方也可以说，这个规定的正当性在于校外的馆子离学校太远，出去吃饭的话一来一回非常耗时，导致学生下午上课经常迟到，所以规定大家必须在学校食堂吃饭。当然，校方也可以赤裸裸地直说，因为去食堂吃饭的人太少，导致承包食堂的校长小舅子赚不到钱，所以大家必须去食堂吃饭。这当然也是一种理由，但是因为显然不够"正当"，所以一般不会放到台面上来说。一项干涉行为自由的制度，必须辅以正当性，因为唯有如此，正反双方才能有讨论平台和进一步改善制度的可能性。比如校方如果以卫生问题为正当性基础，那么当校外餐馆经过卫生整改后已经不存在这方面问题，午餐必须在学校食堂吃的规定就因为丧失正当性而必须重新考虑。如果校方以路途过远为正当性依据，那么当学校附近新开了很多餐馆的时候，这个规定也会因为丧失正当性而面临重新检讨的必要。

义论者往往质疑特定制度设计与社会效果之间的因果关系。

翻开任何一本英美知识产权法教材,开篇第一章都必然会介绍知识产权的正当性理论。初学知识产权法的时候,笔者幼稚地认为这部分内容过于理论,与具体制度没有什么关系,因此常常一带而过,不加细读。等到阅历渐深,才慢慢发现正当性理论绝非点缀门面的理论奢饰,而是一把能够直接剖析具体问题的利器。正所谓"草蛇灰线,伏延千里",正当性理论的选择对知识产权权利保护的方方面面都有直接的影响,从保护的前提、权利保护的范围直到权利救济,概莫能外。更明显地,当今世界知识产权特别是版权领域非常明显的英美法与大陆法之区别,乃至于大陆法系内部的进一步区分,虽首先是历史经验之累积,但也与制度设计选择了不同的正当性理论相关。

一流学者在分析具体问题的时候,在细节中都能体现出他在正当性理论上的选择,并且将这种观点一以贯之地体现在他每一次对具体问题的讨论之中。因此,在阅读这些人的文章之前,先了解他们在正当性问题上的态度就十分有必要了。

那么,我们的莱姆利教授在正当性问题上持何种主张呢?

三、贯之以道:莱姆利的三个关键词

莱姆利教授是一个功利论者,而且是一个非常纯粹的功利论者!"功利主义"—"规制论"—"实证研究",这三个循序渐进的关键词能够大致勾勒出莱姆利教授的研究品格。

首先,莱姆利教授是一个纯粹的功利论信徒。所谓纯粹,首先是指他认为功利论不仅能回答为什么需要知识产权制度这个问题,也能回答如何设置知识产权制度这个问题。

其次,他认为知识产权(intellectual property)虽然被称为财产(property),但这仅仅是一种比喻。究其实质,知识产权与其说是一种财产,倒不如说是一种服务于功利论目的——激励创新,促进社会整体福利——的规制手段。既然如此,那么知识产权的立法以及解释必须紧紧围绕这个目的展开,如果一项制度被证明不能服务于这个目标,则必须重新检讨。

而这种思路就引出了最后一个关键词——实证研究(empirical study)。莱姆利教授希望通过对数据的实证分析,来验证现有的知识产权制度是否真的助益于整个社会的创新。如果不是,那么就需要在此基础上进一步对现有制度进行反思,并尝试更优的规制手段。

《知识产权信仰论》一文,就是莱姆利教授站在一个纯粹功利主义者的角度向道义论者发出的论战檄文。然而,值得追问的是,在正当性的问题上,"功利论"与"道义论"的对峙由来已久,早非新事。为什么莱姆利教授现在突然又旧话重提呢? 个中缘由,除了莱姆利教授力推的实证研究在学界引发如潮争议外,背后的故事更与另一位高人有关,那人就是加州大学伯克利分校的罗伯特·墨杰斯(Robert Merges)教授。

四、旗手倒戈:墨杰斯的三阶理论

墨杰斯教授在美国知识产权界也是一个重量级人物,论年纪略长于莱姆利。从履历上看，他还曾一度与莱姆利在伯克利共事，并作为共同作者出版了 *Intellectual Property in the New Technological Age* 这本经典教材。从出道开始，墨杰斯就一直以功利论为自己研究的出发点。无论从研究领域还是理论旨趣上看，墨杰斯与莱姆利可以说都非常接近。

对一个学者来说，在秉持功利论的前提下，如果看到现有的知识产权制度在某些方面不能很好地用功利论来解释，一般会有两种选择：一种是勇猛精进，倡导对制度进行反思，寻求可能的改革，以使制度设计符合理想目标；另一种是反求诸己，重新检视所依凭的正当性理论是否真的完全正确。对此，莱姆利作出的是第一种选择，而墨杰斯作出的却是第二种选择。在这个三岔路口上，原本并肩作战的两个人分道扬镳，开始各自天涯，相忘江湖。

墨杰斯教授的转向以 2011 年他的一本新书问世为标志，这本书的名字叫作《论证知识产权》（*Justifying Intellectual Property*）。在这本书里，他来了一个一百八十度的华丽大转身，快六十岁的他，竟然否定了自己前半生一直信奉的功利论，而转向（准）道义论的阵营。在新书中，墨杰斯教授首推"底层规范性基础—中层原则—顶层具体制度"的三阶理论(见图)[4]，来替代其早年在正当性理论上对功利论的执念。

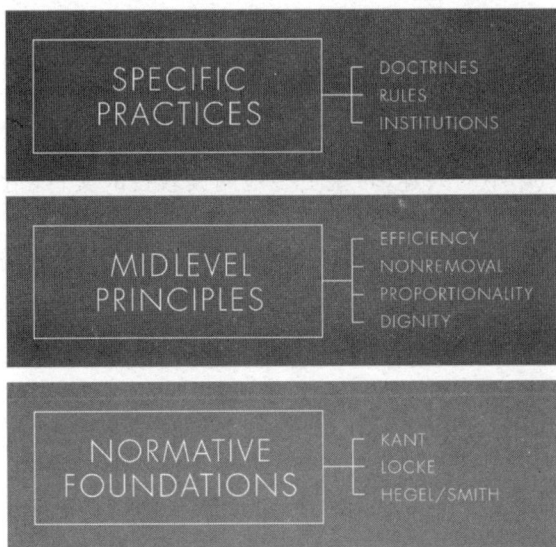

Figure 1.1. A conceptual approach to IP

理论服务于特定的解释或者预见目的，墨杰斯的知识产权正当性理论亦作如是观。之所以说莱姆利是一个纯粹的功利论者，原因在于其将知识产权"为什么必要"以及"为什么如此"这两个从根本原因到具体设计的问题都一以贯之地建立在功利论的基础上。但墨杰斯在新书中则对正当性问题作了进一步的区分，即区分了为什么要通过知识产权制度赋予特定主体以权利（即"为什么必要"）和为什么这种权利有一系列在内容、强度和例

---

〔4〕 引自 R. Merges, *Justifying Intellectual Property*，Harvard Universtiy Press，2011.

外等方面的特征(即"为什么如此")这两个不同层面的问题。在此基础上,对于这两个不同层面的问题,他采取了不同的理论回应。

对于为什么要有知识产权制度这个问题的说明上,墨杰斯更倾向以一种综合了洛克的劳动理论、康德的人格学说和罗尔斯的分配正义的混合道义论学说为基础来作解释(底层的规范性基础)。当然,在表述自己目前更接受混合的道义论的同时,墨杰斯也强调,他并不否定其他理论(比如功利论)也可以拿来解释为什么要有知识产权制度的这个问题。

但是无论选何种理论作为底层的规范性基础,他认为都不能直接从这里推出具体的制度。真正决定上层具体制度规则设置的只能是中层的四项原则,即效率原则(efficiency)、公域保留原则(non-removal)、比例原则(proportionality)和尊严原则(dignity)。与莱姆利直接将制度的设置与是否促进创新的目的进行挂钩相比较,墨杰斯的中层四原则显然弹性更大,在客观上为现行知识产权的某些强保护提供了理由。

在莱姆利看来,墨杰斯的这种"修正主义"路线因为掺入了许多不能客观量化的标准,与莱姆利希望通过实证研究来改良现行制度的路径格格不入。因此,莱姆利讥之为"信仰",本文标题《知识产权信仰论》就由此而来。

结 语

导读就此打住。至于莱姆利是如何对"信仰论"展开批判的,他的批评有没有道理,相信各位看官在阅读文章后,自会有自己的判断。另外,如果本文能使您对莱姆利教授以及他的研究理论产生一点小小的兴趣,希望更多地阅读教授的文章,请直接登录 ssrn. com 网站,搜索 Mark Lemley 即可。